民族宗教研究

【第4辑】

广东省民族宗教研究院 编

SPM 南方出版传媒
广东人民出版社
·广州·

图书在版编目（CIP）数据

民族宗教研究．第4辑／广东省民族宗教研究院编．—广州：广东人民出版社，2015.10
ISBN 978－7－218－10348－8

Ⅰ．①民…　Ⅱ．①广…　Ⅲ．①民族学—文集　②宗教学—文集　Ⅳ．①C95－53　②B920－53

中国版本图书馆 CIP 数据核字（2015）第209933号

MINZU ZONGJIAO YANJIU DI SI JI
民族宗教研究（第4辑）　广东省民族宗教研究院　编

出 版 人：曾　莹

策　　划：肖风华
责任编辑：廖志芬　梁　茵
封面设计：邓晓童
责任技编：周　杰　黎碧霞

出版发行：广东人民出版社
地　　址：广州市大沙头四马路10号（邮政编码：510102）
电　　话：（020）83798714（总编室）
传　　真：（020）83780199
网　　址：http：//www.gdpph.com
印　　刷：广州市穗彩印务有限公司
开　　本：889 mm×1194 mm　1/16
印　　张：14.25　　**字　　数**：400千
版　　次：2015年10月第1版　2015年10月第1次印刷
定　　价：48.00元

如发现印装质量问题，影响阅读，请与出版社（020－83795749）联系调换。
售书热线：（020）83795240

目录

民·族·研·究

宗·教·研·究

Contents

民·族·研·究

论破解中国城市民族工作的难点问题

余梓东

城市是社会的政治、经济、文化、教育、信息、物流的中心，也是人口、财富、企事业、人际交往、社会资源高度聚集的中心。城市民族工作是城市居民结构多民族化的产物，也是少数民族流动人口大量进入城市的产物，还是城市不断发展进步的产物，更是实现城市治理能力现代化的压力与动力。众所周知，城市民族工作是全国城市工作的重要组成部分，是全国民族工作的重要组成部分，是城市工作与民族工作相交织的结果，具有城市的分布区域性、居住密集性、交往频繁性、民族多元性、文化多样性等相交汇的基本特征。

随着中国现代化速度不断加快，城市化程度不断提高，城市民族工作在全国城市工作、全国民族工作全局中的重要地位也进一步凸显，城市民族问题既反映了城市管理工作方面的问题，同时也反映了少数民族农牧区工作方面的问题。因此，城市民族问题受到了国内外各界的广泛关注，甚至对全国的城市工作和民族工作产生了广泛而深刻的影响。所以，准确把握城市民族工作难点与规律，全面破解城市民族工作难点，是做好城市民族工作的关键环节，也是掌握中国民族工作主动权的重要步骤，还是提高城市治理水平的主要方面，更是维护国家核心利益至要节点。我们努力做好城市民族工作，不仅仅是为了在一个方面，或者一个领域的工作有所进展，更重要的是必须发生管理城市的理念变更、城市文化的优化、城市性格的塑造、城市管理的精细化、城市氛围的和谐等一系列全面而深刻的变化，而上述变化往往成为城市现代化的标志之一。

一

从世界近代发展史来看，城市化，往往作为现代化的重要标志之一。据相关学者统计“2000年，世界城市人口已达29亿，预计到2030年将增加到50亿。根据联合国估测，近一半的世界人口目前居住在城市中。”① 由此可见，时至今日城市化已经是延续几百年不可逆转的发展趋势，尽管不同国家其发展程度不同。

当前，中国各族人们为实现“中国梦”，为实现中华民族伟大复兴的宏伟目标，正在集中精力进行现代化建设，那么中国的城市建设与发展首当其冲。“许多欠发达国家的快速城市化进程带来了大量问题，这些问题削弱了城市在经济增长中所起的作用。大量的贫困、住房拥挤、基础设施落后、交通和环境的恶化问题导致城市居民居住条件恶化。”② 中国是典型的发展中国家，实事求是地说，其城市化过程也不同程度地存在上述问题。

中国城市民族工作的大背景可以概括为“十化”，即世界多极化、社会信息化、国家开放化、趋势现代化、政治民主化、经济全球化、文化多

余梓东，中央民族大学党委统战部部长，教授。

① 保罗·若克斯、琳达·迈克卡西著，顾朝林、汤培源、杨兴柱等译：《城市化》，科学出版社，2011年，第201页。

② 保罗·若克斯、琳达·迈克卡西著，顾朝林、汤培源、杨兴柱等译：《城市化》，科学出版社，2011年，第264页。

元化、民族流动化、交往便捷化、关系密切化。正是在上述的大背景下，随着我国改革开放的不断深入、社会主义市场经济的不断发展和城市化进程的不断加快，少数民族人口流动以前所未有的规模、速度迅速增长。2009年少数民族流动人口达1328万，其中70%来自于民族自治区域。各民族所占比重排位与各民族人口排位基本相符，壮族、满族、回族、土家族、苗族分列第1至5位。少数民族流动人口性别比例偏低，年龄分布集中在劳动年龄，73%的少数民族流动人口集中在15至44岁之间。76.9%的少数民族流动人口来自农村，跨省流动的少数民族人口占少数民族流动人口总数的40%，其中来自乡镇的占84.59%。少数民族流动人口流入地区分布高度集中，广东、广西、云南、辽宁和浙江分列少数民族流动人口流入地区的前5名，占全国少数民族流动人口49.08%。少数民族流动人口平均流动时间为4.13年。44.47%的少数民族流动人口因经商务工而流动，比汉族流动人口低9.6个百分点。少数民族流动人口平均受教育年限为8.33年，其中初中及以下文化程度的占77.97%。少数民族流动人口的职业以雇员为主，"三险"参保率比较低，收入低于全国流动人口收入的总体水平。15岁以上全部少数民族流动人口人均收入为497.14元，15岁以上全国流动人口人均收入638.21元，二者收入差距为141.07元。① 从实际情况来看，少数民族流动人口呈不断增长的态势。城市少数民族流动人口数量的增加，一方面增加了城市发展的建设者；另一方面提高了城市不同文化的丰富程度，"不同文明的接触，以往常常成为人类进步的阶梯"②。

目前，少数民族流动人口数量已经超过3000万③，约占全国少数民族人口26.79%④，其中，约70%的少数民族流动人口前往中东部地区大中城市和乡镇，少部分人则前往西部地区的省会城市。如广东省有少数民族人口340万，其中世居少数民族人口只有80万，少数民族流动人口高达260万，远远超过了广东省世居少数流动人口的数量。另外，浙江省少数民族流动人口也突破209万。⑤ 如此大规模的少数民族流动人口出现，这在中国的历史上是前所未有的。一方面反映城市、特别是中东部地区城市及乡镇，在经济发展过程中，迫切需要劳动力跨区域配置，这样才能够满足其对劳动力的需求，实现中东部地区城市及乡镇的可持续发展；另一方面，由于中国地区之间、民族之间发展差距相叠加，西部民族地区的剩余劳动力必然要到中东部地区城市务工以进一步扩大家庭经济收入来源。此外，一部分汉族由于经商、资源开发、项目援建、农业收获等也纷纷前往西部少数民族地区。⑥ 因此，上述汉族与少数民族人口的双向流动彻底打破了中国传统意义上的少数民族人口分布格局，边疆民族地区与内地互动不断深化，达到了前所未有的程度，各民族聚居程度明显降低，各民族杂居程度进一步提高，深刻改变了中国传统意义上的民族问题的时空组合关系，即民族问题由传统的少数民族人口聚居区向中东部地区城市及乡镇不断扩展与蔓延，对中东部地区的城市和乡镇的民族工作产生了难以估量的影响，给中国中东部地区城市及乡镇的发展、稳定与管理带来了巨大冲击，形成了一系列新情况、新挑战、新问题、新纠纷、新矛盾、新机遇。实际上，无论是城市管理者，还是城市的普通居民，都已经非常明显感到城市管理的工作难度陡然增加。正是由于上述原因，造成中东部地区城市及乡镇发生一系列前所未有的深刻变化，即将传统、现代与后现代因素相交集在一起，将前工业化社会、工业化社会和后工业化观念高度聚合在一起，将不同民族成员集中居住在一起，将现代法制规范与传统行为方式对撞在一起，直接导致许多相互联系的群体矛盾、利益冲突聚焦在同一个复杂的时空过程中，进而在城市中形成了如少数民族流动人口管理等一系列高度敏感又不易解决的民族工作难点。上述难点直接影响和制约了城市民族工作的质量与效率，进而影响了

① 段成荣、迟松剑：《我国少数民族流动人口现状研究》，载《人口学刊》2011年第3期。

② 伯兰特·罗素：《中国问题》，经济科学出版社，2013年，第146页。

③ 李俊清：《少数民族流动人口现状与问题》，见中国社会科学网。

④ 2010年全国人口普查，全国少数民族人口总数为11196万人，见中国民族宗教网。

⑤ 根据笔者相关的调研材料。

⑥ 一些汉族农民前往新疆从事采摘棉花、红花等工作。

城市的稳定与发展，近年来在一些城市陆续发生了少数民族突发性群体事件就充分说明了这个问题。

2012年在中国的河南洛阳、湖南岳阳、江苏徐州等地连续发生了一系列“切糕事件”①，虽然相关地方政府及时采取了一系列措施，没有使事态进一步扩大化。但是，上述诸多“切糕事件”引起了国内外各界的广泛关注，并对中国的维汉关系产生了不同程度的影响。近年以来，中国中东部地区城市与乡镇涉及少数民族群体事件呈逐年上升趋势。2012年在山东省德州市一青海回族开的拉面馆中，当地几个女青年在就餐后把一部手机忘在餐桌上，出门走出几十米时忽然发现手机丢失，于是几个女青年返回拉面馆中寻找手机，而老板矢口否认见到过手机。女青年同伴拨了女青年的手机号，结果手机在老板的衣服口袋里响起来。老板非但不归还手机，反而说女青年败坏了他的名声，他的拉面馆不能再经营下去了，要求女青年出20万元把他的拉面馆兑下来，遭到女青年的拒绝。随后拉面馆老板纠集一些回族同乡到市政府门前聚众闹事，后来市政府找伊协的阿訇出来进行协调，女青年家长以赔礼道歉并赔偿5万元了事。此事的处理方式在当地造成了非常恶劣的社会影响。② 2006年，在河北省围场县医院旁的一家维吾尔族经营的餐馆，县医院保卫科长在就餐时因小事与店主发生纠纷，老板就下令停业，将就餐客人驱离，然后召集店内伙计将保卫科长殴打成重伤后扔到餐馆门外。当地公安、武警闻讯后将餐馆包围，餐馆老板出来说：“你们敢抓我一个人，我一个电话就把北京的所有维吾尔族招到围场县来。”后经请示河北省政法委，没有强攻抓人，此事不了了之。③ 另外，随着城市的拆迁改造，一些城市的部分少数民族流动人口有意事先把将拆迁改造的房屋买下来，在政府拆迁过程中，召集本民族的同乡集体与政府谈判，向政府索要高额拆迁补偿款。其在获得高额拆迁补偿款后，当事人获得应得的款项，其余部分款项由全体参加者平均分配，出现了部分少数民族流动人口“集体讹诈政府”的现象。④ 此外，部分少数民族流动人口还参与城市黑社会组织活动或者形成黑社会组织，给当地的社会治安造成不同程度的隐患。对上述群体事件的处理，一方面反映出部分地方政府缺乏政治远见，缺乏法制意识，出于息事宁人的考虑，大事化小，小事化了，或者花钱买平安，实际上助长了部分少数民族流动人口的嚣张气焰；另一方面也反映出少数民族流动人口如何适应城市生活，在城市生活必须遵守城市的相关法律法规。城市如何适应少数民族流动人口的问题，市民对少数民族流动人口要理解与宽容。由于城市在全社会的特殊地位与影响，实际上，我们认真管理好城市，在相当大程度上就是管理好国家，管理好社会；我们认真做好城市民族工作，在相当大程度上就是做好全国的民族工作，协调好全国的民族关系。

二

城市民族工作的难点具体是指与城市相关的一系列民族工作中不易解决而又影响广泛深刻的部分，也是城市民族工作的重点与敏感点，还是城市民族工作的突破点和创新点。从目前情况看，城市民族工作在促进城市发展、稳定方面发挥了积极促进作用，这是有目共睹和不可否认的。

但是，众所周知，中国的城市民族工作还不能充分满足维护国家核心利益的需要，还不能充分满足维护国家安全⑤的需要，还不能充分满足少数民族和民族地区跨越式发展及长治久安的国家重大战略需求。城市民族问题的形成与发展过程，是城市民族工作主体、客体、环境相互作用的过程。因此，城市民族工作的难点主要集中在工作

---

① 即维吾尔族流动商贩与当地人在买卖玛仁糖（切糕）过程中，因与当地城管执法行为发生纠纷而引发的突发性群体事件。

② 此据笔者田野调查资料。

③ 此据笔者田野调查资料。

④ 此据笔者田野调查资料。

⑤ 2014年4月15日习近平总书记在国家安全委员会第一次会议上提出要构建集政治安全、国土安全、军事安全、经济安全、文化安全、社会安全、科技安全、信息安全、生态安全、资源安全、核安全等于一体的国家安全体系。

主体、工作客体与工作环境三个方面。具体表现为：

1. 城市管理者对少数民族流动人口管理工作认识不足。在中国中东部地区，城市和乡镇以往皆为汉族聚居地，在这类城市和乡镇中，世居少数民族人口非常少。因此，长期以来，作为城市管理者的治市理念往往是管理单一民族城市的理念，并在此基础上形成了相应的心理定势。所以城市管理者在城市管理决策过程中，往往容易忽视少数民族流动人口的问题。由于城市管理者对少数民族流动人口给城市管理带来的各种影响和冲击认识不足，当发生涉及少数民族流动人口突发性群体事件时，则形成以“六缺、四没、四只、三降”为特征的被动局面，即缺乏必要的心理准备，缺乏决策的科学依据，缺乏相应的工作预案，缺乏准确的工作信息，缺乏必要的工作资源整合，缺乏有效的对策措施；没有远见卓识，没有智慧谋略，没有积极主动，没有突破创新；只能被动应付，只能采取权宜之计，只能花钱买平安，只能息事宁人；降低了政府威信，降低了法律尊严，降低了工作质量与效率。这不仅没有掌握城市民族工作的主动权，还因为处置不当，给部分别有用心之人以可乘之机，进一步提出各种无理要求，从而使城市民族工作陷入被动的恶性循环。

2. 城市管理者相关工作能力不强。管理现代化的城市与管理传统城市最显著的不同，就是现代化城市问题更复杂、更艰巨、更急迫，对城市管理者提出了更高、更多、更严的管理能力要求，而且上述要求呈快速增长不可逆转的态势。城市民族问题，已经成为现代化城市问题的重要组成部分，特别是少数民族流动人口管理问题，已经成为中国城市管理工作中的热点、难点、敏感点问题，也已经成为中国民族工作中的热点、难点、敏感点问题。正确认识与妥善处理城市民族问题，特别是城市少数民族流动人口管理问题，是一项非常复杂的系统工程。作为城市管理者，必须具备一系列执政、行政、稳政、固政、勤政、强政等一系列能力。也就是说，作为一个合格的城市管理者，仅仅具有简单的行政能力是远远不够的，而上述的能力具体说就是包括：正确分析的认识能力、准确把握的判断能力、了解实情的信息能力、掌握趋势的前瞻能力、控制局势的组织能力、整合资源的协调能力、集中智慧的亲和能力、坚持不懈的意志能力、及时决策的智理能力、追求卓越的工作能力等。而相当的城市管理者不具备或者只部分具备上述能力，因此，在处理少数民族流动人口引发的突发性群体事件时，显得缩手缩脚、被动拖拉、效率低下，陷于应对无策、应对乏策、应对失策的泥淖不能自拔。

3. 相关的工作机制不健全。城市少数民族流动人口管理问题，特别是城市少数民族流动人口突发性群体事件，绝不仅仅涉及民族宗教工作部门，还涉及统战、公安、安全、工商、城管、民政、教育、社区等诸多部门，更涉及少数民族流动人口输出地的党委与政府，迫切需要在相关部门在形成有效的联动工作机制的基础上，整合不同地区、不同部门的工作资源，形成工作合力与群体优势，才能够及时、妥善地解决相关问题。然而，一些城市在遇到少数民族流动人口管理问题、特别是遇到少数民族流动人口突发性群体事件时，往往没有形成多部门有效的联动工作机制，或者多部门联动机制不健全，在处理相关问题过程中往往显得力不从心，不同部门之间推诿扯皮、互相掣肘、相互争功，将工作大局异化为部门利益，从而使城市民族工作陷于被动。

4. 相关工作对象多元。少数民族流动人口在城市中往往呈现居住分散、分布广泛、难以管理、遇事聚集、不讲法规、极不宽容等一系列特点。其实，更深层次的原因是少数民族流动人口高度多元化，这就包括文化多元化、宗教信仰多元化、思想观念多元化、行为方式多元化等。此外还包括来自不同地区的不同民族、来自不同地区的相同民族、来自相同地区不同民族、来自相同地区的相同民族等。正是由于城市民族工作对象的高度多元化，导致了城市民族工作任务的复杂化，城市民族问题和民族关系的复杂化，随之就是明显增加了城市民族工作的难度。

5. 相关工作任务艰巨。从当前发展趋势来看，中国城市民族工作任务的艰巨性进一步增强，主要表现在：第一，少数民族流动人口的规模还将进一步扩大，这与中国城市化进程加快密不可分；第二，第二次中央新疆工作会议提出要进一步扩大新疆在内地居住的人口规模，这是国家工作大局所决定的；第三，东突等恐怖主义组织附着少数民族流动人口，将恐怖主义袭击从新疆逐步扩大到内地的城市，其目的是扩大其社会影响，制造社会心理恐慌，提高社会运营成本；第四，在国外反华势力的眼中，中国城市少数民族流动人口及管理问题具有极高的战略价值，因此，他们更加重视利用少数民族流动人口在内地城市进行恐怖主义袭击，以达到其阻碍中国发展与稳定的不可告人的目的。因此，城市民族工作，城市少数民族流动人口的管理任务更加艰巨。

6. 工作环境复杂。由于大量少数民族流动人口进入城市，特别是进入中东部地区的城市和乡镇，使得前工业化社会、工业化社会、后工业化社会三种社会形态的因素交织在一起；合法行为、不法行为、违法行为交织在一起；历史因素、现实因素交织在一起；社会因素、自然因素交织在一起；群体因素、个人因素交织在一起；政治因素、经济因素交织在一起；地域因素、民族因素交织在一起；国内因素、国外因素交织在一起；思想观念因素、行为方式因素交织在一起；合理因素、不合理因素交织在一起；如此种种，不一而足。这必然进一步增加了城市民族工作的难度。

三

针对上述城市民族工作的难点，我们应该采取以下相关工作对策：

第一，全面提高工作认识。做好城市民族工作是治理好城市的重要基础，也是城市发展与稳定的重要基础。许多涉及少数民族流动人口的突发性群体事件绝大多数发生在城市，相当部分暴恐袭击事件也发生在城市。城市又是人群高度聚集、频繁交往的特殊聚落。因此，城市民族工作，特别是城市少数民族流动人口的管理工作，事关全局，决不可掉以轻心。我们必须从维护国家安全、社会稳定、城市发展、民族团结的战略高度来认识城市民族工作，彻底转变治理单一民族城市的思维定势，所以我们要牢固树立十二大意识：即大局意识、忧患意识、政策意识、法制意识、智理意识、前瞻意识、情感意识、服务意识、联动意识、策略意识、主动意识、精细意识。只有我们提高了认识，转变了观念，在此基础上才能够突破中国城市民族工作难点、开创中国城市民族工作新局面。

第二，切实增强工作能力。从中国城市民族工作的现状来看，确实不同程度地存在工作能力不强的现象。“当前，全党面临的一个重要课题，就是如何正确认识和妥善处理我国发展起来后不断出现的新情况新问题。现在，我们遇到的问题中，有些是老问题，或者是我们长期努力解决但还没有解决好的问题，或者是有新的表现形式的老问题，但大部分是新出现的问题。新问题每时每刻都在出现，而且多数又是我们过去不熟悉或者不太熟悉的。出现这样的状况，是由世情、国情、党情的发展变化引起的。不论是新问题还是老问题，不论是长期存在的老问题还是改变了表现形式的老问题，要认识好、解决好，唯一的途径就是增强我们自己的本领。”① 为了进一步提高我们的工作能力，中国城市民族工作必须走精细化智理之路。城市民族工作的精细化智理之路，主要是指中国城市民族工作必须实现从粗放的管理到精细化智理的彻底转变，即在节约治理资源、降低治理成本、提高质量效率与效益的基础上，充分发挥古今中外的智慧优势，以构建城市和谐民族关系、实现各民族共同团结奋斗、共同繁荣发展为工作目标，将政治、经济的硬实力，文化、教育的软实力，智慧、谋略的巧实力有机融合，综合运用，通过富集智慧精华、知识精华、文化精华、策略精华以及整合各种政策资源的途径，采取因族制宜、因时制宜、因地制宜、因事制宜的方法，实施一族一策、一族多策、多族一策、多族多策战略，妥善、及时处理城市各种民族问题，构建城市和谐民族关系，实现城市的发展与稳定。

第三，有效健全工作机制。建立健全有效的工作机制是做好城市民族工作的关键环节。我们要明确的是，突破城市民族工作的难点事关大局，不仅仅是民族宗教工作部门的事情，而是全社会的事情。因此，要进一步建立健全由城市地方党委和政府主管领导牵头、相关工作部门、输出地工作部门参加的城市民族工作机制，严格避免“以邻为壑”现象的发生。上述工作部门之间必须从城市发展与稳定的工作大局出发，形成不同工作部门之间密切相互配合、发挥不同工作部门整

---

① 习近平：《在中央党校建校80周年庆祝大会暨2013年春季学期开学典礼上的讲话》，见人民网。

体优势的工作机制，定期与不定期协商、研判城市民族工作的新情况、新问题、新矛盾、新纠纷，及时处理相关问题，努力形成强大的工作合力，以进一步提高城市民族工作的质量与效率。

第四，密切联系工作对象。城市民族工作说到底就是人的工作。城市民族工作的运行过程实际上是工作主体与工作客体（工作对象）相互作用的过程，工作主体与工作客体关系程度直接决定了工作质量与效率。因此，我们在破解城市民族工作难题过程中，决不能忽视、轻视、歧视、藐视城市民族工作客体的作用，也就是说在做好城市民族工作过程中，必须充分调动城市民族工作对象的积极性、自觉性、主动性、创造性。在一些方面必须实现少数民族流动人口的自我管理，以进一步提高少数民族流动人口的自管、自律意识，减轻政府工作部门的负担。我们要充分信任、尊重、了解、帮助城市民族工作对象。我们必须全面细致了解城市民族工作对象的所思、所想、所需、所求，在人力、物力、财力投入的基础上，还要注重感情的投入，努力集中城市民族工作对象的智慧，共同做好城市民族工作。

第五，系统整合工作资源。城市民族工作资源是多方面的，既包括党和政府的工作资源，也包括社会的工作资源。以往我们只注重党和政府的工作资源，而忽视了社会的工作资源。其实，我们应该充分利用社会资源做好城市民族工作，如有关城市少数民族流动人口的非政府组织、行业协会等。一方面让城市少数民族流动人口进行自我管理，可以有效降低管理成本；另一方面扩大了工作资源与途径，党和政府的相关工作部门可以抓大放小，从日常诸多琐事中解放出来，有更多的工作回旋余地，有利于掌握城市民族工作的主动权。

第六，整体优化工作环境。城市民族工作是非常复杂和宏大的系统工程，作为城市重要管理工作系统之一，其运行过程也是城市民族工作系统与城市民族工作环境相互作用的过程。我们不能仅仅关注城市民族工作系统本身的建设与发展，还应该充分关注城市民族工作环境的不断优化，需要不断构建平等、团结、互助、和谐的民族关系，需要在全社会在符合不同民族群众语境的前提下，不断加强关于维护民族团结、国家统一的正能量宣传，达到入耳、入脑、入行，积极营造各民族之间相互尊重、相互信任、相互宽容、相互帮助的社会氛围，不断化解不同民族之间的隔阂、纠纷与矛盾，以彻底粉碎国内外反华势力“时常制造一些无端之事，让他们的人民公开讨论，这样就在他们的潜意识中种下了分裂的种子。特别要在他们的少数民族里找好机会，分裂他们地区，分裂他们的民族，分裂他们的感情，在他们之间制造新仇旧恨”① 的企图。城市民族工作环境优化不到位，城市民族工作系统的功能就不可能充分发挥，必然会大幅度降低城市民族工作的质量与效率。

总之，我们要破解中国城市民族工作的难点，掌握中国城市民族工作主动权，必须要彻底转变工作观念，彻底改变原有的、僵化的工作模式。在破解中国城市民族工作难点过程中，要特别要注重智慧投入、谋略投入、感情投入。充分信任、尊重、了解、帮助城市民族工作对象，在走城市民族工作精细化智理之路的基础上，实现中国城市的发展、繁荣与稳定，并为世界上多民族国家正确认识与妥善处理城市民族问题提供有益借鉴。“世界列强如果仍然好勇斗狠，那么随着时间的推移和科学的进步，破坏的程度也越来越大，终将自取灭亡……如果中国的改革者在国力足以自卫时……开创一种比现在更好的经济制度，那么，中国对世界可谓是尽了最恰当的义务，并且在我们这样一个令人失望的时代里，给人类一个全新的希望……正因为这一希望是能够实现的，所以中国人应该受到所有热爱人类的人们的极高崇敬。”②

---

① 美国中央情报局对付中国的《十条诫令》中的第四条，见百科文库网。

② 伯兰特·罗素：《中国问题》，经济科学出版社，2013年，第199页。

广东畲族文化与传承保护

李筱文

畲族是我国56个民族中重要的一员。广东畲族有3万多人口，主要分布在广东省的16个县市（区）内。具体分布在潮州市湘桥区意溪雷厝山，潮安县的石古坪、山犁、碗窑、黄竹洋、李工坑、岭脚，饶平县的饶洋蓝屋村，和平县的增坑、秀中、月坑、黄沙坑、严村，连平县的贵东、油溪，龙川县的甘陂、大江、东瑶、虎口、洋田、枫树坪，东源县的漳溪畲族乡，海丰县的红罗村，丰顺县的凤坪村，惠东县的增光、多祝、平山，博罗县的横河、嶂背，增城市的吓水、通坑、榕树窿，南雄县的许村、坪塘、鱼塘、马芫，始兴县的深渡水、乌泥塘、暖田，仁化县的新东、胡坑、木溪，乳源瑶族自治县的洛阳深洞等地。

一、族源与人口

广东畲族的族源，目前学术界尚未统一。主要有四种说法：一是与瑶族同源于长沙武陵蛮；二是源于春秋战国时期生活在淮河和黄河之间的东夷的一支，即徐夷；三是源于古代河南夷人的一支，属高辛氏近亲的一个氏族部落南迁至粤；四是“土著说”，即为当地越人后裔或南蛮种类。上述观点仍在探讨中，但第一种说法普遍得到学术界认可。广东畲族有自称、他称。增城、博罗、惠东、海丰一带的畲族，都认为自己是“瑶人”或“山瑶”，邻近汉族也称他们为“山瑶仔”。经民族识别，他们与潮州凤凰山畲族及福建、浙江畲族在历史传说、迁徙来源以及信仰、习俗上有许多相似之处，故定为畲族。而居住在潮安、丰顺县属凤凰山地区的畲族自称为“山客”、“山地人”或“山里人”，相邻汉族居民则称他们为“畬客”或“畬人”。其余东源、和平、龙川、连平、南雄、始兴、仁化、乳源等地畲族，因长期与汉族及其他民族杂居，已没有特定的自称或他称，但在心理上意识上一直认同于畲族。1956年12月，国务院正式确定“畲”为这一人们共同体的族称，统一了畲族的称呼。此后凡与畲族认同的民族群体也随之称畲族。

建国以前，广东畲族人口一直不断地流动迁徙，只有罗浮山的增城、博罗，莲花山的惠东、海丰，九连山的河源、东源、连平、和平、龙川，凤凰山的潮安等人口不多的畲族聚居区，其他人口则分别散落在各市、县乡村之间，形成了一个“大分散、小聚居”的分布格局。1955年，广东省民委派出“少数民族社会历史调查组”下乡深入畲乡调查，统计当时全省畲族人口为1321人（主要指潮州地区畲族人口）。随着社会经济的不断发展，畲族人口也随之逐年增长，1958年畲族人口增长至1649人，1964年至1882人，1974年至2155人，1978年至2285人，1982年至3205人。从1955年至1982年的27年间，畲族人口净增长人数为1844人；若按1982年第三次全国人口普查与1964年第二次人口普查数据相比，全省畲族人口自然增长率为67.4%；即每年平均递增2.9%，高于全国同期每年平均2.1%的人口自然增长率水平。

1988年之后部分县市居民恢复畲族成分。如韶关市的南雄、始兴、乳源等地以及河源市郊区、和平县、连平县、龙川县等地部分群众经民族工

李筱文，广东省民族宗教研究院副院长，研究员。该论文为2012中国丽水畲族文化国际学术研讨会提交论文。

作部门调查识别，并报经上级政府批准，先后恢复了畲族的民族成分，使畲族人口大增，1990 年达到26438 人。1999 年7 月7 日，根据河源畲族人口较为聚集的现状及畲族人民的意愿，成立了河源市东源县漳溪畲族乡。成为广东省唯一的畲族乡。到2000 年第五次人口普查时，广东畲族总人口共28053 人，十年后的2010 年，广东畲族人口达3 万余人。

二、文化与特性

学术界所说的民族文化，一般是指各民族在其历史发展过程中创造和发展起来的具有本民族特点的，包括知识、信仰、艺术、道德、法律、习俗、节日以及作为一个社会的成员的人所习得的其他一切能力和习惯，在一定条件下能够产生经济价值的提高人类当前和未来福利的文化的复合整体。畲族文化底蕴深厚，丰富多彩，其中包括民族传统历史和民间生产生活知识，各种方言、口头文学、风俗习惯和民族民间的音乐、舞蹈、礼仪、节日、手工艺、游戏、建筑艺术及其他艺术，这些民族民间文化艺术组成了畲族社会各层次文化，并成为畲族主体文化的基础。

（一）服饰文化

广东畲族传统民族服饰保存不多，新中国成立前，广东畲族服饰有地域特色。如增城畲族以青、蓝土布为衣料，男子上着对襟、布扣或铜钮的唐装，下穿宽大高头的长裤；妇女衫长过膝，大襟无领，以颜色不同的布条缀边为饰。裤脚宽阔，着船型绣花鞋。髻插发簪，耳坠银环，手带玉镯，头饰四方绣花帕巾，边脚倒挂丝绒流苏。现在畲族的穿戴皆与当地汉族农村无异。近些年有学习浙江、福建等地畲族的服饰趋势，裁剪制作自己的服装以尝试恢复传统的民族服饰。

（二）建筑文化

畲族把住房称为“寮”（lao），大概是对过去竹木茅草寮房住屋的怀念，现在，畲族已住上了砖瓦房和水泥楼房。凤凰山凤坪、石鼓坪一带80%的住户自改革开放以来陆续改建了新房，与当地汉族住房已基本无差异，但仍称其为“寮”。其他地区的畲族根据本地区经济能力也建造了不少新房。南雄、和平、连平、龙川等地的畲族住房与当地客家所居的围屋又有所不同，畲族房屋是以大门、上下厅堂及厢房为主体，两侧分列数间横屋，均与主体结构相对称。潮安地区的畲族住房则无大厅，但有天井，并一户户相连排列式连片居住。

（三）民俗文化

1. 饮食

山区农民的生活饮食主食，基本是以大米为主，喜欢用野外植物染米做“五色饭”。畲族种植多种山地作物，有水果、茶叶、蔬菜、药材等等。农村口粮基本自给自足，不足部分以其他经济收入补足。如丰顺县凤坪畲族和潮安县石古坪一带，主要以种茶为主，粮食不能自给，口粮主要用卖茶钱购买。

一日三餐饭粥有之，拌以地瓜、大薯、玉米，饮食比较灵活。畲族地区以产茶闻名，所以嗜好喝茶。特别是畲族凤凰山地区盛产单枞、水仙、八仙、密兰等名贵茶种，引来八方茶商高价收购。畲族人不仅茶叶能卖好价钱，自己也天天品味上等好茶。

2. 婚俗

如今畲族婚俗与当地农村汉族的婚俗基本无异。凤凰山区的畲族婚礼较简朴，男子付聘金让女方备嫁妆。迎亲时，男方根据女方亲戚的多少送与酒肉，并派一至亲男性和媒人前去女家接亲；而新娘则由舅父及女友陪伴，各撑雨伞，步行到男家，不用迎亲花轿，也不哭嫁别亲。拜堂时“男跪女不跪”，因传女为皇帝公主身为贵体不便下跪而得此俗。结婚当晚，村中青年男女坐厅堂唱畲歌闹洞房。婚后三日，新郎陪新娘回娘家，只吃一顿午饭便返回家。凤凰山及莲花山区的畲族仍然有招郎入赘现象。

3. 丧俗

畲族盛行土葬。人死后要打醮超度亡灵，打醮时间不一，石古坪在“头七”后进行打醮，莲花山则过两三年才进行。入葬前须请风水先生择定坟地，打好墓穴，下葬前需用白布缠绕棺木，意为沿续“背负驸马下葬”之俗；而墓穴只能平挖于山坡向阳处，棺木顺着水平线置于穴内，以竹木垫底，使之不着地。愚意盘瓠出猎被山羊触死跌挂于树杈上，故下葬需“下不着地”。现在仍兴土葬，坟外筑墓碑。若原穴风水不好，三五年后择日开棺，拾骨骸盛于陶瓮中另葬，则称为小葬，或二次葬。

4. 生育与命名

畲族妇女生育已改变过去在自己家接生的习惯，分娩都到医院或农村医疗站。在取名排辈上，相传畲族男子一生分别有乳名、世名（已名）、炜名、法名等四种名称，妇女一般只有世名和法名。世名是在生时的已名，一般用吉祥的字命名。如“穗祥”“惠苹”等。法名是用于上族谱的名字。男子称郎或公，女子称娘，如“创裕大一蓝公”“蓝千惠娘”。各房姓有其不同的字辈次序，如蓝姓以大、小、百、千、万、念等6字为序，雷姓则以大、小、千、百、万等5字为序；轮流排序，用以区别辈分；“千、万、大、小、百”的排行之习，同闽、浙两省畲族的传统排行相同。有民歌唱到：“排行算来你细听，雷姓无念钟无千，男人无一女无二，蓝姓五六两样生”。这首民歌叙述畲族姓氏排行中的特色。一般采用“大、小、千、百、万、念”6个字排行，雷姓没有“念”字，钟姓则没有“千”字，蓝性则有5个或者说个字的排行。龙川县甘坡蓝姓则用“万、千、熙、和、大、念、伯”7个字排行。周而复始，代代排辈。排行的作用，在于区别同族同姓的血缘关系的辈分，长幼有序，便于维护老弱妇孺，避免近亲结婚。目前乡村修族谱仍然使用排字辈习惯。

5. 节日

祭祖：畲族的节日，如春节、端午、中秋、冬至等，与当地汉族无异，但也有自己特殊的节俗如“祭盘（护）王”和“拜祖节”。祭盘（护）王的时节多在除夕、端阳、中元等节日。畲族有宗姓祠堂和公厅，祭祖仪式在祠堂、公厅举行。节日时在公祠中悬挂“祖公”图，祖图长达数米或十余米，至今在潮安县的石古坪、山梨、李工坑及潮州雷楚山以及增城的吓水等地依然保存。祭祖仪式极为隆重。祭时先向大门外烧香祭酒，众人跪拜敬请大公“盘护”（盘瓠）。这时候，主持人在一边掷蚶钱，若一阴一阳，则表示已把外出巡猎的盘瓠大公请回来受拜了，然后摆上三牲祭品朝内正厅大公图像膜拜。每次祭祖，长者都向孩子们讲授大公的创业身世经历，使之铭记，世代相传。“拜祖节”延续在各地畲族中，其具体时间、称呼和程式各有不同：有的在清明，有的在中元，有的称“抬公节”，如东源蓝姓畲族，而南雄、乳源畲族则称“拜祖节”，始兴畲族称“祖公拜寿节”。虽举行的时间不尽相同，但内涵一致，都把对祖先的崇拜与对自然神灵的崇拜结合起来，加以膜拜，视为护佑子孙后代平安昌盛的保护神。现在的年节仍盛行祭祖，只是在仪式上有所简化。

“招兵”：“招兵”是畲族一直保留的祭祖形式。传说“招兵”是缅怀祖先“盘护”驸王创世，祈求祖先神灵庇护，驱除邪恶、消灾纳福、保佑子孙昌盛和六畜平安的一种祈福活动。相传畲族祖先盘护驸王在渡海杀敌时得各路天兵天将相助，得以顺利擒拿番贼，从此畲族有了此项祭祀活动，并沿袭形成民族习俗。凤凰山畲族风坪一直都有做“招兵节”活动，村里至今还有一个师公专司“招兵”仪式，并保留有祖公留下的专用以招兵的经书如《奉请招兵书》《消灾经文》等等。招兵活动每三五年举行一次，选择冬季农闲时吉日举行。每次活动举行三天三夜，届时亲朋好友以及相邻村寨有威望的老者都前来参加祝贺。是畲族隆重的传统节日。

节前成立理事会，专司活动筹备工作。由理事会择吉日，请法师，筹备节日所需品，敲定节日日期，组织活动仪式及参加活动人员等。

招兵仪式有：招兵仪式设在公祠进行。在公祠内设坛，以起鼓为始；祠堂外插一副大龙旗及其他旗幡。紧接着起师、请神。先请玉皇大帝、三清等佛、道教诸神；继而请本民族远祖盘瓠（护）驸马爷和历代祖师；然后由法师带领多位男性青壮年和锣鼓队往村寨周围请来本村供奉的神明如感天大帝、协天大帝和打猎先师等等，并一一抬到坛前祭拜供奉。接着一套套祭祖仪式依次演绎，至招兵法事为最高潮。所招神兵有东方九夷兵（蓝色三角旗）、西方六戎兵（黑色旗）、南方八蛮兵（红色旗）、北方五狄兵（白色旗）、中方三秦兵（黄色旗）等五营兵马；另有左天生兵、右地生兵和本坛、本地福主公共9路神兵。各路神兵请到后，即行尝兵粮、尝酒肉。每家主妇点着灯笼，挑着一担象征兵粮的箩筐，内装稻谷、大米和盐，以供奉神兵。再经安兵法事，把各营兵马安于祠中，寓意镇守宅院，保村寨家宅平安。

建国后，虽然招兵仪式已简化，但已不经常举行。李工坑的畲族于1993年做过一次招兵，山犁、碗窑等村的畲族分别在1993、1997两年间都做了“招兵仪式”，之后各地至今再没有做过“招兵”。1993年李工坑做“招兵节”，主会场上悬挂“明烛清香缅先祖，甘茗美酒敬驸王”的对联，表达对祖先对盘瓠图腾的崇拜。

抬“蓝大将”：抬“蓝大将”是另一种祭祖仪式。东源、龙川、连平等地的蓝姓畲族，在每年的农历四月初九举行隆重的祭祖仪式“抬蓝大将”。传说蓝大将“乃盘瓠、三公主之次子”（有的传为长子，如丰顺县凤坪），高辛帝赐姓蓝，名光辉，封护国大将军。是蓝姓畲族的直系祖宗。不少住在高山的畲族村庄都设有蓝大将庙，庙内树有“蓝大将神位”的石碑。当地畲族视其为宗族保护神，每年祭祠甚籁，由此相沿成俗。农历四月初九是蓝大将的诞辰日，届时同一宗族的各个村寨轮流做东，举族祭祀，抬“蓝大将神牌”巡游，俗称“抬阿公”。河源市东源县新港镇双田村每年蓝大将诞日，全村张灯结彩，张贴对联。其中有：“苍龙化身征番国，蓝将显威护君王”。“将军出巡家家旺，引福归堂屋屋兴。”

（四）歌武文化

1. 民歌

畲族有自己民族自创自唱的民间歌谣。山犁、碗窑、石鼓坪以前一直保留有民族歌谣，至今70－80岁的老人还会唱。山犁文香老人是民间有名的传统山歌手，她传唱和自创的民间歌谣达100多首。民歌的种类有历史祖源歌、生活歌、劳动歌、爱情歌、风物歌、儿歌等等。反映生活的有《唱畲歌》《鸡公上岭》《两只鸭子》；反映劳动的有《摘茶》《采桑》《绩苧》等；反映爱情的有《连郎歌》《思君歌》等；民歌歌词多以七字一句，四句一段，多段组合；段与段之间通常押韵，还有叠句和尾驳尾。歌词多有感而发，即兴起歌，常用比喻，双关、含蓄手法，抒发内心情感。畲族因居住分散，民歌深受当地方言影响，具有明显的区域性。凤凰山畲族民歌有当地潮州方言，丰顺、河源、惠东、和平、连平、博罗、增城的畲族民歌多含客家方言。大部分地区的民歌与客家山歌极为相似。在畲族民歌中，最具有民族特色的歌谣就是《高皇歌》和《祖源歌》。

2. 武术

畲族俗尚习武，因传说祖先盘护驸王“精忠报国”，其后人从此习武健身自卫，“累朝护国”。形成了习武健身的好习惯。有河源市东源县新港镇双田村蓝氏宗祠的两副对联为证：“不用文章朝圣主，全凭武艺报君皇”；“磨利拳头防守己，练成棍器保安身”。历史上畲族青壮年男性尚武习拳，以南拳为主，还有棍、刀、钯等武艺。据传，明嘉靖年间大埔县的畲汉义军首领蓝松三创有“蓝枝拳”，曾流行于粤东、闽南一带，其拳术套路有四步、削竹、云眉、中拳等20多种；又有祖传“篮大将”密战法所用的36套、72套和108套拳艺，畲族一直保留了下来。村中祠堂便是练武习拳场所，有的称“武馆”。潮州雷楚山、河源东源等地的畲族祠堂，都曾是习武练拳的地方。至今六七十岁的老人仍然能要上几把。但由于年久失传，现在懂全套拳法的人已不多，需要及时抢救和恢复。

（五）古迹文化

在畲族地区，保留许多历史悠久的文献文物古籍，如《祖图》、族谱、经书、石刻等等。

1. 梁上“子孙袋”：为了祈求子孙的兴旺昌盛和四季平安。畲族把“子孙袋”挂在宗祠正厅的梁上，以示保平安。在凤凰山畲族地区，至今仍然保留此习俗。传说“子孙袋”装的是五谷之类的东西，但现代人只见梁上挂着“子孙袋”，却谁也未曾见过其内所装何物。天长日久，“子孙袋”已成为畲族祠堂中的文物。

2. 族谱：在增城正果镇吓水畲族村，保留着《盘、蓝、雷氏族谱》。惠东陈湖村原来保存有《盆、盘、蓝、雷、黎、拦族谱》，因山泥倾泻，全村房屋被埋，族谱由此失传。但陈湖村族谱与吓水村族谱几乎相同，陈湖村《族谱》只比吓水村《族谱》多了到归善、海丰居住那段历史记载。而在南雄、始兴的畲族，至今仍然保留大量本姓宗族族谱，如南雄黄坑镇许村畲族《蓝氏族谱》就有48本之多。南雄、始兴、乳源一带蓝、雷畲族至今仍然保留其祖在江西兴国时流传的《盘、蓝、雷姓氏出身源流传》手抄本。河源市东源县漳溪畲族乡上蓝村蓝姓畲族，龙川、和平县蓝姓畲族，饶平县饶洋镇蓝屋村蓝姓畲族，南雄市蓝姓畲族，乳源瑶族自治县洛阳镇深洞村蓝姓畲族都保留有《蓝氏族谱》。始兴县雷姓畲族保留有《雷氏族谱》。这些族谱大都记载了本宗姓祖先的来龙去脉及与盘护（瓠）之关系。除增城正果镇吓水村畲族《盘、蓝、雷氏族谱》和惠州惠东陈湖村畲族《盆、盘、蓝、雷、黎、拦族谱》均为“宋淳熙二年（1175）十月给”外，其他族谱多是清代中后期所修撰。

3. 文榜：凤凰山畲族所保留的《祖图》前序中都有一份《文榜》，又称《开山公据》，记载畲族祖先盘护大公或盘护驸王的创世历史，称为《驸王出身图记》或《攫王出身为记》。

4. 经书：在凤凰山区的梅州丰顺凤坪、潮州市山犁、碗窑、雷楚山以及饶平石鼓坪等地畲族地区，都发现有用以“招兵”作法用的《经书》。这些经书收藏在当地宗教仪式主持人“师公”家中。畲族经书与汉族道教的经书有相同之处，如《安灶经文》、《安龙镇灾八场经》。但也有畲族自己民族内部使用的经书如《奉请招兵书》、《消灾经文》等等。丰顺县凤坪村师公收藏有用以宗教仪式的经书18本和三清挂像9幅以及太上老君印玺、龙角、木鱼等法器。

5. 石刻：在东源县仙塘镇热水村保留着一尊高62公分，底座11公分，胸围宽55公分的花岗岩石像，传说这是高辛帝三公主石像（即畲族祖妣石像）。新中国成立前，该村立有一庙，庙内供奉着盘护驸马和三公主一对石像。“文革”其间砸碎了盘护驸马石像，而三公主石像被人埋在泥土里得以幸存。这尊石像右肩所托男婴即是她的二子“蓝光辉”，即当地蓝姓畲族的直系祖先“蓝大将”。东源县漳溪畲族乡上蓝村蓝姓畲族还刻有“蓝大将”石碑，每年农历四月初九举行“抬阿公—蓝大将”神牌巡游。另在东源县新港镇双田村畲族祖婆墓碑上有“震龙气壮庚峰照，眠犬情多甲帐开”的石刻碑联，把畲族的图腾崇拜物“龙犬”寓意其中。

（六）宗教文化

畲族民间主要信仰原始宗教，对鬼神、万物及祖先神灵信笃甚虔。接受汉族道教的某些教义并融入本民族信仰意识。

1. 图腾崇拜

在广东省畲族地区，至今已发现有8幅《祖图》。广东省博物馆珍藏着一幅《祖图》，据说是从某畲族村收集得来。在凤凰山区的畲族聚居村庄，如潮州市的山犁、李工坑、雷厝山，饶平的石鼓坪以及丰顺的凤坪等地至今仍然保存着珍贵的民族文献《祖图》。每一副《祖图》长约12－15米，宽约0.5米，由右至左依次序绘制成连环画卷。凤凰山畲族的祖图多为清代绘制，如山犁《祖图》绘制于清道光二十一年（1841），李工坑《祖图》绘制于清光绪二十年（1894），雷楚山的《祖图》绘制于民国29年（1940）。在增城县博物馆收藏的一幅《祖图》，原是吓水畲族村畲族祖先流传下来的，长十余米，但已破烂不堪，经博物馆修复以后，基本恢复了《祖图》原貌。根据其族谱记载，他们定居增城已有四五百年的历史，估计此《祖图》绘制的时间应早于其他地区的祖图。丰顺县凤坪村的《祖图》原是道光年间绘制的，原图已遗失。现存《祖图》是1990年按照1987年广东省民族研究所蓝本绘制的祖图复制品，改存凤坪村委书记家里。龙川县甘坡村祖图是一幅约两米长的绢布画卷，与其他地方的长轴画卷有所不同，它把画卷里的故事集中画在一幅图上，而不是分图而画。每年的春节祭祖日，老一辈都要把祖图取出来让儿孙们看看，并讲述祖先“龙犬盘瓠（护）”的创世故事。祭祖时，必备三牲酒饭供奉，缅怀祖先盘瓠（护）。

2. 春秋神祭

潮州雷厝山等地畲族每年逢春分、秋分两天做祭祀祭奠祖先和祖图，过去曾经一度中断这些祭祀仪式；现在已经恢复春祭（春分日）和秋祭（秋分日）。缅怀祖先、纪念祖先和宗亲聚会。

纵观畲族的传统文化，主要呈现以下特性：

一是文化的传统性。传统文化是一个民族生存和发展的灵魂，也是一个民族的精神记忆和精神家园，她体现了民族的认同感和归属感，反映了民族的生命力、凝聚力。民族精神是民族文化的集中体现，是民族文化的灵魂，是一个民族赖以生存和发展的重要支柱。弘扬和培育民族精神是民族文化建设的极为重要的任务。在漫长的历史长河中，畲族人民繁衍生息，以其独特的智慧不断积淀，并创造出亘古不绝、一脉相承的灿烂文化。畲族文化的传统性体现在其通过传统的祭祖仪式，民间歌舞的传承，凝聚了民族的精神、道德规范、审美趣味、创造才能、思维方式和理想追求。畲族的"招兵""抬蓝大将"以及各种祭祀活动，都能体现这种传统的民族精神。

二是文化的地域性。在中华民族的发展史上，经过数以千百年计的变迁，无论是哪个民族、哪个民系，都不可能"纯正"地保存本民族、本民系的文化。因为民族、民系之间的隔离是相对的，而人员上的相互交往，文化上的相互借鉴、吸收是绝对的。正因为各个民族民系在相互交往中，各自走了不同的道路，有过不同的取舍，所以才使得中华民族文化具有如此丰富多彩的内容和如此强大的生命力。畲族文化的地域性，体现在其文化的产生和延伸有着非常明确的地域范围。它在粤、闽、赣、浙山区生息繁衍，并且形成了自己区域内独特的不同于其他地域的特质文化。如广东畲族的祭祖形式，福建、浙江畲族的服饰以及各地畲族的语言都具有鲜明的地域特点。

三是文化的民族性。文化的民族性或民族性的文化对于本民族来说是基础，是根。因为民族文化是历史长期发展的产物，它深入到本民族一代又一代人的血脉之中，本民族的许多特征是由民族文化造就的。更为重要的是，民族性是文化的脊梁，是文化的价值所在，是文化能够发挥积极作用的基础和前提。文化创造和艺术创作最基本最重要的性质、特征和规律，都或直接或间接、或彰显或隐蔽地体现在其民族性之中。而畲族文化最民族的是自己独特的图腾图画和祭祖仪式。这种远古流传下来的文化事象，体现的正是民族丰富内涵的特质。对于文化来说，愈是民族的，便愈是世界的。文化是否具有鲜明而浓厚的民族特色是此民族能否树于世界民族之林的决定性因素。

四是文化的多元性，呈现多样特点。在同一个地域内有众多族群共居，必然会产生文化上多元因素交织和共融共生之关系。共融共生关系有两种含义：一种是单方受益的共融共生，一种是相互受益的共融共生。每个民族都会在自己特定的生活环境中滋生自己的文化根系，生长成为具有本民族鲜明特征的文化形态。离开了特定生存的环境，迁徙到另一块生息的土壤，民族的特定文化必须与其他文化交流、融合，才会有生命力和影响力，否则便会枯萎、衰退。在广东，当畲族与其他族群相存共处时，则以客人的身份，带着进乡随俗的习惯和适应环境的心态，卑谦地主动地吸纳当地族群的文化特征，以此为基础巩固自己的地位和扩大自己的生存环境。当发现所处文化氛围不能满足自己所需时，会不由自主地把自己民族最优秀的文化特质发挥出来，并试探性地渐进地去影响当地文化，由此形成了以本民族文化为主体的兼容地方客家文化、壮瑶文化元素的畲族文化，这种新民族文化与原生民族文化不同，她既有本民族的特色，又有其他族群文化的痕迹。

三、传承与保护

中国是一个统一的多民族国家，文化遗产不仅异常丰富而且历史悠久。无论哪个地区、哪个民族或个人所创造的文化遗产，作为文化资源都是国家的财富，政府都有责任去保护它，这是一个国家的责任和义务。广东现有55个少数民族成分，340万人口，其中大部分是外来流动人口，世居的瑶、壮、回、满、畲五个少数民族约80万人口，虽然世居少数民族人口不多，但少数民族文化遗产丰富多彩，服饰、蜡染、刺绣、挑花、针刺、抽沙、编织、缝制、扎纳等服饰的手工技艺以及各种首饰的打制制作工艺，都值得传承和保护。许多的非物质文化遗产传承到今天，靠的是民间的智慧和力量。国家非物质文化遗产名录中的518项，基本都是民间创造的。广大民众创造了如此众多的国家级的非物质文化遗产，国家则更应该投入大量的资金和服务加以保护，因为这是国家的文化瑰宝。在非物质文化遗产的保护中，应该官民精诚合作，携手共建保护网。在文化遗产传承人不明白和没有认识到他所创造的文化价值和保护的必要性时，即使这种文化遗产进入名录，也无法期望得到长期的延续和保护。政府有责任在制定政策、组织资金投入等方面做好服务工作；而专家的责任在于对项目的调查以及经过田野作业，悉心考察和研究，告诉传承人他所创造的文化的价值意义在哪里，同时提出保护的建议。民间艺人、民间组织在政府和专家的指导服务下，对自己民族的文化遗产能加以精心保护和传承。只有调动了传承人的积极性，创造良好的保护环境，非物质文化遗产的保护才能持久，才能取得良好的效果。

传统文化负载着一个民族的价值取向，影响着一个民族的生活方式，拢聚着一个民族自我认同的凝聚力。传统文化是一个民族历史上创造的文化总和，是一个民族社会精神生活的表象。而文化遗产则是传统文化中传承下来的最精华部分，是各民族历史上遗留下来的值得保护的物质财富和精神财富。传统文化又是一个民族的历史生命在现实社会中的延续。它既具有历史性，又具有现实性。所谓历史性是指这部分文化是经过长时间形成并传承下来的；所谓现实性，是指这部分文化在现实生活中被继承，仍具有生命力，是一种“活”文化。传统文化可以变异、创新、重构，但文化遗产却只能保护其原形而不能重新创造。在继承传统文化的基础上，可以重构新文化；但文化遗产消失后，不可再生。有一种误解，认为只要是“传统的”就是好的，就要保护。其实“传统文化”是一个民族历史上形成并传承下来的“全盘文化”，在社会文化变迁的转型和发展期，这种传统文化不应当也不可能“全盘”保留和保护。我们保护的是“传统”中有价值的那部分。

文化遗产的传承是有规律的，保护和开发应该尊重这种规律。以民族服饰文化为例，其传承最具规律。每一个民族的服饰文化都是民间艺人的一种创造，也是民族标志的一种选择。民族服饰文化靠着人类社会的生息繁衍，靠着女性一代一代的角色置换得以传承，母传女、婆传媳、姑嫂妯娌相学习。留住传承，就是留住了历史，保存了文化的命脉。对于民族文化遗产，不仅仅是传承和保护，更重要的是赋予文化遗产更多的养分和活力，使之更滋润更焕发青春。如果文化遗产特别是具有活性意义的民族文化，不经常创新，不给予养分，其资源就会枯竭，就会消失。必须认识到保护不是僵化文化遗产，而是在保护的同时，可以随着时代的发展和需求，有所变革、有所创新，使文化遗产适应变化了的物质生活和文化生活。尤其是民族的服饰工艺，自然隐含创新的因素、时代的烙印。创新发展是对文化遗产最好的保护，但要首先掌握它的真谛，然后才能谈发展。没有发展就没有保护。许多文化遗产只有在社会中应用，才会受到人们的关注，才能得到继承和发展。对文化遗产的保护不只是外在的形式，更要保护它们赖以生存的自然和人文环境，做到万变不离其宗才是真正意义上的保护。

文化是一个民族的标志，非物质文化是文明传承中不可剥离的载体。各地申报非物质文化遗产的活动貌似势不可挡，却也暗含隐忧：当这股“申遗”之风过去，我们又该如何面对？除政策上的倾斜、少数人的研究之外，更为重要的，是你我的关注和参与。保护非物质文化遗产，不仅仅是一时的热情，更需要社会和人们的投入和长远有效的实行。

参考文献：

［1］祁庆富：《少数民族非物质文化遗产的抢救与保护》，http：//edu. qq. com，2006 年 08 月 26 日《光明日报》。

［2］陶立璠：《非物质文化遗产的定义、评价与保护》，http：//www. China. com. cn/。

［3］乌丙安：《中国文化语境中的非物质文化遗产界定》，2005 年 7 月 3 日中国网转引光明网。

［4］“中国非物质文化遗产保护论坛”论文摘登，《中国文化报》2006 年 8 月 4 日，http：//www. tsts. tv 转载。

深圳少数民族人口流动、社会融入与城市管理

郭正涛　张晓颖

1978 年的改革开放，引发了全国范围内大规模的人口流动，进入大城市务工、经商、学习的人越来越多。根据第六次全国人口普查的数据，全国总人口为 13.4 亿人，其中流动人口总数为 2.6 亿，比 2000 年增长了 81.03%，更多的人从中西部边远地区往东部沿海发达地区迁移、流动。改革开放的 30 多年来，随着边远地区的少数民族与外界的联系逐渐增多，少数民族地区吸引了大批前来"淘金"的外来人员，同时也推动了长期生活在边远闭塞地区的少数民族同胞向东部沿海地区大城市的流动。① 广东省是全国的经济文化大省。根据第六次全国人口普查数据显示，从全国流动人口的数量来看，广东省的流动人口为 3128 万人，占全省常住人口的 30%，占全国流动人口的 12%。而作为广东省经济中心城市之一的深圳，根据中国社会科学院民族学与人类学研究所的研究数据，2013 年深圳市的少数民族人口约有 80 万。② 根据深圳市统计局的相关数据，2013 年深圳总人口约为 1300 万，其中户籍人口 260 万左右，流动人口为 1040 万。深圳来自全国各地的少数民族人口数量近 100 万人，其中 95% 为流动人口。据有关资料统计，深圳市 55 个少数民族成分齐全，是我国为数不多的聚集全部 56 个民族的城市之一。其中，人口过万的少数民族包括壮族、苗族、土家族、瑶族、侗族、回族和满族等。

随着城市化进程的逐步加快，迁移、流动到深圳的外来少数民族同胞日益增多，外来少数民族来到深圳谋求生计、寻求发展的状况呈上升趋势。③ 外来少数民族人员的流动不仅活跃了城市经济，补充了城市劳动力的不足，也繁荣了城市文化和民族文化。城市外来少数民族人口的流动，带动了城乡经济的发展，促进了商品的流通，增加了社会的财富，增加了国家的收入，同时也有利于进一步缩小大城市与边远落后少数民族地区的差距。然而，由于外来少数民族同胞原有的生活环境、行为方式和风俗习惯与城市本地居民差异太大，他们迁移、流动至大城市后，一时间无法改变自己去适应城市的生活，这在一定程度上为他们融入新的环境带来了困难，也给城市少数民族管理工作增加了难度。④ 因此，深入分析少数民族人口流动的现象及其驱动因素，不仅对进一步促进少数民族地区的经济和社会发展有着长远的意义，也对全国各民族的融合与和谐社会的建设具有十分重要的意义。⑤

一、深圳少数民族人口流动的驱动因素

20 世纪 80 年代，随着改革开放政策的实行，我国的人口流动以前所未有的规模和速度在全国

郭正涛，广东技术师范学院民族学院教授。张晓颖，广东技术师范学院民族学硕士研究生。

① 郑信哲、周竞红：《少数民族人口流动与城市民族关系研究》，载《中南民族大学学报》2013 年第 3 期。

② 南方网：http://theory.southcn.com/rwln/shendu/content/2013-06/06/content_70452221.htm。

③ 金乃京、白俊彪：《我市少数民族外来流动人口管理及服务工作存在的问题亟待解决》，哈尔滨市民族宗教局，2009 年 7 月，哈尔滨市政务公开网：http://zwgk.harbin.gov.cn/auto336/auto369/200911/t20091105_45184.htm。

④ 张文静、乔木：《城市少数民族流动人口引发问题及管理对策研究》，载《法制与社会》2010 年第 3 期。

⑤ 吕红平、李英：《流动、融合与发展——少数民族地区人口流动研究》，载《河北大学学报》2009 年第 6 期。

范围内活跃起来。① 从那以后，少数民族从以前的探亲访友、投靠寄养、治病就医等原因而往来于全国各地，逐渐转变为以务工经商、工作调动、培训学习等作为主要原因而迁移、流动。随着社会的进步与经济的发展，经济性流动已经成为少数民族人口流动最主要的形式。② 据笔者对深圳回民餐厅少数民族进行的问卷调查和访谈显示，绝大部分外来少数民族来深圳打工的主要原因，都是因为珠三角城市有“金”可淘，他们迁移、流动至此的目的大多是为了挣钱。这些外来少数民族同胞普遍认为，他们来到大城市打工的收入，要比自己在家乡进行农耕活动的收入高得多。这不仅能改善家里人的生活，还能让子女在大城市里接受到更好的教育，从而达到“一人打工，一户脱贫，一家受益”的目的。③

美国学者 E. S. Lee 在 20 世纪 60 年代提出了关于人口迁移的“推力 - 拉力理论”（以下简称推 - 拉理论）。该理论认为，决定人口迁移、流动的因素，是流出地的“推力”和流入地的“拉力”。其中，推力因素是指包括失业、就业不足、耕地不足、缺乏基本的生活设施（如：学校、医院）、社会发展落后、自然灾害（如：洪涝、干旱）等在内的各种因素；拉力因素是指包括流入地就业机会更多、发展前途更好、工资更高、有更好的教育和卫生设施、有较好的居住环境等在内的各种因素。④ 推 - 拉理论有两个基本假设：第一，假设人们的迁移、流动行为是一种在理性选择下的行为；第二，假设流动人员对其原住地和流入地有着较为充分的了解。有了这两个假设，推 - 拉理论才能成立，这样一来，流动人员可以在权衡流出地与流入地之间的推力和拉力之后，从获取比较利益的角度出发来做出自己的选择。⑤

据笔者的调查数据显示，不同年龄段的深圳外来少数民族同胞迁移、流动至此的原因各异。其中，15 至 19 岁的少数民族青年迁移、流动到深圳的原因以培训、学习和务工、经商为主，其比例分别为 50.7% 和 28.3%；20 至 35 岁这个年龄段的少数民族则以务工、经商作为首要的迁移、流动原因，这其中 30 至 34 岁这个年龄段的少数民族为 45.8%，所占比例最大；而在 20 至 24 岁这个年龄段的少数民族青年中，其迁移、流动的原因则有 23.9% 为婚姻迁入，16.2% 为学习培训。⑥

1. 流出地的推力因素

经济学家刘易斯等人认为，劳动者从边远落后地区迁移、流动至大城市取决于城乡实际收入差距。改革开放以来，我国把现代化建设的重点放在了东部沿海地区，西部边远地区特别是少数民族地区受到的关注相对来说较少。因此，东部沿海地区与西部少数民族边远地区在资源的享有上存在着明显的差异。⑦ 少数民族地区的基础设施相对比较落后，生活条件也比较差，在传统的生产、生活方式的长期影响下，少数民族同胞接受外界新事物、新思想的能力较差，其收入和生活水平很难得到提高。而少数民族边远地区的开发不够充分，社会经济的发展也相对落后，因此就业的机会不多，工作的收入也不高。随着改革开放的逐步推进和市场经济的不断发展，越来越多的少数民族同胞背井离乡，千里迢迢来到大城市务工、经商，渴望通过在大城市里寻求更好的就业机会，打拼一番事业来提高自己的收入水平和生活水平。

土地是农民赖以生存的根本，随着各地区城镇化建设的不断推进，各少数民族地区的人均耕地面积在不断地减少。根据 2013 年国家发改委报告的相关数据，我国的耕地后备资源匮乏，可供开垦成耕地的地方不足 7000 万亩。尽管我国实行了严格的耕地保护制度，但是，受到农业结构调整、生态退耕、自然灾害、非农建设占用等因素

① 张翠玲：《东莞市流动人口管理问题研究》，吉林大学，硕士论文，2009 年。

② 吕红平、李英：《流动、融合与发展——少数民族地区人口流动研究》，载《河北大学学报》2009 年第 6 期。

③ 马建钊、陈晓毅：《珠江三角洲城市外来少数民族的流动与适应》，《国立民族学博物馆研究报告》，2006 年 30 卷 4 号。

④ 百度文库：http://wenku.baidu.com/view/16a2d2222f60ddccda38a0f0.htm。

⑤ 朱杰：《人口迁移理论综述及研究进展》，载《江苏城市规划》2008 年第 7 期。

⑥ 腾讯网：http://edu.qq.com/a/20120702/000380.htm。

⑦ 吕红平、李英：《流动、融合与发展——少数民族地区人口流动研究》，载《河北大学学报》2009 年第 6 期。

的影响，耕地的数量仍在逐年减少。[①] 城镇化建设的推进，不可避免地要将农用土地供城镇建设使用，这样也就必然会造成边远地区一部分的少数民族失去其赖以生存的土地。他们在失去土地后，在生存和发展问题的压力下不得不走出原住地，到大城市谋求发展。

2. 流入地的拉力因素

20世纪80年代中期，全国范围内掀起了“要发财，到广东”的潮流。从那时起，包括各少数民族在内的大批流动人员纷纷南下打工，这便构成了“孔雀东南飞，一江春水向东流”的景象。改革开放30多年来，深圳从一个渔火薄田的边陲小镇发展成为蒸蒸日上的现代化城市，其综合经济实力在全国大中城市中名列前茅，它以工业化、现代化和城市化的快速发展而让世界称奇。深圳市是中国第一个经济特区，也是中国最年轻的城市，是中国具有一定国际影响力的国际化大都市。在深圳，就业的机会较多，工资收入较高，这里的教育和医疗卫生设施齐全，生活条件也比较好。深圳作为一个移民城市，长久以来一直是一个以外来人口为主的城市，它的包容性很强，这里汇集了中国各省市乃至世界各地的人，外来人口很容易就能融入其中。吸引着大量的外来少数民族同胞不远万里来到深圳务工、经商、培训、学习等。

3. 国家的政策因素

改革开放以前，由于受到国家户籍制度、劳动用工制度、教育制度和社会保障制度的影响，少数民族同胞受到国家政策的限制，无法在全国范围内自由地迁移、流动。改革开放后，随着农村体制开始改革，限制人口流动的户籍制度开始逐渐松动，这为边远落后地区的少数民族同胞能够比较自由地进入城市，并在城市务工、经商、学习和生活创造了良好的条件。[②] 在此期间国家相继出台了一系列人口流动相关政策，这些政策取消或简化了一些针对城市外来务工流动人员的行政审批手续和收费项目，这一举措对少数民族人口流动产生了重要的推进作用。[③]

二、深圳少数民族人口流动社会融入现状

根据第六次全国人口普查的数据，我国流动人口数量占全国人口总量的16.5%，具体数字为2.21亿人。2013年国家人口计生委发布数据显示，近3年来我国的流动人口以每年1千万的速度持续增长，在未来30年里将会有3亿农村人口流动进入城市。据资料显示，我国农村迁往城市的少数民族流动人口呈逐年增长的趋势，[④] 而珠三角城市则成为了外来少数民族流动人口最多和增长最快的地区。[⑤]

深圳是我国的经济特区，港资、外资和台资公司和工厂众多，还有很多的内联企业和私营企业，因此吸引了大量的外来流动劳动力，来自各地的少数民族同胞也不计其数。[⑥] 由于少数民族同胞与汉族同胞在衣食住行各个方面都迥然不同，当他们离开原住地而加入流动人口的行列走进深圳这个大城市时，将要面临的困难和将会出现的问题有很多，他们可能需要用很长的时间才能适应和融入新的环境。外来少数民族同胞迁移、流动到深圳，他们不仅会遇到一般的流动人口会遇到的各种困难与烦恼，还会遇到少数民族流动人口的特殊困难和特殊问题。[⑦]

1. 经济活动

据笔者的调查，有55%以上的深圳外来少数民族同胞对于自己的收入表示满意、比较满意或很满意，而有少于45%的少数民族流动人员对于自己的收入表示不满意或很不满意。[⑧] 笔者调查

① 新华网：http：//news. xinhuanet. com/2010－08/26/c_12488898. htm。

② 班丽萍：《少数民族餐馆流动人口的城市适应研究》，中南民族大学，硕士毕业论文，2013年。

③ 吕红平、李英：《流动、融合与发展——少数民族地区人口流动研究》，载《河北大学学报》2009年第6期。

④ 班丽萍：《少数民族餐馆流动人口的城市适应研究》，中南民族大学，硕士毕业论文，2013年。

⑤ 南方网：http：//theory. southcn. com/rwln/shendu/content/2013－06/06/content_70452221. htm。

⑥ 商万里：《论沿海城市少数民族流动人口现状及服务管理工作思路——以深圳为例》，载《商丘师范学院学报》2012年第8期。

⑦ 中国民族宗教网：http：//www. mzb. com. cn/html/Home/report/345921－1. htm。

⑧ 班丽萍：《少数民族餐馆流动人口的城市适应研究》，中南民族大学，硕士毕业论文，2013年。

到，在迁移、流动到深圳的外来少数民族同胞非户籍人口中，85.69%的人自认属于“弱势群体”，46.58%的人自认属于“低收入群体”。①

部分来自甘肃、宁夏、新疆、云南等少数民族聚居地的少数民族流动人员，他们从事的经济活动有固定经营与流动经营两种。前者主要以从事餐饮业为主，如“清真饮食”、“兰州拉面”等；后者则有“烤羊肉串”、“卖葡萄干”、“卖切糕”、“贩卖兽角兽皮兽骨”等。他们没有固定的经营场所，一般都是当街叫卖，这也给城市管理人员的工作增添了很多的困难。部分来自我国西部地区的少数民族青壮年，他们的学历不高，文化程度较低，但有着较强的环境适应能力。这些少数民族同胞有的在建筑工地进行体力劳动，有的则在劳动密集型单位打工，在用工单位的管理下与本地居民关系融洽。迁移、流动到深圳的部分文化水平不高和专业技能缺乏的外来少数民族同胞，如卖羊肉串、卖葡萄干的新疆维吾尔族流动人员；又如卖民族工艺品的藏族、彝族、羌族流动人员，他们的就业渠道和就业选择范围都比较窄，经济收入也比较低。② 少部分迁移、流动到深圳的高学历、专业技术较强的外来少数民族同胞，他们有的从事教育工作，有的从事医疗工作，有的则在企事业单位从事行政工作。他们收入较稳定，居有定所，不愁吃穿，这部分外来少数民族同胞很快就融入了深圳的城市生活。

2. 文化活动

除了汉族流动人员来到深圳需要克服的城乡差异外，外来少数民族同胞来到深圳并融入这个城市还需要跨越文化上的差异。③ 外来少数民族同胞迁移、流动到深圳，首先要克服的困难就是语言沟通问题。对于一些过去长期生活在本民族聚居地的少数民族同胞，他们一直说的都是本民族的语言，例如拥有自己本民族语言和文字的蒙古族同胞。④ 他们流动到深圳后，如果因为语言不通而与本地居民在沟通上存在障碍，就会对其在城市的适应与融入造成严重的影响。⑤ 外来少数民族同胞来到深圳寻求自身发展，由于语言沟通的问题而引发与城市本地居民的矛盾的事例有很多。据笔者了解，深圳有些蒙古餐馆的汉族服务员对于招待蒙古族少数民族感到十分烦恼。当服务员用普通话问他们要点什么菜时，这些蒙古族少数民族同胞会以服务员没有用蒙古族语言向他们问话为理由而拒绝点菜，他们故意让服务员为难，这让服务员非常生气。

对大部分的流动人口来说，饮食并不是一个很难适应的方面，但对于少数民族流动人口来说，饮食有时是一个很难适应的事。尤其是对于那些有自身特色饮食的少数民族来说，要适应深圳的饮食是一个比较难而且还比较慢的过程。为了使外来少数民族同胞更好地适应并融入这个城市，深圳提供了很多供少数民族同胞饮食的清真餐厅，同时也吸引了众多的汉族同胞前往品尝。据笔者对深圳回民餐厅的少数民族进行的访谈，他们没来深圳之前，还怕自己会不习惯那里的饮食。但来到这里之后，发现城市里有专门为少数民族建起的多间清真餐厅，里面都是他们本民族的菜，因此心里感到很温暖。⑥

3. 人际交往

外来少数民族同胞流动到深圳后，他们的人际交往以血缘关系、同乡关系、邻里关系为主，以亲朋好友、老乡等为主要交往对象。这些少数民族同胞的职业发展、生活交往和语言交流主要在同族和同乡圈子范围内。在人际交往上，他们对族缘和地缘的过于依赖，导致其社会交往的规模较小。⑦ 而深圳本地居民也对外来少数民族同胞

---

① 南方都市报：http：//epaper. oeeee. com/A/html/2013 - 07/10/content_1892211. htm。

② 商万里：《论沿海城市少数民族流动人口现状及服务管理工作思路——以深圳为例》，载《商丘师范学院学报》2012 年第 8 期。

③ 朱荟：《城市少数民族农民工：怎样与社会融合》，载《中国民族》2011 年第 4 期。

④ 班丽萍：《少数民族餐馆流动人口的城市适应研究》，中南民族大学，硕士毕业论文，2013 年。

⑤ 王艳：《少数民族离土就业者的城市适应研究——基于武汉餐饮业外来少数民族务工者的调查》，华中科技大学，硕士毕业论文，2008 年。

⑥ 班丽萍：《少数民族餐馆流动人口的城市适应研究》，中南民族大学，硕士毕业论文，2013 年。

⑦ 朱荟：《城市少数民族农民工：怎样与社会融合》，载《中国民族》2011 年第 4 期。

持敬而远之的态度，总是将少数民族同胞当成异类来看待。笔者对深圳回民餐厅里的一个少数民族顾客进行了采访，该顾客表示，有时他觉得那些本地居民就是看不起他们这些少数民族。他和亲人、朋友去坐公车或去买东西时，总能感觉到那些本地居民用异样的眼光看着他们，因此他很少出门，就算出门他也会尽量避免接触那些本地居民。[①] 这样一来，他们与深圳本地居民的关系疏远，双方之间始终存在着一层深深的隔膜，这不利于其迅速融入到城市社会之中。[②]

另外，外来少数民族同胞对族际通婚的接纳程度影响着深圳外来少数民族同胞的婚姻选择，大多数的少数民族不接受族际通婚，这也阻碍了其社会融入的顺利实现。[③] 当少数民族进行族际通婚时，族际通婚是否可行直接受到宗教和信仰的影响。例如，如果汉族人与回族人通婚，那就会比较困难和麻烦。尽管大多数的回族人与汉族人在语言沟通上不存在障碍，但是双方在宗教和信仰这两方面的差距仍然相当大，这主要是因为回民忌讳吃猪肉，而汉族人则在节庆时大多会选择宰猪。

4. 身份认同与心理归属

少数民族同胞从原住地迁移、流动到深圳这个陌生的城市，他们渴望得到本地居民的接纳与认同。由于身份地位上的差异，导致他们与城市本地居民地位不平等，这往往会使外来少数民族同胞产生自卑心理，不自觉地将自己与社会隔离、与人群隔离，无法与城市本地居民正常交往。[④] 那些常年拿不到深圳户口的外来少数民族同胞在城市的边缘徘徊，然而又似乎与城市格格不入。他们的收入较少，生活水平较差，尽管他们生活在大城市里，但却感受不到城市的温暖，成为了城市的“边缘人”。[⑤] 根据笔者对深圳回民餐厅少数民族的访谈，在餐厅的少数民族同胞里，有 19% 的人认为自己是城市人，有 81% 的人认为自己不是城市人。当少数民族同胞离开家乡，来到一个陌生的城市，他们面对的不仅是巨大的文化冲击，还要面对语言不通、饮食不习惯、社会生活的条条框框等种种困境，他们很容易会产生迷失、茫然、疑惑、排斥甚至恐惧的感受。这使城市外来流动人口的社会融入问题在城市外来少数民族同胞的身上将变得十分复杂和麻烦。[⑥]

此外，外来少数民族同胞在其原本居住的少数民族自治地区享受很多政策上的优惠，但有些优惠政策他们在深圳这个大城市是享受不到的。例如，少数民族同胞在他们原本居住的少数民族自治地区自己当家做主，但迁移、流动至深圳后，他们中的大多数逐渐成为了这个城市的边缘人和弱势群体。在少数民族聚居地区，政府鼓励并资助少数民族开展各项具有民族特色的活动，而在深圳，政府的城市民族工作却更加注重当地世居少数民族同胞而忽视了外来少数民族同胞。[⑦] 这或多或少会使外来的少数民族同胞来到深圳后，不自觉地在心理上对这个城市产生一种抗拒感。

三、深圳少数民族人口流动的城市管理

随着大量的少数民族同胞陆续迁移、流动到深圳，各个民族的文化在同一个城市互相碰撞，该市的社会管理工作也面临新的困难、新的挑战。首先，诸如乱摆摊设点，不办工商经营许可证、税务证的情况屡见不鲜，这使少数民族的管理工作比较困难；其次，宗教生活权益保障、子女入学教育等问题比较突出，少数民族的权益保障比较困难；再次，少数民族违反犯罪事件屡有发生，社会治安受到影响；最后，大部分的少数民族在新环境里的被认同感与归属感依然缺失，这对他

① 班丽萍：《少数民族餐馆流动人口的城市适应研究》，中南民族大学，硕士毕业论文，2013 年。

② 娄底统一战线：http：//www.ldtzb.cn/ldstzb/ShowArticle.asp？ArticleID＝2048。

③ 朱荟：《城市少数民族农民工：怎样与社会融合》，载《中国民族》2011 年第 4 期。

④ 李伟梁：《少数民族流动人口的城市融入》，载《黑龙江民族丛刊》2010 年第 2 期。

⑤ 张晓岩：《镜中与镜外——从“第六代”电影看“城市边缘人”》，载《解放军艺术学院学报》2005 年第 10 期。

⑥ 朱荟：《城市少数民族农民工：怎样与社会融合》，载《中国民族》2011 年第 4 期。

⑦ 张红：《少数民族人口在城市的适应与发展研究》，中央民族大学，硕士毕业论文，2011 年。

们融入新的社会环境造成了很大的影响。①

1. 加强流出地与流入地的沟通与合作

由于外来少数民族同胞的居住地较为分散，而且大多数的少数民族流动人员都没有深圳本地户籍，政府很难掌握他们的具体情况。深圳市政府应该与少数民族流出地政府进行更多的沟通与合作，这样能更多、更详细地了解迁移、流动至此的外来少数民族同胞的具体情况，从而更好地对他们进行管理与服务。城市相关部门应该与少数民族流出地政府加强沟通，积极采取有效的措施解决少数民族流动人员在城市的各种突发状况，尽力缓解少数民族同胞与汉族同胞的矛盾、纠纷与冲突，维护同一城市里各个民族同胞的和谐友好关系，进而维持社会的稳定，这样才能促进少数民族地区与城市的共同发展与共同进步。②

2. 对城市本地居民进行少数民族知识的宣传教育工作

各学校应该组织学生参观、游览深圳中国民俗文化村，在欣赏少数民族的民间艺术、民俗风情、民居建筑与品尝民族风味小吃的同时，深入了解各少数民族的风土人情与独特风俗，拉近与少数民族同胞的距离。另外，学校还应该开设相关课程把少数民族知识普及到每个学生、每个老师、每个教职员工。相关部门还应该充分发挥媒体的作用，将少数民族的相关知识普及到城市的每一个角落，普及到每一个居民。政府可以统一印发少数民族知识宣传手册，并派发到每个工作岗位的每个职工，引起社会各界对此的关注。

3. 对外来少数民族进行城市规章制度与法律知识宣传教育

深圳市政府应该将城市外来少数民族同胞组织起来，对其进行有关城市生活行为习惯和城市各项规章制度等方面的宣传教育和培训。③ 同时，少数民族地区政府应该从少数民族地区的行政领导开始，再到少数民族地区的基层干部，再到各个单位、各个群体，制定严格的法律学习规划，明确法律学习的时间，从而一级级、一层层地严格落实法律知识的学习。少数民族地区如果有条件的话，应该利用当地的广播广泛宣传违法犯罪所造成的危害，列举具体的事例以示警戒，逐渐使少数民族地区人人学法、人人懂法，进而人人守法。这样当少数民族同胞迁移、流动至大城市后就不会因为不知法、不懂法而去做不守法的事情。

4. 保障外来少数民族的合法权益

深圳的外来少数民族同胞也是社会公民之一，他们理应平等地享有与本地居民一样的合法权利。本地居民应该消除对外来少数民族同胞的歧视，不能因为他们是少数民族，其外貌衣着、宗教信仰与我们不同，其户籍不是本地的等等原因而把他们当成异类区别对待。城市民族工作部门应该积极主动地为维护少数民族的合法权益行动起来，要树立正确的服务意识，并且端正自己的工作态度，切实保障好少数民族同胞在生活中、工作中的合法权益。迁移、流动到深圳发展的少数民族同胞也应该了解与学习权益保障的相关常识，首先应该明确自己与本地居民同样地享受国家提供的帮助，平等地享受作为公民应该享受的全部合法权益，了解自己应该享有何种合法权益，以及如何去维护自己的合法权益。④

5. 拉近少数民族与汉族心的距离

政府可以组织学校师生、社会组织、企业单位等群体的少数民族与汉族人员共同参加文体活动来拉近彼此的距离。例如，政府可以举办各民族间的歌唱比赛、体育竞赛和美食大赛等活动，让大家在共同参与的过程中加深对彼此的了解，消除彼此之间的隔阂。各中小学可以尝试开展“汉族学生学跳少数民族舞蹈，少数民族学生学跳汉族舞蹈”的活动，在学校这个大环境中营造良好的各民族同胞和谐相处的局面，在学生心中深化民族团结、各民族和平共处的理念，从学校开始着手，拉近少数民族与汉族同胞心的距离。

6. 完善少数民族矛盾处理机制

外来少数民族同胞迁移、流动至深圳，在这里为生活艰苦奋斗的同时，无法避免地会遇到各

① 南方网：http://theory.southcn.com/rwln/shendu/content/2013-06/06/content_70452221.htm。

② 张红：《少数民族人口在城市的适应与发展研究》，中央民族大学，硕士毕业论文，2011年。

③ 张红：《少数民族人口在城市的适应与发展研究》，中央民族大学，硕士毕业论文，2011年。

④ 王允武、王莹：《城市流动少数民族人口的社会保障权及其实现》，载《民族学刊》2011年第1期。

种困难，也免不了会与本地居民产生矛盾，产生分歧，发生冲突。这个时候，有关部门能否大事化小、小事化了地把问题解决好，事关民族关系和谐与否和社会的稳定与否。在处理少数民族与汉族同胞的突发事件时，应当充分考虑到少数民族特有的民俗习惯和宗教信仰，要充分顾及到他们的感情，在依法办事的前提下以理服人、以情动人，并及时妥善地做好心理安抚，心理辅导和心理疏导的工作。少数民族聚居的社区应该设立心理咨询站，当外来少数民族同胞在学习中、生活中、工作中遇到不顺心的事情，或是遇到不公正的待遇时，可以有地方让他们倾诉内心的不安与不满。心理咨询站的工作人员应该耐心倾听这些少数民族同胞内心的诉求，并尽量帮助他们解决困难，排解内心的苦恼。

西双版纳自然环境体系之价值所在，天然性还是人工性

——兼及自然再生可能性的探讨

[日] 刘刚撰　蒋芳婧译

一向被誉为自然环境优美的西双版纳，的确曾经广为原始森林覆盖。然而，自20世纪60年代起，随着主要以外来人口大量迁入与橡胶林种植开发发展方式的盛行，导致自然环境遭受严重破坏，如今已逐渐演变为人工造林的景观覆盖。① 傣族是世居西双版纳的主要民族，他们的生活文化方式自古以来与大自然密不可分、千丝万缕。到20世纪50年代，② 用现代标准话语来说，即便在世界范围内，把以少受外界干扰著称的其他所谓未开地区（如南美亚马孙森林地带等）放进来一起考察，当地也是在原生林地带颇为少见地保存着具有规模开发并以稻作为主的农业体系。可以说西双版纳就是后世称为"可持续发展社会模式"资质的天然森林（俗话说的原始森林）地域。③ 然而在60年代开始的种种经历之后，这一自然环境优越的地区正迅速衍化成人工种植为主的景观。这一进程如今依然在演进，并一直受到中国以及全世界的关注（刘1982—2012，④ 黄2012）。和中国其他地域同样，这一地区的发展亦总是纠缠于开发和保护之间，总是满足于以"如今"的正确去否定过去，而对发展的选择缺乏科学而系统以及实事求是的论证，造成开发方式的负面循环和不可逆趋势。

近年来，中国的富裕阶层希望开发西双版纳，使之成为继海南岛之后的另一个"热带雨林风格"的观光度假地，兴起了所谓"旅游地产"热。⑤ 而西双版纳州政府也欢迎这种方式，以图推进经济

刘刚，日本冲绳大学教授，广东省民族宗教研究院客座教授。蒋芳婧，留日博士，天津外国语大学讲师。本文原为《中国云南的开发与环境》（村上勝彦、松本光太郎编）第7章（日本经济新闻社，2013）。

① 本文区别使用"天然"与"自然"两个词。比如对森林，就有天然性森林和人工性森林之区别。

② 有史以来，本地区以盆地为中心，由傣族形成勐权力圈，与缅甸、老挝、泰国北部连成贸易区，傣系平地民与山地各民族集团在此展开生态与文化活动。从18世纪初期起，中国核心地区的影响在此地区逐渐增强，然而真正的开发与汉文化则始于20世纪50年代。

③ 版纳的特殊性也为日本资深东南亚、越南研究者樱井由躬雄教授所认识。他在回答笔者的提问时说，北边的版纳，相对于越南及其他东南亚北部地区，完全是另一个范畴的问题。

④ 笔者自1982年开始到2012年，几乎每年都去版纳一次或数次，跟踪调查了20年，对版纳的变化可谓耳熟能详，了然于心。笔者调查研究版纳多年，但形诸文字者少，总觉得对版纳的研究文字虽多，但隔靴搔痒的不少。本文此次以中文面世，只能说是笔者的一份小小答卷，但愿能以小喻大，见微知著。

⑤ 旅游地产最早兴起于海南。20世纪90年代中后期，为了盘活当地房地产，海南的开发商提出了"旅游地产"这个概念，但其实质是打着旅游开发的旗号开发住宅物业。尹婕：《旅游地产如何满足休闲刚需?》，载《人民日报（海外版）》2013年5月9日第08版。

开发。① 不用说，这给保护西双版纳的大自然与文化的多样性带来了又一重考验。我们知道，在一个狭小而富含自然因素的多样性空间中，力图寻求“大而全”的发展模式，往往容易酿成过犹不及、事倍功半或功败垂成的效果，是需要特别慎重的。因为这些不断涌现的由市场化引起的时髦需求，会带来难以预测的相互掊抗抵消的效果。

笔者从 20 世纪 80 年代初与西双版纳结缘之际，就被其自然环境与人文因素有机结合的魅力深深折服。本文拟在经年田野调查的基础上，对西双版纳自然环境的保护价值及再生问题加以探讨。

一、曾经美妙绝伦的“人间乐园”

（一）热带雨林的自然环境

西双版纳在傣语中意为“十二版纳”，其中的一个版纳（传统行政区域）被划分到法国殖民时期的老挝，如今为琅勃拉邦的一部分。还有一个版纳成为普洱市江城哈尼族彝族自治县的一部分，已不属于西双版纳傣族自治州管辖。也就是说，西双版纳以前的范围比现在广阔。到 20 世纪 50 年代，西双版纳被誉为“人间乐园”。这里水土丰沃，一年一轮种植的水稻（主要是糯米）产量充足，除满足西双版纳人的粮食需求外，还供应云南省其他地区的需求，甚至有时候多到剩余部分可用来做炊事的烧柴（陈 1984：序 4—6，31—32；陶 1948：6，21）。

西双版纳位于云南省最南端，北纬 21 ~ 22 度，毗邻印支半岛北部山地，横跨湄公河上游（澜沧江）两岸，为世界三大热带雨林之一——东南亚热带雨林的北端。② 西双版纳所处的云南省南部一般海拔较低，但西双版纳的西北部海拔较高。气候方面，6 月初至 10 月中旬为雨季，10 月下旬到 5 月下旬为旱季，旱季进而可以分雾旱季（10 月下旬到 11 月下旬），雾冷季（12 月上旬到 2 月中旬），干旱季（2 月下旬到 3 月下旬），干热季（4 月上旬到 5 月下旬）。旱季时大气稳定，盆地多雾。20 世纪 50 年代，有雾天年平均为 166.3 日，最多时可达到 210 日。③ 雾气的持续天数以 10 天为多，一天平均有 8.1 个小时有雾，雾露量达到每天 0.4 毫米，雾的厚度从地表可达到海拔 1000 米之高（杨 1987：55—56）。因此，西双版纳也被称为“雾州”。

西双版纳由大大小小 49 个盆地组成，因地形因素阻止了北部寒气恣意流入，因此而超越一般纬度的限界成为高纬度亚热带地区。在此众多盆地中，滋生了大量的浓雾。由于气候高温多湿，因此不受台风侵袭，由于盆地的凸凹等地形、地理条件综合作用，造成了号称小气候的“局地气候”，即在数十平方公里之内的地区发生的特征性气候。一般来说，气温随海拔增高而变低，但是，在西双版纳，由于盆地地形与热带雨林的存在，

① 西双版纳新任州长罗红江仍然认为“发展旅游地产肯定不是带来污染的原因”。这些产业能带动发展，而经济好了，老百姓也就不会随便砍树破坏植被和生态了。但问题的根本不在于具体的某个产业，而是发展的观念问题。比如橡胶林的过度发展，虽然一部分人的现金收入增加了，但全体居民的生活环境却破坏受损，就是得不偿失，有“饮鸩止渴”之虞。“橡胶产业占西双版纳 GDP 的比重大，不过虽然橡胶产业对植胶地区农民的增收作用显著，但对当地财政的贡献甚少。恶果（已）现”，“绿色王国”饮用水源也断流，“版纳这几年气候变了，环境也没有以前那么好了。气温越来越高，树被砍得太多，山沟里的水源都断了。”从小生长在景洪的刀鹏认为这些不好的变化都和种植橡胶有密切关系。见中国橡胶网 2013 年 7 月 31 日发布《消除生态隐忧 版纳胶园要改走“环境友好”路线了》，笔者于 2014 年 1 月 17 日查询。

② 世界三大热带雨林分别为东南亚、亚马孙（南美）、刚果（西非）。西双版纳的热带雨林以望天树等为标志。地处中老缅交界的这一地区，乃是世界生物多样性最丰富和热带雨林重点分布地区之一，由于特殊地缘政治经济特点，又处于“金三角”腹地，一直备受国际社会关注。近年来该地区最显著的土地利用/土地被覆率变化的特征是，天然林地面积不断减少，橡胶林地面积不断扩张。全球性橡胶需求的增加，以及中国、越南、泰国投资者对橡胶种植利益的追求，国际社会对罂粟替代种植的关注，都是该地区橡胶种植的驱动力。橡胶林地的扩张，已经成为中老缅交界地区主导性土地利用类型，橡胶树已经成为罂粟替代种植的重要经济作物，橡胶种植已成为中国及东南亚国家地区重要的支柱产业和优势产业。随着经济增长对天然橡胶需求的持续上升，未来中老缅交界地区橡胶种植面积估计会进一步扩大。

③ 有雾天的计算根据西双版纳的不同地区而不同，本数据应为当时景洪县的数据。根据《西双版纳自然保护区气候考察报告》，20 世纪 50 年代为 166 日，60 年代为 124 日，70 年代为 118 日。

使当地在海拔900米左右产生了逆转层。因此，位于此高度的山地居民村落冬天暖和，满足了生活条件。对山地居民来说，这个条件十分重要。在这样的地形与气候条件下，形成了傣族居住在盆地平原，其他少数民族居住在山地的格局，并对他们的生活与文化样态的形成有很大影响。

国家、省以及州政府都将西双版纳作为“动植物王国”、“生物遗传基因宝库”、“生物多样性中心”、“北回归线上所剩唯一的绿洲”、“孔雀故乡”、“普洱茶故乡”等掠人耳目的言喻用于广报宣传，媒体与电视节目也经常报道西双版纳。西双版纳作为“动物王国”，栖息着756种野生动物，是国内野生动物种类最多的地区，占全国的25%，云南省的46%。其中哺乳类为108种，占云南省的43%，其中有许多珍贵动物，如亚洲象、虎等，鸟类为427种，占全国的36%。

广阔的亚热带雨林即温带林带来了适合各种植物生长的气候。作为“植物王国”，全国五分之一的野生植物都能在西双版纳找到，药用植物更是多达1000种以上，被誉为植物遗传基因宝库（许2011：58—63）。西双版纳面积只有2883.5万亩（19223平方公里），仅占全国国土面积的0.2%（刘等主编1990：4），却拥有如此丰富的生物多样性，为孕育出以傣族为首的独特的西双版纳民族文化奠定了基础。

（二）傣族的“自然、生态、人文圈”

傣族在全中国的人口约为120万，几乎都聚集在云南省西南部，其中西双版纳是聚集最多的地区。从文化乃至生态生计性特征上可将他们划分为几个族群，其中人口最多的是包括西双版纳傣族在内的水傣（傣泐）。他们居住在海拔较低的平地与小盆地，过着以种植水稻为中心的生活。在傣族聚居的小盆地，流传着这样一句话：“因有树而有水，有水而有水田，有水田才有粮食，有粮食才有生活”，这反映了当地发达的水稻文明的存活法则。同时，这句话也反映了傣族对自然的观念，这种思维方式对自然环境也产生了很大的影响，衣食住行等生活的所有方面都与热带雨林息息相关。①

到20世纪初为止，西双版纳还不尽为外人所知，新中国成立前，那里是以傣族为中心的孤立王国，给外部的印象是未开化之地。但是，在那里发展了全世界罕见的森林农耕文明，形成了珍贵的“自然、生态、人文圈”的独有生态体系。如陶渊明所描绘的桃花源一样，与俗世（国内其他地区）多有阻绝，未受战争灾害，是一个相对平和而宁静向好的世界。他们的观念由森林、水、土地、食物、人五个部分组成，生活悠然自得，性格宽容而体贴，很少发生争执或吵架，尊重小乘佛教，生活气氛祥和。8世纪以后，佛教普及，西双版纳曾经有360座寺庙（如今为220座），藏有8.4万部佛教典籍，男子从9岁开始进入寺庙修行。因此，当地充溢着对人、对异民族、对物（自然环境）的关系上祥和、友爱的思想（徐1989：13—15）。

傣族的所有村庄与社区都有森林的“神圣之家”，即竜山、竜林，加上竜树，都是禁止砍伐的对象，违背禁令者将受到拘禁等各种刑罚（徐1989：17—25）。对傣族人来说，人是生态系统的一部分，傣族在建造傣族特有的高脚竹楼时使用竜山的森林，而竜山的森林作为水田等的水源涵养林发挥着重要作用，森林对人们的生活做出了重大贡献。

由于傣族从森林获得许多收益，因此他们十分注意不要损害森林的再生功能，十分重视对后代传授保护森林重要性的教育，尤其重视为自己提供了宝贵生活资源乃至绿色景观的竜山与竜林，指定可采伐建材的竜山，并限定砍伐量。砍伐竹子时，定下了“砍一留三”、“砍老留新”的规则。在捕鱼或动物时，避免“竭泽而渔”（许1998：24）。

对西双版纳的森林存续发挥了重大作用的竜山与竜林，在20世纪60年代末时，整个州有400处以上，占地约43～72万亩（其他计算为75万亩），占州总面积约1.5%～2.5%（裴2006：58）。例如，竜南圣山位于景洪市与勐海县交界处，海拔为600～2300米，曾经占地8万亩之多。

---

① 郭艳春尝试探讨了傣族所具有的植物知识对植物及生活的作用、对保护环境所产生的意义、对人与环境和谐相处、农村的可持续发展所发挥的作用（郭1997：489—510），这样的研究十分重要。

它不仅是傣族的圣山，也是其他山地民族尊崇的圣山，其历史可上溯至900年前。在古代，由召片领（西双版纳王国的国王）主导每年两次举行“山祭”，即祈雨（7月）与祈晴（11月）。如今仍然是占地约5万亩的四个集水域（坝子）的水源涵养林，为附近的水田提供珍贵的灌溉用水。根据从80年代开始进行的对竜山与竜林的研究，竜南圣山的天然林从植生特点、群落结构、生态系功能等方面与原生林相同，都是富含深层多样性的绿色、浓绿色的森林。

但是，自20世纪70年代之后，西双版纳的竜山与竜林持续遭受破坏。如今，自然保存状况较为良好的地方仅剩小勐养的骑马山、大勐龙的曼养广竜山、竜南圣山等几处。由于开发，竜南圣山的天然林仅剩山顶部的1.95万亩，分布在山腰的约1万亩竹林由于过度砍伐而面临灭绝危机。约有800年历史的大勐龙原本拥有60.6万亩森林（包括竜山与竜林之外的森林），但是在1958年至1962年四年间受到严重破坏。1956年苏联专家在此处建立观测站，进行科研，1958年被指定为西双版纳的第一个自然保护区，那时，森林面积为50.7万亩。但是由于1960年前后进行的橡胶林开发，使森林面积锐减至104亩。1978年，保护区被废除。

（三）傣族的农业体系与山地民族的生计

傣族的传统农业与汉民族地区不同，后者的农业一般是“精耕细作”，由于栽培物与土壤养分单一，因此需要各种人工努力。与之相比，傣族的传统农业由多种要素构成，如农田作物类、果蔬类、药用植物类、香料、油料、调味料类、饮料类、纤维染料类、蔬菜野菜类、观赏花卉类、动物家禽类、鸟兽昆虫类、薪炭类、多用途林类等。由于深受以热带雨林为主的森林的惠泽，傣族利用丰富的森林养分种植水田。用现代的话来说，这简直就是超大规模的、与生物共生的循环型农法。

将肥沃的饱含森林腐殖土养分的土壤用于农作，就可以近乎天然地栽培水稻。也就是说，水稻收割后，不用进行褥耕，留下水稻株与稻秆，稻株与稻秆发芽，牛吃掉稻芽，留下牛粪在水田里。灌水后，稻株与稻秆在水中分解，生发出大量微生物、微小动物、昆虫类与藻，成为其他生物的食物，而藻与植物性浮游生物通过光合生成氧气，为生物创造居住环境。休耕状态的水田创造生物的生存循环，建立起丰富的生态系统。在水田里留下稻桩，使之成为新稻的肥料以及蚯蚓的食物。而蚯蚓令水流动变得顺畅，增加良性微生物，使稻草充分发酵，产生充分的有机物质。这一点十分重要，这与现代社会的今天，人们追求有机物无农药栽培的目标是不谋而合的。不使用人畜粪，可以栽培出鲜美可口的蔬菜与香辛料。然而，傣族人比起栽培有机蔬菜，他（她）们更喜爱吃水中与山上生长的取之不尽、丰富而多样的野菜。

20世纪60年代之后，随着森林减少，上述农业体系也发生着很大的变化（刘1993：11—44）。森林的减少促进了农业体系的变化，而农业体系的变化又带来了森林的减少与生态系统的进一步破坏。

另一方面，山地民族的烧地耕作（广义的刀耕火种）与上述逆转层（逆温层）的上限具有密切关系（陈2000：51—52；白坂2004：273—282）。当地居民对于雾的作用有丰富而深刻的认识，认为“干季雾河谷，雨季雾高山”，从而使得坝区终年湿润滋养宜人。

二、西双版纳森林的变貌

（一）森林的减少

1. 森林覆盖率的下降

西双版纳由于开拓农地等，森林持续遭到破坏，面积不断缩小，尤其是热带雨林的减少最为显著。或许与其说是森林减少，不如说是森林的性质改变了更为准确。显示森林减少的一个重要指标是森林覆盖率，但是很难掌握西双版纳的精确数值，由于概念与定义变化等因素，要获取首尾一致的系统数据几乎是不可能的。① 因此，关于森林面积、森林覆盖率以及下一小节里论述的橡胶林种植面积，我们只能论其大概情况。1950 年前后，根据当时的纪录片（中央新闻电影制片厂 1962；云南林学院《云南森林》编辑委员会 1986；云南省地方志编纂委员会编 2003）以及笔者的田野调查，西双版纳拥有许多繁茂森林，常见猴群、象群、虎、豹，城镇里除自由市场外没有其他设施，盆地的田间丘陵也有原生林这样的森林庇荫。

上面提到，由于砍伐导致森林覆盖率降低是从 20 世纪 60 年代开始的，确切地说，是以 1958 年开始的大跃进运动为开端的。从 50 年代到 70 年代，继“大跃进”运动之后，还开展了“人民公社化运动”、“文化大革命”。人们积极砍伐森林，以图使粮食增产以及橡胶林开发得以实现，另外还发生了多起森林火灾也是原因（刘 1995：89）。“文革”过后，80 年代前期，为使粮食增产以及应对燃料不足，许多森林持续遭到砍伐（云南日报 2000）。

根据杨世俊的推算，1949 年新中国成立后森林覆盖率为 60% 到 70%，1963 年便迅速跌至 37%，之后，70 年代中期降为 34%，70 年代末期为 30%，80 年代中期为 28%（杨 1987：467）。② 根据中国科学院的报告，1990 年森林面积为约 789.3 万亩，森林覆盖率为 27.51%。

也就是说，20 世纪 50 年代末期之后，人口增加、盲目地开采以及砍伐造成了森林面积的大幅减少。从 60 年代到 80 年代的 30 年间，西双版纳合计损失了 1000 万亩森林，年平均达到约 30 万亩（朱 1996）。另外，在 1963—1982 年的 20 年间，森林减少了 444 万亩，而 1963—1973 年的 10 年间，灌木林面积增加了 467 万亩（西双版纳州林业志编辑组 1998：64）。从那以后至今，在改革开放政策之下，人们依然不时身不由己或迫不得已地对森林持续进行砍伐。

2. 森林概念与定义的变化

然而，进入 90 年代之后，西双版纳对于森林的认识发生了各种变化。由于保护森林的思想成为世界性潮流，因此至少在表面上，人们不得不表明或表示保护森林。③ 经历了数十年的开发与森林破坏之后，非常奇妙的是，在橡胶林开发的热潮中，20 年不到的时间里，西双版纳的森林覆盖率，却从 90 年代到现在（2012 年）、官方发布数据一直保持在 50% ~70%，呈上升的曲线。这与上述的 20 世纪 80 年代中期的 28% 的数据有巨大差异。其原因在于森林概念与定义的变化。基于国内外对森林覆盖率异常低下的批判声音，从 90 年代开始，森林数据除天然林之外，还包括了橡胶林等人工林（许 1998：43）。也就是说，由于“人为操作”，森林覆盖率一举提高到 50% ~70% 的水平，并在之后一直持续发布（西双版纳州林业志编辑组 1998：49—56）。

进入 20 世纪 90 年代以后，FAO（联合国粮食农业机构）对森林定义进行更改并公布，受此影

---

① 由于党与政府的指导方针变化，常直接导致数据与统计项目发生变化，或者停止发布数据。另一方面，一些研究机构、研究人员发布与政府数据完全矛盾的数据，还有一些数据无依据，因此难以判断哪个数据更接近真相，不过经过比对分析，还是会发现具有逻辑线索的数据链。

② 杨世俊推算，1973—1980 年的 7 年间，有林地面积（自然林地与人工林地合计）减少了 123 万亩，灌木林、疏林地、荒山增加了 11 万亩。80 年代中期的详细数据为，全州面积之中，森林占 28%，疏林地占 2%，橡胶林地占 2%，灌木林、无林地占 57%，其他占 4%（杨 1987：84，286—287）。此处所说的森林是指原生林与包括其二次林在内的天然林（自然林），二次林是指在烧田、农田利用后经过放置，通过大自然的力量恢复的土地。在西双版纳，长期以来，森林被称为原生林，那是天然林，而不是人工植林恢复的森林。也就是说，日本的森林不是指原生林，而是天然林与自然林。上述书中的排列顺序以接近森林的顺序排列，并非固定。如后所述（马及其他 2000：1731）推算，从 1976 年的约 70% 降低到 2003 年的 50% 以下，在政府公布中，也认为原生林已经降低为 30% 左右（刘及其他主编 1990：73）。

③ 20 世纪 90 年代以后，人们认为在应对全球变暖上，森林是一氧化碳的重要吸收源，因此开始重视保护森林。不过，对于西双版纳，从 60 年代起周恩来总理便已开始担忧森林砍伐的恶果，80 年代之后，不断出现对于橡胶林开发等造成环境破坏以及生态危机的批判声音。对这样的情况，当地出现了各种“机关作战”（からくり作戦）。

响，中国也改变了对森林的定义。① 国家林业局将森林的树种从天然乔木扩大到人工树木，将森林的郁闭度（植物繁茂使得阳光射不透、或者透过率的程度）从1994年之前的0.3放宽到0.2（国家林业局2003）。传统习惯上，所谓森林，当地人们以前只指原生林。国家对森林定义的变更似乎令西双版纳州政府交了好运，或者说摆脱掉尴尬。1992年，州制定了森林资源保护条例，完善了森林统计制度。② 根据该条例，森林是指以乔木为主体，包括灌木、草本植物、动物及其他生活与土壤，具有一定的郁闭度，拥有广阔的空间，对周围的环境具有显著影响的陆地生态体系。

另外，还新设了林业用地③这一宽泛的概念。通过使用林业用地这一重视森林面积的量而非质的用语，使人为地操作林地面积成为了可能，为掩盖森林面积减少起到了作用。林业用地可以指正在培育的高木、竹种、灌木，沿海的红树属植物等所有林木的土地，包括林地、灌木林地、疏林地、还没有树林的造林地、砍伐后的林区、苗木田等所有的林业用地。

林业用地分为有林地与非有林地，有林地与新的森林覆盖率概念相关。也就是说，以往森林只计算热带雨林与照叶树林，而现在则不管树的大小都会计入，而且在天然林被砍伐后种植树木的土地也会被计入森林覆盖率中。这种变化可以说是历来的"一刀切"政策的一种反映。

其结果是，1995年森林覆盖率为63%，④ 西双版纳的森林覆盖率或者说有林地面积整体从天然林向人工林发生了转变。2000年，林业用地为2401万亩，其中71%为有林地（1706万亩），29%为非有林地（695万亩）。也就是说，有林地占到全州总面积的59%。另一方面，非有林地由灌木林地（127万亩）、疏林地（38万亩）、宜林荒山（527万亩）构成。另外，按用途划分，有林地可分成以下几种：（1）自然保护区为24%（国家级为363万亩，省级为40万亩，合计403万亩）；（2）防护林地为23%（国家级为219万亩，省级为167亩，合计386万亩）；（3）竹林地为8%（国家级为67万亩，省级为70万亩，合计137万亩）；（4）材木林地为32%（国家级为343万亩，省级为211万亩，合计554万亩）；（5）经济林地为13%（国家级为131万亩，省级为89万亩，合计221万亩），上述合计几乎为有林地的全部面积。

20世纪80年代中期，有林地覆盖率（全州总面积中的有林地）为59%，略低，然而1986年—2000年通过人工造林（99.89万亩）上升至64%（云南日报2000）。随后的时期，在第十一个五年计划期间（2006—2010年），人工造林26.7万亩，

---

① FAO在《世界森林资源调查2000》（Global Forest Resources Assessment 2000，FRA 2000）中，对森林定义采用了10%的最低树冠覆盖，包括天然林与人工造林，但农业生产培植的数目（例如果树）不计入内。根据IPF的相同劝告，FRA2000的对象国都采用统一定义。在FRA1980与FRA1990当中，发展中国家采用10%，工业国采用20%。这一森林面积定义的变化大大改变了森林面积的数值。与1995年相比，森林面积增加了4亿公顷之多。

② 根据州的森林资源保护条例，种类分为森林、防护林、用材林、经济林、薪炭林、特殊用途林等。根据中国森林法，防护林指以预防与保护为目的的森林，包括林木、灌木丛、水源涵养林、水土保持林、防风固沙林、农田牧场防护林、护岸林、护路林。用材林指以生产木材为主的森林与林木，以及以生产竹材为目的的竹林。经济林是以水果、食用油料、饮料、调味料、工业原料以及药材为主的林木。薪炭林是指以生产燃料为主的林木。特殊用途林是指以国防、环境保护、科学实验等为主要目的的森林与林木，有国防林、实验林、母树林、环保林、风景林、名胜古迹及革命纪念地的林木、自然保护区的森林。

③ 森林根据目的可以有各种分类方式。在本文中尤其注意天然林，不过，根据国家林业局的《森林资源计划设计调查主要技术规定》，天然林定义为"通过天然下种或萌芽形成的森林、林木、灌木林"。在中国的官方统计中，天然林以及人工林、原生林、二次林等用语都遵循世界标准定义。中国固有的分类方法将森林区分为国有林与集体林。与农地一样，中国不承认林地私有，但认可个人拥有林木。竜山与竜林属于集体林。另外还有农家生活需要的蔬菜、家畜饲料、生活燃料等，按照家庭人口，分配到农家的农地与山林，即自留山。自留山制度于人民公社时代末期引进，在80年代引进农村家庭联产承包责任制之后，依然保留了自留山制度。

④ 其他调查小组认为，1995年，全州总面积83%为林业用地，其中71%为"森林"（比有林地范围更小的概念），在此基础上加上灌木林、用材林、防护林、经济林、竹林，森林覆盖率为64%。上述林业用地分别为国有58%，集体42%，森林为国有林66%，集体林34%。（陈2000：49）

退耕还林12.9万亩，合计39.6万亩，“森林覆盖率”（此处似为林业用地中的有林地的比率）被拉升至78%（刀2011）。

有林地因为种种原因失去树林，变成荒山之后，会变成无林地，但依然被视为林业用地之中的非有林地。从有林地变成非有林地的土地为528万亩，占到上述非有林地695万亩中的大约四分之三（苏、李2001：62—72）。

上述内容都是关于天然林的，那么天然林中原生林的情况如何呢？热带雨林、照叶树林等构成的原生林，至20世纪50年代为止，曾覆盖着西双版纳的大部分地区，然而到80年代前后，其1000万亩之中超过三分之一消失了。

不过，新的森林覆盖率数据却从2002年开始不再被公布了，其背景原因不明。或许是由于中科院西双版纳热带植物园研究小组的调查得出了相对的结论，即认为林地持续减少，新的森林覆盖率从1976年的大约70%下降到了2003年的不到50%（Hongmei Li et. 2007：1731）。①

3. 森林减少的要因

20世纪50年代至今，60余年间，人们出于农业、工商业、住宅用地或者用材所需等各种目的及理由，对天然林进行了砍伐。90年代之前，砍伐的主要目的是为了城市居民迁移或者国营农场相关人员的薪炭、烧垦以及橡胶国营农场开拓的需要，那之后主要是由于民间进行橡胶林开拓。截止20世纪90年代初以及其后的两个时期，天然林砍伐目的，从薪炭、烧垦旱地的扩大向橡胶林扩张的趋势发生着迅速的改变。

热带雨林带的35%的地方，都连接着农民的农耕地、自留山与橡胶林，其界限并不分明，因此农民进行开拓容易造成热带雨林的破坏（杨1987：286—287）。一方面天然林在缩小，另一方面森林覆盖率以及森林面积却依然不变。在这种不可思议的情况下，可以窥见全国森林资源调查结果所显示的国家林业政策的变化思路。从1973年到2008年间，全国进行了7次森林调查，第7次全国森林调查的结果显示（2009年11月公布），（1）三个增加：森林资源总量上，林地面积、森林面积以及森林容积三项均为增加；（2）三个变化：集体所有林经营主体多元化，个人经营造林普遍化，商品林经营实现个人经营化；（3）三个提高：造林绿化中新定义的林地面积提高，人工林比例提高，公益林造林比例提高；（4）三个转换：林木砍伐中，从天然林保护项目区向非天然林保护项目区转换，国有林向集体林转换，天然林向人工林转换；（5）三个改善：森林结构在林种结构、树龄结构、树种结构上得到了改善（国际环境NGO FoE Japan 2010：3）。

4. 自然保护区的存在

自然保护区的存在，对于保护原生林与森林系统发挥着重大作用。20世纪60年代后半期到70年代的10年间，240万亩原生林消失（西双版纳州统计局2007：自治州概况；杨1987：286—287），80年代中期约有五个国家级自然保护区，其总面积为363万亩之多（西双版纳州统计局2011：地理及气候），当时森林面积为45%。

西双版纳的自然保护区也发生了巨大的变化。最初在1958年，有勐养、勐仑、勐腊、大勐龙四个自然保护区，总面积为86万亩。但由于当时缺乏生态保护意识以及保护措施，到1972年，减少了约2成，约为69万亩，1978年，大勐龙保护区因失去存在价值而被撤销。但是，1980年开始，新设定了尚勇、曼稿两个自然保护区，总面积激增为363万亩。除这五个国家级自然保护区外，另外还有省级保护区40万亩，合计403万亩，这相当于全州总面积的约七分之一。

（二）橡胶林的扩大

1. 橡胶栽培的面积与栽培者

橡胶从南美亚马孙的森林扩散到世界各地，20世纪初在西双版纳开始栽种。新中国成立初期，1951年，中国政府为对抗西方阵营的经济封锁，

① 该公布数据在媒体上被误报道为天然林的覆盖率。然而笔者向该小组的马友鑫教授询问得知（2012年5月7日），该数据不是天然林而是有林地的覆盖率。另外随着研究的深入，最近的遥感技术的运用得到的数据表明，1980—2010年间，中老缅交界地区橡胶林地由7.05万公顷增至60.14万公顷，橡胶林地扩张趋势显著，橡胶幼林扩张速度明显快于橡胶成林，特别是近10年来西双版纳橡胶种植面积在中老缅交界地区占主导地位，橡胶林地不断向老挝、缅甸边境地区扩张。刘晓娜等：《基于决策树分类的橡胶林地遥感识别》，载《农业工程学报》Vol. 29，No. 24，2013，第163—172页。

为生产军需物资橡胶，而把橡胶林定为“特殊林”，决定在云南省栽种 200 万亩橡胶林。受此政策影响，西双版纳先于 1953 年建立特殊林试验场后，于 1955 年开设黎明、景洪、勐养、橄榄坝、东风等国营农场（最早的黎明农场于 1955 年 4 月在勐海县勐遮盆地建立），80 年代初橡胶林的栽培总面积达到了 60 万亩（刘及其他主编 1990：187－188）。

作为改革开放政策的一环，当地进行了集体林权制度改革，以此为契机，农民迅速扩大橡胶栽培面积。90 年代之后，天然橡胶的国际价格发生暴涨，扩大势头更加迅猛了。如今，橡胶栽培以“全民橡胶”呈现出大众运动的局面。其结果是，西双版纳的橡胶栽培面积中，民营橡胶林已明显超过国营农场。一般来说，在海拔 800 米以下的低山与丘陵地带，多可见广阔的橡胶林。砍伐天然林、利用有林地烧林开地从事橡胶栽培。另外，伴随橡胶栽培流入的移民们为了获取建材与薪炭也进行森林砍伐。

那么，橡胶栽培地的扩大情况到底如何呢？这与森林覆盖率一样，并不明确，很难获得前后一致的准确数据。其原因有：橡胶林栽培面积的扩大被认为是破坏森林的元凶，公布栽培面积是一个敏感的问题；橡胶栽培者并未更改土地利用情况，按栽培橡胶之前的用途将土地使用情况汇报给政府；在橡胶栽培者之中，有在规划及计划外使用土地的情况。表 1 虽然包含自相矛盾的地方，并不充分，但却是根据各种资料与信息制作的，显示了橡胶栽培面积的变化。①

表 1：西双版纳州橡胶栽培面积的推移（1951—2011 年）（单位：亩）

	合计	国营农场	民营橡胶林	政府机构及其他		合计	国营农场	民营橡胶林	政府机构及其他
1951—1962	168,231	168,225	—	—	1984	774,404	646,245	115,557	12,602
1963	92,010	91,890	110	—	1985	923,421	699,105	210,074	14,250
1964	94,665	94,229	437	—	1986	1,038,278	725,250	292,226	
1965	127,110	126,476	635	—	1987	1,156,055	740,010	325,475	
1966	144,300	138,134	6,182	—	1988	1,222,493	751,785	443,837	26,874
1967	236,310	221,040	15,270	—	1989	1,293,605	758,715	503,919	30,974
1968	255,572	239,745	15,825	—	1990	1,347,965	766,620	544,266	37,079
1969	273,308	260,895	12,416	—	1991	1,369,938	781,665	550,662	37,611
1970	292,371	280,995	758	—	1992	1,387,220	793,770	557,910	35,535
1971	342,941	331,695	11,246	—	1993	1,406,013	806,535	562,788	36,687
1972	366,080	357,435	8,642	—	1994	1,402,680	725,910	630,575	34,439
1973	423,455	413,985	9,474	—	1995	1,468,995	807,615	619,385	42,000
1974	425,706	416,430	9,272	—	1996	1,620,900			
1975	318,522	309,270	9,254	—	1997	1,871,505			
1976	320,564	311,160	9,408	—	1999	2,147,700			
1977	341,888	332,595	9,296	—	2005	2,840,000			

① 据西双版纳生物产业办发布的最新统计，2011 年末，西双版纳州全州橡胶种植面积为 431 万亩，2012 年末植胶面积为 434.28 万亩，仅有微量增加。

（续上表）

	合计	国营农场	民营橡胶林	政府机构及其他		合计	国营农场	民营橡胶林	政府机构及其他
1978	447,573	436,665	10,907	—	2006	3,120,000			
1979	463,305	441,570	21,735	—	2007	3,580,000			
1980	527,867	493,455	34,440	—	2008	3,661,400			
1981	599,235	544,710	54,521	—	2009	3,862,800			
1982	674,555	601,485	73,070	—	2010	4,069,600			
1983	729,800	617,160	10,134	11,241	2011	4,310,600			

注：原出处为西双版纳州林业志编辑组（1998）第127页、西双版纳州统计局（1999—2010）、政府报告书、政府要员的发言等，根据张、王（2002）170—177页，笔者添加数据整理制作（2008年为【云南网2010】）。“政府机构及其他”除政府机构外，还包括公务员、国营农场劳动者等个人。“—”为零，无记载年份或空栏意为不明。1970年、1983年的民营橡胶林的数值存在疑问。

上表显示了1951—2011年约60年间，橡胶栽培总面积以及其中国营农场、民营橡胶林、“政府机构及其他”的明细。“政府机构及其他”的数值首次出现于1983年，其栽培人除政府机构之外，还指林权改革之后的农民、村民以外的城市居民（公务员等政府人员）以及橡胶国营农场劳动者。遗憾的是三者的明细从1996年之后便不甚了了。① 到1995年为止，国营农场一直占据多数，然而其比例慢慢下降，到1995年仅略为超过半数，为55%。

另一方面，民营橡胶林从最初开始便存在，尽管绝对数量较小。从改革开放政策实施以后迅猛增长，到1995年已达到42%，如表所示，一直引领着整体的增长。全州橡胶总面积在1999年达到200万亩，2006年达到300万亩，2011年为431万亩，相当于全州总面积的15%。现阶段主要以上述表列的数值为依据进行论述。关于不同数值以及1996年之后的明细的其他推算，在后文中拟再述及。

2. 橡胶林栽种在各地区的扩大情况

橡胶栽种在西双版纳的哪些地区扩大？现在已遍布全地区，还是集中在某些特定区域呢？橡胶栽种地整体位于州南部，主要集中在其中央与东部，具体来说是海拔低于800米的景洪市南部的低山、溪谷地带以及勐腊县的西南部。事实上，西双版纳的热带雨林多位于海拔低于1000米的湿润溪谷、山丘的下部以及低丘台地的酸性土壤、石灰岩质土壤上，在地域上主要集中在东南部，勐腊县最集中（朱2007：377）。

也就是说，热带雨林与橡胶栽种地的分布地区在很大程度上重合。在热带雨林集中的南部与东南部，与中国的其他地区一样，人们对低山进行彻底开发，直至其山顶，除自然保护区等极少数地区之外，许多热带原始森林已经消失了（深尾2004：297）。橡胶林种植在这些地区扩大，其扩大方式根据国营农场附近或民营橡胶林而有所不同。如2000年，国营东风农场附近扩大密度较

① 笔者认为，1996年之后三者的明细不再公开的原因是为了避免外部对于“全民橡胶买卖”导致森林砍伐的批判。不过，遥感研究提供的数据表明，1990—2000年，西双版纳境内橡胶林地面积进一步扩大，其中景洪市橡胶林地面积增加5.57万公顷，勐腊县增加7.06万公顷，勐海县增加0.33万公顷。2000—2010年，中国境内仍呈现出景洪市和勐腊县扩张主导的特征，其中勐腊县增加11.64万公顷，景洪市增加9.72万公顷，勐海县增加2.94万公顷，与前10年相比橡胶种植面积大幅度扩张。参见封志明等：《中老缅交界地区橡胶种植的时空格局及其地形因素分析》，载《地理学报》Vol.68，No.10Oct.，2013，第1438页。

高，而民营橡胶林扩大则呈分散状。

橡胶种植扩大是在哪种土地上进行的呢？根据2000年的调查结果，最多的是旱地、烧旱地（47%），其次为林地（38%），这两种占据84%。此外还有灌木地（9%），草地、灌木地（6%）（张、许2006：52）。由此我们可以推测，西双版纳山地农民从传统耕作方法——刀耕火种向栽种橡胶转变，由此扩大了橡胶种植。第二位林地中，很可能包括原生林与天然林。1965—1990年间，从林地、草地、灌木地转变为橡胶林的情况较多。1990—2000年间，灌木地、旱地转变为橡胶林的情况较多。由此可见，尽管也存在从林地直接转变为橡胶林的情况，但也有许多经由烧垦旱地再转变为橡胶林的例子。

图1：西双版纳橡胶栽培地的扩大情况（1976、1986、2003年）

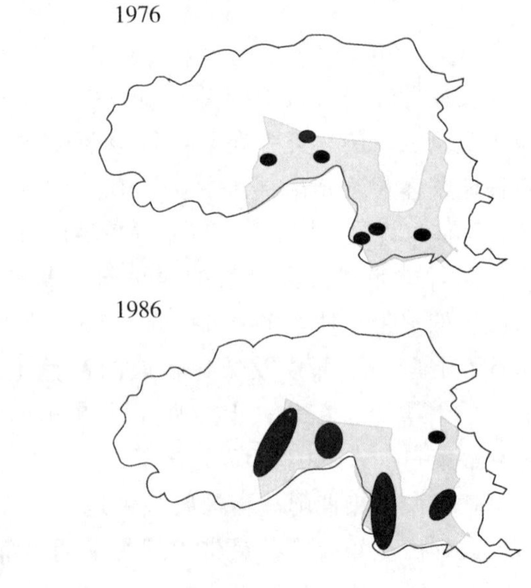

注：灰色为热带雨林范围；黑色为橡胶林种植范围。

3. 其他关于橡胶栽种面积的推算

接下来介绍与表1所列数据不同的推算数据。关于2000年之后的橡胶栽种面积，表1的数据显示，1999—2006年的7年间，共计增加了97万亩。然而，其他的推算（A）认为，“2000年之后，新开发了300万亩橡胶林，其中有285万亩为民间烧田轮作地，其余15万亩为私自占用国有林与集体林”（邓2009）。由于此数据为2007年发表，假定这是2006年的数据，如果认为1999年的数据如表1所显示的215万亩，那么也就是说，到2006年已增加至约500余万亩。另外，增加的大部分从烧垦地转换而来，其中包括官方统计中无法显示的非法用地增量。另一个推算（B）认为橡胶栽种面积从1988年的116万亩扩大到了2006年的615万亩。[①] 还有推算（C）认为，“2006年已突破630万亩，占全州总面积的22%，橡胶适宜栽种地分布在热带雨林地带”（李及其他2007）。虽然不清楚真实数据如何，然而上述三种推算都远远超过表1的数据，B与C的推算结果大体相同，2006年时点的数据都为表1同年数值的两倍。

接下来拟对橡胶栽种主体的明细进行探讨。又有推算（D）认为，2006年合计面积为260万亩，少于表1的312万亩，其中，国营为115万亩（44%），民营为145万亩（56%）。“政府机构及其他”是否属于民营尚且不明。然而，这国营44%与民营56%的数据已经表明情况发生了从未有过的逆转（李及其他2007）。根据资料（E），2008年西双版纳农垦管理局下有10个国营农场，该局还下辖橡胶开发子公司10家、专业分公司2家，托管医院1家，进而还有几个管理局直辖部门，其员工总数为15.13万人，土地面积达165万亩。此面积为云南省该局相关土地总数的48%，全省国营农场的近一半都在西双版纳（许1998）。然而，这一面积并非全是橡胶栽种面积。165万亩之中，131万亩已开垦，橡胶栽种地占其三分之二，约111万亩。2008年111万亩这一数值约为表1中2008年合计330万亩的40%，比推算D的44%还低。国营农场占比在1995年为55%，而在2006年与2008年推算下降为40%～44%。也就是说，由于此期间民营橡胶林迅速增加，从而超过

① 数据来源于“2011年国家公务员考试《申论》模拟试题及答案”中的国家公务员考试题，可信度较高。

了国营农场。

另外，州政府向国营农场征收农业特别税，因此国营农场对州财政贡献很大，至2003年，约占该州财政收入的一半（2.1亿元）。另外，国营农场每亩以及每株的平均橡胶收割量连续12年居世界第一，生产率特别高（许1998：49）。民营橡胶林借以国营农场的经验以及指导才得以发展的。

4. 民营橡胶林的扩大

民营橡胶林的扩大以集体林权制度改革为契机，农业生产承包制发挥了为其奠定基础的作用。农业生产承包制始于20世纪80年代初，第二次承包在基诺乡等处的时间是1999年。从那时起，土地转用、买卖就以转包、转让、互换、租赁、入股等多种形式盛行，其面积据说达到44万亩之多。另外，这之中还有农民之间的口头协议，这是不反映在统计数据中的。农民栽植橡胶林甚至已扩展到风景林、国有林、自然保护区，海拔高度远远超过了规定的950米，甚至在高达1500米的地方都开始栽植橡胶（谭2007）。土地买卖合同也有长达70年的（岩2006）。农民在各地烧垦耕作的休耕地种植橡胶，农民之间买卖未使用的烧垦地使用权，扩大橡胶栽植面积，每户拥有的橡胶林从30亩扩大到了100亩左右。

以勐腊县象明彝族乡曼寨的村子为例，在村长的怂恿下，村民们在所有可能种植的土地上种植了橡胶树，全村的橡胶栽培面积超过4000亩。1999年之后，适合橡胶生产的暖冬连续持续了7年。由于橡胶需求旺盛，1级生橡胶价格每吨高达2.14万元，2级生胶高达1.92万元。因此，种植有100余亩橡胶林的农民每年可获得8万元以上的收入（许1998：49；刘1996a：432—5；1996b；1996c；2003）。在整个勐腊县，2006年时使用权流转的农民土地多达24万亩，相当于生产承包责任制土地面积整体的26%（胡2009）。

这场被称为“全民运动”的橡胶林开发高潮是由1994—1997年、2002年生橡胶价格的世界性高涨以及数次集体林权制度改革所引发的。集体林权改革的目的是盘活天然资源利用，使国内许多不毛的山地恢复为有林地。同时明确农民的财产权，使山地、林地及其所产生的利益回归到农民手中。通过推进改革有效发展农业，并使之成为促进林业整体发展的原动力。

那么，农民可以将多少土地用于栽植橡胶呢？拥有集体所有土地使用权的农民可以从集体分配得到使用权。该土地包括林地与农地，林地中一部分为农民可自由栽植、由家庭持有的自留山。在西双版纳，2000年推出了“退耕还林”政策，即在今后10年间保护集体所有的天然林467万亩，将烧垦地320万亩由耕作地转换为林地，计划将烧垦地缩小到120万亩之内。另外，在2010年，505万亩集体林与有林轮作地全部划入公益林管理与生态补助实施范围（刀2008：21）。

西双版纳有其独特条件。首先，在全国集体林权制度改革中，仅将集体所有的商品林所有权分配给农民，天然林保护区、生态公益林区、自然保护区等“三区林”不在分配对象之列（天然林保护区比自然保护区的概念与范围要大）。然而，在云南省，三区林在原则上不许砍伐的前提下也属于向农民发放林权证的对象地区。另一方面，在与西双版纳同属一省的部分地区，三区林以外的土地上依然留有许多原生林，因为三区林之外的土地，在使用权买卖或森林砍伐上都不是问题，所以经常有政府人员或商人参与砍伐（三区林之外的）原生林或天然林（李2008；周及其他2007；李、袁2008：60—79）。对此，西双版纳从2005年起通过天然林保护项目的启动，采取了防止乱砍伐森林的措施。另外，政府还取缔了非法进入国有林栽植橡胶的行为，然而从橡胶栽植的扩大情况来看，这一措施效果不大（许1998：49）。土地不同，其林地种类的分界线也不明确，天然林较容易遭到破坏。

5. 农民之外的橡胶栽植者

然而，栽植橡胶的人并非只有农民。在国营农场工作的工人以及政府机构职员、公务员等也开始借农民的土地栽植橡胶。笔者在访谈中得知，政府也知道并允许这些行为。稍有财力的州、市、县、乡各级政府的干部与职员之间流行着“与其当处长、科长，还不如种十棵橡胶树”，“想致富就种橡胶树”等说法，人均种几棵乃至几百棵橡胶树都很普遍（赵2007）。来自云南省外的商人也参与林地砍伐以及栽植橡胶树。上述原因使橡胶种植面积难以得到准确数据，并成为政治敏感问题，令政府部门谨慎发布橡胶种植面积的数据或干脆回避。然而，不管是哪个统计数据，显示的都是橡胶种植面积激增，多数土地变成了橡胶林。图2显示的是从上空拍摄的澜沧江两岸，颜色较深的上方（北部）为自然保护区的原生林，颜色较浅的下方（南部）为橡胶开发地区，由此可推测橡胶栽植面积的扩大情况。

图2 从上空看到的西双版纳橡胶林

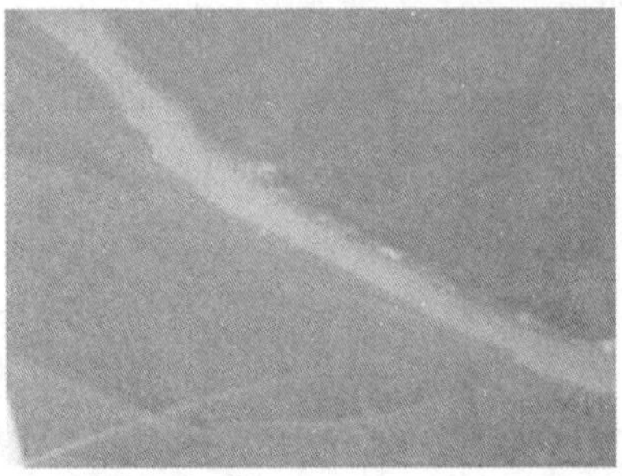

数据来源：笔者2006年从飞机上拍摄。

注：西双版纳中部的勐养周边澜沧江两岸。

6. 橡胶生产的推移

然而，现阶段，可以生产生橡胶（采集树液）的橡胶树还仅仅只有一部分。不过，随着近年来橡胶栽植面积的迅速扩大，随着树木生长，可以预见生橡胶产量未来的增长。根据张、王（2002：170—7）数据，2008年橡胶栽植面积为370万亩（表1认为该年份为366万亩），其中可以采集树液的面积为186万亩，仅占50%。栽植面积即使保持不变，只要气候条件等不发生大的异常，可以预见今后生橡胶产量将会激增。生橡胶指将采集的树液进行半加工干燥后的产品。西双版纳2005—2009年的生橡胶产量分别为190700吨、204900吨、218100吨、198800吨、238600吨（西双版纳州统计局2010）。2008年的锐减是由于气候异常冷造成的，除此之外，这四年间以25%、年均6.3%的速度增长。

（三）对生态环境的影响

天然林减少与橡胶林等人工林的增加，致使传统意义上的森林慢慢丧失其功能。与由多种树木构成的天然林不同，橡胶林由单一树种构成，其植林时树间距较宽，因此保水能力差，同样降雨量的情况下，其地表水分流出量达到天然林的数倍。根据中国科学院勐仑植物园的数据，天然林每亩的年储水量约为25立方米，防止土壤流失的土地保养力为约4吨，每公顷可保留375立方米水以及60吨土壤（李2008；戴2008）。另一方面，橡胶林每亩土壤流失量为每年1.5吨，由已产生树液的树木构成的橡胶林每年吸水量达9.1立方米。如将1立方米地下水换算为1元，每吨土壤流失损失额换算为10元，那么整个州的橡胶林每年的损失额高达1.5亿元。因此，州政府已决定建立对由橡胶生产引起的生态恶化补偿的制度，并已开始着手，其对象地区预测将达到50万亩以上（谭2007）。

在自然环境变化方面，1954—1995年的40年间，年间平均气温上升了1摄氏度，上述“雾州”的雾日在50年代为166.3日，从60年代开始减少，80年代减少到了年均100日。雾的持续时间也从8.1小时减少至4.5小时，雾露量由每天0.4mm减少为0.2mm。对逆转层也出现了负面影响。橡胶林本身也由于森林减少而更易遭到冷害侵袭（胡2010）。因此热带作物研究所正在努力改良培植低温耐抗性的橡胶树品种。然而，现在，在橡胶栽培地，到处都在发生冷害与病虫害等灾害，严重时该研究所内的橡胶树有三分之一枯死。

这些都是由于橡胶栽培扩大到了前所未有的程度所带来的后果。1988年之后，斜面为5度以上的倾斜地也扩大，2007年甚至在海拔1400米的高地也开始栽植橡胶树。可以说，橡胶林的扩大给橡胶树也带来了十分严酷的环境（许1998：84；许2011：58—63）。

另外，据说橡胶林与天然林相比较，会减少70%以上的鸟类，减少80%以上的哺乳类动物。事实上，西双版纳的动植物物种正在发生异变，本地种类迅速减少，而外来种类增加。因此，当地民众流传着“上不见飞鹰，下不见游蛇”。此外，橡胶林还存在使用大量除草剂的问题。

三、民族文化、社会系统的变容

1. 西双版纳民族构成的变化

天然林减少、橡胶林增加的背后是人口增加与民族构成的变化。人口增加与其说是自然增加，不如说是由于各个时期国家政策变化导致的社会性增加。1953年西双版纳傣族自治区（当时不是州，是区）成立时的人口为约23万人，大约60年后的2010年增加了5倍，约113万人（西双版纳州统计局 2011：自治州概况）。在民族构成上，1953 年山地各民族为 95500 人，占总人口的 43%，其余 133600 人除去少量汉族等外来人口之外，几乎都是傣族，这也是将西双版纳命名为傣族自治区的原因所在。[①] 如今，汉族最多，以 34 万人口占总人口的 30%。傣族比汉族少，以 316000 人占 28%。哈尼族、布朗族、基诺族、拉祜族等超过 13 个山地民族合计 475000 人，占 42%。

汉族的增加是最显著的变化，最近 10 年（2000—2010 年）间汉族增加了 13 万人。其次是哈尼族，增加了 25000 人。汉族人口增加，乃是由于以橡胶为中心的国营农场的发展、伴随橡胶等商品作物发展而来的汉族居民的迁入等。在 10 个国营农场中，有汉族人口 51250 人。[②] 此外，还有未体现在人口统计中的汉族剩余劳动力的流入。网络上甚至可以看到这样的揶揄，西双版纳的行政名称虽然名为“傣族自治州”，但实际上已变成“汉族傣族自治州”。

2. 生活方式与文化等的变容

随着汉族人口增加，汉族的生活方式以及文化也渗透了西双版纳。尤其是文革时期，无视以往传统的集体化制度被强制推行，比起尊重多民族国家里的民族自治，国家政治、思想统一更受重视。在“民族融合”的大旗下，各民族独特的文化受到否定，人们强调融入国家。在这样的背景下，傣族的精神生活中心——佛教寺院受到破坏，僧侣被强制还俗，传统的守护灵也遭到否定。鼓励生产产量更高的粘米，而非符合民族喜好的糯米。传统生活文化遭到否定，强制同化汉族生活方式，这样的情景并不少见。

文革风波过去之后，传统的生活文化得到恢复，佛教寺院与僧侣也复活了，以农户为单位的传统村落生活恢复，伴随农场生产自由化，糯米的栽培也复活了。然而另一方面，始于 20 世纪 70 年代末的改革开放的浪潮席卷了西双版纳，不少传统生活文化在现代化浪潮中逐渐消失。例如，橡胶园与茶园等现代农场扩大使烧田耕作缩小，与水田农耕相竞争，守护灵的信仰与寺院子弟教育制度也面临消失的危机。而地区的观光化则十分讽刺地勉强支撑着民族特性。

橡胶栽培扩大引起的问题还不仅这些。2008 年 5 月，僾尼族（哈尼族的一个支系）农民梅康十分苦恼地述说着村中日益增长的拜金主义现象、赌博、农药污染、生活环境恶化、缺水等问题。梅康一家在 20 世纪 80 年代初通过村子分到了橡胶林 30 余亩，每年获得数万元收益。在村子里，由于高收益诱惑，2000 年左右开始掀起了砍伐森林开发橡胶林的热潮（未知 2007；李、袁 2008：60—79）。

3. 自然保护系统的崩溃

在这样的背景下，传统村落社会拥有的自然保护系统也在逐渐崩溃。20 世纪 50 年代以前，利用自然资源与土地并对森林实施管理的主要有传统的村落社会。无论是各民族居住的山地或傣族居住的平地，为了维持一定的人口数量，在土地利用上都遵循合理、合意、合法（习惯法）原则。例如，基诺族在烧垦地与宅基地选择上，均由谁先做记号来决定，绝无纠纷。在山地上由谁开垦、栽种多少烧垦地，都由“村规民约”这一习惯来约束，狩猎获得的猎物均分给所有村民。

傣族拥有按成文法进行管理的水利用系统。这与森林保护密切相关。傣族在需要建筑用材时，先去山里与山地民打招呼，有时候还需要订立拟似亲属关系——“比弄关系”[③]（即所谓干亲，俗称打亲家）。村落社会或氏族内部互助、相互扶助等十分普遍，平地民与山地民之间各居其所、和平相处，形成了平地民与山地民之间的各种民族间体系。这些传统的村落社会的存在形式与民族间社会体系的存在形式交互作用，起到了维持地区生态系统、管理保持平衡的作用。

① 关于 20 世纪 50 年代前后的人口数量，有各种说法，其中 20 万左右的说法最有力。1953 年解放军进入西双版纳，汉族等外来人数量增加，之后人口构成便开始发生变化。山地各民族人口数量为 95500 人的数据来源于资料，总人口约 23 万人这一数据是笔者根据 1953 年第一次人口普查时哈尼族的人口数量与其占西双版纳自治区的人口比例计算出来的。

② 这应是现实点的正式在籍人口数据。与上述的西双版纳农垦管理局下人口 15.13 万人相比，汉族人口似乎过少，作为少的原因，可以推测有如下一些：生产建设兵团的知识青年撤走；改革开放后退休从事自营业的人增加等。

③ 比弄关系是西双版纳传统社会体系之一，为使傣族与山地民之间的民族间和平相处，建立疑似亲属关系经营日常生活。（刘 2002）

然而十分遗憾的是，20 世纪 60 年代之后，土地权利变动以及政策的不稳定搅乱了这些传统管理体系、规范与功能，这些体系几乎都解体了。与自然共存的社会体系对保护森林资源来说是绝对必需的条件（谭 2007）。随着改革开放政策的展开，林地乱垦乱伐导致森林覆盖率急剧降低。

在笔者的调查中，村民们说，以前，西双版纳的盆地与村落周边耸立高高的大树，栖息着亚洲象、马鹿等众多野生动物。然而现在，由于大规模的森林破坏，到处都是光秃秃的山以及乱糟糟的香蕉树。2000 年之后，通过引进外部资金，开发迅速推进，一部分政府官员与外部开发商联手通过各种手法回避林地保护法令，推进砍伐。极端一点说，进行砍伐的人员甚至没有办理任何砍伐手续，而更大的问题是，由于将树砍倒后无法运到外部，因此直接点火燃烧，使之变成橡胶林的肥料。在开发商的鼓动下，部分村民将一些粗壮的古树或国家保护植物的树皮剥落，当一段时间过去，树木自然枯死后作为荒山枯树再砍掉。

四、自然再生的可能性

1. *森林保护还是开发发展?*

（1）森林保护政策的开展

随着环保意识在全球高涨，中国也逐步出现了环保运动的高潮。然而，至今已深陷耗损自然环境资源体系的“新版纳人”，却凭借余留的生态环境优裕度，进行虚张声势般的夸大宣传，所以显得其“环境保护的意识颇为夸张”。笔者所定义的“新版纳人”，是指拥有不同于传统社会生活方式以及价值观的人们。这些人的主张与现实的不相符已在上述内容中清晰可见。不过，在中国最大的橡胶栽培地西双版纳，依然残留了十分丰富的自然环境，即所谓残儿末废般的存在，好比俗话所说，“瘦掉的骆驼大过马”。笔者认为其还具有恢复的余地，即拥有再生大自然机能的可能性。① 在此，笔者在审视政府的环保措施的同时，并探索大自然再生的可能性。

上一节为止，本文以优先经济开发的州政策为轴进行了论述。而审视州的各项政策的内容，可以发现 20 世纪 60 年代以后，围绕森林保护，存在两种对立的意见，即应该维持天然林的高比例与光靠保护天然林无法推进现代化。

长期纠结于保护与开发的两立难的版纳州，在环保政策上，1998 年，云南省林业厅向省内 51 个州县发布了禁止砍伐天然林的禁令，州政府同年制定了以下五项措施：①全面禁止砍伐天然林；②国家级以及省级自然保护区（合计 403 万亩）以外地区的天然林也由砍伐对象转换为保护对象；③1998—2010 年的 12 年间，培育 333 万亩生态公益林；④保护山区 34 个乡镇的集体天然林 467 万亩；⑤限制国有林区的农地开垦（苏、李 2001：62—72），另外计划到 2010 年时，将天然林中生态公益林的比例提高到 75% 以上。

其结果是，在州统计局发布的数据上，2010 年森林覆盖率已上升至 78%，其中天然林恢复到了 55%，达 1575 万亩。自然保护区也扩大为 504 万亩。在十一五计划之中，在布龙新设了州级自然保护区（53 万亩）。不过，州统计局之后将森林覆盖率向下调整到了 68% 左右。

另外，州内有 22 个乡镇被列入云南省生态保护乡镇名单，这些乡镇数占全州的 71%。根据州环保局局长所言，将强化环保基础能力建设，在州的 31 个乡镇设立环保所，并配置 1 ~ 2 名人员（程 2011）。报道称通过这些措施，生态环境将有超过预想的大的改善。然而，根据过往的经验，笔者认为这些举措，或许宣传效果大于实践成果，稍不注意，容易流于表面文章。

州政府于 1992 年制定了天然橡胶管理条例，力图通过合理开发与利用一举达到经济、社会、生态等多重效果（6 条）。根据该条例，从 2000 年左右开始限制扩大栽植橡胶树，同时致力于提高民营橡胶林的生产率。然而，由于 2002 年天然橡胶价格高涨，橡胶栽植热进一步升温。因此，2003

① 如上所述，西双版纳被誉为动物、植物、药草的王国，有遗传基因多样性中心之称，如今依然有众多野生动植物栖息，拥有占全州总面积 24% 的五个国家级自然保护区与数个州级自然保护区，在这些保护区里，有数十万亩原生林几乎被完好地保存。五个国家级自然保护区 364 万亩被分为核心区域 161 万亩（44%）、缓和区域 109 万亩（30%）、实验区域 94 万亩（26%）。（西双版纳州统计局 2011）

年，州政府发出《关于暂时中止集体林地与有林轮作地的开发、转用的通告》，在集体林权制度改革期间，中止上述地区的开发与转用（但是如有特别情况，可在获得市、县政府许可并注册后进行开发、转卖）。2005年4月，发出《关于禁止毁林开垦与强化森林资源保护的通知》。2007年，实施严格推进保护天然林、水源林、国有林、集体林的政策，在省林业主管部门的指导下，在一部分乡村向森林砍伐者征收生态补偿费，① 试行公益林建设。

（2）森林破坏进程

上述各种政策实施的效果如何，尚待观察。但如同俗语“上有政策，下有对策”一样，事态并未简单而顺当地朝向目标设想理想地发展。西双版纳州州长刀林荫有如下发言：“2006年，橡胶林开发已超过330万亩，接近生态保护的极限。如果推进集体林权制度改革的宗旨——山有主，主人负责，那么与生态保护之间的矛盾就会深化，越实行改革，则所有林地都将变成橡胶林。因此，不将国有林、自然保护区、水源林纳入林权制度改革范畴，应严格保护一区两林”（刀 2007；2008：21）。

从2006年至2010年间，州政治协商会议上的提案集中在林地砍伐与橡胶林开发的问题上。例如，2006年该会议的第14号提案提出：“近年来，橡胶栽种面积不断扩大，已接近300万亩，尤其是民营橡胶园发展速度惊人。无论本地人还是外地人，只要有钱就探索种植橡胶之路，呈现出投机买卖的样态。橡胶栽种土地超过了被认为适宜栽种的海拔950米，达到1200～1300米，呈现突飞猛进状态”（岩 2006）。

2010年第30号提案强调“因橡胶林开发而引起的原生林、二次林乱伐，破坏了热带雨林，导致土地流失等地形、景观变化已达到无法复原的程度，西双版纳面临着保护自然生态资源还是继续扩张开发的选择”（李 2010）。

州的十一五计划（2006—2010年，2006年6月决定）中，2010年的控制目标是橡胶栽培总面积为280万亩，其中“民营橡胶林”为140万亩，从中减去“公务员、国营农场职工的橡胶林”后，“农民的橡胶林”为约97万亩（西双版纳州政府 2006）。然而，仅仅两年后，2008年，“民营橡胶林”在减去国营农场的111万亩（表1）之后约为220万亩，超过目标值近80万亩。州农业局种植科长周海在受访时，第一次揭示2010年的橡胶栽植面积为382万亩，远远超过目标值100万亩之多（表1显示实际为407万亩）。

关于橡胶林开发政策，云南省农业发展五年计划（2007年5月31日公布）中计划2010年全省橡胶栽种面积与2005年相比增加35万亩，达到450万亩。在此之前的实际状况是，2001年为212万亩，2006年增加至312万亩，西双版纳占到其中的65%、即284万亩（表1显示已有312万亩）。有报道指称，这相当于全国橡胶栽种面积的24%（《中国证券报》2006）。

（3）自然再生的愿景轮廓

在环境保护与开发发展之间，刀林荫州长如此说道：“2008年现在，州整体的橡胶林面积已达到330万亩。2003年橡胶产业税收为2.1亿元，占州财政收入的近一半。2004年废除了农业特别税，2006年从农业特别税之外的橡胶产业的税收仅为400万元。因此实际上为28万橡胶种植农民与15万农场工人的生计做出了重大贡献。我从小在西双版纳长大，对大规模的橡胶栽植带来的生态破坏有切肤之痛。这里气候最适宜植物生长，在高纬度地区拥有热带雨林，这在地球上本身就是奇迹。版纳州原本没有一块荒地。土地即使荒废，数年后也会成为小森林。然而为了实现现代化，西双版纳付出了许多代价。大规模砍伐森林开拓橡胶林，必须将之理解为‘历史性事实’”

---

① 国家林业局为解决二氧化碳过度排除问题，建立了以碳基金与生态补偿基金为支柱的全国规模的碳收支交易制度。各省、自治区、直辖市根据该比例，向碳基金支出或领取相应的资金。碳基金用于生态补偿或生态整顿，实现其生态学价值。（2008年11月14日新华网）

带领进行“中国碳收支交易框架研究”事业的牛文元（中国科学院首席研究员）称，事实上，将碳吸收空间视为一种稀缺资源，将碳吸收能力视为一种交易手段，利用中国各地区之间碳排放与吸收量之间的差异，通过交换形式，决定合理的交易价格，从而将生态服务从无偿变成有偿化的制度。云南省、青海省、西藏自治区可获得碳吸收补偿，陕西省目前保持均衡，其他省、自治区、直辖市将根据比例向碳基金提供资金。（人民网日语版 2008）

（刀 2008：21；毛及其他 2012）（由于是探访，因此橡胶林面积的数据虽有疑问但依然予以保留）。由此可见，行政长官也不得不承认，为发展经济在一定程度上有不得不破坏环境的立场。

然而，拥有“生态州长”之称的刀林荫同时说道：“橡胶问题对我个人而言不是经济问题，也不是三农问题，也不是国家战略物资问题，而是生态问题。我必须对西双版纳的环境问题负责”（刀 2008：21）。另外，值得注意的是，州实际上的一把手州党委书记如此说道：“良好的生态环境对州来说是最大的特色、最好的资源与资本、最大的竞争力。以后绝对不能再牺牲环境，以破坏热带雨林为代价，寻求暂时性发展。一定要坚决贯彻生态立州的绿色新政，实现和谐发展、绿色发展、可持续发展”（程 2011）。作为西双版纳党与政府的一把手如此认真的言辞，当会成为今后保护生态环境的凭借。

2012 年 2 月 12 日，刀林荫州长具体阐述道：“我们一定要保护热带雨林。将版纳整个州分成三部分，禁止开发区、限制开发区与重点开发区。禁止开发区是指各种保护区；限定开发区指澜沧江两岸、城市周边以及道路沿线，尤其是在这些区域重新种植某些优良树种；重点开发区指各种橡胶园，不能盲目扩大面积，而是要提高现有橡胶林的质量与收益，通过引进先进的栽培技术与优良品种，从而实现增加收益”。从这里，或许可以窥见以西双版纳环保为目标的未来愿景的轮廓。诚然，西双版纳必须发展经济，但是它必须有界限，必须界定其限度。

2. 通往再生之路：政策划一性（一刀切）的纠正与自治、自立、自主意识的涵养

西双版纳与其他行政单位不同，是自治州，因此拥有州级别的立法权。如果行使这一职权，就可以保护西双版纳的环境。然而，在行使州的自主自立的职权时，有些农民就以国家的土地法为盾牌，强调土地与轮作地自由处理的正当性，地方政府不得干涉。人们搭乘经济开发的便车，倾向于在中央政策发生变化之前尽早抓住机会。政府与居民之间的关系类似于“猫鼠游戏”，不依法行动，只要不被抓住就是运气，如此这般的一种管理者与被管理者的关系。1986—1995 年的 10 年间，发生了 3947 件林业案件，多达 7499 人参与了这些案件。如何改变人们的意识，就成为令当地党和政府伤脑筋的事情。为了改变人们的意识，在以实现经济发展为前提下，笔者欲把目光再次转向地域原生的传统文化的再生和重建。

如上所述，西双版纳的森林性质已经发展到了天然与人工难以区分的地步，必须尽早在西双版纳州的党与政府的主导下，保护天然森林及森林赖以存活的基盘、地形地貌。① 幸而，目前全中国已经开始意识到使经济发展与自然保护两全的重要性。在此，笔者想要以四个建议代替本文的结束语。只是，笔者亦认为，如果研究者的提议仅停留在个人的议论层面，不能成为州的实践性课题或项目的话，那么也是意义不大的。因此，笔者亦慎重希望本文所及的问题，能够引起为政者及当地居民的思考与作为。

第一，深化与自然共生，尤其是与森林共生为特点的传统生活方式的理解，使传统民族文化功能性重生。西双版纳的傣族文化的存立，是建立在与这片土地的自然共生的基础上的。如今，这片土地上人类与自然的相互依存关系变得淡薄，但与其他地区相比，相对来说仍然具有较高的性价比，如同俗话所言，“瘦掉的骆驼比马大”，还是较强联系在一起的。“新版纳人”不关心传统生活方式，他们随着人数增加，其构成也在多元化，他们之中也出现了一些人开始重新思考自然再生。傣族、尤其是接受过学校教育的干部与公务员等居民之中，也渐次增加了对传统生活方式的理解。时任州长刀林荫（傣族）就是其中一人。少数民族固有的文化与传统生活方式紧密相连。因此通过发掘民族固有的文化，可以修复人与自然的关系（长谷川 2006：173—94）。

当然，这里所说的与自然共生、与环境和谐这一主题并非仅仅是自然主义或者怀旧主义，西双版纳的传统农业基础在于与自然环境的和谐共处。“森林为父，大地为母，天地之间，谷物至上”，“有林则有水，有水则有田，有水田则有粮，有粮才有人”，这些傣族的天地人和谐的思想十分珍贵。21 世纪社会如果不实现从 20 世纪泛滥起来

① 人们可以参考美国人保护黄石地质公园的事例。

的大量生产、大量消费、大量废弃的工业社会的脱却与转换，那么人类的未来将会十分危惧，我们的后代将会十分可怜。因此与自然共生、与环境和谐是一个面向未来的现实课题。

第二，深化对传统文化的理解，在其延长线上构思 21 世纪传统文化的再生，必须改变主体——居民对土地以及政策的参与方式，如果不改变的话，那么实现起来将很困难。如今，当地还有居民认为，别说西双版纳的自然环境，就连自己所属的社区也并非属于自己，而是属于国家的，自己不过是“过客”。也就是说，缺乏主人翁意识，自治意识薄弱，因此只会向上面索求，对地区的贡献淡薄，结果导致欲求不满单向片面增加，故而人们习惯于，只要能从外部自然索取的、就最大限度地进行索取。如今需要使居民意识从地区政策的客体转变成主体，为此需要培养其自治自立（自我约束管理）主体意识。

第三，使传统文化以新的形式再生的同时，需要催生对应自然环境的新产业，也就是环保产业，以确保居民的生活水平，进而使新的政策承担者登场。需要思考如何创造怎样的产业，才能够兼容保护和开发的两立、两利。这一工作也将创造出自立、自制的居民意识。具体说来，可以考虑观光开发等产业在发展的同时，通过将热带雨林的保护与观光开发相结合，充分发挥乘数效应。

版纳发展的最大资源，就是热带雨林以及以傣族为代表的民族传统生活文化方式。国家旅游局已经在 2011 年 4 月 29 日召开的第六届西双版纳州旅游产业发展大会上，宣告将西双版纳的传统旅游转换为现代旅游。计划在十二五计划实施期间，建设中国一流的、世界知名的国际生态旅游州。为此，州的党与政府公布了八个计划目标。① 通过将观光政策的绿色化与传统文化相结合，强化西双版纳的旅游事业，这或许是一个不错的选项。

第四，为综合实施上述内容，将西双版纳州整个变成生态特区十分重要。也就是说，将西双版纳视为特别的开发对象地区。在 2007 年 7 月实施的州自治条例第 35 条中，规定“自治州的自治机构以建设生态州为目标，保护改善生活环境与生态环境，防止污染与公害”。再次可见全州生态特区定位的萌芽。如上所述，全州 31 个乡镇中，有 29 个是云南省生态乡镇，其中一个是国家级生态乡镇，景洪市为国家园林城市，勐腊县为全国绿化先进县，勐海县为农村环境保护模范县。同时，州还是生物圈保护区、国家级生态模范区、国家级风景名胜区，这些都是建设生态特区的有力基础。根据中国森林法，西双版纳的国家级自然保护区的核心区、缓冲区以及省级保护区等天然林为一类保护林地，二类林地也比其他地方要多。②

在国家自治条例（1987 年）中有关于环境保护的规定（32、33、36 条），1991—1996 年，还出台了澜沧江保护条例（91 年）、森林资源保护条例（92 年）、自然保护区管理条例（同）、天然橡胶管理条例（同）、城乡计划（同）、城镇市容市貌与环境卫生管理条例（93 年）、野生动物保护条例（96 年）等 20 多个生态保护建设相关的条例、法规、政府公文，亟须修改州阶段的环境相关条例与规则。

但是，在国家的自治条例中，橡胶产业被规定为应长期发展的产业，在天然橡胶管理条例（10 条）中：“风景名胜区、水源林、防护林地带禁止砍伐、开垦（1987 年为止），已开垦的土地维持现状，不允许扩大。但是，在认为需要开发适宜栽植橡胶的荒地的情况下，需要向县政府汇报并获得许可”。需要注意，在“荒地”栽种橡胶是受到许可的。

3. 对天然林保护、再生的期待

如上所述，尔今往后是否可能维持西双版纳

---

① 八个目标为：（1）创新观光发展理念，转换观光发展方式；（2）使观光产业配置合理化，实现观光的集团化发展；（3）提高观光物产品的质量，促进竞争力；（4）强化观光各方面的建设，大幅增加观光需要；（5）通过改善观光设施以及硬件条件，提高国际生态观光的印象；（6）促进观光与文化融合，充实观光的文化内容；（7）促进观光的宣传销售，提高西双版纳的吸引力与影响力；（8）发挥观光产业的先驱作用，增强对其他产业的牵引力。（贺 2011）

② 保护等级基于生态脆弱性、生态立地重要性与林地生产力指标，划分为四个等级。（中国国务院《全国林地保护利用计划纲要（2010—2020 年）》2010 年 7 月）

原本的生态特质——天然性，的确面临着相当严峻的挑战。但是，近年来，可以看到省、州层面正在努力，并且国家整体层面的为政方针已从单纯追求 GDP 开始转换。这对版纳真乃机不可失、时不再来！伴随着经济发展，各种生态与环境问题达到临界点，必须重新审视发展方式，制定各种关于保护环境的法律、法令与行政条例，并加以具体落实、实施，酿成从州的党与行政领导到普通村民都意识到必须保护自然的天然性。如果朝着这个方向发展，那么或许可以实现西双版纳的经济发展与自然保护的两全其美。我们真心实意并愿倾力而为地期待这一发展。

制定生态环境保护条例等州的相关法律，通过法律强制措施保证其实现，全面实施绿色新政，进而作为“生态特区”，建立起可以阻止开发导向性法令在全国划一使用的机制。这样，“生态立州”才不仅仅停留在蓝图上，而可以获得政治性保障。如今亟需以此为契机，通过全州居民的主体性参与，形成保护天然林与优先再生的地区建设框架。

补记：在此文翻译成中文的过程中，有关此问题在中国又出现了新的变化，这就是集体所有土地可以自由流转进入市场的交易程序。这一改变在中国大多数地区无疑是具有积极意义的，而在版纳这样的天然森林资源仍然丰富的地区，则明显需要慎重行事，以免陷入新的“一刀切”陷阱。[①] 具体说来，作为自治州来说，能否通过立法，设定其流转只限于农村人口等设限措施，来保证版纳的天然林森林资源的保全呢？

日文文献[②]

1. 郭艶春［1997］「雲南タイ族における植物文化：西双版納の村から」「東南アジア研究」35 巻 3 号.

2. 国際環境 NGO FoE Japan［2010］「中国における合法性証明制度の実態調査報告書」（平成 21 年度林野庁補助事業）3 月.

3. 白坂蕃［2004］「雲南の南部山地における伝統的農業とその変容」「地学雑誌」113 巻 2 号.

4. 长谷川清［2006］「エスニック観光と「風俗習慣」の商品化—西双版納タイ族自治州の事例—」塚田誠之編「中国・東南アジア大陸部の国境地域における諸民族文化の動態」国立民族学博物館.

5. 深尾葉子［2004］「ゴムが変えた盆地世界—雲南・西双版納の漢族移民とその周辺—」「東南アジア研究」42 巻 3 号.

6. 劉剛［1993］「中国西双版納タイ族の空間構成と共生のしくみ」岡田知子代表「中国西南少数民族の集住文化に見る共生のしくみ」（平成 10 - 11 年度科学技術研究成果报告書）.

7. 劉剛［1996b］松本光太郎訳「中国雲南少数民族の経済発展における問題と展望—新

8. たな「画一的な政策」の陥穽を避けるために—」「東京経大学会誌」196 号.

9. 劉剛［2002］「共生のしくみ—ダイ族の集住空間及びピーロン関係」国立歴史民俗博物館記念論集刊行会編「琉球・アジアの民俗と歴史—比嘉政夫教授退官記念論集」榕樹書林出版.

中文文献

［1］陈出帆：《西双版纳州“天保工程”对环境及生物多样性的影响》，西双版纳调研组编《中国农村观察》第 4 期，2000。

［2］陈翰笙：《解放前西双版纳土地制度》，中国社会科学出版社，北京（英文版于 1948 年出版），1984。

［3］程伟平：《北回归线上的明珠为何如此璀璨》，《中国环境报》9 月 2 日，2011。

［4］戴振华：《版纳热带雨林遇“合法砍伐”，森林公安执法难》，《春城晚报》，新华网云南频道：7 月 24 日，http：//www. yn. xinhuanet. com/newscenter/2008 - 07/24/content 13914412. htm，2008。

［5］刀林荫：《我必须对环境问题负责——“生态州长”解读版纳橡胶种植之惑》，西双版纳

① 劉剛［1996b］松本光太郎訳「中国雲南少数民族の経済発展における問題と展望—新たな「画一的な政策」の陥穽を避けるために—」「東京経大学会誌」196 号.

② 编者注：忠于原文起见，本文参考文献体例未作调整。

网：3 月，http：//www. bntv. cn/programshow. aspx? id =5922，2007。

［6］刀林荫：《“我必须对环境问题负责”版纳州长：8 年前就准备控制橡胶种植面积》，新华社《瞭望》，12 月 2 日初刊，2008。

［7］刀林荫：《西双版纳族自治州第八届人民代表大会政府工作报告》，版纳之窗：3 月 8 日，www. ykt88. net/a/xinwenkuaixun/2011/0308/1873. html，2011。

［8］邓丽：《西双版纳上演“橡胶运动”，十天砍光千亩森林》，人民网：4 月 2 日，“21 世纪经济报道”，http：//tw. aboluowang. com/news/2009/0402/ -72991. html，2009。

［9］国家林业局：《中国森林保护与可持续经营》，（2003 年国家报告）初稿，2003。

［10］贺新亚：《西双版纳打造国际生态旅游州》，《中国环境报》5 月 11 日（国家旅游局宣传资料），2011。

［11］胡卓勇：《加强对新垦殖土地规划的建议》，西双版纳州政治协商会议第 25 号提案，2 月 14 日，胡卓勇提案（热带作物研究所），2009。

［12］李闵、袁方：《绿色之火橡胶林》，《中国国家地理》4 期（总 570 期），4 月，2008。

［13］李庆军及其他：《橡胶种植影响天气变化研究获新进展》，《科学时报》11 月 6 日，http：//www. chinabaike. com/z/nong/xumu/2011/0128/242010. html），2007。

［14］李天猛：《用好自治法制定新措施推动我州经济社会快速发展》，西双版纳州政治协商会议第 71 号提案，1 月 6 日发表. http：//www. xsbn. gov. cn/legalbill/Index. html，2010。

［15］攀枝花党政机关网：http：//www. panzhihua. gov. cn：8001/gate/big5/www. xsbn. gov. cn/legalbill/，2011 年 12 月访问。

［16］李佳健：《西双版纳胶林种植引发生态恶化价格暴涨 10 倍》，新华网：12 月 2 日，版纳旅游网转载，http：//city. kmcct. cn/banna/zwxx/200812/11697. html，2012 年 5 月 10 日访问，2008。

［17］李增加、马友鑫及其他：《西双版纳土地利用覆盖变化与地形的关系》，《植物生态学报》32 卷 5 号，2008。

［18］刘德隅：《云南森林历史变迁初探》，《农业考古》3 期，1995。

［19］刘福堂：《山痕》，“海南发展”板块，2009 年 6 月 30 日，天涯论坛：http：//www. tianya. cn/publicforum/content/hn/1/41595. shtml，11 月 21 日访问，2011。

［20］刘福堂：《云南大旱魃与森林》，天涯社区《环保先锋·环保曝光》7 月 11 日（同上“天涯论坛”，2011 年 11 月访问），2010。

［21］刘刚：《发展的选择——社会文化变迁途程中的云南民族集团》，云南民族出版社，1996a。

［22］刘刚：《统合国家中的傣族文化功能及社会影响》，《民族学调查研究》1996 年 4 期，云南省民族研究所（内刊），1996c。

［23］刘隆等主编：《西双版纳国土经济考察报告》，云南人民出版社，1990。

［24］马友鑫、张一平、刘玉洪、张克映、刘文燃、李佑荣：《森林片断的边缘效应及对物种的影响》，许智宏主编：《面向 21 世紀的中国生物多样性保护》，中国林业出版社，2000。

［25］毛翠、唐娜、刘少玄、黄少乐（文），张永强（图）：《版纳肯定能保护好热带的雨林》，《生活新报》2 月 13 日，http：//www. shxb. net/html/20120213/20120213 303779. shtml，http：//www. shxb. net，2012。

［26］裴盛基、许建初等主编：《西双版纳轮歇农业生态系统生物多样性研究论文报告集》，云南教育出版社，1997。

［27］裴盛基：《自然圣境与生物多样性保护》，《科学》（上海）6 期，2006。

［28］苏文拔、李意生：《赴云南西双版纳中德林业合作项目考察报告》，《热带林业》，29 卷 2 期，2001。

［29］孙新章、周海林、张新民：《中国全面建立生态补偿制度的基础与阶段推进论》，《资源科学》，31 卷 8 期，2009。

［30］谭应中：《遏制我州橡胶面积盲目扩大高海拔种植已刻不容缓》，西双版纳州政治协商会议第 13 号提案，法制委员会主办《西双版纳州政治协商会议文件》，2007。

［31］陶云逵：《车里摆夷之生命环》，《边疆研究论丛·民国三十四年至三十七年》3 期，成都金陵大学中国文化研究所，南京，1948。

［32］未知：《西双版纳大规模毁林种橡胶水

土流失严重》，新华网：http：//news. gg. com/a/20070612/001972. htm，2007 年 6 月 12 日访问，2007。

［33］西双版纳州林业志编辑组编：《西双版纳傣族自治州林业志》，云南民族出版社，1998。

［34］西双版纳州统计局：《西双版纳傣族自治州统计年鉴（1999—2010 年版）》，1999—2000。

［35］西双版纳州统计局：《西双版纳州统计局》，1999—2010 年各年度的 HP，http：//xxgk. yn. gov. cn/canton model2/index. aspx？departmentid＝9291，1999—2010。

［36］西双版纳州统计局：同上 2011 年“地理及气候”“自治州概况 ”，2011。

［37］西双版纳州政府：《西双版纳傣族自治州国民经济与社会发展第十一个五年规划纲要》，州第十届人民代表大会第六次会议批准，6 月 19 日，2006。

［38］西双版纳州政务信息网：“西双版纳傣族自治州政务信息网”的“版纳概况 · 西双版纳气候简述”，6 月，http：//www. xsbn. gov. cn/Index. html，2010。

［39］许建初：《从刀耕火种到社区林业：西双版纳森林管理趋势》，《林业与社会》1998 年增刊号（第 3 届全国农村林业研讨会论文集），昆明，《云南 PRA 网络通讯》12 期，2000 年再引，1998。

［40］许再富：《面向 21 世纪的中国生物多样性保护》，许再富主编：《热带雨林漫游与民族森林文化趣谈》，云南人民出版社，1998。

［41］许再富：《民族森林文化与生物多样性的有效管理——以西双版纳为案例》，中国科学院西双版纳热带植物园编：《面向 21 世纪的中国生物多样性保护》，云南人民出版社，2011。

［42］徐为山：《论民族生态意识与农林生态结构》，西双版纳州林业局（徐为山氏的未公开发表稿），1989。

［43］《中国证券报》：金源期货，短期震荡，跟随油市——2006 年天然橡胶年报。http：//www. cnstock. com/rdzt/future/2006－12/28/content 1759491. htm，2012 年 12 月 5 日访问，2006。

［44］岩温才：《关于对政协西双版纳傣族自治州第 9 届 5 次会议第 34 号（段开德委员提案）的答复》，西双版纳州政治协商会议 C 类西农字第 87 号，2007 年 1 月 29 日，西双版纳州政协提案法制委员会主办，2006。

［45］攀枝花党政机关网：http：//www. panzhihua. gov. cn：8001/gate/big5/www. xsbn. gov. cn/legalbill/。

［46］杨世俊：《西双版纳自然保护区森林资源调查报告》，徐永椿 · 姜汉侨等主编：《西双版纳自然保护区综合考察报告集》，云南科学技术出版社，1987。

［47］胡军华：《西双版纳 55. 6 万亩橡胶受灾》，一财网：www. yicai. com/news/2012/05/171956. html。第一财经日报（上海）2010—03—26，2010 年 3 月 25 日访问，2010。

［48］黄树辉：《国土督察部门调查西双版纳圈地潮》，一财网：www. yicai. com/news/2012/05/171956. html，第一财经日报 2012 年 5 月 14 日，2013 年 1 月 28 日访问，2012。

［49］云南日报：《版纳雨林——北回归线上的绿宝石》，《云南日报》4 月 4 日第 1 版，2000。

［50］云南林学院编写委员组编：《云南森林》，云南人民出版社，1986。

［51］云南省地方志编纂委员会编：《云南省志卷三十六 林业志》，云南人民出版社，2003。

［52］云南省林业厅编辑组：《云南林业年鉴》1988—1989 年版，云南人民出版社，1988。

［53］云南网：http：//www. yunnan. cn，2010 年 3 月 27 日访问，2010。

［54］张佩芳、许建初等：《西双版纳橡胶种植特点及其对热带森林景观影响的遥感研究》，《国土资源遥感》3 期（总 69 期），2006。

［55］张晓辉、王启梁：《民族自治地方的生态环境保护——云南省西双版纳傣族自治州的个案研究》，《西南民族学院学报》7 期，2002。

［56］赵琼英：《维护自然生态，净化生活环境》，第 58 号提案，8 月 30 日，2007。

［57］中央新闻电影制片厂：《西双版纳傣族农奴社会》，中国科学院民族研究所的委托摄影制作的纪录电影，1962。

［58］金鹏网（上海）编：《西双版纳 55. 6 万亩橡胶受灾，成灾面积 5. 61 万亩》，http：//www. sjfc. com. cn/ru/2010326112131. asp，2012 年 12 月

26日访问，2011。

［59］周雷及其他：《胶林扩张引发生态争议》，新华社《瞭望》28期，2007。

［60］朱华：《论滇南西双版纳的森林植被分类》，《云南植物研究》29卷4号，昆明，2007。

［61］朱敏慧：《中国热带林资源和利用现状及2000年发展前景》，《世界林业研究》1995年5期，中国林科院科信所，http：//www. dic123. com/A/1/14/14C 255961. html，1996。

［62］封志明等：《中老缅交界地区橡胶种植的时空格局及其地形因素分析》，《地理学报》，Vol. 68，No. 10Oct. ，P1432—1446，2013。

［63］刘晓娜等：《基于决策树分类的橡胶林地遥感识别》，《农业工程学报》，Vol. 29，No. 24，p163—172，2013。

英文文献

1. Hongmei Li et. ［2007］Hongmei Li，T. Mitchell Aide，Youxin Ma，Wenjun Liu and Min Cao，*Demand for rubber is causing the loss of high diversity rain forest in SW China*，Biodivers Conserv，2007. p16.

西藏盐井地区社会控制力量的调查研究

吴成立

社会的运行糅合了多种力量综合制衡，其中最为普遍的是国家行政力量、民间传统力量和宗教力量。这三种力量在学界都被视为研究的重要对象，而人类学者和社会学者则偏爱非正式制度研究，对家族、宗族或地方精英或民间组织抱有特别的兴趣，因此，这方面的研究颇为客观。黄宗智认为传统乡村基层存在介于国家和社会之间的“第三领域”，而且正是通过这一中间阶层实现了国家正式制度对基层社会的控制。① 王铭铭认为基层社会存在民间权威，民间权威作用的发挥存在相应的模式，民间权威是建立某种社会秩序的重要力量。② 虽然以上学者都是在对汉族调查的基础上提出的观点，但就社会控制力量而言，也许存在突破族群限制的共性，为藏区乡村社会的研究提供某种参照和借鉴。且藏区乡村社会较晚纳入国家行政力量的直接管理范畴，在漫长的历史中，维系基层社会秩序和运转的民间权威或许曾占据主要的地位。现在则与国家行政力量等共同发挥着稳定和团结社会的作用，在某些地域仍发挥举足轻重的影响。显而易见，国家行政力量通过科层式制度进行扩散和渗透，它对社会的控制作用不言而喻。但是在注重国家政治和正式制度的力量同时，我们不能忽略民间的传统力量。它作为社会认可的、甚至是内化为行为逻辑的具有道德和行为约束力的存在，在众多公共领域发挥着稳定和团结社会的作用，而且很多情况下都是国家行政力量的一种有益补充，甚至是超越。而宗教作为神异性权威③，直击人们的精神世界，并深深地控制着社会成员的思想和行为。因此，关注民间传统的社会力量的存在，并把握其发挥作用的内在逻辑在助力社会管理中有其价值和意义。二者可以互为借鉴，互相改正和调适，最终促进当地乃至整个社会的进步与发展。这也正是本文试图达到的目的，即通过田野调查发现除国家正式力量控制之外的社会力量，并发现它们存在和发挥有效作用的原因和逻辑。

一、田野点的介绍

西藏自治区东南澜沧江畔的盐井纳西民族乡，地处滇藏茶马古道，位于东经98°28′～99°06′，北纬28°37′～29°30′，扼云南和西藏交通要道之咽喉，隶属西藏自治区昌都东南端的芒康县。距拉萨市1366公里，东北与四川巴塘相邻，南与云南德钦接壤，西与西藏左贡县扎玉、碧土、门孔乡等相连，西面澜沧江，东面金沙江，属三江流域峡谷区，周围地势崎岖，多峡谷，平均海拔2600米左右。气候干湿季分明，属高原温带半湿润性季风型气候，且带立体型特点，植被和耕作种类随海拔高低而有差异。盐井村位于西藏境内澜沧

吴成立，广东省民族宗教事务委员会政策法规处干部。

① 黄宗智：《中国的“公共领域”与“市民社会”？——国家与社会间的第三领域》，载邓正来、J. C. 亚历山大：《国家与市民社会：一种社会理论的研究路径》，中央编译出版社，2005年，第420—443页。

② 王铭铭：《民间权威、生活史与群体动力》，载王铭铭、［英］王斯福主编：《乡土社会的秩序、公正与权威》，中国政法大学出版社，1997年，第258—315页。

③ ［德］马克斯·韦伯著，林荣远译：《经济与社会》，商务印书馆，1997年。

江南端的河段两岸洪积扇台地上，高出江面400多米，台地最宽可达两公里左右，相对开阔的平地为当地制盐提供了天然的便利。而扼云南和西藏交通要道的咽喉，使该地以盐为中介，成为滇藏茶马古道上重要的贸易点。盐井经久不衰的“盐文化”为世间一绝，人们一直保持着传统的取盐、制盐的方法，而且仍然是生活的一个主要组成部分。盐作为自然物质，是人类生活的必需品，因而盐井人制取盐是作为生产和生活的主要组成部分。但在当今已经发生了重大变化，选择此地为调查点具有重要的挖掘、发现和保护意义。

在行政区划方面，西藏自治区芒康县盐井纳西民族乡下属四个行政村：纳西村（下盐井村）、上盐井村、加达村和角龙村。村内又以“组”为单位细分，据笔者2008年调研的数据看，全乡共21个村民小组，全乡有738户，4041人。在民族构成方面，有纳西、藏、汉、傈僳、白等多个民族，其中下盐井村以纳西族为主。其他三个村以藏族为主。各族间互相通婚现象普遍，存在一妻多夫现象。在宗教信仰方面，藏传佛教、天主教、东巴教、原始宗教等多样共存，家庭成员内部的信仰亦不尽相同，部分当地人家中可同时见到佛教或天主教画像、十字架、甚至毛泽东像。以人的交往为媒介，盐井突破民族、宗教等方面的差异和隔阂，呈现出多样共存、宽和兼容的文化形态。

盐井纳西民族乡历来是西藏东南部政治、经济、文化的对外窗口，是一处经济较发达、社会局势稳定、人民生活安定的藏区文明之乡，享有藏东南“秀才之乡”的美誉。2007年人均国内生产总值7973.63元，农牧民人均收入3426.5元（其中现金收入65%）；城镇居民人均收入为3700元。农村人均居住面积22平方米，电视机普及率为84.4%，适龄儿童入学率为95.6%，巩固率98%，人均寿命为62岁，婴儿死亡率为0.8%，教育娱乐支出比重为26%，通电比重为85%，通汽车自然村比重为71.4%，农村初级卫生保健比重为35%，曾在2004年被选为“西藏自治区小康示范村”。

二、民间传统力量的社会控制

民间传统的社会力量，或者说基层民间精英的力量是社会运行的一个重要作用力，在这一领域学者已经做过相当的调查研究。费孝通在《乡土中国》一书中提出中国社会的权力可以分成“横暴的权力”和“同意的权力”。前者指通过暴力和暴力人格获得权力，后者指一般民众共同承认的权力，其力量来自一致感。① 其中，“横暴的权力”是依赖国家的政治控制手段来实施的；“同意的权力”在乡村却是基于“熟民社会”的基础上发挥效力，是通过乡规民约等一系列内部机制来实施的。在关于汉族地区乡绅、士绅等的调查研究中发现，“同意的权力”更容易被村民接受，而且只有能为村民办事谋利益的能干的、有胆量的人物才能成为当地的权威；同时也只有办事能力强、乐于做事的人才能成为民间组织领导者的人选。

习惯上，学界认为20世纪二三十年代以前，中央的行政权一般只下达至县一级，县以下的公共领域大多由非正式的地方性权威人物或社会组织调处。新中国成立以后，国家政府大大加强了对基层的控制，不过，其力量的延伸却是一个缓慢的过程，不是一蹴而就的。尤其是在交通不便、与汉族地区交流不多的少数民族地区，中央控制力更显薄弱。即便如此，少数民族地区同样存在担负社会管理的权威，存在与汉族地区特别是发达的汉族地区不同的乡村管理制度。新中国成立以后，国家实行民族区域自治政策，为有效维持民族地区社会的稳定，很大部分乡村社会独特的社会控制机制得以保留和存续。笔者在调研中发现，目前盐井地区仍然存在“同意的权力”，并发挥着巨大的社会公益作用，协同国家政府的控制力量推进社会的运行。而且，这种“同意的权力”在表现形式上也不尽相同，上盐井村是以村长为核心力量，而加达村则是一个由五位成员组成的

① 费孝通：《乡土中国》，三联书店，1985年，第60—65页。

民间组织作为村民公共活动的核心力量，与中央控制力量共同维护当地乡村社会的秩序。

1. 行政身份下的认可与信任：上盐井村的村长

杨懋春在《一个中国村庄：山东台头》中提到，村庄领导分为官方领导和非官方领导。官方领导会代表村民与当地政府打交道，有时也会代表村民就某些问题向政府提出请求或作出解释。但是，官方领导一般不受村民的欢迎，然而这些人的确很能干，所以经常连任。而非官方领导的威望要比官方领导高，主要发挥调节作用，对村民进行劝告，制定舆论和村约，为官方领导提供支持。官方领导在行使上级命令时一定要同非官方领导商量决定。而且，杨先生还认为非官方领导与官方领导的关系确切来说是上级与下级的关系。① 从杨先生的调查中我们也可以看到乡村社会的权力分配，官方领导与非官方领导是分立的，由此众多事情都是很多人参与的结果。但是在上盐井村不同，在村长职责方面虽然没有什么差别，可是村长集行政身份与非官方的头人身份于一身，所以他是官方权力与非官方权力高度融合的体现。

村长是中央政府在地方进行基层控制的代表，在当前许多的乡村，村长仅仅发挥传达和辅助上级政府执行政令的作用。上盐井的情况则有些不同，村长还是一位“德高望重”的头人，融合了官方领导和非官方领导的双重身份。他更多时候是发挥“仲裁－调节”环节的作用，而不是硬性的权威体现。“村长”的头衔作为一种合法身份证明，方便他处理村中事务，但群众对其身份的认可，是建立在对其为人认可基础上的。只有能为村民办事谋利益的能干的、有胆量的人物才能成为当地的权威；同时也只有乐于做事、处事公允的人才能成为村长的人选。而一旦村长与村民之间建立起情感的互动与互信，“同意的权力”就出现了。借助威望的扩散，村长的权力可扩展到村中各种大小事务，不仅包括村与村之间、村民相互之间等公共事务，甚至村民的家事等私人空间事务也可以由村长裁夺。

在现代行政制度下的村长和部落社会的酋长或传统乡村社会的族长的地位有所不同，因为村长可以独立地做决定和处理事情，很多公共事务并不需要进行长老团体或宗族团体的商量，而且他承担的责任更重、更大。上盐井村长贡秋次仁是一个典型代表。他已年逾六十，不仅得到了上级政府的高度认可，而且在全体村民面前享有极高的威信。他的当选村长是因为政府的赏识，上级政府当时就是看到他读过书，在行政事务和社会事务上又非常的积极，所以就提名他为村长。虽然每三年都要举行一次改选，但因为他在村民中间累积的威信无人能及，所以三十多年来一直连任村长。他的家庭曾被评为“自治区文明户”（西藏自治区2007年度），他还是西藏自治区芒康县2007年第十届人大常委会委员，他更是个有四十多年党龄的中共党员。整个上盐井村级组织实实在在履行职责的就仅他一人，村长、支书一肩挑。

他组织村内的公共事务，房屋修建，盐田修整，水利设施的改进，道路的修建，教育、卫生知识的宣传等等都由他来领头。同时，他又带领村民与政府进行抗争，与其他村进行资源争夺的斗争。而且还处理一些家庭纠纷，甚至是打个帮手，此时更像是一个“互帮互助”的邻里。贡秋次仁作为村长就是如此地活跃在人们的视野中，村民都信任这个村长，信任他有能力处理好事情。政府任命贡秋次仁为村长，贡秋次仁带着村长这个身份履行自己的责任。村民看到的不是他的身份，而是他的为人；贡秋次仁从村民那里获得了信任和威望，树立了权威。在笔者与他同吃同住期间，有不少村民给他送肉送菜及其他东西，以此来“讨好”他。村长和村民之间形成互惠的关系，而不是力量的实施者和接受者，因为村民都会主动找他处理问题。

当村里的利益受到侵犯时，作为“一村之长”，贡秋次仁会率众抵御外界对上盐井村的伤害。笔者在访谈中获悉，三十多年前，他率领村民同下盐井村民进行械斗，与下盐井村争夺水资源。2005年底，上盐井村的两个青年在舞厅与邻乡曲孜卡的青年发生争斗，被对方用刀捅死。事后，贡秋次仁村长率领全村父老乡亲冲到盐井镇把那家当事云南老板的舞厅砸了。其理由是云南老板害怕受牵连，不仅不及时救人，还把奄奄一

---

① 杨懋春著，张雄等译：《一个中国村庄：山东台头》，江苏人民出版社，2001年。

息的青年抬到大街上，以逃脱责任。2007 年夏天，笔者亲眼目睹，因为内地来筑路（214 国道大修）的老板拖欠村民们的工钱，老村长率领村民扣留老板，限期付薪，最后发展到几十辆施工车辆围堵国道，而且不分昼夜。对于村长处理这些事情的行为方式，笔者不予置评，但足以看出他维护本村人利益的执著，以及在村民中的威望和号召力。

整个上盐井村的 135 户，细微到修水修电、生老病死、邻里纠纷和家庭纠纷都会请村长出面协调解决，村长也把帮助村民们之事视为自己日常生活的一部分。笔者有若干次随他去村民家修水修电及调解家庭纠纷，并跟他开玩笑说，他是他们村的 110，无论何时何地，不管大事小事，不问私事公事，他都是随叫随到。2008 年 2 月 5 日（腊月二十八）午饭时，村长刚放下碗筷，就被村里加崩组的鲁西家女人叫走了，与其一起进餐的笔者还尚未有饱感。笔者也急匆匆赶到鲁西家（是在村长二儿子次仁顿珠的指引下才找到他的），看到他正在鲁西的帮助下相当专业地修理着自来水龙头。

老村长还要不定时、不间断地为他的村民们做思想教育工作。但有时在协调和处理村民家庭问题时也采取“家父式”的措施，就如同宗祠掌门人或村落长老拥有权力采用严厉手段一样。村里拥嘎一家经常闹矛盾，拥嘎是家主，五十多岁了，共有三个儿子。最小的儿子叫尼玛江措，是西南交通大学大三的学生（他曾为笔者当翻译帮助笔者调查近两天时间。笔者感到他有雄心壮志，比如他想写一部宏大巨著，却还有满身的“现代气”；他侃侃而谈并表示愿意与笔者长期交往，却在临别时留下个“尼江”的假名；他在把自己视为文化人的同时，却对自己家庭状况视之为“家丑不可外扬”而不愿提及；他渴望高薪清闲的大城市生活，还以自己同时相处四个“女朋友”且是汉人而自豪）。大儿子、二儿子都三十多岁，年龄相差不到三岁。这两兄弟大约在十多年前，共同娶了一个角龙村的女人为妻，与他们几乎同龄，结合到一起不到三年就分道扬镳了。此女为他俩留有一子，已九岁。随后，兄弟俩又共同娶本村一女子为妻，年龄稍比兄弟大（该女子现年 42 ~ 43 岁），共同生活不足两年又分开了。没多久，兄弟俩还是共娶了本村另一女子为妻，年龄稍比老二小，现有三十多岁了，共同生育了一个女儿，现已六岁，随女方。现在（2008 年），兄弟俩娶的这个老婆，比他们的父亲才小几岁，已年过五十。大约在五年前结婚，是江对岸加达村人，为兄弟俩育有两子，一个两岁，一个四岁。拥嘎家庭一直不和，家风不正、如此频繁地更换老婆应是其原因之一。家里吵架不断，2007 年底，拥嘎还动手打了小他没几岁的儿媳，被激怒的老村长狠狠地臭骂了他一顿，方才了事。

村民邻里间的纠纷，村长一般都能尽快处理，而且让众人心服口服，毕竟近三十年的“工龄”了。万一碰上处理不了或不服从村长处理的，就得交上级乡政府。盐井乡有专门调处纠纷调解委员会，遇有村民纠纷及村民家庭纠纷时，一般乡长、副乡长、乡书记、乡副书记、乡人大主席等乡里的主要领导总会有几个会同该村村长、支书和其他三个行政村的村长和支书一起组成。这样为的是吸取更多的经验和智慧，更重要的是全乡村民举一反三，共建和谐社会。比如，盐井对处理家庭分离有相当规范的法则：第一种，若是女方犯有不可饶恕的罪过，如与人通奸；或者女方要求离开此家，而男方及其家人并不愿意她离开。女方除了可带走结婚嫁妆外，其他财产将一分不得；第二种，若是夫妻已结婚八年以上，全家财产按家庭所有成员包括夫妻间的小孩及老人，每人一份。这样女方除嫁妆外，还可带走属于她的那份家产。小孩愿跟父或母生活，随其自愿，当然带上自己的那份财产；第三种，若是夫妻结婚还不足八年，除了女方的嫁妆，女方还应得一份来男方后每年劳动所得的钱。若小孩愿跟母亲走，男方还要付养育费到其十八岁（养育费若男方能承受，可一次性付清；如果男方暂时无能力一次性付清，可按期偿付）；第四种，若男方想“休妻”，而女方无甚过错，且女方又不太愿意离开，却又不得不离去时，还可得到应得财产以外的补偿；第五种，若男方有外遇，几乎完全是男方的错，女方表现尚好且得到男方家人的认可，而她又愿意选择留下，也可以与男方家人一起过而不离家。如果男方另组新家，则不可带走家中任何财产，女方与男方的家人还可以像一家人一样过日子。

在处理期间除了按原有范例的习惯性规则进行外，若遇有新问题，既能在村长或乡政府组织主导下协商解决，又为下次解决类似问题提供了范例。其实，盐井纳西乡一直存在乡人大通过的“乡规民约”，内容不仅非常翔实，还极具可操作性，而且与时俱进，必要时又会在吸取民间经验的同时，经人大讨论通过。笔者将“乡规民约”原文抄录如下，然后进行必要的解读。

盐井纳西乡乡规民约

1. 领导带头认真学习马列主义、毛泽东思想，贯彻党的方针政策，正确对待和落实有关决策，紧密联系群众，一心一意为人民服务。

2. 树立好集体意识，办事公道，积极引导优先致富和合法致富，走共同富裕的道路。

3. 热爱劳动，全面落实生产承包责任制。爱护公物，抵制害人利己的不正行为。

4. 尊老爱幼，父母和孩子之间要有文明，孩子必须孝敬父母。

5. 做到家庭和睦，夫妻恩爱，亲戚和子女之间要有礼貌，邻里团结。

6. “讲文明、树新风”，助人为乐。不准侮蔑他人，更不准殴打他人。

7. 守好纪律，坚持办好事、办实事，弘扬公正行为，必须检举和抵制不正之风。

8. 乡村调解委员会处理案件时，先付押金50元和对调解委员会成员每人每天生活补助10元，处理案件主要根据双方协调进行。

9. 每家每户保证做到管好自家的承包地。承包地自己只有管理和使用权，如果转给他人使用，必须经国土局批准。

10. 加强社会治安综合治理方面：除违反国家法律惩处的外，按以下进行处罚：桶刀者（原文如此，下同）罚500—1000元；打石头者罚300—500元；吵架者罚100—300元；偷东西者罚100—300元；偷水者罚50—300元；擅自砍伐公路沿线树木者罚50—200元；阻止公用公路者罚100—300元；破坏公用水渠和水塘者罚500—1000元；发酒疯打架者罚100—500元；不注重讲究卫生，几次说服不听者罚100—300元；不经乡政府批准，擅自使用土地者不仅罚100—300元，而且移交县国土局处理；擅自破坏闭路线和公用电话者不仅罚500—1000元，而且造严重破坏者移交上级司法机关；擅自破坏自来水者罚300—500元，擅自浪费自来水者和菜地内灌水一次后进行说服不听者，以后坚决不准建自来水。

11. 为了群众共同致富，在公家的盐井里不准抽私用的盐水，如果发现抽水者，不仅没收抽水设备，而且发生问题者，自己承担责任。

12. 我乡群众虽然社会发展进步快，但是法律知识缺乏。因此，决定每季度开展一次学习法律知识宣传会，干部群众必须参加。如果村领导缺席会议每人每次罚10元，群众缺席会议每人每次罚5元。

13. 为了管理好田间，牲畜随放田间者罚10元，并偿还已破坏部分的粮食。

14. 狠抓计划生育，不准超生3个以上的孩子。按《婚姻法》的有关规定，领取结婚证。如果没有结婚证者，不仅不予承认，以后出现问题乡村不进行处理。

15. 适龄儿童到入学时间的（无任何特殊原因的），家长如不按时将子女送入学校的罚款1000元。如有学生擅自逃课，逃学的且家长在知情的情况下仍不将孩子送回学校的罚款500元。

16. 讲究卫生方面：饮用水中不准擅自乱扔脏东西，发现一次罚50元。加强科学种地的力度，大力推广科技，防止病、虫、旱等灾害，使用好各种杀虫药。

17. 不按乡村规定的统一安排时间，擅自游牧集中者罚50元，割草时间定位每年的公历9月25日左右。

18. 保护野生动物方面：在山上擅自放铁网套索者罚1000元，若有举报此类情况者奖赏50%。不经乡和村的批准，霸占空地者罚100元。

上述情况，按情节的大小进行处罚，问题严重者移交上级机关。

纳西乡人民代表大会通过

2005年6月8日

通读此“乡规民约”有点不太像乡规民约，“民间味”偏少，似乎是一份政府官方文件。先不评判此规约质量好坏和制约人水平的高低，笔者仅就自己的参与观察及理解有针对性地作个解读。

规约的前七条一读就明，无意可解。第八条，是指村中发生的各种纠纷，在村长范围内已调解不成，就必须由调解委员会来解决问题。调解委员会一般由乡主要领导、乡有关负责人和各村支书、村长组成。

第九条，于土地的各种权力及管理，远不是本条所能说清限定的。下盐井村村长曾详细向笔者讲述过当地土地财产买卖已相当普遍、相当公开化了。上盐井村村长的二儿子，也曾要求笔者去帮他考察测量一大片山地，打一报告，为的是他要向村、乡政府申报这片土地划归他所有。他本是“公家人”，在芒康县歌剧团工作。他是在为他那个未成家且无可靠生活来源的妹妹准备的。

第十条，第一款，“桶刀者”应为捅刀者，即用刀杀人者；第二款，“打石头者”应是向人等投掷石头者；第五款，在当地用水相当珍贵，主要是靠山水及雨水生活，村与村之间水渠及水量分明。上、下盐井村村民曾因水械斗伤亡过人，就是村内浇灌农田也是轮着来，稍有差池，“偷水者”就可能产生；第九款，当地人喝酒成性，喝酒打架是常有的事；第十款，当地人奉行不杀生，人畜同住，也不常洗澡，所以卫生与“现代人”几乎不是同一概念；第十一款，参阅第九条；第十三款，当地所谓自来水，就是当地人在山坡上修筑一大蓄水池，再将山水引入池，尔后用水管将池水导入村民住户。也就是说，有谁浪费此水或用其浇菜不听劝阻的，再不准接用“自来水”。关于盐水即卤水，就是不能用抽水机等办法进行汲水晒盐，当然可以人力下井背卤水制盐，否则没收其抽水设备。

第十四条，关于计划生育，当地人好像没这个概念。孩子有三四岁即基本能放手了，就把他（她）送到村小学去（每年都会碰到村长和老师劝家长把那些不够龄的孩子领回家，因为当地村里还未设幼儿园），这样至少可以节省人力。待孩子有了十来岁可放牧、下盐田了，便又会不让孩子上学留家务工。也就是说，当地的中学入学率肯定要低于小学。再就是结婚证，当地大多数人也是把它视为可有可无，至于发生了什么纠纷问题该怎么处理还得怎么处理，因为这毕竟影响社会环境。

第十五条，学生逃课，若家长已知，那肯定是故意的，因为孩子十有八九是干活去了。

第十六条，盐井的饮用水，目前还未受到实质性的污染。虽然现代垃圾品，如塑料制品，触目可及，就连在古盐田等地也可随便找到这些污染物。在笔者调查期间，可用随身携带的水壶吸水直接饮用。不过，再不予以重视，恐怕离“需烧开方能饮之”的日子不远矣。

第十七条，就是牧场要在政府统一安排下轮牧，草料要等到成熟方可收割，为的是保证畜牧业的可持续发展。

第十八条，空地就是指未被人们利用的土地，主要包括那些可被利用而未被政府包租给村民的土地，如山坡、沟谷坡地等等。这样的地方还有不少，只有那些有知识有远见的人（如上盐井村村长的二儿子），才有可能意识到，在不远的将来，这些空地会是一笔巨大的财富。

贡秋次仁是国家行政力量的基层代表，他为村民所做的事虽是国家所要求和提倡的，可他所做的甚至已经远远超过行政规定意义上的要求。他把大小事情当做自己日常生活的一部分，并且没有任何埋怨，他的做事态度和行动赢得村民的信赖。从访谈中可以认识到，村长和村民都借了“村长”这一头衔在处理事情。村长利用这一头衔带领和帮助村民解决各种问题，而他的这种态度和行动让村民更加坚定了“村长”便是能够处理事情的人的信念，于是村民也更加愿意请村长处理事情。在这样的感情流动中增强了村民对村长的信任和依赖，而村长也增加了自豪感，情感逐渐建立一种平衡，一种互相认同的归属。村长也就在村民之间树立了权威，所以贡秋次仁从上任后就一直在担任村长的职务。乡规民约的存在与当地基层行政和民间权威集于一人的情况相呼应。从上盐井村村长贡秋次仁身上，我们看到了国家行政力量的代表要想赢得民心，发挥作用，就一定要让职责之职与民间传统建立权威的方式结合到一起，从而建立起一种村长作为国家力量的基层代表，与村民之间存在互惠、信任的相处机制。

2．加达村的“五人组”：传统的民间权威

笔者将加达村每年选举换届的民间管理组织称为“五人组”，是因为当地人对这个由五人组成的组织非常热衷却又没有一个专门的名号，该组织在加达村发挥着一些现代行政村级组织难为的事务性功能。加达村是由五个人组成的一个团体为民间力量的代表，建立一种与村长配合互助的机制，平时村中的传统节日和重大活动的安排都由五人组来负责。五人组是村民自发、自愿参与选择的组织，他们不享有任何报酬，但是却赢得村民的信任和信赖。不过加达村的五人组与村委会、党支部是分离的系统，但却是互相配合的，并不是对立的。

加达村每到藏历新年前，村民们都要开会选举来年的"五人组"，一个组长，四个组员，负责组织管理村里所有民间村务活动，包括来年的"五人组"成员选举大会。被选举的人员定是全村人信赖且有一定威望的人，村长及村委会成员一般不在其列，但是他们会大力支持"五人组"的全部工作。"五人组"成员一届任期一年，成员一般不会连任，村民们一般也不选举上一届的成员。因为这"五人组"的工作纯属义务，无任何报酬，而且工作并不轻松，在很多时候还是一件相当辛苦的差事。比如，藏历新年期间，这五个人几乎每天都忙于新年活动的安排与组织，白天回不了家，只有在一天的活动事务基本结束后方可回家休息，期间是绝不允许请假办私事的。但是村里的人都乐意被选中为"五人组"成员，因为他们觉得这既是村民对他的信赖，也是村民对他的尊重和认可。当然当选者也可进一步提高他的威望，这对于个人来说是一种无比的荣耀。

藏历新年期间，全村每家必须要委派一位代表，且还要具备一定的办事能力，听从"五人组"的指挥和调遣，参加村里的新年活动。这些代表必须每天自带全天的食物准时到村公所工作，主要是进行新年活动的准备工作和节庆活动的所有事务。就餐时，每餐村里无偿提供酥油茶，其他的食物都各自随带，带糠粑、肉类、菜都为自愿。不过，笔者看到，所到之人大部分是一二十岁的年轻人，几乎每人各带一个大如面盆、形似南瓜、上下开合的藤编织篮，里面盛有经过挑选且一个人根本吃不完的各种食物。就餐时与伙伴并排坐着，似乎不是在就餐，而是在比拼各自的精美食物。如果谁家没有代表参加，或参加的代表没带就餐的食物，都会遭到"五人组"的罚款。其规定是这样的：未带餐者罚款五元；没有派出代表的家庭视其家境不同罚款有轻重之分。家境较好的如有国家干部、或者有人在外地工作、或做生意生活富足者要罚一天一百元；一般家庭则罚一天五十元；相对较穷的家庭一天三十元。即便如此，还是有不少人违规。笔者参加该村正月初八（2008年）的歌舞晚会时，就看到村长[①]当众宣布当天的十多个违规者，在宣布的同时，有人当场交罚款。下面是2007年、2008年"五人组"的名单，组长排在第一位：

2007年：根堆、[②]登邓、多吉、阿多、斯朗扎西

2008年：梧松、次巴多吉、杨培、多吉、堤包

笔者调查中，先后访谈了这十多个村民，从侧面了解到这一民间组织的重要作用。"五人组"在加达村的生活中举足轻重，为加达村人生活的一部分，是加达村人祖祖辈辈的主心骨。这个民间组织不仅协调管理邻里间关系，让加达村人有个舒畅的生活环境，而且实实在在为全村人参加较好的公益活动提供保障。全村人的生老病死由"五人组"关护，谁家生活有困难要它来帮忙。重要的是"五人组"还修桥护路促教育，更是让全村人心里暖洋洋。

"假婚礼"是藏历新年期间进行的活动，可以说是多方人士都会参与。假婚礼上的活动十分丰富，所以有许多细节需要安排，"五人组"便是假婚礼的组织操办者。"假婚礼"是加达村特有的社会文化现象，是对当地环境和自我意识的一种反映。假婚礼举办的时间一般是藏历新年的正月初九，或初九前后一两天的日子，每年的日子不完全一样，必须由喇嘛打卦算定。假婚礼完全按照真正的婚礼的方式进行，"五人组"需要进行新郎新娘的选定。因为假婚礼只是借婚礼之名来表达村民对山神或对生活的一种祈求和向往，所以新郎新娘的选定有很多讲究，因而这就需要花费不少工夫。还有新房的布置，婚礼上各种活动的开办、捐款等等。而捐款并不是拿在婚礼上用的，

① 是村长，而非"五人组"成员宣布，据盐井中学总务主任根堆讲述，是因为村长读过书，不仅会讲普通话，而且有水平。

② 盐井中学总务主任，是笔者在该村田野调查的接待者。

而是用在村民事务的发展上，于是“五人组”还要跟踪管理所捐款的分配使用。2007 年新年假婚礼上凑得的 14 000 多元款项，除新年活动的开销，在剩余的 9200 多元中，在年中用了 3500 元买木材更换加达澜沧江桥面木板；还用 4000 元修好了加达神山雷丘上的祭祀用屋；剩下的钱，又加上再次凑款 17000 多元修通了村里的主干公路（此路完全是在“五人组”组织领导下，村民们有钱的出钱，有力的出力，自力更生修通的）。2008 年新年假婚礼捐款又得了 13170 元，当然大部分会被用于村民的公益事业之上。

加达村存在的“五人组”作为民间式的权威组织，不收取任何报酬，真心实意地为当地村民办事，而且具有自己的选举和组织规则，组成人员都是在当地村民中有威望和地位的人，而且愿意出力为村民办事的人，自愿、自发地按照一套选举方法组成的一个团体。承担起组织村里的大型集体活动，包括村里特有的传统活动的责任。而他们能发挥这么大的作用，可以说因为他们的努力和付出在情感上得到了村民的支持和认可，而工作也增强了他们的自豪感和成就感，让他们更加关心和在乎自己的责任。双方的认可和付出让“五人组”和村民之间有了更强烈的情感归属，增强了所有人之间的向心力，结果导致村民越发地依赖和尊重“五人组”，而“五人组”的权威也树立起来，所以“五人组”才能动员全村村民参与各种活动。

三、宗教力量的现实体现：活佛

活佛在藏人的社会生活中占有极其重要的地位，是其生活不可或缺的部分。藏人的生老病死、婚嫁乔迁及生活中重要的事都要请活佛参与、主持或预言。在藏人眼里，活佛就如同菩萨——无所不知、无所不能、无错无过。藏民对他几乎是俯首帖耳、唯命是从。

盐井地区现世活佛尼然十三世，又名扎西次仁，笔者曾两次与他进行访谈，实难感觉他有什么“仙气”，仅一平常人。他热情待客，为笔者降福并送以哈达，还赐藏名为“落松扎西”。他生于 1950 年，角龙村人，其寺庙是然那寺（居于森林中之意），属黄教，位于芒康县徐中乡，离盐井约 130 公里，与云南雅那乡仅一山之隔。

活佛尼然十三世，即扎西次仁两岁时被认定为活佛转世。三岁时由贡嘎喇嘛主持举行坐床典礼，随后一直在然那寺学习经文（藏文）直至西藏平叛改革。1961 年回到盐井上学，随之而来的“文革”，虽然没有给他直接打击，但是由于其人生经历，此后诸如调学、参军、招工、招干之类的好事定是都把他排除在外。至 18 岁，他辍学务农。1970 年人民公社成立，他成为一名劳动工分记分员。同年他结婚，妻子也是角龙村人（当时的政策或鼓励或逼迫他与同背景的人结婚）。1972 年他在角龙乡小学任民办教师，1980 年调到竹巴龙乡小学当代课教师，并顺利通过考试、试用，成为一名正编教师，1984 年调到盐井中学教藏文，至 2002 年退休。

国家宗教政策开放后，他于 1982 年暑假，在然那寺及其信徒们的盛请之下，静悄悄地回到了徐中乡的然那寺。当时，那位曾是盐井和平解放委员会委员的老僧人（他曾动员然那寺全体僧人向解放军投诚，使该寺免受打击，解放军 156 团为此给该寺发了锦旗和表扬信。“文革”时，老僧人遭牢狱之灾，到 1979 年才获释，1980 年平反后，被选为政协委员），也就是活佛尼然十三世的经师（经学博士）已回到了信徒们中间。虽然活佛只在徐中乡不为人知地呆了仅仅一个星期，但是信徒们对他的那份热情和崇拜大大出乎其意料。此后，活佛每年回一趟然那寺住一段时间，村民们有求于他时，就给他们做护身符、打卦、降福等法事。

笔者在 2008 年藏历新年期间对活佛尼然十三世进行了第二次访谈。第一次，笔者依约早上九点半准时赶到活佛扎西次仁家，与笔者一同进家门的还有三个男性中年村民，正值活佛与朋友（芒康县政协秘书长）正在准备吃早餐。进到屋里，活佛热情起身前迎与笔者握手，但没有太多地给予笔者身边的三个乡邻以关照。落座后，笔者在其盛情相邀下，随其家人及秘书长一起共进早餐。令人难忘的是其家人对笔者的热情，担心笔者吃不惯藏餐，还特意煮了面条。

在笔者与活佛及秘书长谈话期间（屋子里已经有四五个当地村民在等候活佛），先后又来了几人朝拜活佛。经活佛的许可，笔者有幸一边静观活佛给信徒们进行的各种法事，一边拍几张现场照。在笔者进屋至离去的两个多小时中，先后来朝拜活佛的人有六批共 11 人次。这些人中，有祈问来年农事的，有祈佑家人康复的，也有问买拖拉机具体事务的，当然还有请活佛为家人降福的，还有因故不能亲自前来而要他人代请的。如此这些，都得要带上自己的心意——捐钱。在这 11 人中，包括捎带的，除了极个别二十元外，少则五十，多则一百，全部总计超过六百元。

活佛是藏人精神世界的主宰者，尤其是那些受教育程度不高的人，对活佛顶礼膜拜。不过许多藏人家中的神坛上除了供奉达赖喇嘛，还有毛泽东的画像，两者并排供奉（也有供奉当地寺庙活佛像的）。据村长贡秋次仁讲，现在，毛泽东画像在西藏十分珍贵，是人人想求的珍宝。假如你想出钱向村民们求此像，既使你出几万，甚至几十万，可能也无人卖给你。西藏的老百姓很崇拜毛泽东，当以神供奉，还能用来挡水灭火。用他们的话说——“发大水时，只要你双手把毛主席像举过头顶，朝天高高举起，大水即止”。以往，老百姓只信达赖喇嘛，现在很多地方把毛泽东与达赖喇嘛一同敬在神坛上。

在全民信教的民族地区，宗教力量是社会控制的一股重要力量。宗教有神圣的一面，也有世俗的一面。盐井纳西民族乡宗教信仰的呈现体现在活佛身上，但是这个活佛不是常住寺庙的，而是已经脱离寺庙多年，曾是国家工作单位的工作人员。但是村民仍然把他当活佛看，并在他家进行施法等活动。村民让他扮演活佛的角色，缺少寺庙活佛的庄重、正规，比较随意和简单。因而可以说活佛的存在是人们坚持宗教信仰的一个符号，人们只是通过这样的一个符号获得某种精神和心灵的安慰。

结语

在长期的田野调查基础上，本文对盐井乡村地区的民间的社会控制力量进行了描述和分析。由是观之，非官方的民间权威和活佛对当地的社会控制和影响力度是非常大的，而这些力量是当地村民所信赖和支持的。非官方的地方精英和组织为村民服务，在服务中与村民中建立了一种情感的交流渠道，通过服务使得村民更加尊重和依赖民间权威力量。而民间权威也树立了威信，获得了自豪感，而且还巩固了权威的社会地位。于是建立起一个信任、互惠的社会机制，在这个机制下民间权威发挥了重大的社会控制作用，增强了人们的文化认同感和地方认同感。虽然上盐井村和加达村的情况不同，上盐井村的村长本是官方的身份，但是在帮助村民的时候更多利用民间的方式，利用乡规民约，利用村民间的道德约束，利用村民间的邻里关系等解决和处理问题。而加达村则是以“五人组”的非官方组织为民间力量的核心，处理村内的群体性的活动，与官方相互配合做好各项工作。在民间权威发挥力量的同时，活佛作为宗教系统的一个真实存在，同样发挥重大的作用，让当地村民的心灵和精神有个现实的寄托。总之，通过分析，笔者发现非官方的民间力量在盐井地区所起的作用非常大，其发挥作用的逻辑与原因深藏于当地人应对各种包括国家、政府、宗教、个体等多种要素在内的各种社会范畴相互之间在地方本土文化中不断彼此解释与争夺的过程。在今后的政府工作中可以吸收其精华加以运用，加强民族地区的政治、经济和文化建设。

参考文献：

［1］费孝通：《江村经济：中国农民的生活》，商务印书馆，2001。

［2］费孝通：《乡土中国》，三联书店，1985。

［3］［英］马林诺夫斯基著，梁永佳等译：《西太平洋的航海者》，华夏出版社，2001。

［4］［英］安东尼·吉登斯著，胡宗泽、赵力涛译：《民族·国家与暴力》，生活·读书·新知三联书店，1998。

［5］王铭铭、［英］王斯福主编：《乡土社会的秩序、公正与权威》，中国政法大学出版社，1997。

［6］［德］马克斯·韦伯著，林荣远译：《经济与社会》，商务印书馆，1997。

［7］邓正来、J. C. 亚历山大：《国家与市民社会：一种社会理论的研究路径》，中央编译出版社，2005。

［8］杨懋春著，张雄等译：《一个中国村庄：山东台头》，江苏人民出版社，2001。

［9］王铭铭：《视野中的村落、文化与权力：闽台三村五论》，生活·读书·新知三联书店，1997。

［10］杜赞奇著，王福明译：《文化、权力与国家》，江苏人民出版社，2003。

［11］王名、刘培峰等：《民间组织通论》，时事出版社，2004。

［12］赵士林：《交叉的视野：宗教·民族·文化·历史》，中央民族大学出版社，2006。

［13］金泽：《宗教人类学导论》，宗教文化出版社，2001。

高力士之族属、家世

黄兆辉

唐代自高祖李渊建元武德（618）始，至哀帝李柷之天祐四年（907）而亡，计二百九十年。其盛而衰至亡，探其所由，自有其深刻之社会、文化问题，如种族、宦官、藩镇、均田制、府兵制、禁军、宗教等均有关涉，不可少忽，然至昭宗末，南衙（朝臣）、北司（宦官）所争尤烈，卒以朱温应召尽诛宦官而定，唐亦以此亡，则宦官问题之烈，亦于此可见。宦官之盛，始自玄宗，而宦官本掌内侍省事，后转而凌军、政之上者，则自高力士始。清·赵翼云:①

东汉及前明，宦官之祸烈矣，然犹窃主权，以肆虐天下；至唐则宦官之权，反在人主之上，立君、弑君、废君，有同儿戏，实古来未有之变也。推原祸始，总由于使之掌禁兵、管枢密，所谓倒持大阿而授之以柄，及其势已成，虽有英君察相，亦无之何矣。

唐宦问题之论，非本文所任，于兹仅谈高力士之族属、家世。

所言族属问题之要旨，实关乎某人之行状，社会习尚之取向，族属（种族）之不同，文化背景亦异，考察某人之行藏生平，当以族属为发端，以此而可得解读其人活动缘由之关钥。考察人当如此，置诸社会问题、朝代史事亦如此，陈寅恪先生于引《朱子语类》（卷16《历代类三》）“唐源流出于夷狄，故闺门失礼之事不以为异”之语时便称：“……然即此简略之语句亦含有种族及文化二问题，而此二问题实李唐二代史事关键之所在，治唐史者不可忽视者也”（《唐代政治史述论稿》上篇·统治阶级之氏族及其升降）。即以泛言之东夷、西戎、南蛮、北狄而言之，则地土之广沃褊狭、山岳之高峻卑夷、川流之丰沛枯竭，其人文环境四方各异，故社会生产力之发展、民间习俗之品类、文化价值之取捨亦随而不同，所谓北人骑马、南人驾舟即是。故人文环境于其民人、种族有影响，而种族于其族人更有影响，而其所以有影响者，或有如容格者归之于“集体无意识”、“原型”等等，此处不赘论。本文仅谈高力士之族属、家世，于史籍之外，更别求典籍、碑铭，力图得解高力士族属、家世之疑，是为笔者所望。

一

高力士迹事见于史籍者，可参《旧唐书》，见卷184《宦官传·高力士》:②

高力士，潘州人。本姓冯，少阉，与同类金刚二人。圣历元年（698），岭南讨击使李千里进入宫，则天嘉其黠惠，总角修整，令给事左右。后因小过，挞而逐之，内官高延福收为假子。延福出自武三思家，力士遂往来三思第。岁余，则天复召入禁中，隶司宫台廪食之。……景龙（707—709）中，玄宗在藩，力士倾心奉之，接以恩顾。及唐隆平内难，升储位，奏力士属内坊，

黄兆辉：广州石化总厂退休干部。

① 赵翼:《廿二史劄记》卷20《唐代宦官之祸》，中国书店，1987年，第262页。

② 清武英殿本，上海古籍出版社，1986年。《二十五史》册五，第4049页。

日侍左右，擢授朝散大夫、内给事。先天（712）中，预诛萧、岑等功，超拜银青光禄大夫、行内侍同正员。开元（713—741）初，加右监门卫将军、知内侍省事。……每四方进奏文表，必先呈力士，然后进御；小事便决之。玄宗曰："力士当上，我寝则稳"。……宇文融、李林甫、李适之、盖嘉运、章坚、杨慎矜、王鉷、杨国忠、安禄山、安思顺、高仙芝，因之而取将相高位，其余职不可胜纪。肃宗在春宫，呼为二兄，诸王公主皆呼阿翁，驸马辈呼为爷。……力士义父高延福夫妻，正授供奉。岭南节度使于潘州求其本母麦氏送长安，令两媪在堂，备于甘脆。金吾卫大将军程伯献与力士结为兄弟，麦氏亡，伯献于灵筵散发，具缞绖，受宾吊答。十七年，赠力士父广州大都督，麦氏越国夫人。开元初，瀛州吕玄晤作吏京师，女有姿色，力士娶之为妇，擢玄晤为少卿、刺史，子弟皆为王傅。吕夫人卒，葬城东，葬礼甚盛。……天宝（742—755）初，加力士冠军大将军、右监门卫大将军，进封渤海郡公。七载，加骠骑大将军。……十四载，置内侍省内侍监二员，秩正三品，力士、思艺封任之。玄宗幸蜀，思艺走投禄山，力士从幸成都，进封齐国公。从上皇还京师，加开府仪同三司，赐实封五百户。上元元年（760）八月，上皇移居西内甘露殿，力士与内官王承恩、魏悦等因侍上皇，登长庆楼，为李辅国所构，配流黔中道。……宝应元年（762）三月，会赦归，至朗州，遇流人言京国事，始知上皇厌代，力士北望号恸，呕血而卒。代宗以其耆宿，保护先朝，赠扬州大都督，陪葬泰陵。

按，上引谓高力士为"潘州人"，潘州，即今广东茂名市境。潘州，唐初置，见唐·杜佑《通典》卷184《州郡十四·南潘郡》：①

潘州，今理茂名县。秦属象郡，二汉属合浦郡。大唐武德四年（621），置南宕州。八年，改为潘州。或为南潘郡。领县三：茂名、南巴、潘水。

此"潘州"处今广东粤西境，地近广西，故西汉、东汉属合浦郡（郡地跨今广东、广西境），唐武德四年析置南宕州，八年始称潘州。州名所以称"潘"者，据宋《太平御览》谓"《岭表记》曰，潘州，昔有方士潘茂于此升仙，遂以名郡"②。

上引"玄宗……及唐隆平内难，升储位，奏力士属内坊"，指韦后毒死中宗，子重茂登位，改元"唐隆"（710），李隆基与太平公主、刘幽求、麻嗣宗等自玄武门入，杀韦氏等，拥立其父李旦登基，是为睿宗，隆基为太子（升储位）。继而使力士入内坊，《新唐书·百官志二》："初，内坊隶东宫。开元二十七年，隶内侍省"。由是高力士入侍太子李隆基。

"先天中，预诛萧、岑等功"，此指玄宗平太平公主、中书令萧至忠、侍中岑羲、尚书左仆射窦怀贞等之乱，高力士参与而有功，时在先天二年（713）七月三日。语见《旧唐书》卷8《玄宗纪》。③

此《旧唐书》一语未及其本原，仅云"本潘州人，本姓冯，少阉……内官高延福收为假子"，则改姓当在其时，今有"高延福墓志"，见载此事，志石全称为"大唐故中大夫守内侍上柱国渤海高府君墓志铭"，由"丽正殿修撰学士校书郎孙翌字季良撰"，见载《金石萃编》。④

---

① 《四库全书》文渊阁本，史部十三，政书类一。

② （宋）李昉等：《太平御览》卷172《州郡部一八·潘州》。商务印书馆影宋本，中华书局，1992年。册一，第841页。

③ 《旧唐书》卷8《玄宗纪》：

先天二年七月三日，尚书左仆射窦怀贞、侍中岑羲、中书令萧至忠、崔湜，雍州长史李晋、左羽林大将军常元楷、右羽林将军李慈等，与太平公主同谋，期以其月四日，以羽林军作乱。上密知之，因以中旨，告岐王范、薛王业、兵部尚书郭元振、将军王毛仲，取闲厩马及家人三百余人，率太仆少卿李令问、王守一、内侍高力士、果毅李守德等亲信十数人，出武德殿，入虔化门，枭常元楷、李慈于北阙；擒贾膺福、李猷于内客省以出，执萧至忠、岑羲于朝，皆斩之。

睿宗明日下诏曰："朕将高居无为，自今军国政刑一事已上，并取皇帝处分。"上御承天门楼，下制曰："朕承累圣之洪体，荷重光之积庆……可大赦天下。"

④ （清）王昶：《金石萃编》册二·卷75，扫叶山房民国十年石印本。

志石称：

窃以圣人之教，父因子贵，府君之宠嗣曰力士，我大君之信臣也。顷国步多艰，而守谋立顺，以功拜右监门大将军，兼食本邑。尽力王室，志存匡辅，元勋烂然。……以开元十一年（723）十二月廿五日，终于来庭里之私第，春秋六十有三。

按，上墓志只称“宠嗣曰力士”，且略其假子（收养）关系。而“守谋立顺”者，即指诛萧、岑之功，逼太平公主自尽之勋。

至《新唐书》，始有关涉其自出者，见卷207《宦者传·高力士》：①

高力士，冯盎曾孙也。圣历（698—699）初，岭南讨击使李千里上二阉儿，曰金刚、曰力士。武后以其彊悟，敕给事左右……

按，岭南冯氏，为南朝、隋、唐初粤西望族。初，北燕豪族冯氏仕于粤，号令不行，以其未得土酋集群之力，故威令阻宣，及与酋首冼氏联姻，始得功令彰显，而成豪族世家。其先著者，以冯宝始，见《隋书》卷80《烈女传·谯国夫人》：②

谯国夫人者，高凉冼氏之女也，世为南越首领，跨据山洞部落十余万家。夫人幼贤明，多筹略，在父母家，抚循部众，能行军用师……梁大同（535—545）初，罗州刺史冯融闻夫人有志行，为其子高凉太守宝娉以为妻。融本北燕苗裔，初，冯弘之投高丽也，遣融大父业以三百人浮海归宋，因留于新会。自业及融，三世为守牧，他乡羁旅，号令不行。至是，夫人诫约本宗，使从民礼。每共宝参决辞讼，首领有犯法者，虽是亲族，无所舍纵，自此政令有序，人莫敢违。……至陈永定二年（558），仆年九岁，遣帅诸首领朝于丹阳。起家，拜阳春郡守。后广州刺史欧阳纥反，召仆至高安……夫人……遂发兵拒境，帅百越酋长迎章昭达，内外逼之，纥徒溃散。仆以夫人之功，封信都侯，加平越中郎将，转石龙太守，诏使持节。册夫人为中郎将、石龙太夫人……。后遇陈国亡，岭南未有所附，数郡共奉夫人，号为圣母，保境安民。……晋王广（按，即后之“隋炀帝”）遣陈主遗夫人书……夫人见杖，验知陈亡，集首领数千，尽日恸哭，遣其孙魂帅众，迎洸入至广州，岭南悉定。表魂为仪同三司，册夫人为宋康郡夫人。未几，番禺人王仲宣反，首领皆应之，围洸于州城，进兵屯衡岭。夫人遣孙暄帅师救洸，暄与逆党陈佛智素相友善，故迟留不进。夫人知之，大怒，遣使执暄，系于州狱。又遣孙盎出讨佛智，战尅，斩之。进兵至南海，与鹿愿军会，共败仲宣。夫人亲披甲，乘介马，张锦伞，领彀骑卫……岭表悉定。高祖（按，即隋文帝杨坚）异之，拜盎为高州刺史；仍赦出暄，拜罗州刺史；追赠宝为广州总管、谯国公；册夫人为谯国夫人；以宋康邑迴授仆妾冼氏。仍开谯国夫人幕府，置长史以下官属，给印章，听发部落六州兵马，若有机急，便宜行事。……赠夫人临振县汤沐邑一千五百户，赠仆为崖州总管、平原郡公。仁寿（601—604）初卒，赙物一千段，谥为诚敬夫人。

按，上称“融本北燕苗裔，初，冯弘之投高丽也，遣融大父业以三百人浮海归宋，因留新会”，则冯氏为十六国北燕之始建者，国存近三十年（409—436），事见《北史》卷93《僭伪附庸》。③ 史称“冯跋，字文起，小字乞直代，本出长乐信都。慕容永僭号长子，以跋父安为将，永为垂所灭，安东徙昌黎，家于长谷，遂同夷俗”。其本籍之“长乐信都”，即北朝之长乐郡信都县，唐·李吉甫《元和郡县图志》卷17《河北道二·冀州》：④“信都县，本汉旧县，属信都国。后汉属安平国。后魏属长乐郡。隋开皇三年属冀州，皇朝因之”。地位今河北省南部、滏阳河流域，1913年改为冀县。⑤ 冯安东徙昌黎郡（治所今辽宁省义

① 同“注2”，册六，第4752页。
② 同“注2”，册五，第3464页。
③ 《四部备要》·史部，上海中华书局据武英殿本校刊，第835页。
④ 中华书局，1983年，第484页。
⑤ 《辞海》，上海辞书出版社，1980年，第302页。

县）长谷，“遂同夷俗”，则实为汉人鲜卑化。

鲜卑一族，与乌桓同源，本属东胡，原处今之东北，为继匈奴之大族，见《后汉书》卷120《鲜卑》：①

> 鲜卑者，亦东胡之支也，别依鲜卑山，故因号焉。其言语习俗与乌桓同。唯婚姻，先髡头，以季春月，大会于饶乐水上，饮宴毕然后配合。又禽兽异于中国者，野马、原羊、角端牛，以角为弓，俗谓之角端弓……。汉初，亦为冒顿所破，远窜辽东塞外，与乌桓相接，未尝与中国通焉。光武初，匈奴强盛，率鲜卑与乌桓寇抄北边，杀掠吏人，无有宁岁。……和帝永元中，大将军窦宪遣右校尉耿夔击破匈奴，北单于逃走，鲜卑因此转徙据其地。匈奴余种留者，尚有十余万落，皆自号鲜卑。鲜卑由此强盛。

汉初，匈奴冒顿击破东胡，余众溃遁，所分为二部，即乌桓，鲜卑。

鲜卑族之得名，或谓族依山而名之，如上所引，山当指今我国东北大兴安岭山系之北段。② 然近人吕思勉合音韵而推出新论，亦不可不引：③

> 案拓跋氏之先，实来自西伯利亚。《魏书》谓其国有大鲜卑山。《希腊罗马古史》谓，里海以西，黑海之北，古有辛卑尔族居之。故今黑海北境，有辛卑尔古城；黑海峡口，初名辛卑峡；而俄人称乌拉岭一带曰西悉毕尔。辛卑尔，即鲜卑也。此岂东胡灭后，余众所居邪？抑鲜卑山自欧、亚之界，绵亘满、蒙之间也？

所指“黑海北境”，即今乌克兰一带；又“里海以西”，指今俄罗斯南境、格鲁吉亚、阿塞拜疆（此一带与土耳其、伊朗接壤）。若东胡之灭，余支远徙之途按吕氏所指，当自蒙古而入新疆，迤西过哈萨克斯坦或乌兹别克斯坦方至。姑存说于此。

另又有鲜卑本汉人说，见清·王先谦《后汉书集解》所引，卷90《鲜卑传》：④

> 【集解】惠栋曰，应奉云，秦筑长城，徒役之士亡出塞外，依鲜卑山，因以为名。隋《图经》云，山在柳城东南二百里。

柳城，在今辽宁省朝阳之南，汉置县。以此说而推之，秦筑长城，徒卒苦役而逸出塞外，依山而成族并以此名族。则此“徒役之士”当为加入土著鲜卑族群之一部分，亦反映族群之形成，为多元组合，如上引指汉击匈奴而远遁，鲜卑据其故地，“匈奴余种留者，尚有十余万落，皆自号鲜卑”，若一“落”以十计，则其余众入鲜卑之数甚巨。

鲜卑曾于东汉末，由檀石槐组合松散之部族而成军事联盟，“由是部落畏服，乃施法禁，平曲直，无敢犯者，遂推以为‘大人’。檀石槐立庭于弹汗山”（《后汉书·鲜卑传》）。弹汗山，位今内蒙古商都县附近。西晋后，鲜卑分为数部落，即慕容部、拓跋部、段部、宇文部、秃发部等。

慕容部之慕容儁于东晋永和八年（352）即帝位，建都于邺（今河北），史称“前燕”。后复有后燕、西燕、南燕、北燕之立。

据《北史》冯跋本传，时为北燕部将之冯跋，杀慕容熙，拥高丽人、慕容宝养子高云为天王；北魏永兴元年（409），“云为左右所杀，跋乃自立为燕王，置百官，号年‘太平’”。后其弟冯弘乘跋重病，夺而袭位。北魏太延二年（南朝宋元嘉十三年，436），太武帝拓跋焘灭北燕，“太延二年，高丽遣将葛居卢等率众迎之，弘乃拥其城内士女入于高丽”，北燕亡。

冯跋虽为汉人，然久“同夷俗”，故夷夏观念不强，且宣示“朕方崇信殊俗”，似与儒礼相绝，见《晋书》卷125《本传》：⑤

---

① 范晔：《后汉书》，清武英殿本，上海古籍出版社，《二十五史》1986年，第二册1063页。
② 安介生：《民族大迁徙》，江苏人民出版社，2011年，第106页。
③ 吕思勉：《中国民族史》，岳麓书社，2010年，第82页。
④ 虚受堂刊本，中华书局，1984年影印，第1050页。
⑤ （唐）房玄龄等：《晋书》，中华书局，1974年，第3130页。

蠕蠕勇斛律遣使求跋女伪乐浪公主，献马三千匹，跋命其群下议之。素弗等议曰：“前代旧事，皆以宗女妻六夷，宜许以妃嫔之女，乐浪公主不宜下降非类。”跋曰：“女生从夫，千里岂远！朕方崇信殊俗，奈何欺之！”乃许焉。遣其游击秦都率骑二千，送其女归于蠕蠕。

蠕蠕，即柔然族，为北地大漠之族。清·钱大昕《廿二史考异》晋书五·冯跋载记：“［蠕蠕勇斛律］蠕蠕即柔然也，《魏书》作蠕蠕，宋、齐、梁《书》皆作芮芮，《周书》作茹茹……盖译音无定字”。据《魏书·蠕蠕传》，柔然始祖为木骨闾，原为鲜卑奴，至其子车鹿会强盛而有部众，始自号柔然。是故北燕诸臣称宗女“不宜下降非类”，然跋终排议而亲之。此即以非类为我类，以殊俗为本俗，视异质文化为归同。故上引《晋书·本传》末评之：①

史臣曰：自五胡纵慝，九域沦胥，帝里神州，遂混之于荒裔，鸿名宝位，咸假之于杂种。……而冯跋出自中州，有殊丑类，因鲜卑之昏虐，亦盗名于海隅。然其迁徙之余，少非雄杰，幸以宽厚为众所推。

然正以冯氏之“宽厚”，能从俗而又容异俗，故得“为众所推”。此又当为居上者执民族之策时所当注意及参校者。

按之《北史》，前引《谯国夫人传》之冯业率三百人越渤海而投南朝宋者，则当在北燕亡时。

冯氏为汉人，以迁居胡地而胡（鲜卑）化，继以仕宦岭南，为求政令之施行，企获土酋部集支持，以婚娶之联盟，致得政治势力之纠结，而政令之施，亦赖此而行。此亦可见冯氏之善用势，或即治水而善导之义矣。

为明晰高力士先祖家世，今据《北史》卷93《僭伪附庸·冯跋传》，列其世系表，见如下：（表一）

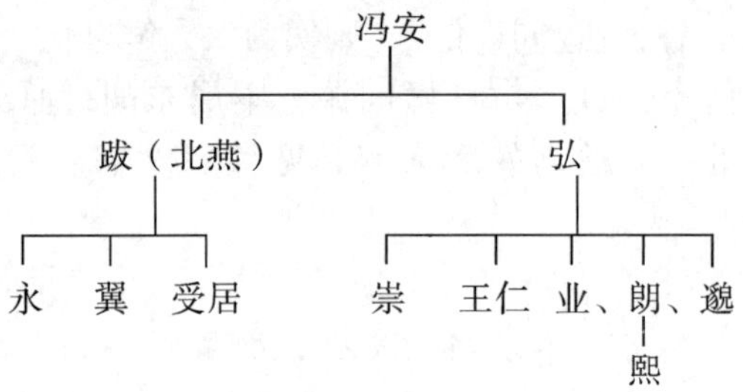

按，《冯跋传》称，“跋有子男百余人，悉为弘所杀”，名不附籍，故表不载。又《传》称，冯弘之子崇，有二弟，“崇母弟广平公朗、乐陵公邈”，然《传》末云“（魏）太武又徵弘于高丽，乃杀之于北丰，子孙同时死者十余人。子字朗邈，朗子熙”，此“子字朗邈”，二字合称，似为一人；然继而云“朗子熙”，则朗、邈显为二人，今作二人表之。又，魏太武帝诛杀冯弘之子孙有十余人，《传》不载名，故亦不附表上。

据上引《隋书》卷80《烈女传·谯国夫人》传，冯融之祖父（大父）业受冯弘之遣，率三百人归南朝宋，而《北史·冯跋传》不载此事，故（表一）不载。今据《隋书·谯国夫人传》所载冯氏世系，列表如下：（表二）

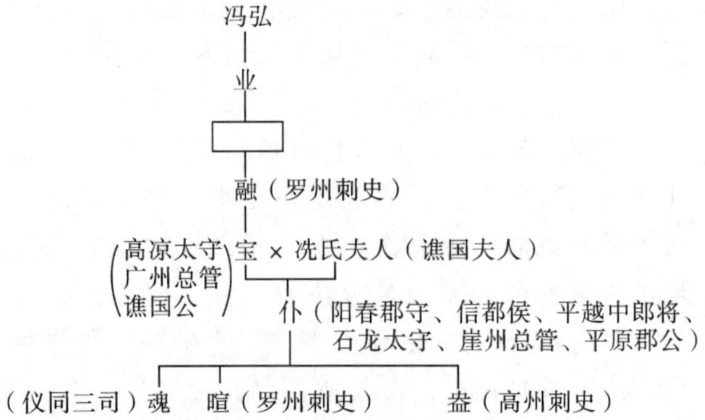

按，《传》内仅称冼夫人有子仆，未见有他子，故只列仆名，又称三孙魂、暄、盎，以父辈仅为仆，故统归其名下。此为无可奈何之法，若有新材料发现，则可废而另列。

又，《传》称南朝陈时，广州刺史欧阳纥反，冼夫人平之，其子“仆以夫人之功，封信都侯，加平越中郎将，转石龙太守，诏使持节”，其所封信都侯之“信都”，即为前引《元和郡县图志》所称“后魏属长乐郡”之信都县。唐武德初，改郡

① 书同上，第3134页。

为州；天宝初，又改州为郡；乾元元年，又复为州。故于唐，有冀州、信都郡之称，见唐·杜佑《通典》卷178《州郡八·信都郡》：①

今之冀州。古冀、兖二州之域。春秋时晋地，战国时属赵，秦为钜鹿郡地。汉高帝置为信都郡，景帝改为广川国，宣帝复为信都国，后汉明帝更名乐成国，安帝更名安平国。汉末，兼置冀州，领郡国九，理于此。晋亦然。后魏为长乐郡，兼置冀州，北齐、后周皆因之。隋初郡废，而冀州如故。炀帝初，州废，复置信都郡。大唐为冀州，龙朔二年（662）改为魏州；咸亨三年（672），复旧。或为信都郡，郡今理即汉信都国城。领县九：信都……

按，此即为冯氏所出之故地（辖境约今河北冀县、深县、枣强、衡水南宫、山东德州市部分），后徙至今辽宁，或入朝鲜、或迁广东，然典籍多有称其故地名者，故详引之，以备后文之检阅。而南朝陈主封冯仆为“信都侯”，足证其本贯之所出，当即在信都，以《北史》、《隋书》参看，北燕冯氏，陈、隋、唐岭南豪族冯氏，均为一脉，咸出自汉之信都郡。

二

前引《新唐书·高力士传》称“高力士，冯盎曾孙也”，故欲寻其次第，以冯盎求之，见《旧唐书》卷109《冯盎传》：②

冯盎，高州良德人也，累代为本部大首领。盎少有武略，隋开皇（589—600）中，为宋康令。仁寿（601—604）初，潮、成等五州獠叛，盎驰至京，请讨之。文帝勅左仆射杨素与盎论贼形势，素曰：“不意蛮夷中有此人，大可奇也”。即令盎发江岭兵击之。贼平，授金紫光禄大夫，仍除汉阳太守。武德三年（620）……或说盎曰：“自隋季崩离，海内骚动，今唐虽应运，而风教未浃，南越一隅，未有所定。公尅平五岭二十余州，岂与赵佗九郡相比？今请上南越王之号”。盎曰：“吾居南越，于兹五代，本州牧伯，唯我一门子女；玉帛，吾之有也。人生富贵，如我殆难，常恐不克负荷，以坠先业。本州衣锦便足，余复何求？越王之号，非所闻也”。四年，盎以南越之众降，高祖以其地为罗、春、白、崖、儋、林等八州，仍授盎上柱国、高凉总管，封吴国公，寻封越国公。拜其子智戴为春州刺史；智彧，东合州刺史。徙封盎耿国公。贞观五年（631），盎来朝，太宗宴赐甚厚。……盎奴婢万余人，所居地方两千里。勤于簿领，诘擿姦状，甚得其情。二十年（646）卒，赠骑卫大将军、荆州都督。

按，上引盎称“吾居南越，于兹五代”，据前之表二，为“业—□—融—宝—仆—盎”，当为六代。业之子未名，据前《隋书·谯国夫人传》：“自业及融，三世为牧”；另又语冯弘“遣融大父业以三百人浮海归宋”，大父，即祖父，见《韩非子集解》卷19《五蠹第四十九》③：“大父未死而有二十五孙，是以人民众而货财寡”。故冯业至冯融，当为三代。未知冯盎所言何据，谨志于此，俟证。

今据其所述，列表如下：（表三）

盎
├ 智戴（春州刺史）
└ 智彧（东合州刺史）

按，冯盎子智戴所领之春州，约今广东阳春县及附近之境，见《旧唐书》卷41《岭南道·春州》：“隋高凉郡之阳春县。武德四年（621）平萧铣，置春州……天宝领县二：……阳春、罗水”。子智彧所领之东合州，约今广东西部之雷州半岛，含海康、遂溪、徐闻，见《旧唐书》卷41《岭南道·雷州》：“隋合浦郡之海康县。武德五（按，据上引，当为“四”）年，平箫铣，置南合州，领海康、隋康、铁杷、椹川四县。贞观元年，改为东合州”。天宝领县三，即海康、遂溪、徐闻。

观此父子三人所辖之域，粤西及海南尽为其家族所统，冯盎坚不称“南越王”，随中央政权之

① 《四库全书》文渊阁本·史部十三·政书类一。
② 同“注2”，册五，第3872页。
③ 《诸子集成》，上海书店影印，1986年，册五。

移易而附之，则岭南却兵燹、家族得余荫，此实冼夫人之良策。

以上引校诸他籍，有异，见《新唐书》卷 110《诸夷蕃将·冯盎传》:①

冯盎，字明达，高州良德人。本北燕冯弘裔孙，弘不能以国下魏，亡奔高丽，遣子业以三百人浮海归晋。弘已灭，业留番禺。至孙融，事梁，为罗州刺史。子宝，聘越大姓冼氏女为妻，遂为首领，授本郡太守，至盎三世矣。隋仁寿初，盎为宋康令。……武德五年，始以地降高祖，析为高、罗、春、白、崖、儋、林、振八州，授盎上柱国、高州总管，封越国公。拜其子智戴为春州刺史，智彧为东合州刺史。盎徙封耿。……卒，赠左骁卫大将军、荆州都督。子三十人。

智戴，知名，勇而有谋，能抚众，得士死力，酋帅皆乐属之。……累迁左武卫将军。卒，赠洪州都督。

盎族人子猷，以豪侠闻，贞观中入朝，载金一舸自随。……

按，上引称北燕，冯业浮海“归晋”，考东晋于元熙二年（420）而亡，时为北燕之太平十二年；北魏太延二年（南朝宋元嘉十三年，436），冯弘入高丽，北燕亡。故冯业所归者，应为“宋”，上引《新唐书》误。

又，冯盎初封越国公，后“徙封耿”，此不通，当有脱文，校之《旧唐书》，文为“徙盎耿国公，”《新唐书》当据而补之。

据《新唐书·冯盎传》，列其世系表如下表：（表四）

按，据“表四”校之于“表三”，所异者有三，一为冯盎子智或，后作智彧；二为“表四”多一语“子三十人”；三为多一“族人子猷”。其子名“智或”、“智彧”，当为刊误。据下引，似应为“智彧”。

据上引诸籍，仅《新唐书·高力士传》称“高力士，冯盎曾孙也”，余未他及，按，若此，则盎为力士之曾祖，而下为智戴等之“智”字祖父辈，父辈无闻不载。今有“高力士残碑”，略可窥其一二，据二《唐书·高力士传》，代宗（玄宗孙）以其护卫先帝劳，“陪葬泰陵”。泰陵，玄宗李隆基墓，陕西唐十八陵之一，位今西安市东北，黄河南，谓水北之蒲城县东北十五公里之保南乡敬母村金粟山。陵南二公里处有下宫遗址，东南即为高力士陪葬墓。（见陶仲云等：《陕西省蒲城县发现高力士残碑》，《考古与文物》1983 年第 2 期；陕西省考古研究所：《唐高力士墓发掘简报》，《考古与文物》2002 年第 6 期。）

“高力士残碑”文载清·王昶《金石萃编》②，节录如下：

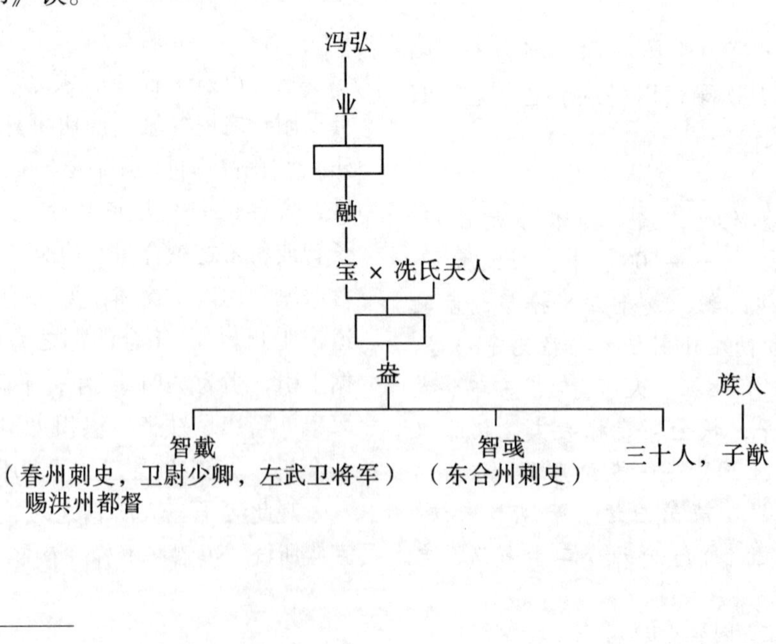

① 同“注 2”，册六，第 4547 页。

② 张说本传载《旧唐书》卷 97，《新唐书》卷 125。

高力士残碑

碑仅存上截，连额高六尺四寸五分，广五尽。三十行，每行字数无考，行书。额题大唐故开府仪同三司赠扬州大都督高公神道碑二十字，篆书。

唐故开府仪同三司兼内侍监，下阙。

尚书驾部员外郎知　制诰韩，下阙。初，有适越者，请观南方之乐，主人为之歌冯，宾曰：远矣下阙，后衰而复起，一飞冲天。伯服有子不在外，其为中贵乎不在下阙。冯之先，有自北而南者，自宋怀化□业，以至于盎，五岭之表，推□下阙。子智戣，为高州刺史，智戴，为恩州刺史；智玺，为潘州刺史，咸有德下阙……天子广锡类之恩，览先贤之状，初赠潘州刺史，又赠广州大都督下阙侍玉阶。则天矜其覆巢，知必成器。选内官而册之，命近侍以下阙窥大宝，不利王室，已成祸梯。庙讳宗赫然，提剑而起。公实勇进下阙卿宰臣，因以决事，中立而不倚，得君而不骄，顺而不谀，谏而不犯下阙也。公弱□之日，太夫人□滞于南，荒服遐陬，晨昏问绝，折菱之教下阙而至，称觞拜庆，兄弟雁行，自闽徼而就养□城，当代罕有。……历□教博士、内府令、朝散大下阙首为监，迁冠军，领军辅国、骠骑大将军、开府仪同三司，封齐国公下阙使。历官授任五十余年，从蒙尘□□梁□□法驾归长安，一心贯下阙可得而闻也，上□初避□请出□□□□□臣之心，常在魏阙下阙朗州龙兴寺，享年七十有□……陪葬泰陵。以宝应□年四月□□日安厝，成其志也。夫人吕氏齐下阙而不迁。嗣子，正议大夫、前将佐少监、渤海郡开国公□悦礼，谓犹□下阙……

大历十二年岁次丁巳五月辛亥朔十一日辛酉，奉勅□。

按，以碑缺下截，故仅就所存者与诸籍比照相校。叙其家世者，云“自宋怀化□业，以至于盎”，则指北燕之亡，冯业归宋，以至于盎。由是足证《新唐书》“浮海归晋”之误。

所称冯盎有三子，可据而列表：（表五）

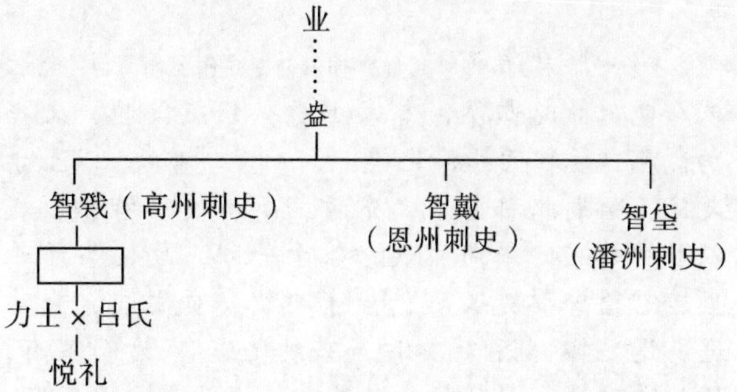

按，以此表五与表三、表四相校，所列冯盎之子，除共有智戴之名外，余智戣、智玺均不载；而表三、四之智或（智彧），表五则不载，此又实可异者，故清·钱大昕于《潜研堂金石文跋尾》云：“考《唐书·盎传》，惟有智戴及智彧，无智戣、智玺，亦不云智戴为恩州刺史，皆其漏略也”（文见上引残碑跋）。据前引《新唐书·冯盎传》，盎有“子三十”，则二《唐书》所引，及残碑所称，当各以其名著或仕宦者而录之，故有所异者。

以碑缺下截，故未知高力士所出，然以为其所列之一者，当无疑义。据下引《冯君衡神道碑》，出自“智戣”。

上引“□窥大宝，不利王室……庙讳宗赫然提剑而起，公实勇进，”当指先天二年平太平公主之乱事，高力士预而有功。“庙讳宗”者，指玄宗李隆基。清人录碑文，避圣祖玄烨（即康熙帝）名讳，故有此称。

《旧唐书·高力士传》称传主于宝应元年（762）三月遇赦归，闻玄宗已死，北望号哭而卒，而碑立于大历十二年（777）五月，则时距已十六年。碑称力士卒于“朗州龙兴寺”之朗州，位今湖南省，治常德。代宗以其耆旧，故陪葬于泰陵。今泰陵亦仅见陪葬之高力士墓。[①]

唐宰相、燕国公张说[②]昔与高力士等参与“先天”平太平公主之乱，高力士母麦氏卒，张说为麦氏撰二文，一为神道碑，一为墓志铭。说善为文，墓志碑文，多为其出。时高力士焰炽正张，故二文皆由张氏所撰。见《文苑英华》卷 913

① 同“注六”，卷100。
② 陈安利：《唐十八陵》，中国青年出版社，2001 年，第 75 页。

《碑·赠广州大都督冯府君神道碑·(张说)》:①

……府君讳衡,《集》作君衡,一作象衡。其先长乐人也。释赵归秦,本家上党;分燕徙越,又据高良。自远祖荣,怀化侯业,《集》叠业字。以至于大父、赠荆州都督益,先考、高州使君智戣,咸以勋绩建旗。本郡甲兵,雄于一方,政化沓于千里。君蕴含弘光大之德,守冲默安贞之志,秉难進易退之操,诣一作臻希声若纳之道 ,为而不有,故物举难得。以郁静,以居常,故世荣无因而及。以圣历之岁,终于本州《集》作城。子幼家艰,丧礼盖阙。夫人麦氏,备女师之六行,履先姑之四德,处顺思柔,以成妇道。……季子,及冠军大将军、右监门卫大将军、上柱国、渤海郡开国公力士,始髫龀,来仪上京……捨冯亭之本枝,从高傒之令族。……太夫人踰越岭峤,就养高堂。孝子展白华之勤,慈母欣綵衣之贵……夫人以开元十七年(729),享年八十有七,五月十二日,寿终于京城《集》作兆之来庭里舍。天子悼先贤之晦德,嘉待臣之克孝……诏赠先府君潘州刺史,备礼饰终,招魂合葬。……重赠府君使持节、都督广韶循康等一十六州诸军事、广州大都督。夫人受邑旧邦,启号南海,从言加赠,改封越国夫人。……于是与兄、右卫中侯元琎,左领军卫元珪等,惟旧业之难名,感新恩之荐及,思建碑表,以永芬芳。……

按,前引《新唐书·高力士传》称冯盎有子三十人,而名显者仅二三子,故孙辈无闻,诸籍不载。《高力士残碑》云“后衰而复起,一飞冲天”,可推知冯盎之孙辈,力士之父必因故而家道中衰,故上引“冯府君碑”称“以郁静,以居常,故世荣无因而及”,此所谓世荣者,当即入仕而得高官、承厚爵、披令名之属。此冯家中落之支,即冯盎之孙、智戣之子、力士之父。至力士得入内庭而显,故有“一飞冲天”之谓。由此碑文可知,力士父曰“衡”,《张燕公集》作“君衡”。

冯衡(或君衡)据碑文,可知卒于“圣历”,圣历为武周年号,得三年(698—700),三年五月改为“久视”,故其卒年当在此两年半之间。

高力士母麦氏,据碑文,所生当有三子,即元琎、元珪、力士。力士最小,故曰“季子”。又,唐制,以六军十二卫分为南北二衙以卫京城、宫廷。其十二卫即左右卫、左右骁卫、左右武卫、左右威卫、左右领军卫、左右金吾卫。力士兄元琎为“右卫中侯”,侯,当为“候”,见《旧唐书》卷四十四·职官三·武官:“左右卫……中候三人,正七品下”。又其兄元珪为“左领军卫”,未见有任职。

又,前引《北史·冯跋传》已称“本出长乐信都”,即今河北冀县,故《隋书·谯国夫人传》有“仆以夫人之功,封信都侯”之殊荣。上引“冯府君碑”称“其先长乐人也,释赵归秦,本家上党;分燕徙越,又据高良”,长乐人,指其初为长乐郡信都人。”释赵归秦,本家上党“者,指自信都(今河北南部之冀县)西移至上党(今山西长治市北),战国韩人冯亭为上党守,秦攻上党,绝太行道,韩弃守,亭入上党于赵,赵封亭为华阳君,与赵括拒秦,战死于长平,地归秦,故言。“分燕徙越,又据高良”,此指北燕冯弘令子业率部渡海,居于越地(岭南),又至粤西高凉(高良)。

上引“大父、赠荆州都督益”,刊误,益当为“盎”。此所用者,为北京图书馆所藏宋刊残本、明刊本。

上引“招魂合葬”,即冯衡(君衡)卒于岭南,其墓当在此地,其妻麦氏至唐京长安依其子力士,卒后以“招魂”而合葬。力士父墓在广东电白县,见光绪《电白县志》卷26《纪迹二·古迹·冢墓》:②

赠广州大都督冯君衡墓,在县境。唐开元间,以子力士贵,招魂,与妻越国夫人合葬西京长乐园。

今有唐·张说《张燕公集》所载高力士父之神道碑、墓志二文,与《文苑英华》所载略异,不可不表而论之,先见《赠广州大都督冯府君神道碑》:③

……府君讳君衡,其先长乐人也。……自远祖荣,怀化侯业,以至于大父、赠荆州都督益,先考、高州使君智戣……夫人麦氏……季子、公力士……于是与兄、左卫中候元琎,左领军卫郎

① (宋)李昉等编:《文苑英华》,中华书局,1986年,册六,第4807页。
② (清)孙铸修、邵祥龄纂(光绪十八年刻本):《电白县志》。
③ (唐)张说:《张燕公集》卷19,《四库全书》文渊阁本,集部·别集类二。

将元珪等……

按，此称力士父为“君衝”，《文苑英华》本作“衡（或君衡）”，校之墓志（见下引），当为“衡”，乃四库馆臣钞手之误。碑主之祖父“益”，其有子智戣，以此校之二《唐书》及《冯君衡墓志》，当即隋冼夫人之孙盎，“益”亦为钞手所误。

据上，可列其世系，见如下（表六）：

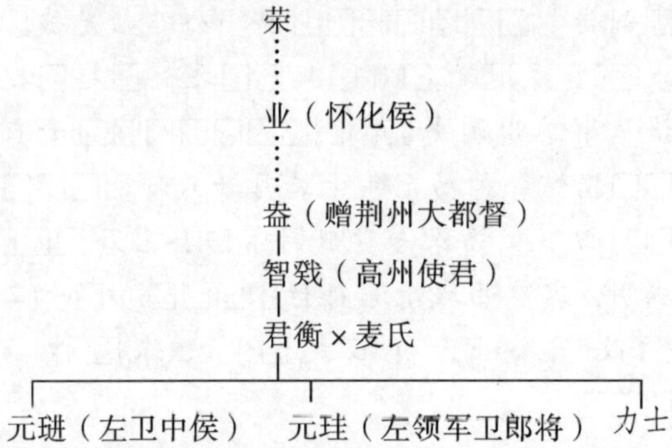

又，张说于《集》内另有《冯潘州墓志》，见引如下，其所述较神道碑为详：①

公讳君衡，字正平，广管高州人也。昔毕万苗裔，邑于冯城，因以为氏。其适越者，则袁宏《过江录》所载长乐冯祖恩之后也。远居僻地，代为右族。带甲千人，拟四豪之公子；田洞百里，齐万户之封君。祖盎，持节总管，高州都督、耿国公、葬赠左骁卫大将军、荆州大都督。恩命分府为三州，授君之三子：子智戣，高州刺史；子智玳，恩州刺史；犹子子游，播州刺史。公，荆门之孙、恩州之子……夫人，南海郡太夫人麦氏……即大将军、宿国猛公铁杖之曾孙女也。夫人有三子一女，同归上京。长子元琎，左卫中侯；次子元珪，左领军卫郎将；少子力士，右监门卫大将军，以将军少养于高氏，故举家从其姓焉。……嘉先生之晦名，追赠潘州刺史，招魂而合葬焉。……

按，上引有数误。

上引称冯盎为高州都督，“恩命分府为三州，授君之三子”，“犹子子游，播州刺史”。播州，当为“潘州”，钞手之误。隋设总管府，掌一或数州之军政事务，炀帝大业年废，唐武德初复置，后改为都督府。“高州都督”即指此。今本《元和郡县图志》缺佚“高州”，见引宋·王象之《舆地纪胜》卷117《广南西路·高州》：②

唐李靖平萧铣，冯盎帅所部来降，以盎为高州总管，自是复置高州，仍为刺史，后改都督府。盎卒，子智戣又为刺史，《元和志》在正观二十三年。敕遣太常丞薛宝积析高州所管县为恩、潘二州，分盎诸子为刺史，以抚其人。仍移高州理于良德县，《旧唐志》在正观二十三年，《元和郡县志》在永徽元年，不同。

据此，则“犹子子游”所领之州，当为“潘州”。又，犹子，古称兄弟之子。见《礼记正义·檀弓上》：“丧服，兄弟之子，犹子也，盖引而进之也”。本指丧服，称己之子为期，兄弟之子亦为期。期，丧服。此称子游为冯盎侄子。此“播州”为误一。

“公，荆门之孙、恩州之子”。冯盎卒，赠荆州大都督，故称冯君衡为其孙。墓志称“子智戣，高州刺史；智玳，恩州刺史”，今称君衡为“恩州之子”，则父为智玳，误。前引《冯君衡神道碑》已称“先考高州使君智戣”，则明指其父为智戣，何能又称“恩州之子”，故志文实当为“高州之子”。此误二。

据上引《墓志》，可列其世系如下（表七）：

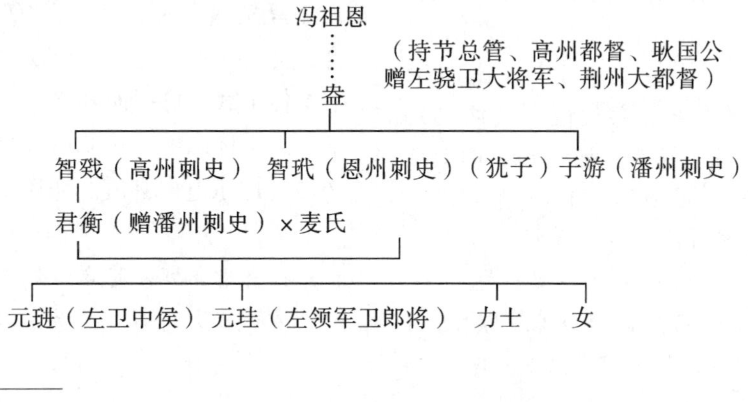

① 见同上书、同卷。

② 清道光二十九年惧盈斋本影印本。

按，以诸表相校，表六仅列冯盎子智戣一支，表七则列冯盎二子一侄，而以表三、四、五、六、七相校，则又大不以为其然者。其所多歧异者，乃在冯盎之数子，如表三称其有子智戴、智彧；表四称其子三十人，知名者为智戴、智彧；表五称其有子智戣、智戴、智垈；表七称其有子智戣、智玳、犹子子游。按，智彧、智彧，别字不同而形近，显为同一人，或有更为"知式"者，见《大明一统志》卷81《广东布政司·高州府·人物》：①

唐·冯盎……二子知戴、知式，皆为刺史。宦官高力士，盎之曾孙也，高延福养子，故冒其姓，为宫闱丞，累迁骠骑上将军。

上引知式之"式"，显为或、彧之讹，以字形推知，或模而不清而笔画减损，似无添加之理，故推其当为"彧"；另又以此智彧与智或同任东合州刺史，故亦知其同为一人。至如其智彧之"智"上引作"知"者，古智、知通，见《集韵·寘韵》："智，或作知"。清·徐灏《说文解字注笺·矢部》："知，智慧，即知识之引申，故古只作知"。《论语·里仁》："里仁为美。择不处仁，焉得知?"陆德明《经典释文》："知，音智"。故智彧古可作知彧。

又，表五之智垈，表七有智玳，且同任恩州刺史，故知"垈"乃"玳"之异体，当同一人。

《新唐书·冯盎传》末附有"族人子猷"（见表四），《张燕公集·冯潘州墓志》称冯盎有"犹子子游"，为潘州刺史，按习称当为侄（见表七），此犹子称作"族人"，似或可通，然今据新出土材料。上说均误。

1983年底，电白县文物普查队于县东南面35公里之霞洞区，发现一唐墓，墓位霞洞墟西北约二公里之宴（晏?）公庙（冼夫人庙）后，内有残损之墓志铭，见广东省博物馆、电白县文化局《广东电白县霞洞墟唐墓简报》②：

墓志铭 1方。残长93、宽54厘米，共16行277字。由于破坏较严重，仅可辨出以下文字：

公讳□思字□恩州□□人」□□□□冯□□□□□州□」高□二郡太守高□□□□陈□起家拜本州高□郡太守」同三司右光禄大夫本郡太守封越国公祖知戴左骁骑大」国公父子游光禄大夫本州刺史封□□郡开国公公□降□」絢其符□□海深其器量幼□□惠演水上之浮□□□祖」勳授□承□□州诸军事潘州刺史分符远寄州县冯□□剖竹」□□□□□□□以□公非独光哉□□特表□□□□□移□郡□州□□之」□起□授恩州诸军事恩州刺史□□□□□□□□□□千衣卸□□□捐馆舍神功元年十二月廿六日□□□□私第□□四下」福禄夫贵册封雷阳县君马□□□」□幽明，睿感西城情深符竹□□□□」□十二月二□改□公土，贞石式□」之弥□神」四河□□□。

按，《考古》所登该文墓志铭照片，字不可辩，于此仅就其所录字而言。

志主"□思"，后文"字□恩州□□人"，断句当为"字□恩，州[郡][邑]人"。若作"字□，恩州□□人"，则据下文所述，当为冯盎后裔，且本墓在高州境内，其断为高州人无疑，非恩州人至明，其所缺二字，揣意而补"郡邑"，或差强人意。

墓志之式，初当首叙其姓氏之源，远祖之荣，世系旁支，缕述必至，或有自高祖而下至本身。今见志文称其先祖"拜本州高□郡太守……同三司、光禄大夫、本郡太守、封越国公"，则所指当为志主□思之曾祖冯盎，据二《唐书》，高祖封盎为金紫光禄大夫、高凉总管、越国公，均与志文合；惟"……同三司"当为"开府仪同三司"，二书本传不载，可据而补之。

志文称志主"祖知戴左骁骑大」国公"，载志文之《广东电白县霞洞墟唐墓简报》即谓：

据墓志铭可知其名为知戴，《新唐书》中记载的"左武卫大将军"应为左骁骑大国公。

① （明）李贤等撰：《大明一统志》，天顺年原刻本，三秦出版社，1990年影印版。
② 《考古》，1986年第1期，第48页。

按，据《高力士残碑》（见前引），所列冯盎三子，为智戣、智戴、智垈，古智、知通，故未可遽以一碑之字而称余者皆误。又，称“应为左骁骑大国公”，此断语当误。观原志文“左骁骑大」国公”，大字后有一“」”，明为行末之字，“国公”二字前显尚有文字，惟缺佚耳，故不可连读而为“左骁骑大国公”。考唐南衙禁军十二卫（或又称十六卫，以左右监门卫，左右千牛卫不领府兵，故去此四卫），其“左右骁卫”，其始曾称“左右骁骑”，见《唐六典》卷24《诸卫卷》：①

> **左、右骁卫，大将军各一人，正三品。**汉武帝以李广为骁骑将军，后省之。光武改屯骑为骁骑。晋文帝置台，以为宿卫之官。历宋、齐、梁、陈、后魏、北齐并有骁骑将军之职……皇朝置左、右骁卫府。龙朔二年除“府”字。光宅元年改为左、右武威卫，神龙元年复为左、右骁卫。

又《通典》、《文献通考》② 所述皆如上言，不赘引。故知戴所任，当为“左骁骑大将军”，唐仅有左、右骁卫，其所称骁骑者，沿旧习故。又《旧唐书·冯盎传》称其唐初封为越国公，后徙封耿国公，《新唐书·冯盎传》列其所封同，又称“卒，赠左骁卫大将军、荆州都督”，墓志文“祖知戴左骁骑大」国公”者，或为承父之荫，袭封为左骁骑大将军、耿国公之职、爵亦极有可能。另，唐制，左右骁卫为武职，如上言；而“国公”者，为爵号：“凡爵九等……三曰国公，食邑三千户，从一品”③。职、爵不可合为一名而称之，故知上引《简报》误合称之。

志文“父子游，光禄大夫、本州刺史、封□郡开国公”，则子游为知戴之子，而《新唐书·冯盎传》称“盎族人子猷”，《张燕公集·冯潘州墓志》称“盎……犹子子游”，均与今所见之“冯□思墓志铭”不合。若据《冯（君衡）潘州墓志》，子游同为智戣、智玳之同辈；倘依“冯□思墓志铭”，则子游为知戴之子，低一辈；冯盎卒于贞观二十年（646），冯□思卒（“捐馆舍”）于武周神功元年（697），中隔年五十，为孙辈者亦宜。且冯□思卒后，时人即书之，无错写之理。而冯君衡卒于圣历（698—699）之岁，“子幼家艰”（见《冯府君神道碑》），“世荣无由而及”，可知智戣下此一支时已家道中落，或与智戴一支已隔离而无相援矣，麦氏后上京与力士相认（“验七星于子心，认双环于母臂”④），则麦氏于冯氏夫辈、侄辈之况，当已不甚了了，故卒后，张说所撰《冯府君神道碑》、《冯潘州墓志》内冯氏世系，当闻自麦氏而非“少阉”之高力士，故《冯潘州墓志》内之“犹子子游”，其叔伯辈非冯盎，实应为智戣、智玳。据“冯□思墓志铭”，子游既为知戴之子，于力士之祖智戣，当为“犹子”，或麦氏所述不清，高力士又为父丧之年（《旧唐书·高力士传》：“圣历元年，岭南讨击使李千里进入宫”）被进入宫，关山万里，世系亦无由所知，故有张说所撰之误。

1987年1月19日至26日，广东省、茂名市、电白县三博物馆对唐许夫人墓作抢救性清理，墓位电白县霞峒镇坡田乡上坡田村狮子岭（又名晏安岭）南坡，距霞洞区公所约1.5公里。墓内有石墓志，据三博物馆所撰《广东电白唐代许夫人墓》⑤，内附志石拓片，摘如下：（拓片见文后附图）

> 志文称：“顺政郡君许夫人者，中书令之子，内史侍郎之孙。……年十有四，归于冯氏、潘州刺史顺政公其人焉。……显庆三年（658），初蒙邑号，宠命既备，车服有章。……龙朔元年（661）遘疾，未几，薨于内寝。……即以其年十二月廿四日窆于潘州南巴县之下浮里。……”墓志称许夫人为“中书令之子，内史侍郎之孙”。据《隋书》、新旧《唐书》等记载，可以确定其祖父为隋朝许善心，其父为唐初许敬宗。

---

① （唐）李林甫等撰：《唐六典》，中华书局，1992年，第619页。

② （唐）杜佑：《通典》卷28《职官十·武官上·左右骁卫》，《四库全书》文渊阁本。（元）马端临：《文献通考》卷58《职官考十二·左右骁卫》，《四库全书》文渊阁本。

③ 《新唐书》卷46《百官一·吏部·司封郎中》。

④ （唐）张说：《张燕公集》卷19《唐故高内侍碑》，《四库全书》文渊阁本。另又见《新唐书》卷207《宦者传·高力士传》，武英殿本。

⑤ 《文物》，1990年第七期，第55页。

上引所论甚确，今以《旧唐书·许敬宗传》校之，见卷82：①

许敬宗，杭州新城人，隋礼部侍郎善心子也。……事江都之难，善心为宇文化及所害，敬宗流转投于李密。密以为元帅府记室，与魏徵同为管记。唐武德初，赤牒拟涟州别驾，太宗闻其名，召补奉府学士。贞观八年，累迁著作郎，兼修国史，迁中书舍人。……二十一年，加银青光禄大夫。高宗嗣位，代于志宁为礼部尚书。敬宗嫁女与蛮酋冯盎之子，多纳金宝，为有司所劾，左授郑州刺史。永徽三年，入为卫尉卿，加弘文馆学士，兼修国史。……显庆元年，加太子宾客。寻册拜侍中，监修国史。三年，进封郡公，寻赠其父善心为冀州刺史。……其年，代李义府为中书令，任遇之重，当朝莫比。龙朔二年，从新令，改为右相、加光禄大夫。三年，册拜太子太师、同东西台三品。

按，志文称许夫人为“中书令之子”，即指上引许敬宗于显庆三年（658）代李义府为中书令。

志文不具许夫人下嫁岭南之期，如上引，其父许敬宗以“嫁女与蛮酋冯盎之子，多纳金宝”，故左迁为郑州刺史，史载在“高宗嗣位……永徽三年”之间。太宗于贞观二十三年（649）五月崩，高宗于六月继位，第二年改元永徽，故许夫人嫁期当在贞观二十三年至永徽三年（649—652）此数年间。三博物馆之《广东电白唐代许夫人墓》文（下简称为《许夫人墓》文）称“由此推测，许夫人归于冯氏似在永徽元年”，此无确据，今不从。

志文称“显庆三年，初蒙邑号，宠命既备，车服有章”者，当如《旧唐书·本传》所称“三年，进封郡公……其年，代李义府为中书令，任遇之重，当朝莫比”之载。揆其所以仕途特达者，以永徽六年（655），高宗将废皇后王氏，改立武昭仪（武曌），长孙无忌、褚遂良等直言抗旨，许敬宗顺旨而赞之而已。是故许夫人墓志诚如“《许夫人墓》文”所称，以嫁许夫人多纳金被劾则隐之，进中书令则大书之，实为尊者讳之笔。

许夫人所嫁之“顺政公”，上引诸籍均不载，《新唐书·许敬宗传》亦仅称“敬宗饕沓，遂以女嫁蛮酋冯盎子，多私所聘。有司劾举，下除郑州刺史”。②

今据其志文“许夫人……年十有四，归于冯氏、潘州刺史、顺政公”语而校之前所列数表，曾任潘州刺史有三人，即表五之智垈（《高力士残碑》），表七之君衡（《冯潘州墓志》）、子游。君衡为追赠，可不论。另前引《冯□思墓志铭》残文亦称志主曾任潘州刺史，然其与夫人“雷阳县君马□□”合葬，亦可不论。则余关涉之二人为智垈（玳）、子游。据前引二《唐书·许敬宗传》，其“嫁女与蛮酋冯盎之子”，按《高力士残碑》，智玳为冯盎之子；据电白县霞洞墟《冯□思墓志铭》，子游为知戴之子（冯盎之孙），由此，可定许敬宗之婿当即智玳。

另《广东名胜古迹辞典》（杨森主编，北京燕山出版社，1996年版）“电白县·许夫人墓”称许夫人之夫“顺政公，为岭南百越首领冼夫人的玄孙、冯盎的孙子、潘州刺史冯子游”，且纠正了新旧《唐书》“冯子游为‘蛮酋冯盎子’之误”，按，前引仅于《新唐书·冯盎传》称“盎族人子猷”，《旧唐书·冯盎传》无指，则何来纠正二《唐书》之误？至张说撰《冯（君衡）潘州墓志》，始有“恩命分府为三州，授君之三子：子智戣……智玳……犹子子游，播州（按，当为潘州）刺史”，其所正误者，当只正此墓志文耳。且所据而正者，非《许夫人墓志》，当为《冯□思墓志铭》，以其有“祖知戴……父子游”语而知其辈分故。

三

唐代阉宦，多出自蜀、闽、广，此或儒家文化浸染尚薄，俚獠百越之族，多为有力者所掠，

① 《旧唐书》卷82《许敬宗传》，版见“注2”，册五，第3807页。

② 《新唐书》卷223上《姦臣传》，版同“注2”，册六，第4810页。

至强去其势而进奉上京[①]，以给役使。至此等人役有触法者，国家之法典亦有律文，见《唐律疏义》卷3《工乐杂户》：[②]

若习业已成，能专其事，及习天文，并给使、散使，各加杖二百。

疏义曰：……依令，诸州有阉人，并送宫内侍省及东宫内坊，名为给使，诸王以下为散使，多本是良人，以为宫闱驱使，并习业已成，天文生等，犯流罪，并不远配，各加杖二百。

唐长孺先生指“知诸州送官（按，上引作宫）阉人‘多本是良人’，应指天阉”[③]。时不论其天阉、强阉者，皆岁以数进之，几与州县之赋税例进等。朝廷以所涉之州县苦之，故屡下诏敕，宋·王溥《唐会要》所载甚多，如卷86《奴婢》：[④]

元和四年（809）闰三月敕，岭南、黔中、福建等道百姓，虽非遐俗，莫非吾民，多罹夺掠之虞，岂无亲爱之恋？缘公私掠卖奴婢，宜令所在长吏切加捉搦，并审细勘责，委知非良人百姓，乃许交关。有违犯者，准法处分。

此所禁掠卖者为“良人百姓”，即若贱役者“乃许交关”，可在正常买卖之列。故利之所驱，虽敕文屡下，如同书所载大历十四年（779）五月诏、元和八年（813）九月诏、长庆元年（821）三月诏、宝历二年（826）十一月敕、太和二年（828）十月敕、大中九年（855）闰四月敕、大顺二年（891）四月敕，均未能禁。元和十二年（817），孔戣任广州刺史，《旧唐书·孔戣传》：“帅南海者，京师权要多托买南人为奴婢，戣不受托。至郡，禁绝卖女口”。[⑤]此虽称禁绝者，然由此而后，下敕禁掠卖者未绝，而暴敛者亦为其一源，如《唐大诏令集》卷190《禁岭南货卖男女敕》：[⑥]

如闻岭外诸州居人，与夷獠同俗，火耕水耨，昼乏暮饥，迫于征税，则货卖男女。奸人乘之，倍讨其利。以齿之幼壮，定估之高下，窘急求售，号哭踰时，为吏者谓南方之俗，服习为常，适然不怪，因亦自利。……大中九年闰四月。

是故边徼之民，因于地域之僻远，经济发达之迟缓，儒教辐射，或至鲜及，边吏可鱼肉其间，阉宦亦以此等地域为多出，陈寅恪先生于《唐代政治史述论稿》谓：[⑦]

可知唐代阉寺多出自今之四川、广东、福建等省，在当时皆边徼蛮夷区域。其地下级人民所受汉化自甚浅薄，而宦官之姓氏又有不类汉姓者，故唐代阉寺中疑多是蛮族或蛮夷化之汉人也。

以其所举杨思勗（本姓苏、罗州石城人）、高力士（潘州人，本姓冯）、鱼朝恩（泸州泸川人）、刘贞亮（本俱氏，冒所养宦父姓）、吐突承璀（闽人）、仇士良（循州兴宁人）、杨复光（闽人，本乔氏，少养于内侍杨玄价）、田令孜（蜀人，本陈氏）（俱见《旧唐书·宦者传》），此数人曾左右唐政，为治唐史者不可少忽之群体，而其所自出，则为闽、粤、蜀地。此等特殊之群体，或以天阉、或遭腐刑，少小即以极微贱之地位而入中禁、王

---

① 《全唐诗》第四函九册第264页，顾况·囝一章·囝哀闽也：

囝生闽方，闽吏得之，乃绝其阳。为臧为获，致金满屋。为髡为钳，视如草木。天道无知，我罹其毒。神道无知，彼受其福。郎罢别囝，吾悔生汝。及汝既劝不举。不从人言，果获是苦。囝别郎罢，心摧血下。隔地及天，及至黄泉，不得在郎罢前。

按：上有原注；囝音蹇。俗呼子为囝，父为郎罢。所称“郎罢”之“罢”，或当今语之“爸”。

② 《四库全书》文渊阁本，史部十三·政书类五。

③ 《唐长孺文存》唐代宦官籍贯与南口进献，上海世纪出版股份有限公司、上海古籍出版社，第584页。

④ 中华书局，1955年，第1570页。

⑤ 《旧唐书》卷154《附孔巢父传》，版同“注2”，册五，第3970页。

⑥ （宋）宋敏求：《唐大诏令集》，商务印书馆，1959年，第567页。

⑦ 刘梦溪主编：《中国现代经典·陈寅恪卷》，河北人民出版社，2002年，第192页。

贵之地，其人格扭曲，所视之物事，直至上登政治舞台而得话语之实权及如何操掌，当与常人有异，故所视宦者问题，又非以常态可解其行藏者。

高力士之家世，略如上言，然清人有歧说，亦不可不举，王鸣盛言：①

然力士父特一岭南人姓冯耳，必非盎之孙也。试思上公之嫡长孙主祀守封，何以其子少即阉割为长吏市之以进乎？碑（按，指力士碑）乃文人代力士附会为此说，其间当更有增饰入宫缘由，石缺文灭，故不见耳。

按，王氏以五代及宋之二《唐书》所记《冯盎传》，校之立于唐大历十二年（777）之《高力士碑》，以智戴、智彧所领之州不合于碑；且以冯盎之贵，其后断无被阉进而非之。惟盛衰之理，不可以常情推之，家道骤降，史不乏书。且唐相张说为高力士父所撰神道碑、墓志铭，所书冯盎子智玳，亦为二《唐书》所未及，而《高力士残碑》有之，书无载而石文在，未可谓向壁虚造，以常理推之，缺确据。书载冯盎子三十，然名著者寥寥，此其可证。前已言，高力士在其父亡之年（《冯君衡神道碑》："以圣历之岁，终于本城"，《旧唐书·高力士传》称高力士于圣历元年入宫）入宫，以此年频遭祸患，见张说《张燕公集》卷23《为将军高力士祭父文》：

小子不夭，夙龄闵凶，身婴寇剽，家值虏裂，俾供洒扫之余，遂蒙侍从之顾。

据"夙龄闵凶"，当指其丧父，"身婴寇剽"，当为贼掠，"家值虏裂"，当指其家为虏破。其母麦氏被迎至京，当有所言，或时之张说未便言及耳。

冯冼联姻而成粤西（含海南）雄长，延及高力士，其后鲜闻，故其迹亦多见于此域。高力士墓，前引已谓陪葬玄宗泰陵，冼夫人等之迹，诸籍略有所载，略录如下。

宋·乐史《太平寰宇记》卷一百六十一·岭南道五·高州：②

电白县……

冯家村　冯盎即此界人也。

冼氏墓　高凉人，乳长七尺。

茂名县……

高力士宅、墓　在县东一百里。

冯盎墓　在旧县东南十五里，有碑，云冯君之墓。

玄宗圣容馆　按，郡即故右武卫大将军高力士旧乡，郡有骠骑馆。相传皆因力士之名。开元中，诏天下铸圣像，而潘独二，力士以其本乡，故自铸其一也。

按，上引"高力士宅、墓"之墓当为衍文，前已谓墓在今陕西蒲城县保南乡金粟山。或又后人纳以衣冠而充之。

宋·王象之《舆纪纪胜》卷117《广南西路·高州·古迹》：③

高力士亭　在茂名县西二百四十步，乃力士旧宅。

高力士椰子株　按《郡国志》云，高力士即此县人，手植椰子一株，高百尺余，尚存。

灵顺诚敬夫人冼氏庙　夫人，高凉冼氏之女。梁大同初，罗州刺史冯融为其子、高州太守冯宝聘焉。……卒，谥诚敬夫人。

碑记：

诚敬夫人庙碑　石极古，硥错虽不平整，而其光莹然。遇天日清明，迫而视之，可洞见人物往来影。耆旧相传，以此碑乃鉴石所制。

《大明一统志》所载，略如上（卷81《高州府》），不赘录。

又《大清一统志》卷347《高州府·祠庙》：④

---

① （清）王鸣盛：《十七史商榷》卷92《高力士为高延福假子》，上海书店出版社，2005年，第844页。

② 《四库全书》文渊阁本，史部十一·地理类二。

③ 同"注29"版。

④ 《四库全书》文渊阁本．史部。

诚敬夫人庙　在茂名县东门外。又县东北下亦有庙，祀冯盎祖母冼氏。

余陵墓等略与上同，不录。

许夫人墓志

——载《文物》1990 年第七期

宗·教·研·究

中古时期海道交通与汉地胡人佛教

——以“阿育王像”“阿育王塔”为线索

叶德荣

在中国历史上，汉地民众将来自西域诸国的朝贡人员统称为“胡人”，将奉佛胡人队伍中的僧人统称为“胡僧”，将奉佛胡人带来的、外国样式的佛像统称为“阿育王像”，将奉佛胡人修建的、外国样式的佛塔统称为“阿育王塔”。“阿育王像”和“阿育王塔”涉及中古时期侨居汉地都邑的西域胡人佛教的历史，目前学术界研究尚少。① 本文从佛教遗物的角度，考察中古时期“阿育王像”“阿育王塔”的地理分布，对该时期汉地胡人聚居空间内胡人佛教的历史面貌，做初步的勾勒。本文所说的“中古时期”，是指汉三国两晋南北朝时期。

我们知道，中古时期西域诸胡出现汉地，主要在汉武帝开通西域后建立的朝贡制度框架内发生的。所以，文献里记载的有关胡商或胡僧的个人旅行，必须置于朝贡空间内加以观察，其中包括中原国家对西域诸国朝贡名额的配给、对进入境内朝贡人员的管理②、乃至旅途中遵循过所、关津等制度的约束③，乃至朝贡周期以及每次朝贡的停留时间。朝贡性质的西域胡人进入汉地后，行动并不是自由的，其活动空间也是局限于朝廷允许的范围内，包括留住地，我们称之为侨胡聚居空间，这是侨胡活动的据点。由于西域胡人来汉地朝贡的一项重要活动，就是开展贸易。所以，侨胡聚居空间一般临近朝廷允许侨胡贸易的都邑市场附近。④

中古时期前来汉地朝贡的西域诸胡中，也有来自信奉佛教的国家，如天竺、月支、于阗、扶南等等。特别在佛教初传汉地的汉至西晋时期，国家一直禁止汉人编民出家，⑤ 所以，当时汉地的佛教形态整体上表现为以西域胡僧为主导、以西域胡人信众为主体的胡人佛教。汉人奉佛极为少

叶德荣：自由学者，现居北京。

① 目前仅见罗世平：《汉地早期佛像与胡人流寓地》，载《艺术史研究》1999年第1辑。

② 中原国家朝廷负责四夷礼仪食宿等事务的机构，早在秦代亦已设立。秦代立“典属国”（《汉书》卷19上《百官公卿表第七上》），别主四方夷狄朝贡、侍子（《后汉书·志第二十五·百官二》）。汉承秦制，于成帝河平元年（前28），罢典属国，并大鸿胪（《汉书》卷10《孝灵帝纪》）。大鸿胪下属之行人，设有接待朝贡人员的官邸，称“蛮夷邸”。

③ 汉晋间中原国家已经形成过所、关津制度，过所例子如：《汉书》卷94下《匈奴传》：是岁，甘露元年也。明年，呼韩邪单于款五原塞，愿朝三年正月。汉遣车骑都尉韩昌迎，发过所七郡郡二千骑，为陈道上。单于正月朝天子于甘泉宫，汉宠际殊礼，位在诸侯王上，赞谒称臣而不名。又，《三国志》卷16《仓慈传》：又常日西域杂胡欲来贡献……欲诣洛者，为封过所，欲从郡还者，官为平取，辄以府见物与共交市，使吏民护送道路，由是民夷翕然，称其德惠。关津例子如《汉书》卷99中《王莽传》第六十九中：吏民出入，持布钱以副符传，不持者，厨传勿舍，关津苛留。公卿皆持以入宫殿门，欲以重而行之。又，《晋书》卷117《姚兴载记》（下）：兴以国用不足，增关津之税，盐竹山木皆有赋焉。

④ 叶德荣：《都邑的“市”、胡族聚落与佛教——以东汉魏西晋时期都城洛阳为实例》，载《世界宗教研究》2009年第6期。

⑤ 汉魏时期国家禁止汉人出家材料见《高僧传》卷9《晋邺中竺佛图澄》所收后赵中书著作郎王度奏文：往汉明感梦，初传其道，唯听西域人得立寺都邑，以奉其神。其汉人皆不得出家。魏承汉制，亦修前轨。西晋时期国家禁止汉人出家材料见《法苑珠林》卷28引南齐王琰《冥祥记》：太康（280—289）中，禁晋人作沙门。故东晋成帝（326—342）时蔡谟奏议仍云：佛者，夷狄之俗，非经典之制。（见《晋书》卷77《蔡谟传》）

见，属于个体化行为，一般来说是附庸于西域胡人信众，并且承受汉人主流社会舆论的压力，与东晋以后佛教渐被汉人社会普遍接受大环境下的汉人信众社会化奉佛行为有很大不同。所以，本文所撷取"阿育王像""阿育王塔"材料，尽量限于能大致确定为汉人国家禁止汉人出家的汉至西晋时期。这样能基本保证所使用的材料为侨居汉地的西域奉佛胡人遗物，保证由此呈现汉地存在胡人佛教事实的可靠性。

同时我们还意识到，由于本文所使用的核心材料主要来自于成书于南朝境内的梁释慧皎《高僧传》。故材料明显地呈现出区域性的特点，主要分布在长江流域和东南沿海区域，应与东汉顺帝间西北陆路交通断绝后，西域诸国朝贡、贸易开始转道南海的大背景有关。为了读者阅读直观起见，本文在叙述上，亦遵循海道交通线汉人国家境内的都邑所在位置，大致上从南到北的次序——即西域佛教通过海道向汉地境内缘海传播的方向，以州、郡为单位（相关州、郡的名称和行政区划，以西晋时期为准），① 将胡人佛教遗物置于海道交通背景下加以呈现。

一、海道交通与汉地胡人佛教及其遗物

众所周知，西汉武帝时代不仅在西北开辟了与西域的陆路交通，同时也在南方开辟了与西域的海道交通②，两者的意义是同等的。由于东汉末年北方中西交通隔绝，南方海道交通遂变得重要起来。据《后汉书》卷 88《天竺国传》记载：

> 和帝（89—105）时，数遣使贡献。后西域反畔，乃绝。至桓帝延熹二年（159）、四年（161），频从日南徼外来献。

"西域反畔"指东汉顺帝后中原王朝对中亚、塔里木地区逐渐失控的局面，《后汉书》卷 88《西域传》记载甚明：

> 自阳嘉以后，朝威稍损，诸国骄放，转相陵伐。元嘉二年（152），长史王敬为于阗所没。永兴元年（153），车师后王复反攻屯营。虽有降首，曾莫惩革，自此浸以疏慢矣。

西北陆路绝没后，中西交通转而南循海道，于是位于南方的海道地位遂凸显了出来。所以，桓帝延熹二年（159）天竺国从海道朝贡汉朝事件很重要，标志着南方海道从此成为中西交通的新干道。从此以后，西域与汉地通过海道交通的数量和规模都有明显增加，西域胡人来到汉地的活动也更加频繁。

以天竺国为代表的西域方面，与东南亚半岛的交通，亦有了很大的发展。大约从 3 世纪开始，东南亚半岛南端地区出现"天竺化"。③ 其中位于今马来西亚地区的顿逊国，尤其值得我们关注，《梁书》卷 54《诸夷传》"扶南国"：

> 其南界三千余里有顿逊国，在海崎上，地方千里，城去海十里。有五王，并羁属扶南。顿逊之东界通交州，其西界接天竺、安息徼外诸国，往还交市。……其市，东西交会，日有万余人，珍物宝货，无所不有。

顿逊国是中西交通最重要的中间站之一，商业规模惊人。天竺等西域诸国在顿逊国贸易的商

① 主要参考资料：谭其骧主编：《中国历史地图集》（第三册，三国、西晋时期）、（第四册，东晋十六国、南北朝时期），中国地图出版社，1982 年。

② 秦汉以来，汉地境内东南沿海和南海的缘海水路为传统交通线，如《后汉书》卷 37《桓荣传》：初平（190—193）中，天下乱，（桓晔）避地会稽，遂浮海客交趾，越人化其节，至闾里不争讼。（中华书局，1965 年，第 1260 页）又如《三国志》卷 48《三嗣主传》：建衡元年（269）……十一月，左丞相陆凯卒。遣监军虞汜、威南将军薛珝、苍梧太守陶璜由荆州，监军李勖、督军徐存从建安海道，皆就合浦击交趾。（中华书局，1982 年，第 1167 页）这方面材料史籍记录尚多，恐赘不多引。

③ 《梁书》卷 54《诸夷传》"扶南国"：穆帝升平元年（357），王竺旃檀奉表献驯象。……其后王憍陈如，本天竺婆罗门也。有神语曰应王扶南，憍陈如心悦，南至盘盘，扶南人闻之，举国欣戴，迎而立焉。复改制度，用天竺法。见《梁书》，中华书局，1973 年，第 789 页。

人亦很可观，境内佛教、婆罗门教并行，据《太平御览》卷788引竺芝《扶南记》云：

顿逊国属扶南国，王名昆仑，国有天竺五百家，两佛图。天竺婆罗门千余人，顿逊敬奉其道，嫁女与之，故多不去。

将材料中“佛图”理解为以佛塔中心的佛寺，应无问题。顿逊国内“有天竺五百家，两佛图”，不仅表明南海顿逊国的佛教来自于天竺国，同时还透露了商胡聚居空间规模与聚居空间内佛寺数量的大致关系，即大约两百五十家供奉一座佛寺。① 这对于我们把握海道线上汉地境内诸郡奉佛胡人聚居空间及其佛寺的基本面貌，无疑具有非常重要的参照作用。

因海道交通而来的侨居汉地境内奉佛胡人聚居空间的存在，无疑是佛教传播汉地的最重要媒介。在东汉后期，汉地境内沿海诸郡开始出现胡人侨居聚居空间，并产生了“土生胡”，如汉末交趾郡有康居国人侨居，《出三藏记集》卷13《康僧会传》：

康僧会，其先康居人，世居天竺。其父因商贾，移于交趾。

又如东晋时，广州亦见天竺国人侨居，《高僧传》卷1《晋江陵辛寺昙摩耶舍传》：

耶舍有弟子法度，善梵汉之言，常为译语。度本竺婆勒子，勒久停广州，往来求利，中途于南康生男。仍名南康，长名金迦，入道名法度。

法度与康僧会一样，亦为商胡之子，为广州“土生胡”，汉化较深，故“善梵汉之言”，“常为译语”。由于西域商胡在南海交通线上诸郡非常活跃，同类招引而成聚居空间。其中奉佛商胡在聚居空间内立塔营寺，设像行道，皆为自然。我们完全有理由推测，那些不通汉语的西域胡僧出入汉地时所驻锡的佛寺，特别是位于海道交通线上郡城市集附近的佛寺，应大多为商胡聚居空间内佛寺。如上引昙摩耶舍在广州停留至少5年以上的白沙寺，极有可能即是商胡聚居空间内佛寺。惟其如此，侨居广州的天竺国“土生胡”法度从昙摩耶舍出家，才更容易为我们所理解。

前述顿逊国天竺聚居空间内的“佛图”，无疑是天竺化的佛塔，应该也是南海交通线上商胡聚居空间内流行的佛塔形态，也就是南朝佛教文献中所谓的“阿育王塔”。同理，顿逊国天竺聚居空间内佛寺所供奉的佛像，无疑是天竺化的佛像，应该也是南海交通线上商胡聚居空间内佛寺流行的佛像形态，也就是南朝佛教文献中所谓的“阿育王像”。需要指出的是，汉文古籍中的“阿育王像”，主要是指西域本土样式的佛像，特别是东晋、刘宋时期南方出土的佛像，应该大多由前朝侨居汉地的胡人从本土带来；但也可以指在汉地依“阿育王像”复制的胡样佛像。② 由于西域本土样式的佛像不符合汉人传统审美习惯，故往往被古人或曰为“古异”，如《高僧传》卷5《晋长安五级寺释道安传》：

符坚遣使送外国金箔倚像，高七尺，又金坐像、结珠弥勒像、金缕绣像、织成像各一张，每讲会法聚，辄罗列尊像。布置幢幡，珠佩迭晖，烟华乱发，使夫升阶履闼者，莫不肃焉尽敬矣。有一外国铜像，形制古异，时众不甚恭重。安曰：

① 《洛阳伽蓝记》载北魏都城洛阳建阳里有2000余户人家，里内有10寺，平均约200多户供奉一寺，亦可参照。见该书卷2《城东》：璎珞寺，在建春门外御道北，所谓建阳里也。……里内有璎珞、慈善、晖和、通觉、晖玄、宗圣、魏昌、熙平、崇真、因果等十寺。里内士庶二千馀户，信崇三宝，众僧刹养，百姓所供也。见《洛阳伽蓝记》，上海古籍出版社，1978年，第78页。

② 《法苑珠林》卷13：东晋成帝咸和年中，丹阳尹高悝，往还市阙。每张侯桥浦，有异光现，乃使吏寻之，获金像一躯，西域古制。……此像华台有西域书，诸道俗来者，多不识之。有三藏法师求那跋摩，曰：此古梵书也，是阿育王第四女所造。时瓦官寺沙门慧邃，欲求摸写。寺主僧尚恐损金色，语邃曰：若能令佛放光，回身西向者，非余所及。邃至诚祈请，至于中宵，闻有异声，开殿见像大放光明，转坐面西。于是乃许摸之，传写数十躯，所在流布。（《乾隆大藏经》第125册，第669页下栏）又：昔隋初秦孝王俊，曾镇襄部。闻安师古像形制甚异，乃遣人图之，于长安延兴寺造之。初铸之夕，亦感天乐雨华，大有灵瑞。像今现在延兴寺也。（第672页下栏）

“像形相致佳，但髻形未称。”

或曰为“朴拙”，如《法苑珠林》卷13：

东晋会稽山阴灵宝寺木像者，征士谯国戴逵所制。逵以中古制像，略皆朴拙，至于开敬不足动心。

甚至被斥为“胡夷村陋”，唐李绰《尚书故实》：

佛像本胡夷村陋，人不生敬。今之藻绘雕刻，自戴颙始也。颙尝刻一像，自隐帐中，听人臧否，随而改之。如是者积十年，厥功方就。

南朝佛教文献所载境内“阿育王塔”，则大多以遗址形态存在为主，如《高僧传》卷12《晋并州竺慧达传》：

顷之，进适会稽，礼拜鄮塔，此塔亦是育王所造。岁久荒芜，示存基蹠。

引起我们注意的是，东晋以后，汉僧似乎已经没有前朝侨居汉地胡人奉佛行事的“记忆”，而是根据佛经描述的阿育王神迹，① 直接将前朝侨居汉地胡人供奉的佛像指认为“阿育王像”，如《高僧传》卷5《晋荆州长沙寺释昙翼传》：

翼常叹：“寺立僧足，而形像尚少。阿育王所造容仪神瑞，皆多布在诸方。何其无感，不能招致？”乃专精恳恻，请求诚应。以晋太元十九年（394）甲午之岁二月八日，忽有一像现于城北，光相冲天。时白马寺僧众先往迎接，不能令动。翼乃往只礼，谓众人曰：“当是阿育王像降我长沙寺焉。”即令弟子三人捧接，飘然而起，迎还本寺。道俗奔赴，车马轰填。后罽宾禅师僧伽难陀，从蜀下入寺礼拜，见像光上有梵字，便曰：“是阿育王像，何时来此？”时人闻者，方知翼之不谬。

同时也将前朝侨居汉地胡人营建的佛塔，指认为“阿育王塔”，如《高僧传》卷13《晋并州竺慧达传》：

先是简文皇帝（371—372）于长干寺造三层塔，塔成之后，每夕放光。达上越城顾望，见此刹杪，独有异色，便往拜敬，晨夕恳到。夜见刹下，时有光出，乃告人共掘。掘入丈许，得三石碑，中央碑覆中有一铁函，函中又有银函，银函里金函，金函里有三舍利，又有一爪甲及一发。发申长数尺，卷则成螺，光色炫耀。乃周敬王时阿育王起八万四千塔，此其一也。

这一切是否说明，特别是经过齐竟陵王、梁武帝先后大力推广佛教以后，汉僧成为了汉地佛教主导力量，汉地信众成为了汉地佛教的主体。虽然齐、梁间建康等地胡人聚居空间内仍存在着胡人佛教（详见下文），但在如释慧皎等汉僧的心目中，似乎已经忽略了侨居胡人佛教在汉地佛教格局中的位置。至唐代释道世时，已完全不知道汉地历史上曾有侨居胡人聚居空间内的胡人佛教的存在，《法苑珠林》卷13：

吴时于建邺后园平地，获金像一躯。讨其本缘，谓是周初育王所造，镇于江府也。何以知然？自秦汉魏，未有佛法南达，何得有像，埋瘗于地？

二、海道都邑胡人佛教遗物考证

（一）交州：交趾郡、合浦郡

1. 材料

（1）《太平寰宇记》卷170引晋刘欣期《交州记》：

泥黎城，在定安县东南。隔水七里，阿育王所造塔，讲堂尚在。有采薪者时见金像。②

---

① 梁武帝敕译《阿育王经》与崇佛的关系，参见颜尚文：《梁武帝“菩萨皇帝”的理念及政策之形成基础》，载颜尚文著《中国中古佛教史论》，宗教文化出版社，2010年，第229—231页。

② 见刘纬毅：《汉唐方志辑佚》，北京图书馆出版社，1997年，第130页。

(2)《高僧传》卷12《晋并州竺慧达传》：

晋咸安元年（371），交州合浦县采珠人董宗之，于海底得一佛光。

2. 考证

在中古时期，交州位于汉人国家南疆，是中西交通从海道进入汉地的门户，地位“犹之西域之于阗也”。① 故与泛海而来之西域胡人接触亦早，特别在西北陆路绝没后，中西交通转而南循海道，于是位于南海的交州地位遂凸显了出来。交州治所交趾郡（今越南河内境内），武帝元鼎六年（前111）置。东汉延熹九年（166），已见西域诸国开始从海道遣使献贡、并通商交趾：

汉桓帝延熹九年，大秦王安敦遣使自日南徼外来献，汉世唯一通焉。其国人行贾往往至扶南、日南、交趾。②

东汉末年，又有康居商人从天竺移居到交趾，《出三藏记集》卷13《康僧会传》：

康僧会，其先康居人，世居天竺。其父因商贾，移于交趾。

康僧会出生于东汉末年，为交趾“土生胡”，说明当时交趾已有商胡活动，我们可以在《吴书》卷《士燮传》中得到印证：

燮兄弟并为列郡，雄长一州，偏在万里，威尊无上。出入鸣锺磬，备具威仪，笳箫鼓吹，车骑满道，胡人夹毂焚烧香者，常有数十。

东汉、东吴之际，在交州从事贸易活动的商胡已有奉佛民族，故交趾境内出现胡人佛教亦在情理之中。东汉以来康居民族已有奉佛习俗，③ 上引《出三藏记集》卷13《康僧会传》亦明确记载了康僧会出家为僧事：

会年十余岁，二亲并亡，以至性闻。既而出家，砺行甚峻。

如果我们认为胡人聚居空间、佛寺和僧人三者之间大体上具有同族性质，那么，侨居交趾的康居族人康僧会出家为僧，即意味着交趾境内存在着一定规模的康居聚居空间及其供奉的佛寺。

晋人所记交趾郡属县定安县城东南七里有“阿育王塔”及“金像”（材料1 P76），似为废寺，应是前朝奉佛胡人活动的遗迹。

两晋时期，交趾境内仍能不时看到胡僧的身影，《高僧传》卷9《晋洛阳耆域传》：

耆域者，天竺人也。周流华戎，靡有常所。……自发天竺，至于扶南，经诸海滨，爰及交广，并有灵异。

又，《高僧传》卷2《晋京师道场寺佛驮跋陀罗传》：

会有秦沙门智严，西至罽宾。……严既要请苦至，贤遂愍而许焉。于是舍众辞师，裹粮东逝。步骤三载，绵历寒暑。既度葱岭，路经六国，国主矜其远化，并倾心资奉。至交趾，乃附舶，循海而行，……至青州东莱郡。

东晋以来，随着汉人编民出家渐多，交州开始出现汉僧的行迹。其中欲去天竺巡礼的汉僧，亦有取道南海的，其中大多途径交州，如东晋初期北方汉僧于法兰师徒，《高僧传》卷4《晋剡山于法兰传》：

居剡少时，欻然叹曰：“大法虽兴，经道多阙。若一闻圆教，夕死可也。”乃远适西域，欲求

① 冯承钧：《中国南洋交通史》，上海书局，1984年，第8页。

② 《南史》卷78《夷貊上》，中华书局，1975年，第1961页。

③ 《汉书》卷96上《西域传》：康居国……与大月氏同俗。见《汉书》，中华书局，1962年，第3892页。月氏在迦腻色迦时期已经奉佛，故此时康居亦应奉佛。《出三藏记集》《高僧传》等史籍亦记汉末康居国人康孟详、康巨、康僧铠等奉佛行事，可印证。

异闻，至交州遇疾，终于象林。

《高僧传》卷4《晋炖煌于道邃传》：

于道邃，炖煌人。……后随兰适西域，于交趾遇疾而终。春秋三十有一矣。

东晋义熙九年（413），法显到天竺取经东归，亦取海道。由汉僧在交州的行踪，我们大致可以推断交州已有汉人民众奉佛。刘宋时期，交州出现了汉人民众供奉的佛寺——仙山寺，《高僧传》卷12《齐交阯仙山释昙弘传》：

晚又适交阯之仙山寺，诵无量寿及观经，誓心安养。以孝建二年（455），于山上聚薪，密往積中，以火自烧。

由于交州位于汉地南疆，交州又成了贬斥罪人的南荒地区，《高僧传》卷7《宋京师彭城寺释道渊传》：

宋世祖雅重琳，引见常升独榻。颜延之每以致讥，帝辄不悦。后著《白黑论》，乖于佛理。衡阳太守何承天与琳比狎，雅相击扬，著《达性论》，并拘滞一方，诋呵释教。颜延之及宗炳，捡驳二论，各万余言。琳既自毁其法，被斥交州。

又，《高僧传》卷7《宋京师灵根寺释僧瑾传》：

后义嘉构衅，时人谗斌云，为义嘉行道，遂被擯交州。

由此我们可以感受到，由于交州的特殊环境，一方面首先出现来自西域侨居胡人的佛教，另一方面又接收汉人佛教的南下行化，胡汉佛教并行的现象会更加突出明显。

合浦郡，西汉武帝元鼎六年（前111）置，除东吴黄武年间分交州北部四郡置广州时曾短期属广州外，皆属交州。合浦港是南海交通传统出发港口之一，《汉书》卷28下《地理志下》：

自日南障塞、徐闻、合浦，船行可五月，有都元国。又船行可四月，有邑卢没国。又船行可二十余日，有谌离国。步行可十余日，有夫甘都卢国。自夫甘都卢国船行可二月余，有黄支国。……自黄支船行可八月，到皮宗。船行可二月，到日南、象林界云。黄支之南，有已程不国，汉之译使。自此还矣。

东晋中合浦县民于海底捞得佛像配件佛光（材料2，P77），说明此地与交趾一样，都属于西域胡人活动频繁的地区。

（二）广州：南海郡

1. 材料

（3）《高僧传》卷6《晋庐山释慧远传》：

又昔浔阳陶侃经镇广州，有渔人于海中，见神光每夕艳发，经旬弥盛，怪以白侃。侃往详视，乃是阿育王像。

（4）《法苑珠林》卷14：

齐建元（479—482）中，番禺毗耶离精舍，旧有扶南国石像，莫知其始。形甚异常，七八十人乃能胜致。此寺草茨，遇火延及，屋在下风，烟焰已接。尼众十余，相顾无计。中有意不已者，试共三四人捧之，飘然而起，曾无钧石之重。像既移矣，屋亦焚焉。

2. 考证

南海郡为秦时所置古郡，秦亡，郡城番禺（今广州）为南越国都城。武帝时南越国归顺汉朝，南海郡隶交州。东吴黄武五年（226），分交州北部四郡置广州，寻重归交州。永安七年（264），复置广州。置郡以来，郡城番禺即为南方商业“都会”。①

东汉桓帝朝，广州已见安息国僧人踪迹，《出三藏记集》卷13《安世高传》：

安清，字世高，安息国王政后之太子也。……以汉桓帝之初，始到中夏。……初，世高自称先身已经为安息王子，与其国中长者子，俱共出家。分卫之时，施主不称，同学辄怒。世高屡加呵责，同学悔谢，而犹不悛改，如此二十余年。乃与同学辞诀，云：“我当往广州，毕宿世之对。……既而遂适广州，值寇贼大乱。行路逢一少年，唾手拔刀，曰：“真得汝矣。”世高笑曰：“我宿命负卿，故远来相偿。卿之忿怒，故是前世时意也。”遂申颈受刃，容无惧色，贼遂杀之。观者填路，莫不骇其奇异。既而神识还为安息王太子，即名世高，时身也。……世高后复到广州，寻其前世害己少年。时少年尚在，年已六十余。世高径投其家，共说昔日偿对时事，并叙宿缘，欢善相向。

“三世之征”事属神异，与思维方式有关，但将胡人置于广州空间叙述，应该有历史依据的。如果安世高事迹可信，那么，广州就应该有安息国商人活动的背景。

两晋之际，广州又见月支国“土生胡”，宋刘敬叔《异苑》卷6：

沙门有支法存者，本自胡人，生长广州。妙善医术，遂成巨富。

胡人姓支，视为月支人应无问题。所谓“妙善医术”，史籍记他曾为晋室南渡后之中原士人治疗脚气而知名。② 支法存“生长广州”，是为“土生胡”无疑，说明西晋时期广州已有月支聚居空间存在。

由于广州商业发达，西晋时甚至有王族宗室成员遣使至广州贸易图利，《晋书》卷37《义阳城王望传》：

奇亦好畜聚，不知纪极，遣三部使，到交、广商货，为有司所奏。太康九年（288），诏贬为三纵亭侯。

东晋初陶侃镇广州时（318—323），有渔人于海中（岛屿?）发现了“阿育王像”（材料3，P78），应是前朝胡人驻留的遗物吧?

刘宋时，亦有汉僧南下广州，可见佛教亦已在汉人社会传播，《高僧传》卷12《齐交阯仙山释昙弘传》：

宋永初（420—422）中，南游番禺，止台寺。

宋齐间，广州与扶南国之间交通密切，《南齐书·东南夷传》：

宋末，扶南王姓侨陈如，名竭耶跋摩，遣商货至广州。

材料4（P78）记齐时广州番禺毗耶离寺“旧有扶南国石像，莫知其始”，西域本土色彩很明显，说明毗耶离寺有可能是前朝扶南国人聚居空间内佛寺。佛寺形态为“草茨”，与东吴时康僧会在建业“设像行道”，“营立茅茨”的佛寺形态相同，应该是南海地区通行的房屋形态。

（三）扬州：会稽郡、临海郡

1. 材料

（5）《高僧传》卷12《晋并州竺慧达传》：

顷之，进适会稽，礼拜鄮塔，此塔亦是育王所造。岁久荒芜，示存基蹠。

（6）《高僧传》卷12《晋并州竺慧达传》：

① 《史记》卷129《货殖列传》：番禺亦其一都会也，珠玑、犀、玳瑁、果、布之凑。（中华书局，1982年，第3268页）《汉书》卷28下《地理志下》：粤地，牵牛、婺女之分野也。今之苍梧、郁林、合浦、交趾、九真、南海、日南，皆粤分也。……处近海，多犀、象、毒冒、珠玑、银、铜、果、布之凑，中国往商贾者，多取富焉。番禺，其一都会也。（中华书局，1962年，第1669—1670页）

② （唐）孙思邈：《备急千金要方》卷22；张继禹主编：《中华道藏》（第22册），华夏出版社，2004年，第171页。

有临海渔人张系世，于海口得铜莲华趺，浮在水上，即取送县。①

2. 考证

会稽郡治山阴（今浙江绍兴），乃先秦越国旧都，秦时置郡②。汉末时，境内已见胡人活动，《出三藏记集》卷13《安世高传》：

世高后复到广州，寻其前世害己少年。时少年尚在，年已六十余。世高径投其家，共说昔日偿对时事，并叙宿缘，欢善相向，云："吾犹有余报，今当往会稽毕对。"广州客深悟世高非凡，豁然意解，追悔前愆，厚相资供。乃随世高东行，遂达会稽，至便入市。正值市有斗者，乱相欧击，误中世高，应时命终。

除了安世高行迹到达会稽外，安世高来会稽"毕对"应以会稽郡已有胡人存在为前提。否则，作为一个外国人，安世高孤身一人老远跑到会稽郡就显得非常费解。事实上，安世高进入会稽郡的"市"，已经透露了安息商胡存在的消息。

东晋宁康（373—375）间，北僧释慧达至会稽郡鄮县所见之"阿育王塔"基趾（材料5，P79），应是前朝奉佛西域胡人之遗迹。宋元嘉间，西域罽宾僧人昙摩蜜多在鄮县"建立塔寺"，疑即在"阿育王塔"遗址上重建，其中或许隐含着对前世胡人佛教的感念，《高僧传》卷3《宋上定林寺昙摩蜜多传》：

昙摩密多，此云法秀，罽宾人也。……会稽太守平昌孟顗，深信正法，以三宝为己任。素好禅味，敬心殷重。及临浙右，请与同游。乃于鄮县之山，建立塔寺。东境旧俗，多趣巫祝，及妙化所移，比屋归正。自西徂东，无思不服。元嘉十年（433），还都，止钟山定林下寺。

如果上述推测可取，那么，梁大同二年（536）所开鄮县"旧塔"，可能就是100年前西域胡僧修建的"新塔"，《梁书》卷54《诸夷传》"扶南国"：

（大同）二年（536），改造会稽鄮县塔，开旧塔出舍利，遣光宅寺释敬脱等四僧及舍人孙照暂迎还台，高祖礼拜竟，即送还县，入新塔下，此县塔亦是刘萨何所得也。

临海郡（今浙江台州）治所设在章安县，孙吴太平二年（257），由会稽郡东部析置。材料6记晋咸和（326—334）间临海郡发现"铜莲华趺"，《梁书》还谓此像趺上刻有"外国书"，为阿育王像的一部分：

像趺先有外国书，莫有识者，后有三藏那求跋摩识之，云是阿育王为第四女所造也。③

临海郡渔人获得铜莲华趺的"海口"，应即今浙江台州椒江口，属当时临海郡治所在地章安县管辖范围内，故送铜莲华趺至"县"应即章安县。在东晋咸和时发现"阿育王像"部件，可见东晋以前，临海郡境内已有胡人活动。东晋时，章安县境内尚有胡人活动踪迹，据《高僧传》卷11《齐始丰赤城山释慧明传》：

释慧明，姓康，康居人。祖世避地于东吴。明少出家，止章安东寺。齐建元（479—482）中，与沙门共登赤城山石室。……以建武之末（494—497）卒于山中，春秋七十矣。

按释慧明卒年和寿龄推算，其出生年头当在宋初，则"祖世避地于东吴"自在东晋时矣。释

---

① 《梁书》卷54《诸夷传》"扶南国"：经一岁，捕鱼人张系世，于海口忽见有铜花趺浮出水上，系世取送县，县以送台，乃施像足，宛然合。……像趺先有外国书，莫有识者，后有三藏那求跋摩识之，云是阿育王为第四女所造也。（中华书局，1973年，第792—293页）此处记铜莲花趺上"有外国书"，但没有说明捕鱼人张系世所属县郡，而《高僧传》明记捕鱼人张系世为临海郡人，却含含糊糊地说"外国书"位置在佛像上。两者说法虽稍异，似存在共同的资料源头，引述于此，备考。

② 《汉书》卷28上《地理志上》，中华书局，1962年，第1590页。

③ 《高僧传》卷13《晋并州竺慧达传》，中华书局，1992年，第478页。

慧明既是“少出家，止章安东寺”，应是就近出家。可见“东吴”一词，当虚指临海郡治章安县境内，则知临海郡亦有胡人侨居。

（四）六朝都城：建业

1. 材料

(7)《出三藏记集》卷13《康僧会传》:

皓虽闻正法，而昏暴之性，不胜其虐。后使宿卫兵入后宫治园，于地中得一立金像，高数尺，以呈皓。

(8)《高僧传》卷12《晋并州竺慧达传》:

昔晋咸和（326—334）中，丹阳尹高悝于张侯桥浦里，掘得一金像，无有光趺，而制作甚工。前有梵书，云是育王第四女所造。悝载像还至长干巷口，径趣长干寺。

(9)《高僧传》卷12《晋并州竺慧达传》:

晋宁康（373—375）中，至京师。先是简文皇帝（371—372）于长干寺造三层塔，塔成之后，每夕放光。达上越城顾望，见此刹杪，独有异色，便往拜敬，晨夕恳到。夜见刹下，时有光出，乃告人共掘。掘入丈许，得三石碑，中央碑覆中有一铁函，函中又有银函，银函里金函，金函里有三舍利，又有一爪甲及一发。发申长数尺，卷则成螺，光色炫耀。乃周敬王时阿育王起八万四千塔，此其一也。

(10)《高僧传》卷13《晋京师瓦官寺释慧力传》:

司徒王谧尝入台，见东掖门口有寺。人掷樗戏，樗所著处，辄有光出。怪令掘之，得一金像，合光趺长七尺二寸。谧即启闻，宋高祖迎入台供养。宋景平末，送出瓦官寺，今移龙光寺。

2. 考证

东吴都城建业（今江苏南京）是在汉秣陵县基础上建立起来的。自黄龙元年（229）孙权迁都于此，始盛。晋室南渡后，又是东晋、宋、齐、梁、陈等南方政权都城所在，史称“六朝古都”。东汉末年，中原发生战乱，民众南奔避乱不在少数，其中即有洛阳土生贵霜月支人支谦“率乡人数十”奔吴，《出三藏记集》卷13《支谦传》:

献帝之末，汉室大乱，与乡人数十，共奔于吴。……后吴主孙权闻其博学……拜为博士，使辅导东宫，甚加宠秩。……后太子登位，遂隐于穹隘山，不交世务。

从支谦一直“辅导东宫”到“登位”来看，支谦应该在黄龙元年迁都时随“东宫”到了建业。那么，跟随支谦的“乡人数十”也应该来到建业，也就是说，在东吴迁都到建业时，就有了月支人聚居空间。

综观孙吴一朝，一方面胸怀天下，致力于与曹魏、刘蜀逐鹿中原；另一方面又放眼南海，致力于开拓南疆。特别在孙权时期，建安十五年(210)，即遣步骘为交州刺史，依靠地方势力，采取相对宽松的羁縻政策，“南州无事”①；又遣中郎康泰、宣化从事硃应使扶南国，宣扬威德②。至孙休永安七年（264），分析交州置广州，皆可见孙吴政权经略南疆之成果③。正是在孙吴政权积极面向南海的大背景下，东吴赤乌十年（247），交州“土生胡”康居僧人康僧会来到建业，《出三藏记集》卷13《康僧会传》:

---

① 《三国志》卷61《陆凯传》注引《江表传》，中华书局，1982年，第1409页。

② 《梁书》卷54《诸夷传》“扶南国”：吴时，遣中郎康泰、宣化从事硃应使于寻（范寻，扶南国王）国。（中华书局，1973年，第789页）又，《三国志》卷60《吕岱传》：岱既定交州，复进讨九真，斩获以万数。又遣从事南宣国化，暨徼外扶南、林邑、堂明诸王，各遣使奉贡。权嘉其功，进拜镇南将军。见《梁书》，中华书局，1982年，第1385页。故《南史》卷78《夷貊上》系泰、应出使在孙权时期：及吴孙权时，遣宣化从事朱应、中郎康泰通焉。其所经过及传闻则有百数十国，因立记传。见《南史》，中华书局，1975年，第1947页。

③ 陈健梅：《孙吴政区地理研究》第三章《交广两州的羁縻与开发》，岳麓书社，2008年，第316—323页。

康僧会，其先康居人，世居天竺。其父因商贾，移于交趾。会年十余岁，二亲并亡，以至性闻。既而出家，砺行甚峻。……时孙权称制江左，而未有佛教。会欲运流大法，乃振锡东游，以赤乌十年至建业，营立茅茨，设像行道。……权大嗟服，即为建塔，以始有佛寺，故曰建初寺，因名其地为“佛陀里”。由是江左，大法遂兴。

康僧会出身于商胡家庭，故其游历东吴都城建业，恐怕也有康居国商人聚居空间存在的背景。初建寺所在的“佛陀里”，疑即为康居聚居空间。

上引《康僧会传》又记东吴孙皓时，宫廷后园曾出土“立金像”（材料7，P81），看来宫廷后园与前朝胡人活动空间亦有关。《高僧传》卷12《晋并州竺慧达传》记东晋咸和间又在建康张侯桥浦里出土“阿育王像”（材料8，P81），毫无疑问，亦是前朝胡人供奉遗物。那么，此地应该也是前朝胡人聚居空间所在。而丹阳尹高悝安置“阿育王像”之长干寺，据上引书《晋并州竺慧达传》又记传主在寺内阿育王塔故址掘得佛舍利（材料9，P81），看来长干寺所在长干里，亦为前朝胡人聚居空间也。《梁书》卷54《诸夷传》追寻长干寺沿革云：

吴时有尼居其地，为小精舍，孙綝寻毁除之，塔亦同泯。吴平后，诸道人复于旧处建立焉。晋中宗初渡江，更修饰之。至简文咸安（371—372）中，使沙门安法师程造小塔，未及成而亡，弟子僧显继而修立。至孝武太元九年，上金相轮及承露。

到了梁大同三年（537），梁武帝改造长干寺阿育王塔，又“出旧塔下舍利及佛爪发”①，大作佛事。此外，《高僧传》卷13《晋京师瓦官寺释慧力传》还记载了刘宋时建康皇城东掖门口佛寺亦出土佛像（材料10，P81），皇城东掖门口的佛寺，可能也是一座古寺。

东晋时期，都城建康除了出土可观的前朝侨居胡人遗物或外，仍可见到西域侨民活动的踪迹，《高僧传》卷13《晋京师祇洹寺释法平》：

释法平，姓康，康居人，寓居建业。与弟法等，俱出家，止白马寺，为昙籥弟子，共传师业。

可惜现在已无法知道侨居建康的康居国人释法平、释法等兄弟与东吴时期康僧会所在的康居聚居空间有无渊源关系。

东晋时建康除了康居国侨民，还存在着月支国侨民，释法平、释法等兄弟的出家师“昙籥”即为月支国侨民，《高僧传》卷13《晋京师建初寺支昙籥传》：

支昙籥，本月支人，寓居建业。少出家，清苦蔬食，憩吴虎丘山。晋孝武初，敕请出都，止建初寺。孝武从受五戒，敬以师礼。

又，《高僧传》卷13《齐乌衣寺释昙迁传》：

释昙迁，姓支，本月支人，寓居建康。笃好玄儒，游心佛义，善谈庄老，并注《十地》。又工正书，常布施题经。巧于转读，有无穷声韵，梵制新奇，特拔终古。彭城王义康、范晔、王昙首，并皆游狎。迁初止祇洹寺，后移乌依寺。……齐建元四年（482）卒，年九十九。

释昙迁“笃好玄儒”，“又工正书”，为土生胡无疑。推算其生年，当在东晋太元中，与支昙籥生活年代相及。可见东晋以来，建康存在月支聚居空间是肯定的。

康居国侨民释法平兄弟师从同是侨民身份的月支国僧人支昙籥出家现象，值得我们注意。除了显示都城建康存在着西域诸国侨民之外，似乎还透露了在汉人社会大环境中西域诸国胡人之间相互往来、“同类”相从的意味。

晋室南渡以来，由于建康乃都城所在，“是时贡使商旅，方舟万计”②。濒海的西域国家如天竺国、扶南国等商胡来到建康渐多，似乎开始主导

① 《梁书》卷54《诸夷传》“扶南国”，中华书局，1973年，第790页。

② 《宋书》卷33《五行志》：晋安帝元兴二年（403）十二月……其明年（404）二月庚寅夜，涛水入石头。是时贡使商旅，方舟万计，漂败流断，骸胔相望。见《宋书》，中华书局，1974年，第956页。

着建康的侨居胡人社会，《高僧传》卷3《齐建康正观寺求那毗地传》：

求那毗地，此言安进，本中天竺人。……齐建元（479—482）初，来至京师，止毗耶离寺。……毗地为人弘厚，故万里归集，南海商人，咸宗事之，供献皆受，悉为营法。于建邺淮侧，造正观寺居之，重阁层门，殿堂整饰。以中兴二年（502）冬，终于所住。

天竺僧求那毗地整体上仍保持着非常天竺化的特征。我们不仅有理由认为"咸宗事之"的"南海商人"是指以天竺国商人为主体的南海商胡，而且同样也有理由认为，京师建康的毗耶离寺以及求那毗地倡建的正观寺皆为侨居建康的、以天竺国商人为主体的南海商胡所供奉的佛寺。其中正观寺所处的"淮侧"地带，很容易让我们联想到与南海商胡活动空间关系密切，极有可能是南海侨居商胡聚居空间所在地。惟其如此，后来又有南海扶南国僧人来此驻锡，《续高僧传》卷1《梁扬都正观寺扶南沙门僧伽婆罗传》：

僧伽婆罗，梁言僧养，亦云僧铠，扶南国人也。……闻齐国弘法，随舶至都，住正观寺，为天竺沙门求那跋陀之弟子也。

从地点、时间来看，"求那跋陀"应该就是倡建正观寺的求那毗地吧。僧伽婆罗驻锡正观寺后，似乎还招来了伙伴，上引书同传又记：

梁初，又有扶南沙门曼陀罗者，梁言弘弱。大赍梵本，远来贡献。敕与婆罗共译《宝云》、《法界体性》、《文殊般若经》三部，合一十一卷。虽事传译，未善梁言，故所出经，文多隐质。

正观寺自萧齐时创建至萧梁末，一直有南海胡僧前来驻锡，《续高僧传》卷1《陈南海郡西天竺沙门拘那罗陀传》：

拘那罗陀，陈言亲依，或云波罗末陀，译云真谛，并梵文之名字也。本西天竺优禅尼国人焉。……以大同十二年（546）八月十五日，达于南海，沿路所经，乃停两载。以太清二年（548）闰八月，始届京邑。……会元帝启祚（552），承圣清夷，乃止于金陵正观寺，与愿禅师等二十余人，翻《金光明经》。

由此我们容易判断，期间建康一直有南海商胡群体的存在。

我们已经注意到，大致以刘宋朝为界，此前建康的侨居胡人社会似以西域内陆国家如康居国、月支国等为主，此后则以西域濒海国家如天竺国、扶南国等为主，这是否意味着两者来到建康的路径不同？前者似经西北陆路至中原，然后南移到建康，而后者则是直接从南方海道来到建康？目前我们掌握的材料太少，尚有待日后进一步研究。

（五）荆州：南郡

1. 材料

（11）《高僧传》卷5《晋荆州长沙寺释昙翼传》：

昙翼，本姓姚，生羌土中。……后还长沙寺。……每叹寺足众僧，形像尚少。尝闻阿育王多造佛像，随缘流布，而独不至此，岂非精诚未诣耶？于是弥致恳恻。太元十九年（394）二月八日夜，忽有像现城北，身光照夜，明若晨曦。阖洲惊骚，远近云集。时白马寺遣迎百人，展力折不能动。翼曰："此必阿育王像，当往长沙寺，非强力所能移。"佥曰："请效甚验。"翼乃稽首致敬，命弟子擎捧，裁有五人，飘然轻举，四众推伏。……罽宾禅师僧伽难陀，从蜀下，入寺礼拜，云是外国像。寻觅铭题佛光，果有胡书，读曰阿育王造也。

2. 考证

荆州、南郡治江陵，楚故都，秦旧郡。自古是北上两京、西趋益州、东达建业、南通交广的孔道，也是古代商业都会①。荆州至迟在西晋后

① 《汉书》卷28下《地理志下》：江陵，故郢都，西通巫、巴，东有云梦之饶，亦一都会也。见《汉书》，中华书局，1962年，第1666页。

期，已见胡人活动，《高僧传》卷 9《晋洛阳耆域传》：

耆域者，天竺人也。周流华戎，靡有常所。……自发天竺，至于扶南，经诸海滨，爰及交广，并有灵异。既达襄阳，欲寄载过江，船人见梵沙门，衣服弊陋，轻而不载。船达北岸，域亦已度。

天竺僧人耆域自海路抵广州入境，北上洛阳，既然经过襄阳，理当经过江陵，所循应是古老官道。又，《晋书》卷 66《陶侃传》记荆州东境武昌郡时势：

顷之，（侃）迁龙骧将军、武昌太守。时天下饥荒，山夷多断江劫掠。侃令诸将诈作商船以诱之。劫果至，生获数人，是西阳王羕之左右。侃即遣兵逼羕，令出向贼，侃整阵于钓台为后继。羕缚送帐下二十人，侃斩之。自是水陆肃清，流亡者归之盈路，侃竭资振给焉。又立夷市于郡东，大收其利。

结合《晋书》卷 5《孝愍帝纪》记载，可知陶侃在武昌太守任内于郡东“立夷市”，时在西晋建兴三年（317），即晋室南渡之年。此时中原鼎沸，“天下饥荒”，但长江流域荆州境内西域商胡活动似并未中断。

东晋时，有“天竺五舶”循江直达荆州江陵，《高僧传》卷 2《晋京师道场寺佛驮跋陀罗传》：

佛驮跋陀罗，此云觉贤，本姓释氏，迦维罗卫人，甘露饭王之苗裔也。祖父达摩提婆，此云法天，尝商旅于北天竺，因而居焉。……闻鸠摩罗什在长安，即往从之，什大欣悦。……后语弟子云：“我昨见本乡，有五舶俱发。”既而弟子传告外人，关中旧僧咸以为显异惑众。……贤志在游化，居无求安，停止岁许，复西适江陵。遇外国舶至，既而讯访，果是天竺五舶，先所见者也。

从“天竺五舶”到达江陵的规模来看，推定江陵存在天竺国商人聚居空间应该是合理的。而出身于天竺国商人家族的僧人佛驮跋陀罗游化江陵，大概正是因为江陵存在有天竺国商人聚居空间吧。材料 11（P83）记载东晋太元年间荆州有“阿育王像”“现城北”，《太平御览》卷 657 引《高僧传》作“金像现于渚宫城北路上”，出土地点更为具体。荆州“渚宫城北”地区在前朝应该也是奉佛胡人聚居空间所在。

三、结语

本文的目标是通过考察中古时期侨居汉地都邑的西域奉佛胡人的佛教遗物——“阿育王像”和“阿育王塔”，揭示汉地胡人佛教存在事实。本文将使用的基础材料尽量限制在汉人国家禁止汉人奉佛的汉三国西晋时期，只是为了更加清晰地凸现汉地胡人佛教的存在。

试论《六祖坛经》对《阿含经》“心”概念之承传与开创

林建德

一、前言

“心”不只是东方哲学最重要的概念之一，亦为佛教的关键语汇，然其确切所指为何，在不同佛教传统所要强调的意涵不尽相同。如《阿含经》重分析，把“人”的组成分五大部分——色、受、想、行、识五蕴，五蕴中“色”所指为“质碍”，乃有物质的障碍，例如身体；“受”和心情、情绪、感受及情感有关；“想”是知觉、思考和判断，属认知能力；“行”所指为意志、意欲之作用；“识”涉入以上身心活动，具有了别认识功能外，还带有无明、染着之惑业因子。所谓的“心”，即包含了“受”、“想”、“行”、“识”四种非“色”（物质性）的集合，可知“心”是一概括性的总称；而且“心”之概念也常和“意”和“识”的概念指涉相关，甚而可说心、意、识这三个名词可相互通用。①

然到了后期印度佛教之发展，随着如来藏说（*tathāgatagarbha*）的兴起，以及传入中国后，与儒家传统及孟子心学之性善论交互影响，“心”的概念亦不时地转化，逐渐形成中国佛教特有的心性论观点，其中禅宗即为一例。此时“心”的概念不再是“受”、“想”、“行”、“识”等的指涉和不重分析式的理解，而更强调直观、直觉的感通和体悟，所指涉的观念包含“自性”、“本性”、“佛性”、“般若”等。

尽管初期印度佛教和中国佛教“心”概念指涉不一，但却也可看到相通之处。如《阿含经》表示“心为法本”，因为心的驱使而有种种的活动及业的造作，若心念存善而为善行则得善报；② 反之则不然，将受诸苦报，因此要时常观照、思维内心，守护此“善本”。③ 如此把佛教修行着眼于“心”的觉知和洞观，从“心”下手领略佛法旨趣，亦为禅门所传承并强调再三。本文即是以《六祖坛经》为例，以“心”概念为主，谈论其对《阿含经》的承传与开创。

本文除前言和结论外，大致分为三节，首先以“戒定慧”三学为例谈论《六祖坛经》对《阿含经》“心”概念之承传，其次以“佛性”和“般

林建德，台湾慈济大学宗教与人文研究所副教授。

① 此如据俱舍宗所说，心、意、识三者异名体一，《阿毗达摩俱舍论》〈分别根品〉：集起故名心；思量故名意；了别故名识。复有释言：净不净界种种差别故名为心，即此为他作所依止故名为意，作能依止故名为识。故心意识三名所诠，义虽有异而体是一。如心意识三名所诠义异体一，诸心心所名有所依所缘行相相应亦尔，名义虽殊而体是一。（CBETA, T29, no. 1558, p. 21, c20－26）本文藏经引文皆采用中华电子佛典协会之电子佛典（CBETA）2011 年版。

② 《增壹阿含经》〈大爱道般涅槃品〉：心为法本，心尊心使，中心念善，即行即为，受其善报，如影随形。（CBETA, T02, no. 125, p. 827, b15－16）

③ 《增壹阿含经》〈不逮品〉：尔时，世尊告诸比丘：“我于此众，初不见一法不可降伏，难得时宜，受诸苦报，所谓心是。诸比丘！此心不可降伏，难得时宜，受诸苦报。是故，诸比丘！当分别心，当思惟心，善念诸善本。如是，诸比丘！当作是学。”（CBETA, T02, no. 125, p. 566, c10－14）

若"论述《六祖坛经》对《阿含经》"心"概念之开创，第三对此承传和开创之间异同提出初步探讨。此外，由于《坛经》版本多种，本文重于哲理思想之论究，而非历史文献的考证，因此以思想完整而又通用普及版本为据，而选定元宗宝编《六祖大师法宝坛经》为探讨基础，必要时并参考其他不同版本。

二、《六祖坛经》对《阿含经》"心"概念之承传

佛教的修行不离"戒定慧"三学为总纲，整个佛法解脱道的实现亦有赖于此，如阿含佛典即强调三学具足为比丘正行，必须在此精进用功，① 终至"不起诸漏，心善解脱"。②即佛教的解脱修行，以戒为定慧的基础，定为修学智慧的方便，以助于深观，最后以慧学达到烦恼漏尽之目标。或者说，整个阿含经教的教导，不离戒定慧三学的基本原理原则。③

此外，现代诸多法师的开示，亦再三着眼于此，如印顺法师表示佛教的了生脱死法门即在此三无漏学，依此而修才是真正的修行。④ 此外，圣严法师所提倡的"禅"，亦常紧扣着阿含经教所说的戒、定、慧三学来谈，他在《禅门修证指要》一书的"序言"中强调任何佛教的修行，包括禅门也是，都不应离戒定慧三学为基本。⑤ 可知，佛教虽有八万四千法门，但回归佛教根本道次第的修行、修证，都不能忘失戒定慧三学为根本原则。以下即以戒定慧三学谈论《六祖坛经》对《阿含经》"心"概念之承传。

（一）心的守护——戒

"戒为无上菩提本"，佛法的修学首重在清净戒律的持守，而此关乎一个人的道德行为，消极地防非止恶，守好不杀、不偷、不淫、不妄和不酒之行为，积极地培养慈悲、无欲、诚实、明觉等美德。而这些戒律的道德规范为佛法所共通，从守护自己心念，以维系清净的修行生活，如《中阿含经》表示有二十一种污秽之心，包括邪见心、恶贪心、邪法心、恚心、睡眠心、疑惑心、悭心、嫉心、欺诳心、谀谄心、无惭心、无愧心、慢心、放逸心等，而一旦被这些心所污秽，则来生必至恶处或生地狱之中。⑥ 因此，时时守护有漏之心，精进而不放逸，⑦ 使"不随心自在，而心随多闻圣弟子"，成为《阿含经》常有的教导。⑧

同样的，在《坛经》中亦表示要去除邪迷之心、诳妄之心、嫉妒之心、恶毒之心如是等不善之心，如此扫除痴迷妄想而为清明觉悟，才是

① 《杂阿含经》：三学具足者，是比丘正行，增上戒心慧，三法勤精进。(CBETA, T02, no. 99, p. 210, a10—11)

② 《杂阿含经》：如是，比丘于此三学随时善学？谓善戒学、善意学、善慧学已……彼已随时增上戒学、增上意学、增上慧学已，随彼时节，自得不起诸漏，心善解脱。(CBETA, T02, no. 99, p. 212, b4—10)

③ 如台湾杨郁文以研究《阿含经》著称，其所着的《阿含要略》，即以三学戒定慧来排列，并加上增上善学、增上信学、正解脱学，来统摄阿含义理。见杨郁文：《阿含要略》，法鼓文化，2003年。

④ 如印顺法师说：修学究竟解脱道的方法，即三无漏学——戒定慧；唯有这三学，能令人离烦恼，了生死，得解脱。此外，没有任何方法，可以使人达到目的。《佛在人间》（正闻，1987年，第52—53页）也表示：我以为，真正的修行还是离不开戒、定、慧三增上学，没有这三学，其他都只是外表的、形式的而已！《华雨集. 第五册》，正闻，1993年，第154页。

⑤ 见圣严法师《禅门修证指要》"序言"，东初出版社，1994年，第2—4页。

⑥ 《中阿含经》：若有二十一秽污于心者，必至恶处，生地狱中。云何二十一秽？邪见心秽、非法欲心秽、恶贪心秽、邪法心秽、贪心秽、恚心秽、睡眠心秽、调悔心秽、疑惑心秽、瞋缠心秽、不语结心秽、悭心秽、嫉心秽、欺诳心秽、谀谄心秽、无慙心秽、无愧心秽、慢心秽、大慢心秽、慢慠心秽、放逸心秽。若有此二十一秽污于心者，必至恶处，生地狱中。(CBETA, T01, no. 26, p. 575, a25—b3)

⑦ 《增壹阿含经》〈护心品〉：云何为无放逸行？所谓护心也。云何护心？于是，比丘！常守护心有漏、有漏法，当彼守护心有漏、有漏法，于有漏法便得悦豫，亦有信乐，住不移易，恒专其意，自力劝勉。(CBETA, T02, no. 125, p. 563, c12—19)

⑧ 《中阿含经》〈心品〉：比丘！多闻圣弟子不随心自在，而心随多闻圣弟子。(CBETA, T01, no. 26, p. 709, a23—27)

“自性自度”。① 或者说，所谓的“自归依”，乃是要去除自性中不善心、嫉妒心、谄曲心、自大心、诳妄心、轻慢心、邪见心、贡高心等任何时刻的不善之行，能常自见己过，不说他人好恶，而这也是自性通达无碍之显示。② 如此，从“心的守护”之强调，可知“心”概念中具有浓厚的道德含义，成为《六祖坛经》和《阿含经》两经之所共通。

（二）心的纯净——定

《坛经》和《阿含经》重心的守护，而使“心”具有道德规范的意义；此外强调“心”的训练，以达专一纯净、成就禅定，亦为两经所共通。在《阿含经》即表示“若善心得一者是谓定也”，③ 认为在六根触对六尘时，不被外境所牵系，不令心生欲念爱想，④ 相对的要常保正念正知，才能“正心解脱”。⑤

同样的，《坛经》以“外禅内定”来解释禅定，即对外不被境界所淆惑，向内心思如如不动，在意念间自见本心（或自性）清净，以此修行即可成就佛道。⑥ 包括《坛经》所重的“无念”，亦重于心的纯净无染，即因无染而本心清净，六根触对六尘不纷杂而所黏滞，进而使来去间皆可得自由自在。⑦

（三）心的自在——慧

佛法的特色表现在智慧，智慧的表现形式在于内心对一切都不起执著，意即佛法指出一切行无常，一切皆不恒常而在变动之中，因此当观诸行无常，而生起厌离解脱之心。⑧ 而且，也因为无常观，所以建立无我观，在无我观的知见下，破除自我的执著，而可趋向于涅槃。⑨

如此，以诸行无常、诸法无我到涅槃寂静——

---

① 《六祖大师法宝坛经》：善知识！心中众生，所谓邪迷心、诳妄心、不善心、嫉妬心、恶毒心，如是等心，尽是众生。各须自性自度，是名真度。何名自性自度？即自心中邪见烦恼愚痴众生，将正见度。既有正见，使般若智打破愚痴迷妄众生，各各自度。邪来正度，迷来悟度，愚来智度，恶来善度；如是度者，名为真度。（CBETA，T48，no. 2008，p. 354，a14—20）

② 《六祖大师法宝坛经》：自归依者，除却自性中不善心、嫉妬心、谄曲心、吾我心、诳妄心、轻人心、慢他心、邪见心、贡高心，及一切时中不善之行，常自见己过，不说他人好恶，是自归依。常须下心，普行恭敬，即是见性通达，更无滞碍，是自归依。（CBETA，T48，no. 2008，p. 354，c3—7）

③ （CBETA，T01，no. 26，p. 788，c24－25）同样的，在《中阿含经》〈双品〉亦言：善趣向心得一者是谓圣正定。（CBETA，T01，no. 26，p. 735，c6—7）

④ 《杂阿含经》云：若眼识色可爱、乐、念、可意，长养于欲；彼比丘见已，喜乐、赞叹、系着住，爱乐、赞叹、系着住已，心转欢喜，欢喜已深乐，深乐已贪爱，贪爱已阨碍。欢喜、深乐、贪爱、阨碍者，是名第二住。耳、鼻、舌、身、意亦如是说。（CBETA，T02，no. 99，p. 88，c23—27）

⑤ 《中阿含经》〈业相应品〉：比丘如是正心解脱，便得六善住处，云何为六？惒破！比丘眼见色，不喜不忧，舍求无为，正念正智，惒破！比丘如是正心解脱，是谓得第一善住处。如是，耳、鼻、舌、身、意知法，不喜不忧，舍求无为，正念正智，惒破！比丘如是正心解脱，是谓得第六善住处，惒破！比丘如是正心解脱，得此六善住处。（CBETA，T01，no. 26，p. 434，c18—25）

⑥ 《六祖大师法宝坛经》说：善知识！外离相即禅，内不乱即定。外禅内定，是为禅定。《菩萨戒经》云：“我本元自性清净。”善知识！于念念中，自见本性清净，自修自行，自成佛道。（CBETA，T48，no. 2008，p. 353，b24—27）

⑦ 《六祖大师法宝坛经》：何名无念？若见一切法，心不染着，是为无念。用即遍一切处，亦不着一切处。但净本心，使六识出六门，于六尘中无染无杂，来去自由，通用无滞，即是般若三昧、自在解脱，名无念行。（CBETA，T48，no. 2008，p. 351，a27—b2）

⑧ 《杂阿含经》：尔时，世尊告诸比丘：“一切行无常，不恒、不安，是变易法。诸比丘！常当观察一切诸行，修习厌离、不乐、解脱。”（CBETA，T02，no. 99，p. 345，a13—15）同样的，《中阿含经》〈七法品〉亦说：尔时，世尊告诸比丘：“一切行无常，不久住法、速变易法、不可猗法，如是诸行不当乐着，当患厌之，当求舍离，当求解脱。所以者何？有时不雨，当不雨时，一切诸树、百谷、药木皆悉枯槁，摧碎灭尽，不得常住。是故一切行无常，不久住法、速变易法、不可猗法，如是诸行不当乐着，当患厌之，当求舍离，当求解脱。”（CBETA，T01，no. 26，p. 428，c9—16）

⑨ 《杂阿含经》：无常想者，能建立无我想，圣弟子住无我想，心离我慢，顺得涅槃。（CBETA，T02，no. 99，p. 71，a1—2）

此“三法印”显示出佛法的根本要义，因此或称为“法本”。① 而之所以称作“法印”（*dharma-mudrā*）除作为佛法的标帜、特质外，并以此印定诸法是否为如实之佛法，以确立佛法的纯正与根基。而且，依此“三法印”终可达至解脱之实现，而与阿含佛典之空、无相、无所有（或说无住或无愿）之“三解脱门”相对应。② 而若依《大智度论》所言：“三法印即一实相印”，③ 而且“三解脱门同缘实相”，仅是一个诸法实相三个不同进入门径而已。④

相对于《阿含经》以空、无相、无愿为三解脱门，在《六祖坛经》中有无念、无相和无住之说，表示其法门乃以“无念为宗，无相为体，无住为本”。⑤ 所谓“无念”是“见一切法心不染着”、“于诸境上心不染”以及“于自念上常离诸境，不于境上生心”，而“无相”是“于相而离相”、“离一切相”，至于“无住”是“于诸法上念念不住”（即“无缚”）。⑥

虽然《六祖坛经》所说的“无念、无相、无住”，未必即是《阿含经》之“三解脱门”——“空、无相、无愿”，但其中的核心精神确有神似之处，如两者皆强调放下、不起执著，令心对一切事物不因无明而有所贪求染爱。而此内涵可说是一切佛法所共通，佛教所说之无我、空的精神展现亦不外于此，并依此原则达于解脱境地。

事实上，众生在生死流转中不得自在，其要因在于“心”长期被贪、瞋、痴三毒所染污，因染污而起种种烦恼；相对的，一旦尽除三毒而使之清净，则可实现解脱。此万法由心之染净而生，《阿含经》以彩绘图画作喻，若善于调心、观心，则就如善于作画的画师，能依自己的心意，自在地藉着色彩创作出种种的图画。⑦ 而《阿含经》此“心生万法”之观念，在《坛经》中屡屡出现，认为“万法尽在自心”，而须从自心中顿见真如本

---

① “三法印”时而为“四法印”，即阿含佛典加“诸受皆苦”而为“四法本”，如《增壹阿含经》〈四意断品〉：今有四法本末，如来之所说。云何为四？一切诸行无常，是谓初法本末，如来之所说。一切诸行苦，是谓第二法本末，如来之所说。一切诸行无我，是谓第三法本末，如来之所说。涅槃为永寂，是谓第四法本末，如来之所说。是谓，诸贤！四法本末，如来之所说。（CBETA，T02，no. 125，p. 640，b13—19）及《增壹阿含经》〈八难品〉：吾先以有四事之教，由此得作证，亦复以四部之众，说此四事之教。云何为四？一切行无常，是谓一法；一切行苦，是谓二法；一切行无我，是谓三法；涅槃为灭尽，是谓第四法之本。如是不久，如来当取灭度。汝等当知，四法之本，普与一切众生而说其义。（CBETA，T02，no. 125，p. 749，a7—13）

② 阿含部之《佛说法印经》以空为法印，从观五蕴、观六尘、观三毒而分别进入空、无想及无作三解脱门。（CBETA，T02，no. 104，p. 500，b21—c27）此外，《杂阿含经》以无常为法印，同样是观五蕴、观六尘、观三毒进入三解脱门，但译语分为空、无相、无所有。（CBETA，T02，no. 99，p. 20，b7—27）对于三法印和三解脱门对应的顺序，印顺法师以无我对空，无常对无愿，而涅槃对无相，见《华雨集第四册》：缘起无常，所以是苦——不安稳而永不彻底的。这样的无常故苦，所以没有我“自在、自性”，没有我也就没有我所，无我我所就是空。空，无愿，无相——三解脱门：观无我我所名空，观无常苦名无愿，观涅槃名无相。（正闻，1993年，第58页）

③ 《大智度论》：问曰：佛说声闻法有四种实，摩诃衍中有一实，今何以故说三实？答曰：佛说三种实法印，广说则四种，略说则一种。（CBETA，T25，no. 1509，p. 223，b3—6）

④ 《大智度论》：摩诃衍义中：是三解脱门，缘诸法实相。以是三解脱门，观世间即是涅槃。何以故？涅槃空、无相、无作，世间亦如是。问曰：如经说涅槃一门，今何以说三？答曰：先已说，法虽一而义有三。复次，应度者有三种：爱多者，见多者，爱见等者。见多者，为说空解脱门；见一切诸法从因缘生，无有自性，无有自性故空，空故诸见灭。爱多者，为说无作解脱门；见一切法无常苦，从因缘生，见已心厌离爱，即得入道。爱见等者，为说无相解脱门；闻是男女等相无故断爱，一异等相无故断见。佛或一时说二门，或一时说三门。菩萨应遍学，知一切道，故说三门。更欲说余事故，三解脱门义略说。（CBETA，T25，no. 1509，p. 207，c17—p. 208，a2）

⑤ 《六祖大师法宝坛经》（CBETA，T48，no. 2008，p. 353，a11—12）。

⑥ 以上无念、无相和无住之解释可见《六祖大师法宝坛经》（CBETA，T48，no. 2008，p. 353，a10—b6）。

⑦ 《杂阿含经》：诸比丘！当善思惟观察于心。所以者何？长夜心为贪欲使染，瞋恚、愚痴使染故。比丘！心恼故众生恼，心净故众生净。……譬如画师、画师弟子，善治素地，具众彩色，随意图画种种像类。（CBETA，T02，no. 99，p. 69，c10—25）

性,[①] 强调般若智慧的大小高低，乃因众生自心迷悟的不同,[②] 而且也因自心迷悟不同而有凡有圣，如《坛经》说："前念迷即凡夫，后念悟即佛；前念着境即烦恼，后念离境即菩提",[③] 以及"即心即佛"等，这些不外是指出心若不执著、强住于法，法的真理即会通流无阻；相对的，"心若住法，名为自缚"。[④]

总之，《六祖坛经》之智慧及悟道的修行，取决于"心"的或染或净，有所染则烦恼执著，反之则自在解脱，而此可说是承继《阿含经》而来的。

三、《六祖坛经》对《阿含经》"心"概念之开创

《阿含经》代表佛教的根本思想，呈显最早期印度佛教的面貌，然佛教的根本或基础不代表佛教的全部，后来的般若性空、中观和唯识法义及如来藏说等，可说把佛法进一步内涵开展出来。而作为后期佛教典籍的《六祖坛经》，除对以上各系统的义理思想有所传承外，如对《阿含经》之承续，在此同时亦有别开生面的风貌开显，其中在"心"的概念中，可分析出具有"佛性"和"般若"两个重要内涵，即《六祖坛经》之融摄"佛性"与"般若"，可说"心"的概念看出，以下即分述之：

（一）心之佛性义

《阿含经》不重本性或自性，但到《坛经》却极力地发挥，不管是"性"、"本性"、"自性"、"法性"、"自本性"、"自法性"、"真如本性"、"菩提自性"等，所指皆有"佛性"意涵,[⑤] 成为《坛经》之核心概念。而《坛经》屡屡提到自观察己心而自皈依佛、不皈依他佛，而所谓自悟即是皈依"自心三宝",[⑥] 此"自心三宝"，可谓"本性"、"佛性"等之所指，由此亦可看出《坛经》心和性的关系及心性论之主张。对于《坛经》心之佛性义即论述如下：

1. 性是王、心是地

部派佛教及唯识学称心为王，而有"心王"一词，以相对"心所"而言，但法海所编之《坛经》以性为王，而称"性王"。因为"性"此身心生命才得以存在，反之不然，而且要从自性中觉悟成佛；相对的，自性痴迷即为众生，在自性的迷悟间，决定了众生与佛的差异。[⑦] 相对于"性王"，《坛经》表示"心即是地"，以心地含摄诸种子，一旦普雨均霑，悉令萌芽，则最后将开花结果（菩提果），顿悟成佛。[⑧] 如此，《坛经》表示从心地修持下工夫，可成就自性戒定慧三学；[⑨] 而后世禅宗所说之"心地法门"、"本地风光"等应与此相关。

---

① 《六祖大师法宝坛经》(CBETA, T48, no. 2008, p. 351, a11)。

② 《六祖大师法宝坛经》：般若之智亦无大小，为一切众生自心迷悟不同，迷心外见，修行觅佛；未悟自性，即是小根。若开悟顿教，不能外修，但于自心常起正见，烦恼尘劳常不能染，即是见性。善知识！内外不住，去来自由，能除执心，通达无碍。能修此行，与般若经本无差别。(CBETA, T48, no. 2008, p. 350, c26—p. 351, a3)

③ 《六祖大师法宝坛经》(CBETA, T48, no. 2008, p. 350, b28—29)。

④ 《六祖大师法宝坛经》(CBETA, T48, no. 2008, p. 353, a2—4)。

⑤ 如李中华说：《坛经》中曰自性、本性、自心、直心、实性、净性等，多为佛性之异名。见李中华：《新译六祖坛经》，三民书局，1997年，第14页。

⑥ 《六祖大师法宝坛经》：善知识！各自观察，莫错用心。经文分明言自归依佛，不言归依他佛。自佛不归，无所依处。今既自悟，各须归依自心三宝，内调心性，外敬他人，是自归依也。(CBETA, T48, no. 2008, p. 354, b9—12)

⑦ 如法海本《南宗顿教最上大乘摩诃般若波罗蜜经六祖惠能大师于韶州大梵寺施法坛经》云：心即是地，性即是王。性在王在，性去王无。性在身心存，性去身坏。佛是自性作，莫向身求。自性迷佛即众生，自性悟众生即是佛。(CBETA, T48, no. 2007, p. 341, b26—29)

⑧ 《六祖大师法宝坛经》：心地含诸种，普雨悉皆萌，顿悟华情已，菩提果自成。(CBETA, T48, no. 2008, p. 361, b8—9)

⑨ 《六祖大师法宝坛经》：须知一切万法，皆从自性起用，是真戒定慧法。听吾偈曰："心地无非自性戒，心地无痴自性慧，心地无乱自性定，不增不减自金刚，身去身来本三昧。"(CBETA, T48, no. 2008, p. 358, c10—14)

2. 性是体、心是用

“体用”是中国哲学中的重要语汇，《坛经》除了表示“定是慧体，慧是定用”，以“体用”关系来表述“定慧”二法，在性和心之间亦可看出此体用思想。如《坛经》说一切万法皆从自性起用，可知视自性为本体，而依此自性而修才是真戒定慧法。① 此外，《坛经》名偈：“菩提自性，本来清净，但用此心，直了成佛。”② 菩提自性原为一清净本体或本性，而依心之发用可直了佛道；此如《坛经》表示，心不思量一切善恶，自然得入清净心体，③ 而此清净心体犹如本性，亦以心的作用修持而证知之。

3. 自性本自清净

如前所引，《坛经》名偈：“菩提自性，本来清净，但用此心，直了成佛。”可知自性本来清净，依此自性善用其心而直了成佛。此外，《坛经》说：“何期自性本自清净”及“于念念中，自见本性清净，自修自行，自成佛道”。④ 凡此皆是自性本自清净之例示；然一旦起心动念，则是颠倒妄想，此清净自性即在妄想之中，但事实上，此清净自性本是没有各种烦恼、业等障碍烦恼的。⑤

4. 自性能生万法

《坛经》指出六祖惠能在听闻《金刚经》“应无所住而生其心”而言下大悟，悟到“一切万法，不离自性”，表示自性具有“清净”、“不生不灭”、“本自具足”、“本无动摇”的特质外，自性亦有“能生万法”。⑥ 可知，惠能所指之“无住”可谓“自性”，《金刚经》之“无住生心”，形成《坛经》自性能生万法的理论基础，而此也对应到《维摩诘经》〈观众生品〉：“从无住本立一切法”⑦ 之思想。如此之自性生起万法，犹如依本起末、依体起用，即《坛经》所言：“一切万法皆从自性起用”，⑧ 此相对于瑜伽行派说“万法唯识”，以及如来藏法门的唯心思想（如说“一切唯心造”），《坛经》及禅宗更重此“自性”的概念。

5. 识自本心而见自本性

前面提及性和心的关系，指出性是王、心是地，以及性是体、心是用。《坛经》亦多次提到从“明心”到“见性”的过程或关系，如说：“识自本心，见自本性”、“各自观心，自见本性”、“识自心众生，见自心佛性”以及“无上菩提须得言下识自本心，见自本性不生不灭”等语，可知佛性或真如本性如如不动，难知难测，而唯有从本心的活动中觉悟照察，才得以见自本性，如此本心可说等同于本性。因此《坛经》一方面说“自性能生万法”，另一方面又说“万法尽在自心”，而必须从自心中顿见真如本性。⑨ 此外，《坛经》也说“道由心悟”⑩ 以及“如如之心，即是真实；若如是见，即是无上菩提之自性也。”⑪ 皆显示从本心下手进而明见自性，而且唯有识此本心，才能裨益于学法。

6. 见性以成佛

“见性成佛”乃《坛经》最显著的思想之一，

---

① 同上注。

② 《六祖大师法宝坛经》(CBETA, T48, no. 2008, p. 347, c28—29)。

③ 《六祖大师法宝坛经》：汝若欲知心要，但一切善恶都莫思量，自然得入清净心体，湛然常寂，妙用恒沙。(CBETA, T48, no. 2008, p. 360, a13—15)

④ 《六祖大师法宝坛经》(CBETA, T48, no. 2008, p. 353, b26—27)。

⑤ 《六祖大师法宝坛经》：菩提本自性，起心即是妄，净心在妄中，但正无三障。(CBETA, T48, no. 2008, p. 351, b22—23)

⑥ 《六祖大师法宝坛经》：何期自性，本自清净；何期自性，本不生灭；何期自性，本自具足；何期自性，本无动摇；何期自性，能生万法。(CBETA, T48, no. 2008, p. 349, a19—21)

⑦ 《维摩诘所说经》(CBETA, T14, no. 475, p. 547, c22)。

⑧ 《六祖大师法宝坛经》：须知一切万法，皆从自性起用，是真戒定慧法。听吾偈曰：“心地无非自性戒，心地无痴自性慧，心地无乱自性定，不增不减自金刚，身去身来本三昧。”(CBETA, T48, no. 2008, p. 358, c10—14)

⑨ 《六祖大师法宝坛经》(CBETA, T48, no. 2008, p. 351, a9—11)。

⑩ 《六祖大师法宝坛经》(CBETA, T48, no. 2008, p. 359, c20)。

⑪ 《六祖大师法宝坛经》(CBETA, T48, no. 2008, p. 348, c10—14)。

《坛经》说"不识本心，学法无益；若识自本心，见自本性，即名丈夫、天人师、佛。"[①] 明确表示本心本性和成佛之间的必然关系。即就《坛经》思想而言，"自性清净"、"自心是佛"或"即心即佛"等是成佛的理论基础或预设，而藉由明心见性得以成佛。众生与佛间的差异，主要在于一念间的迷和悟，如《坛经》表示"自性若悟，众生是佛；自性若迷，佛是众生。"[②] 因此一旦识自本心、见自本性即成佛道，此一观点在《坛经》中被反复强调。[③]

（二）心之般若义

《阿含经》中未言及般若，根据《大智度论》所言，般若"但属菩萨"，[④] 而《六祖坛经》既属大乘佛法之作，因此在《坛经》中不只有〈般若品〉，亦处处展露般若经教的性空思想（特别是"法空"），而且密切结合佛性与般若而言"自性般若"。[⑤] 如《坛经》记载，五祖欲传法予第六代祖，命徒众自看"智慧"，而此"智慧"，《坛经》以"自本心般若之性"描绘，以此为依而各作一偈，[⑥] 如此可见佛性与般若在《坛经》之融和。或者可说，所谓的"佛性"即是"空性"，如《坛经》所说："自性真空"[⑦] 以及"知本性自有般若之智"。[⑧] 亦即，《坛经》不只承接《般若经》"诸法皆空"的思想，并将"佛性"概念融会其中；相对的或也可说在佛性思想融摄性空概念于其中。[⑨]

此融摄佛性与般若两者，亦透露出其思想特色，如《坛经》说"心体无滞，即是般若"，心的自在解脱即是般若智慧——一切的般若智慧，皆从自性而生，而不从外入、外求。[⑩] 而且《坛经》从一念之愚迷智悟来说般若的绝灭与生起，[⑪] 认为般若没有形相，所指即是"智慧心"，而此"智慧心"亦即是"般若智"。[⑫]

此外，心念的迷悟、般若的起灭直接关联到成佛与否，《坛经》〈般若品〉所要表达的，亦在于此。如说"一念修行，自身等佛"，凡夫与佛、烦恼与菩提间都只在于心念迷悟之别。[⑬] 或者，反过来说，所谓的智慧观照，即在于识自本心，而

---

① 《六祖大师法宝坛经》：不识本心，学法无益；若识自本心，见自本性，即名丈夫、天人师、佛。（CBETA，T48，no. 2008，p. 349，a21- 23）

② 《六祖大师法宝坛经》（CBETA，T48，no. 2008，p. 361，c28—29）相近语句亦可见《六祖大师法宝坛经》：汝若心迷不见，问善知识觅路。汝若心悟，即自见性依法修行。（CBETA，T48，no. 2008，p. 359，b24—25）

③ 如《六祖大师法宝坛经》：若能心中自见真，有真即是成佛因（CBETA，T48，no. 2008，p. 362，a20—21）《六祖大师法宝坛经》：汝今当信，佛知见者，只汝自心，更无别佛。（CBETA，T48，no. 2008，p. 355，c11—12）《六祖大师法宝坛经》：心迷法华转，心悟转法华。（CBETA，T48，no. 2008，p. 355，c26）

④ 《大智度论》〈集散品〉：般若不属佛，不属声闻、辟支佛，不属凡夫，但属菩萨。（CBETA，T25，no. 1509，p. 371，a6—7）

⑤ 《六祖大师法宝坛经》：世人终日口念般若，不识自性般若，犹如说食不饱。口但说空，万劫不得见性，终无有益。（CBETA，T48，no. 2008，p. 350，a16—18）

⑥ 《六祖大师法宝坛经》：汝等各去，自看智慧，取自本心般若之性，各作一偈，来呈吾看。若悟大意，付汝衣法，为第六代祖。（CBETA，T48，no. 2008，p. 348，b1—4）

⑦ 《六祖大师法宝坛经》：世人妙性本空，无有一法可得。自性真空，亦复如是。（CBETA，T48，no. 2008，p. 350，a26—27）

⑧ 《六祖大师法宝坛经》：知本性自有般若之智。（CBETA，T48，no. 2008，p. 350，c17）

⑨ 关于《六祖坛经》之融摄佛性与般若，可参见陈平坤：《慧能禅法之般若与佛性》，台北：大千出版社，2005 年。

⑩ 《六祖大师法宝坛经》：善知识！心量广大，遍周法界，用即了了分明，应用便知一切。一切即一，一即一切。去来自由，心体无滞，即是般若。善知识！一切般若智，皆从自性而生，不从外入。（CBETA，T48，no. 2008，p. 350，b8—12）

⑪ 《六祖大师法宝坛经》：一念愚即般若绝，一念智即般若生。（CBETA，T48，no. 2008，p. 350，b17—18）

⑫ 《六祖大师法宝坛经》：般若无形相，智慧心即是。若作如是解，即名般若智。（CBETA，T48，no. 2008，p. 350，b20—21）

⑬ 《六祖大师法宝坛经》：一念修行，自身等佛。善知识！凡夫即佛，烦恼即菩提。前念迷即凡夫，后念悟即佛。前念着境即烦恼，后念离境即菩提。（CBETA，T48，no. 2008，p. 350，b27—29）

识自本心即得解脱，亦即是“般若三昧”。而且，此“般若三昧”的特点在于“无念”，即心念无染无杂，不起执著，而悟此无念之法即见诸佛境界，至佛地位。① 换言之，此般若智慧的体现，即在于不执著（或“无执”），一有执即是不正见，而有所染着即不能见性，相对的去除执心即是般若精要，而符合《般若经》之教示。②

如此，《坛经》承接般若空义，随说随扫、既立又破的特质，不只破我执，更重于破法执。如佛教名偈：“诸恶莫作，众善奉行，自净其意，是诸佛教。”早在《阿含经》即出现过，③以此行善避恶，以及净化、升华内心，作为佛法的基本教导。而此除恶向善之善恶二分，到了《坛经》承继《般若经》之空性思想，既而超越一切二元对立，如《般若心经》所说：“诸法空相，不生不灭，不垢不净，不增不减。”④《坛经》的善恶观亦复如是。如《坛经》所谓“本来面目”的显净，同时又不是静而不动，认为凡有所执著，即见，在于不起善恶分别认知，⑤ 在于超越一切善恶对待分别执见，如此湛然常寂、妙用恒沙的清净心体才得以显露。⑥ 而且，除了静默安然的既不修善、亦不造恶，同时也绝断分别见闻，让心自由自在、无所念着。⑦ 而《坛经》此“断见闻”及“心无着”，可说是“自净其意”的一种反动，亦即强调“净心”亦是有所著。此也如《坛经》对“坐禅”的理解，即“外于一切善恶境界心念不起，名为坐；内见自性不动，名为禅。”⑧ 意即善恶不生，乃至心念不生、诸法不生，则才是般若（自性）生。⑨

进言之，《坛经》强调真如自性即空性，而以此智慧观照，对一切法不取不舍，即是“见性成佛”。⑩ 而“自净其意”，虽是阿含佛典及诸多佛典共同教导，但《坛经》深受般若空义影响，认为“看心观静”或“住心观净”的净心法门有所偏失；⑪ 认为真正的“坐禅”是既不着心、也不着便是执著清净之法，亦是种黏缚妄着，障蔽自性，

---

① 《六祖大师法宝坛经》：善知识！智慧观照，内外明彻，识自本心。若识本心，即本解脱。若得解脱，即是般若三昧，即是无念。何名无念？若见一切法，心不染着，是为无念。用即遍一切处，亦不着一切处。但净本心，使六识出六门，于六尘中无染无杂，来去自由，通用无滞，即是般若三昧、自在解脱，名无念行。若百物不思，当令念绝，即是法缚，即名边见。善知识！悟无念法者，万法尽通；悟无念法者，见诸佛境界；悟无念法者，至佛地位。（CBETA，T48，no. 2008，p. 351，a25—b5）

② 《六祖大师法宝坛经》：若开悟顿教，不能外修，但于自心常起正见，烦恼尘劳常不能染，即是见性。善知识！内外不住，去来自由，能除执心，通达无碍。能修此行，与般若经本无差别。（CBETA，T48，no. 2008，p. 350，c28—p. 351，a3）

③ 《增壹阿含经》〈序品〉（CBETA，T02，no. 125，p. 551，a13—14）。

④ 《般若波罗蜜多心经》（CBETA，T08，no. 251，p. 848，c10—11）。

⑤ 《六祖大师法宝坛经》：不思善，不思恶，正与么时，那箇是明上座本来面目？（CBETA，T48，no. 2008，p. 349，b24—25）

⑥ 《六祖大师法宝坛经》：汝若欲知心要，但一切善恶都莫思量，自然得入清净心体，湛然常寂，妙用恒沙。（CBETA，T48，no. 2008，p. 360，a13—15）

⑦ 《坛经》云：兀兀不修善，腾腾不造恶，寂寂断见闻，荡荡心无着。（CBETA，T48，no. 2008，p. 362，a24—b3）

⑧ 《六祖大师法宝坛经》（CBETA，T48，no. 2008，p. 353，b19—20）。

⑨ 如智顗说：诸法不生般若生。见《金刚般若经疏》。（CBETA，T33，no. 1698，p. 78，b24—25）

⑩ 《六祖大师法宝坛经》：善知识！我此法门，从一般若生八万四千智慧。何以故？为世人有八万四千尘劳。若无尘劳，智慧常现，不离自性。悟此法者，即是无念，无忆无着，不起诳妄。用自真如性，以智慧观照，于一切法不取不舍，即是见性成佛道。（CBETA，T48，no. 2008，p. 350，c4—9）

⑪ 《六祖大师法宝坛经》：善知识！又有人教坐，看心观静，不动不起，从此置功。迷人不会，便执成颠。如此者众，如是相教，故知大错。（CBETA，T48，no. 2008，p. 353，a5—7）《六祖大师法宝坛经》：住心观静，是病非禅；长坐拘身，于理何益？听吾偈曰：“生来坐不卧，死去卧不坐，一具臭骨头，何为立功课？”（CBETA，T48，no. 2008，p. 358，b22—25）

而表示“着心着净，即障道也”，[①] 此和般若经教之诸法皆空、空亦复空之无一法可执、无一法可得，可说同曲同工，都是强调“无相”的修行。[②]

基于般若空义之心无所住、心无所着，《坛经》曾举神秀和卧轮两位禅师为例，而对“住心观净”作出评断。神秀言“身是菩提树，心如明镜台，时时勤拂拭，勿使惹尘埃。”[③] 此在惠能看来亦所执，偏于着净而起法执，所以未能见性；[④] 相对的，“菩提本无树，明镜亦非台；本来无一物，何处惹尘埃?”[⑤] ——此“本来无一物”即含摄有般若“诸法皆空”的基本要义。同样的，《坛经》表示卧轮禅师之修行能断各种意念思想，对境心如止水，如如不动，而菩提日日成长；但对惠能而言，认为此不足以言明心见性，而有所系缚执著，而另作一偈言：“惠能没伎俩，不断百思想，对境心数起，菩提作么长。”[⑥] 换言之，真正的修行不该有所强求造作，而当是不拒不迎，如其本性而自然映显，才可谓修行。

总之，《六祖坛经》对《阿含经》“心”概念之开创，可从“般若”与“佛性”两大概念的融摄看出。事实上，从思想史考察，禅宗哲学虽汇集不同的思想传统，但两大传承主要仍是性空学与如来藏说，此从《坛经》之融合“般若”与“佛性”，以及“智慧心”等的论述可知。[⑦] 因此，在《坛经》中既说“菩提自性，本来清净，但用此心，直了成佛”，同时也表示“心元是妄，知心如幻”，即一方面说“心之自性清净”，另一方面又言“心之如幻似化”，深刻开显了般若性空之辩证内涵，如同《般若心经》既言“色即是空”，同时又说“空即是色”（或“无中无色”）的双向辗转对演。而若能视此辩证意涵，不只不会感到困惑、矛盾，反而才能真正掌握《六祖坛经》的哲学意蕴。

四、承传与开创间的初步探讨

从以上论述中，可知《六祖坛经》对《阿含经》“心”概念有所延续，亦有所开创。事实上，“心”的概念在承续中不断地演化、开展，因此到了后代佛教“心”的概念即相当的丰富。然而究竟“心”有哪几种意涵呢？根据圭峰宗密的分辨，他在《禅源诸诠集都序》中将“心”分为如下四种：[⑧]

---

① 《六祖大师法宝坛经》：师示众云：“此门坐禅，元不着心，亦不着净，亦不是不动。若言着心，心元是妄，知心如幻，故无所着也。若言着净，人性本净，由妄念故，盖覆真如。但无妄想，性自清净；起心着净，却生净妄。妄无处所，著者是妄。净无形相，却立净相，言是工夫。作此见者，障自本性，却被净缚。善知识！若修不动者，但见一切人时，不见人之是非善恶过患，即是自性不动。善知识！迷人身虽不动！开口便说他人是非长短好恶，与道违背。若着心着净即障道也。”（CBETA，T48，no. 2008，p. 353，b8—17）

② 《坛经》之“无相为体”可说承接自《金刚经》所云的：凡所有相皆是虚妄；若见诸相非相，则见如来。（CBETA，T08，no. 235，p. 749，a24—25）

③ 《六祖大师法宝坛经》（CBETA，T48，no. 2008，p. 348，b24—25）。

④ 此偏失除了心有所住、心有所着外，亦在于修行工夫属“渐教”，如神秀之禅法可以“凝心入定，住心看净，起心外照，摄心内证”十六字总括，对此惠能后学神会即有所批评，表示此违背达摩祖师相传下来之“单刀直入，直了见性”的顿教法门。见吕澂：《中国佛学源流略讲》，里仁书局，1985 年，第 242 页。

⑤ 《六祖大师法宝坛经》（CBETA，T48，no. 2008，p. 349，a7—8）。

⑥ 《六祖大师法宝坛经》（CBETA，T48，no. 2008，p. 358，a27—b3）。

⑦ 杨惠南说：影响中国禅，特别是“南禅”的第一个佛教思想，是《般若经》里的“般若思想”。另一个影响中国禅的佛教思想，是《楞伽经》里的“佛性思想”。杨惠南：《禅史与禅思》，东大，1995 年，第 1 页。

⑧ 《禅源诸诠集都序》：泛言心者，略有四种：梵语各别翻译亦殊。一纥利陀耶，此云肉团心，此是身中五藏心也（具如黄庭经五藏论说也）。二缘虑心，此是八识，俱能缘虑自分境故（色是眼识境，乃至根身种子器世界是阿赖耶识之境，各缘一分，故云自分），此八各有心所善恶之殊。诸经之中，目诸心所总名心也，谓善心恶心等。三质多耶，此云集起心，唯第八识，积集种子生起现行故（黄庭经五藏论，目之为神，西国外道，计之为我，皆是此识）。四干栗陀耶，此云坚实心，亦云真实心，此是真心也。（CBETA，T48，no. 2015，p. 401，c17—25）所区分的这四种心，在宋朝契嵩和尚所撰之《六祖大师法宝坛经赞》亦提及，见《六祖大师法宝坛经》（CBETA，T48，no. 2008，p. 346，a13—29）。

（一）“肉团心”：（梵文 *Hradya* 纥利陀耶），即指人“心脏”这个器官，也就是物质、生理的心。

（二）“缘虑心”：所指为八识，对应到外境（心所）而有的认知活动，如眼具有“见”、耳具有“闻”、鼻具“嗅”的功能，而第六识具有了别、判断的作用，第八识为累积和保存记忆。由于此八识重于思虑分析，因而称为缘虑心，认知过程中有各种善、恶心思生起，因此统称为善恶之心。

（三）“集起心”：（梵文 *Citta* 质多耶），宗密从“缘虑心”独立出“第八识”，即一切种子识，因此识而生起各种现行，而之所以言“集起”①，意也在此。此集起心如中医所说的“神”（识），或者外道宗教所言的“灵魂”。

（四）“真实心”：（*H daya* 干栗陀耶）即是所谓的“真心”，指的是清净圆觉的如来自性。

就《阿含经》而言，其“心”之概念所指涉为思虑、思量，重视六根触对六境产生六识的认知过程，即上述的第二种意涵；然而到了《六祖坛经》后，其“自性”、“本心”等概念的强调，所指涉的以上述第四种意涵为重，即所指为真实心、真如心，此心清净光明、圆满具足，可说近似所谓第九识阿摩罗识（*amala-vijñāna*）的样态。

因此，《阿含经》之“心”，紧扣受、想、行、识之概念，方法是分析的，重于功能性的描绘，而《六祖坛经》之“心”，紧扣之概念为自性、本性，方法是直观的，强调主体或本体的觉知。也正因为《阿含经》重分析，因此法目甚多，如：五蕴、十二处、十八界以及三十七道品等的条列式分述，次第渐进的排序，此与《六祖坛经》之“直指人心，见性成佛”的顿教风格乃是明显对比。

此外，两经之间环绕于“心”的诸多修行、修证问题，亦待进一步探究，如《阿含经》所说的“念住”，即“四念住（处）”法门，要人常保正念正知，重视将意念安住于身、受、心、法四个观照点的觉知；相对于此，《六祖坛经》所言的“无住为本”，明显和《阿含经》有所区隔。如此，《阿含经》的“正念”和《六祖坛经》的“无念”，及至《阿含经》所重的护心、制心和《坛经》的无心、空心等，都是鲜明的差异。

同样的，两经戒定慧的修行虽有共处，但亦可看出不同，在《坛经》有新的理解和发挥。如《杂阿含经》以止、观二法专精思惟，并表示：“修习于止，终成于观，修习观已，亦成于止。谓圣弟子止、观俱修，得诸解脱界。”② 但此“止观俱修”到了《坛经》即表示“定慧为本”、“定慧一体”、“定慧等学”，认为“定是慧体，慧是定用”，定和慧两者体用相即，而说“即慧之时定在慧，即定之时慧在定”，此犹如灯和光的关系，有灯即光，有光亦有灯，因此“灯是光之体，光是灯之用”，虽然名称不同，但两者相即不离。③ 如此，《坛经》以“定慧等学”、“定慧等持”承继《阿含经》之“止观俱修”，但同时又有开创的诠解，如以体用关系来说定慧间之相依不二，这都是《坛经》思想特点。此外，《六祖坛经》说：“心平何劳持戒，行直何用修禅”，④ 可知持戒重戒律的精神，而非戒律的形式；而且禅定亦不重于坐禅的表相，而是在一切事行之应对中保持自心明觉，行走于直坦的正道，如此即同于心的正定。而这些都可视为《坛经》对《阿含经》进一步的发展或补充。

为清楚对照《阿含经》和《六祖坛经》的差异，兹以下表作初步对比：

① 众生在生死轮回中熏习而成的阿赖耶识种子，称为“集”，此种子又不断生长活动，造作种种善恶业行，而称为“起”。如印顺法师《印度佛教思想史》（正闻，1993年，第265页）说：集起的心 citta，是摄藏一切法种子的异熟果识；种子所熏集处，又依种子而起一切法，所以名为集起心。

② 《杂阿含经》（CBETA，T02，no. 99，p. 118，b19—25）。

③ 《六祖大师法宝坛经》：我此法门，以定慧为本。大众！勿迷，言定慧别。定慧一体，不是二。定是慧体，慧是定用。即慧之时定在慧，即定之时慧在定。若识此义，即是定慧等学。诸学道人，莫言先定发慧、先慧发定各别。作此见者，法有二相。口说善语，心中不善。空有定慧，定慧不等。若心口俱善、内外一如，定慧即等。自悟修行，不在于诤。若诤先后，即同迷人，不断胜负，却增我法，不离四相。善知识！定慧犹如何等？犹如灯光。有灯即光，无灯即暗。灯是光之体，光是灯之用；名虽有二，体本同一。此定慧法，亦复如是。（CBETA，T48，no. 2008，p. 352，c13—24）

④ 《六祖大师法宝坛经》（CBETA，T48，no. 2008，p. 352，b28）。

	《阿含经》	《六祖坛经》
成书背景	印度	中国
所属乘别	声闻乘	菩萨乘
教法属性	次第（渐）	圆顿（顿）
表达方式	分析之解述	辩证之直观
强调面向	心的功能作用	心的本体主体
禅修法门	正念/念住	无念/无住
众生质地	无明爱染	自性清净
修行基点	因地修	果地修
观见实相	得法眼净	明心见性
终极目标	解脱	成佛

《阿含经》和《六祖坛经》的成书背景，一在印度，另一在中国；而一属声闻乘，另一为成佛的菩萨乘；一者之教法为次第渐修，另一则圆顿直入；在表述形态上一者重分析之解释，另一则是重辩证之直观；在心的强调面向上，一者重功能作用，另一重本体主体；至于禅修法门，一强调正念/念住之修行，另一则说无念/无住；一者以无明、爱染形容众生特质，另一则说众生自性本来清净；可知在修行基点上一个强调因地修，另一以自心是佛之果地修为主；在观见实相上，一是说得法眼净，另一言明心见性；并分别以解脱或成佛为终极目标。

当然，其中细部问题仍待进一步探索。如禅宗所言的“明心见性”或者所谓的“开悟”，是否等同于阿含佛典所言的“得法眼净”；如《坛经》说：“不识本心，学法无益”，识自本心才是真正学佛、学法的开始（即“悟后起修”），这是否即是“得法眼净”呢？此外，《阿含经》和《六祖坛经》各自之间是否有所谓的了不了义等之“判教”问题？意即，《阿含经》和《六祖坛经》各有拥戴者，若倾向“愈古愈真”，则《阿含经》无疑是高于《六祖坛经》，认为《坛经》在佛法流传的过程中已逐渐随时空转化而变质，如因“中国化”使得不够纯正、真实；但相对的，《六祖坛经》高于《阿含经》则是“愈后期愈圆满”之立场，认为《阿含经》不过是声闻小乘教，乃佛法的稚嫩时期、未成熟的教法，一直要到后代真正的佛法才足以揭示出来，而且必须在中国文化的融合、增益下达于巅峰。

此外，《坛经》说：“自心是佛，更莫狐疑”，此等语句是属于事实（fact）的描述，还是价值（value）追求的期许？对此宗教语言运用之特点，亦可再作分析和探讨。进言之，《坛经》说“自心是佛”，乃明显的果地修法门，设想自己是佛，具有清净、无染之本性；而相对的，因地修乃重客观实际样态，就现有之烦恼身心，所存在的染污、贪执等倾向来从事佛法的修学。如此两种修行倾向，即可区分出“假想观”与“真实观”的差异，以及信仰与理性间侧重的不同。再者，阿含渐教之次第起修，虽缓慢前行，然圆顿之不讲次第是否有躐等之嫌，乃至流于狂疏之弊，亦有待探讨。再者，《坛经》以体用来解释定慧二学，虽有其特色及创意，但是否符合（或需不需要符合）《阿含经》之定慧/止观概念，还是虽不同但不相违背，反而可见其益发增辉之处，此等亦有待日后更进一步探究。

总之，《六祖坛经》对《阿含经》传承中有所开创，进而产生诸多差异，甚而形成两种极端；而正是因为差异性大，才更有比较之价值。例如透过两书之对比分析，对于理解近现代中国佛教界的论争，如中国佛学家（如吕澂与熊十力）对于“性寂”与“性觉”的对辩、论争，① 应有一定澄清的作用，以确立佛法的核心法义。此外，对于禅宗思想的判定，如禅宗是否是“真常唯心论”，禅宗仅有空的形式但骨子里仍是如来藏思想，抑或是仍属般若性空系统，② 以及禅宗所言之

① 熊十力认为欧阳竟无唯识学只从闻熏入手，而“未去发现自家宝藏”。吕澂则回函认为熊十力所说只是中土“性觉”伪说之遗绪而已，认为印度佛教的心性思想是“心性本寂”而非中国佛教的“心性本觉”，二者本质并不相同，而熊十力并不了解佛教的本义为何。相关讨论可见江灿腾：《吕澂与熊十力论学函稿》，载《现代中国佛教思想论集》，新文丰出版社，1990 年，第 1—74 页。

② 对于“禅宗是否真常唯心论”，印顺法师曾表达他的看法，不认同禅宗是“实相论”而不是“唯心论”，认为禅宗和华严都属如来藏系统，而未必忠实于般若经教的性空思想。可见印顺法师：《无诤之辩》，正闻，1993 年，第 171 页。

"修心"究竟是"修慧"还是"修定"等问题,[①] 相信回到《阿含经》和《六祖坛经》思想本身都会有一定厘清的效果。

五、结语

《阿含经》是印度佛教的根本经典,在佛法中具有根源性、基本性的重要地位,无量无边的法义由此为根基而开展出来。同样的,《六祖坛经》在中国佛教里扮演关键角色,可说是中国佛教中最重要的一部典籍,中国佛教唯一称为"经"的祖师论著,影响中国佛教及禅宗发展深远的一部书;佛教之中国化而在中土落地生根、开花结果,使得中国佛教之所以为中国的佛教,亦从《坛经》可看出。[②] 然正因为重要,《六祖坛经》一直以来有着不同的诠解向度,然却很少探索其和初期佛教的关联性,本文即是以《六祖坛经》和《阿含经》作初步探究,以补此不足。[③]

不了解阿含,乃至般若、中观、唯识、如来藏等,不足以进一步认识《坛经》及禅宗思想。然《坛经》承传印度佛典的探究,学界大多集中在大乘佛典,如李中华谈论到《六祖坛经》对佛教内部各种思想的继承与整合时,所涉及的佛教典籍即列举了《涅槃经》、《维摩诘经》、《金刚经》、《楞伽经》、《法华经》、《梵网经》、《中论》等,但却不包括《阿含经》。[④] 姚卫群也仅探讨《六祖坛经》与印度大乘佛教的理论关联,[⑤] 而直接略过代表印度根本佛法的阿含佛典。然在现今重视原始佛教及南传佛教,重视《阿含经》及巴利佛典的研究,诸多口号如"回归佛陀本怀"、"复归佛陀教导"亦不时耳闻,因此源自中国佛教本土的大乘典籍——《六祖坛经》,其和《阿含经》教法有什么样的联系,亦值得注意。

职是之故,本文首先以"戒定慧"三学为例,谈论《六祖坛经》对《阿含经》"心"概念之承传,认为两经皆含括了心的守护(戒)、心的纯净(定)及心的自在(慧)此三种心的内涵及心的修持。其次《六祖坛经》"心"概念有其开创之处,特别是所言之"心",乃与"佛性"和"般若"两大概念密不可分,而成为特色所在。其中心之佛性义,指出心和性的关系以及性的意涵有如下数点:性是王而心是地、性是体而心是用、自性本自清净、自性能生万法、识自本心而见自本性、见性以成佛。而对于心之般若义,本文指出《坛经》承接般若性空思想,强调真如本心即自性即空性,依此般若空义荡相遣执,彻底扫除一切黏缚沾染,包括对佛法的黏缚沾染,标示出"法空"以及"空亦复空"的道理,而这些都是《阿含经》所缺乏的。最后,本文对两经承传和开创之间的异同作初步比较,对照两经的特色如:次第渐修和圆顿直入、分析之解述与辩证之直观、正念/念住与无念/无住、因地修与果地修以及得法眼净与明心见性等的不同。本文认为正因为两经的差异性极大,因此具有相当大的比较价值,值得学界

① 如印顺法师认为后期佛教所言"修心",虽意在修慧,实乃修定,他在《修定——修心与唯心·秘密乘》一文中,即论证"修心"就是"修定",其中密宗如此,禅宗亦不例外。见《华雨集第三册·修定——修心与唯心·秘密乘》,正闻,1993 年,第 139—221 页。

② 《六祖坛经》对佛教思想之创造性诠释,其中如"心"的概念,既传承自印度阿含、般若、如来藏等学说,又兼有中国传统思想如孟子心学及儒家性善理论,及道家老庄之无为、无心等思想,因此不只融会般若与佛性,也可看出古代中国哲学的影子。因此其既是佛教的,传承自印度佛教而来,同时又是中国的,深受中国固有文化影响,因此说《坛经》乃"中国佛教"代表性的一部重要典籍,实不为过。

③ 《阿含经》在中国天台宗、华严宗等的判教中,被判为"藏教"、"小教",自此之后地位一落千丈,千年来乏人问津,但《阿含经》虽非圆满殊胜教法的呈显,却为佛法的基础和根本,被当今学界认为最贴近佛陀在世期间所宣扬的道理,而其中所记载的四圣谛、缘起观、中道说、四法印等,亦一直是佛法思想的骨干,印度后世的中观、唯识、如来藏,及至中国的台、净、律、密、禅等,亦都可看到《阿含经》的影子。换言之,各个不同部派传统及宗派法门,都因发展而有不同的适应、融摄及开创,然都称作为佛教、佛法,即彼此间有其共同性和相通性,其中之一即是认定《阿含经》为佛法之根基,都或多或少可以看到阿含经教的成分。因此,本文以《六祖坛经》和《阿含经》作对比考察自有一番意义。

④ 李中华:《新译六祖坛经》,三民书局,1997 年,第 24 页。

⑤ 姚卫群:《〈坛经〉思想的理论渊源与现实意义》,载杨源兴主编:《禅和之声:"2008 广东禅宗六祖文化节"学术研讨会论文集》,宗教文化出版社,2009 年,第 217—222 页。

更多的对比考察，以助于厘清相关的思想史论辩。

引用书目

一、古籍大藏经①

［1］《中阿含经》T01

［2］《杂阿含经》T02

［3］《增壹阿含经》T02

［4］《金刚般若波罗蜜经》T08

［5］《般若波罗蜜多心经》T08

［6］《维摩诘所说经》T14

［7］《大智度论》T25

［8］《阿毘达摩俱舍论》T29

［9］智顗《金刚般若经疏》T33

［10］法海本《南宗顿教最上大乘摩诃般若波罗蜜经六祖惠能大师于韶州大梵寺施法坛经》T48

［11］宗宝本《六祖大师法宝坛经》T48

［12］《禅源诸诠集都序》T48

二、近人论著

［1］江灿腾：《现代中国佛教思想论集》，台北：新文丰出版社，1990。

［2］吕澂：《中国佛学源流略讲》，台北：里仁书局，1985。

［3］李中华：《新译六祖坛经》，台北：三民书局，1997。

［4］姚卫群：《〈坛经〉思想的理论渊源与现实意义》，载杨源兴主编：《禅和之声：“2008 广东禅宗六祖文化节”学术研讨会论文集》，北京：宗教文化出版社，2009。

［5］杨郁文：《阿含要略》，台北：法鼓文化，2003。

［6］杨惠南：《禅史与禅思》，台北：东大，1995。

［7］释印顺：《佛在人间》，台北：正闻，1987。

［8］释印顺：《无诤之辩》，台北：正闻，1993。

［9］释印顺：《印度佛教思想史》，台北：正闻，1993。

［10］释印顺：《华雨集第三册》，台北：正闻，1993。

［11］释印顺：《华雨集第四册》，台北：正闻，1993。

［12］释印顺：《华雨集第五册》，台北：正闻，1993。

［13］释圣严：《禅门修证指要》，台北：东初出版社，1994。

① 采用中华电子佛典协会之电子佛典（CBETA）第十一版。

少林寺军事传统之源起（500—900）

[以色列] 夏维明（Meir Shahar）撰，赵殿红译

引　言

少林寺历史悠久，上下贯穿1500多年。它是在公元5世纪的最后10年间由一位印度僧人创立，这位僧人在中文史料中被称为“跋陀”或“佛陀”。寺院坐落于河南中部的登封县山区，在北魏（386—534）国都洛阳东南约30英里，距河南省会郑州西南45英里，背靠高高耸立的嵩山群岭。今天这一带的土地颇为贫瘠，但在建寺之初，整个登封县都被森林覆盖。①

河南现今有1亿人口，是中国人口第一大省。她远离中国富裕的沿海地区，也是最贫困的省份之一。② 从郑州机场到少林寺，沿途是灰头土脸的乡村。无篷卡车从周围的矿区运出大量的煤灰，空气受到严重污染。周遭的贫穷更加凸显出少林寺对于当地经济的重要意义。到20世纪90年代末，寺院每年吸引游客超过100万人，这些现代朝圣者的食宿和交通所需催生了现代旅游业，成为登封县的主要产业。仅少林寺的门票收入，每年就达500万美元。③

从登封县的角度看，学生甚至比游客更有价值：登封是大约70000名武术师的云集之地，他们在寺院周围的几十所武术学校学习武艺。自20世纪80年代，这些武校开始在少林寺附近密布。这些学校招收6岁以上的寄宿生，提供全面的武术训练，同时教授学校必修课如数学、语言等。④ 只有少部分毕业生成为少林和尚，多数成为职业武师，以教授体育、进入军队或为富商当私人保镖为业。出类拔萃者可能会被选入国家队，甚至有望进入影视行业。至少有一位学生释小龙（1988年生）在15岁之前就已成为国际影星，曾出演10部以上的香港功夫片以及多部电视连续剧。⑤

整个河南都能体会到少林寺带来的经济效益，不仅仅是登封县。20世纪90年代初，省政府利用少林寺的国际声望，与少林寺方丈合作举办两年一度的“少林武术节”，在寺庙和省会同时举行。武术节使全世界的运动员和武术迷云集河南，中

[以色列] 夏维明（Meir Shahar），以色列特拉维夫大学东亚系教授，兼任特拉维夫大学孔子学院院长，斯坦福大学与伯克利大学客座教授。赵殿红，广东省民族宗教研究院副研究员。本文选译自夏维明教授专著《少林寺：历史、宗教和武术》（*The Shaolin Monastery: History, Religion, and the Chinese Martial Arts*, University of Hawaii Press, 2008）第一章、第二章。经作者同意，译者对两章进行整合，并在结构上作了调整。

① 关于少林寺，参见傅梅：《嵩书》（1612年）；景日昣：《说嵩》（1721年）及叶封编、施奕簪修订：《少林寺志》（1748年）。以上三书排印版又见《嵩岳文献丛刊》。今人作品见温玉成：《少林访古》；徐长青：《少林寺与中国文化》；无谷、刘志学编：《少林寺资料集》；无谷、姚远编：《少林寺资料集续编》，《新编少林寺志》及Mochizuki Shinkô编 *Bukkyô daijiten* 之“Shôrinji”条目，3：2806—7。

② 据1999年统计数字，在中国32个省市自治区中，河南居民消费水平排名第26位，农民人均纯收入排名第28位，城镇居民年均收入排名第29位。见《中国统计年鉴2000》，分别见第70页、第332页、第319页。

③ 据作者20世纪90年代数度造访少林寺所见，每张票价40元，约合5美元。门票收入由寺院和地方政府共享。

④ 见陈兴华（Gene Ching）的文章：“United Nations Divided Shaolin”“Battling to be Shaolin's best” and “13, 000 Warriors of Tagou” 又见 Howard W. French, “So Many Paths. Which Shaolin is Real?”

⑤ 见陈兴华：“In the Dragon's Den.”

国国家媒体进行了宣传报道，国家旅游局也向全世界进行推广。[1]

少林寺极度的商业化使它的信徒不知所措。虔诚的僧侣和忠信的武师渴求在安静中修身养性，但寺庙像一个武术超市，迎合着无知者的口味，这让他们备受打击。事实上这种失望感几百年前就已存在。早在明代，一些信徒就对少林寺过多的财产感到不安，他们认为这已背离了佛教宗旨。17 世纪初，登封县令傅梅叹曰："（少林）甚而高堂室，华器御，近于宦矣。佛教中衰，莫此为甚。遐想前哲，能不太息之！"[2]

尽管傅梅初到少林时大失所望，但他深知少林寺对中国佛教甚至整个中华文化演进的巨大贡献。他随后致力于撰写一部寺院历史，名曰《嵩书》[3]。其中包括详细的少林高僧传，收录了从禅宗到净土宗的著名僧人。还收录了少林碑铭，有些可以追溯到公元 6 至 7 世纪。少林寺自诩拥有约 200 块碑刻，这些都是无价之宝，乃由历代手握大权的供养人所赐，远则武则天（684—705 在位），近则乾隆皇帝（1736—1795 在位）。为历史学家研究中华帝国的宗教、经济、政治提供了珍贵的史料。

对少林寺历史的记述，傅梅的书既非首创，也非唯一。在其 1500 年的历史上，颂扬少林寺的作品不计其数，短到诗词歌赋，长到鸿篇大论。帝王、官员和诗人热衷于作诗撰文赞美少林寺的殿堂之壮观，塔楼之俊美。对研究中国绘画和雕刻的历史学家来说，寺庙的艺术作品亦具有独一无二的价值。[4] 其塔林是佛教建筑的宝藏，拥有 200 多座塔，为中国之最。这些供奉高僧舍利的式样优雅的石塔，其上镌刻着关于中世纪佛教的重要文献。[5]

佛教传统为何赋予少林寺如此显要的地位？寺院的财富从何而来？寺庙的和尚为何修习武艺？让我们从少林寺所处的位置神圣的嵩山说起。

一、帝王尊崇的神圣之地

"在中国，凡山皆有神性。"一位早期汉学家如是说。[6] 的确，中国的宗教传统赋予山岳超自然的力量。中国的神圣场所，不管与宗教有无关系，总是坐落于名山大川。[7] 少林寺依傍嵩山峻岭，亦不例外。"嵩"之所指，并非一座独岭，而是整个山系，自东向西横亘登封县境。嵩山一系高峰，东为太室山，海拔 1440 米，西为少室山，海拔 1512 米。少林寺则依偎于少室山下，"少林"之称，盖"少室山之林"也。

少林寺建庙之先，嵩山即在中国诸座圣山中占有一席重要地位。早在公元前 1 世纪，它就被确定为五岳（五座圣山）之一，与其他四岳同被视为国家的保护神。[8] 它们与宇宙五行相符，分为北岳恒山、南岳衡山、东岳泰山、西岳华山、中岳嵩山。公元前 110 年，汉武帝（前 140 年至前 87 年在位）登上嵩山祭祀山神，[9] 由是开启了祭山传统。7 世纪时，武则天将宫廷祭山典礼推到极致，号称"封禅"。此次封禅大典，武则天不仅更改了她的年号，还将当地的县名改为"登封"，乃"登

---

① 见陈兴华："United Nations, Divided Shaolin," p. 11.

② 傅梅：《嵩书》卷 9，第 35 页。

③ 傅梅的《嵩书》涵盖了嵩山的所有佛道圣地，但其主体内容源自少林史料。

④ 见河南省古代建筑保护研究所编：《少林寺千佛殿壁画》，苏思义等编：《少林寺石刻艺术》，永信等编：《中国少林寺》。

⑤ 例如法如（638 - 689）塔即对禅宗源流极具研究价值；关于坐落于塔林之外的法如塔，参见温玉成：《少林访古》第 99 - 105 页；Alan Cole, "It's All in the Framing: Desire and Innocence in Early Chan Narratives-A Close-reading of the Biography of Chan Master Fa Ru."

⑥ Edouard Chavannes（1865 - 1918）, *Le T'ai chan*, p. 3.

⑦ 见 Susan Naquin and Chün - fang Yü, *Pilgrims and Sacred Sites in China*, p. 11.

⑧ 见 Paul W. Kroll, *Verses from on High*, p. 225.

⑨ 傅梅：《嵩书》4. 2b—3a.

山封禅”之意。①

公元之初，嵩山成为新兴的道教圣地，更成为皇家祭祀的重地。道教信徒将它当做实际朝拜和精神向往的神圣目标。著名道士张道陵、寇谦之（365—448）、司马承祯（647—735）曾栖居嵩山。② 而另有一些求仙的道士足不出户，借助灵性图如《五岳真形山图》，凭默想意念就能抵达嵩山。中世纪早期，嵩山建立了宏伟的道教宫观——中岳庙，它是中国最大、最古老的道教宫观之一，如今成为全真道的道士和道姑的居地。③

宗教之间总是倾向于占用彼此的圣地（耶路撒冷即为一例），因此，当佛教僧侣进入中国之时，很快就觉察到嵩山的宗教潜力。早在 3 世纪时，他们就在嵩山建了一座佛教寺庙，在其号召之下，到 6 世纪初至少有 6 座佛寺建立。④ 这个发生在嵩山的“佛教征服”（如博纳·佛尔 Bernard Faure 所称），还包括了一个新的神话的诞生，使中国大山与来自印度的信仰之间产生了一种密不可分的联系。这个神话即是关于禅宗创始人菩提达摩的传说。⑤

公元 8 世纪，中国新兴的禅宗盛行于世。顾名思义，禅宗强调冥想（汉语曰“禅”，梵语曰“*dhyāna*”）的重要性。禅宗的显著特点之一是佛祖所揭示的真理可以师徒相传，至少从理论上讲，修习经文已无必要，而无需中介的“心法”可以由师傅直接传给弟子。为了使这种理论合法化，禅宗大师们必须证明他们的心法是从佛祖本人传袭而来。因此，在 8 世纪，禅宗著者致力于撰修谱系，从佛教信仰的源头，建立了一种世代相沿的中印高僧宗谱。⑥

禅宗作者尤其重视对禅宗始祖的记述，他们宣称他将佛教教义从印度带到中国。始祖名为菩提达摩，被尊为禅宗的创始人。在整个 12 世纪，菩提达摩成为学界争相研究的对象。中国、日本及西方学者都确信这位印度（或波斯）传教士于公元 480 年前后到达中国，在洛阳地区传播佛法，直到约公元 520 年。但学者们对菩提达摩在禅宗（达摩去世 100 年后才出现）中的地位表示怀疑。多数人认为，或许达摩所宣传的教义对禅宗思想家有一定的影响，但将禅宗的创始归功于他，恐怕只是一种传说。⑦

对我们来说，菩提达摩神话的意义在于它与嵩山的关系。7 世纪后期，嵩山成为禅宗重心，大师法如（638—689）、慧安（？—709）等曾在少林寺居住。大概正是这些早期的禅师将达摩与中岳圣山联系在了一起。⑧ 他们宣称，这位年事已高的始祖（据说已超过百岁）在嵩山将佛法传给了他的中国弟子——中国禅宗始祖慧可（约 485—约 555）。由此，嵩山成为佛教与中国具有象征意义的交会点。

菩提达摩嵩山传说的流传可以追溯到中世纪佛教文学。6 世纪的《洛阳伽蓝记》（约 547 年）记述达摩曾经造访洛阳，并没有提及他是否驾临附近的嵩山。大约一个世纪以后，《续高僧传》（645 年）描述他在嵩山、洛阳一带行动活跃。在 8 世纪早期的作品如《传法宝记》（约 710 年）

---

① 早在 676 年，武皇后就劝说唐高宗在嵩山行封禅典礼，但因藏人入侵，计划被取消。最终，武则天于 696 年以周朝之名行封禅典礼。见傅梅：《嵩书》4. 5b；又见 Howard J. Wechsler, *Offerings of Jade and Silk*, pp. 188 – 89, 192, 及 Chavannes, pp. 194 – 202.

② 见温玉成：《少林访古》第 5—7 页；Bernard Faure, *Relics and Flesh Bodies*, pp. 154 – 55.

③ 中岳庙的建成日期不确，约在公元 2 世纪。见傅梅：《嵩书》3. 8a – b；又见《中华道教大词典》第 1667 页“中岳庙”词条。

④ 见杨炫之：《洛阳伽蓝记》5. 228，英译文见 Yi – t'ung Wang's translation：Yang Hsüan – chih, *A Record of Buddhist Monasteries in Lo-yang*, p. 248. 杨炫之并没有提到少林寺，温玉成《少林访古》第 14—16 页则认为《洛阳伽蓝记》中的道场寺即为少林寺。

⑤ 见 Faure, *Relics and Flesh Bodies*, pp. 155 – 65.

⑥ 见 Philip Yampolsky, *The Platform Sutra of the Sixth Patriarch*, pp. 1 – 57.

⑦ 对现代学术史的梳理，参见 John R. McRae, *The Northern School and the Formation of Early Ch'an Buddhism*, pp. 15 – 19；又见 Bernard Faure, *Le traité de Bodhidharma*, pp. 13 – 22.

⑧ 见 Faure, *Relics and Flesh Bodies*, pp. 156 – 57；关于法如和慧安（亦称老安），分别参见 McRae, pp. 43 – 44 及 pp. 56 – 59。

中，认定达摩不仅在嵩山活动，而且到过少林寺，声称他曾在少林寺面壁数年。《传法宝记》还记载了慧可在少林寺追寻达摩教诲时所经历的磨难，他斩断胳臂献给达摩，达摩感其诚，引其悟道。①

宋代的圣徒传记书中精选了许多唐代传说。11世纪的《景德传灯录》（1004年）对8世纪的菩提达摩故事大加润饰，添加了许多引人入胜的细节。据载，在一个冰冷的夜晚，慧可在少林寺苦求达摩的指引。他站在冰天雪地之中，一动不动，等候达摩的注意。随后，在极端虔诚的宗教热情之下，他砍掉了自己的手臂。“我心不安，”他说，“请大师替我安心。”“你把心拿来，我替你安。”达摩回答说。“觅心了，”慧可说，“不可得。”此时达摩却说：“我与你安心竟。”②

菩提达摩与少林寺的因缘，不仅在佛教经典中有迹可寻，寺庙本身也有考古学证据。少林寺的碑铭不断将这位印度圣人与寺院相关联。一块728年的碑铭最早记载达摩曾居住嵩山，另一块798年的碑铭则记载了慧可断臂求法的故事。③ 随即13、14世纪的大量碑铭完整叙述了与《景德传灯录》等宋代典籍所载同样的传说。下列少林碑铭还引述了《景德传灯录》的记载：

> 越九年，欲返天竺，（达摩祖师）命门人曰：“时将至矣，汝等盍各言所得乎？”时有道副对曰：“如我所见，不执文字，不离文字，而为道用。”祖曰：“汝得吾皮。”尼总持曰：“我今所解，如庆喜见阿佛国，一见更不再见。”祖曰：“汝得吾肉。”道育曰：“四大本空，五阴非有，而我见处，无一法可得。”祖曰：“汝得吾骨。”最后慧可礼拜，依位而立。祖曰：“汝得吾髓。”④

这段宋代文字隐喻地表达了菩提达摩为弟子排位的思想：慧可沉默不语，便是得了达摩的“髓”，即其教义的精华。几个世纪以后，达摩的话得到了完全不同的解读。随着少林武术传统的上升，“髓”字被字面地解释为一本秘笈的名称，即《洗髓经》，并认为达摩将《洗髓经》秘传给了他所拣选的学生。经历1000多年的雪藏后，《洗髓经》得以重见天日，经中教导僧人健体秘术。于是，到了17世纪，《洗髓经》奇迹般地冒出来，并对中华帝国的武术影响甚巨。

少林碑铭不仅显示了菩提达摩传说的发展历程，而且揭示了达摩图像的演变过程。一幅1209年的石刻根据他重生的故事，刻画了他一手拎鞋、赤足行走的形象。⑤ 传说达摩死后，一位出使中亚的中国使节曾遇见他光脚拎着一只鞋在道中行走，达摩则对目瞪口呆的使节说，他正在赶回故土印度。使节回到中国，对人讲述此事，达摩的坟墓迅即被掘开查看，里面除了另一只鞋子，空无他物。⑥

手提鞋履的达摩成为禅宗艺术的标准主题。另一幅13世纪的画像也非常普遍，即苇叶达摩。画中的他脚踏一支轻飘飘的苇秆，横渡波涛翻滚的长江。⑦ 苇叶达摩的形象非常诙谐：留着滑稽的胡子，戴着夸张的耳环。画家重点勾勒出他深鼻浓眉的异域特征，这反映了圣人在中国人心目中普遍的怪诞形象。弥勒佛、神丑济公、罗汉等等，在中国艺术和文学中都是圣愚，他们的神性总是

---

① 杨炫之：《洛阳伽蓝记》1.26－28；道宣：《续高僧传》*T.* no.2060，50：552a；杜朏：《传法宝记》*T.* no.2838，85：1291c。

② 这里是McRae的翻译，原文见《景德传灯录》*T.* no.2076，51：219b。

③ 见裴漼（约670—736）：《少林寺碑》（728），载董诰等编：《全唐文》279.1253；顾少连：《嵩岳少林寺新造厨库记》（798），载傅梅《嵩书》20.13b。

④ 道原：《景德传灯录》*T.* no.2076，51：219b－c. 引用此段文字的少林寺碑日期为1346年，见温玉成：《少林访古》第47页。

⑤ 记载此事最早的碑日期为1222年，见温玉成：《少林访古》第49页及《新编少林寺志》第83页。

⑥ 见《景德传灯录》*T.* no.2076，51：220b。

⑦ 最早记载苇叶达摩的少林碑日期为1307年，但别处也保存有更早期（13世纪）的绘画，见Charles Lachman，“Why did the Patriarch Cross the River?”1307年的少林碑收入《中国少林寺》2：75。Lachman认为脚踏苇秆的达摩这一主题早在11世纪即已存在，对此我不能认同。曹仕邦认为这一主题源自1129年金对南宋的战争，当时南宋的长江防线不堪一击，敌人“踏着苇秆即可渡江”，见曹仕邦：《“一苇渡江”与“喫肉边菜”——两个著名禅宗故事的历史探究》。

隐藏于怪异的外表之下。①

少林寺对菩提达摩的崇拜到1125年达到顶峰，专门修建了一座敬拜的庙宇。因为相信达摩一生的大部分时间用来独自禅坐，所以人们将他的神龛建在寺院西北一公里之外，被称为“初祖庵”，至今尚存。初祖庵装饰华丽，用鸟类、鱼类和佛教神明的浮雕装点，堪称宋代石刻杰作。②

随着菩提达摩神龛的落成，“一个朝圣及观光圈”③在嵩山形成，包括了与达摩有关的景点：少林寺、初祖庵及最为神圣的达摩面壁洞。据传他曾面壁9年，纹丝不动，以致身影刻于穴壁而不散，数百年来仍清晰可辨。④ 今天到少林寺参观的游客，可以见到一块大石，上面刻有达摩面壁的身影，据说便是从他面壁的洞穴移来。⑤

少林和尚们修建达摩神龛之时，禅宗已经非常流行，宋代已成为汉传佛教最有影响力的宗派。禅宗势力的增长，势必将其公认的祖师抬高到佛教万神殿中的中心位置。祖师与少林寺的密切关系由此更加意义非凡：菩提达摩支撑了少林寺的神圣地位。500年以后的清代中叶，达摩与寺院的武术传统又扯上了遥远的关系。

菩提达摩赋予了少林寺特殊的魅力，历代帝王则赠赐寺院大量的财产。少林寺西北约30英里处坐落着六朝古都洛阳，是东汉（25—220）、魏（220—265）、西晋（265—316）、北魏（495—534以洛阳为都）、隋（581—618）的首都及唐代（618—907）东都。少林寺与这个行政中心在位置上的邻近，使之得以享受宫廷恩泽，保证了寺院的财产安全。

少林寺的第一位保护者是虔诚的孝文帝（471—499年在位），他于495年将北魏首都从平城（今山西大同）迁到洛阳。第二年，孝文帝拨款给天竺僧人跋陀修建少林寺。跋陀在汉语文献中又称佛陀，此前数年与孝文帝相识，490年前后经由丝绸之路到达平城，其后一直受到孝文帝的资助。⑥

跋陀不仅是佛学大师，还是一位画家。⑦ 在他强有力的领导下，少林寺成为佛学教育中心。跋陀邀请佛法专家慧光（487—536）、道凭（488—559）等人到少林寺讲学。⑧ 他创建翻经堂，6世纪名僧勒那摩提（Ratnamati）、菩提留支（Bodhiruci）等人曾在那里将梵文经卷译成汉语。当时少林寺的翻译机构盛名之下，以致高僧玄奘（596—664）向太宗皇帝（627—649年在位）请求居住少林寺。玄奘在奏请书中细数了菩提留支的成就，作为他选择少林寺的原因。但太宗希望把他留在身边，请求最终被驳回。⑨

少林寺只是北魏在新都建立的众多寺院之一，孝文帝及其继任者在洛阳开辟了佛教大兴的新时代。迁都洛阳后的数十年间，城中修建了千余座寺庙，据说寺庙的金顶让人眼花缭乱。⑩《洛阳伽蓝记》记述了当时的盛况：

> 王侯贵臣，弃象马如脱屣，庶士豪家，舍资财若遗迹。于是昭提栉比。宝塔骈罗，争写天上之姿，竞摸山中之影。金刹与灵台比高，广殿共

---

① 见 Meir Shahar, *Crazy Ji*, pp. 30 - 45.

② 见傅梅：《嵩书》3.24b - 25a；温玉成：《少林访古》第169—172页；《新编少林寺志》第39—42页。

③ 见 Faure, *Relics and Flesh Bodies*, p. 162.

④ 例如都穆（1459—1525）在其《金薤琳琅》20.8a中曾记述他参观少林寺所见，又见其《游名山记》1.18a - 23a。

⑤ 见温玉成：《少林访古》第50—51页。

⑥ 见《魏书》114.3040；道宣：《续高僧传》*T*.2060，50：551；裴漼：《少林寺碑》；温玉成：《少林访古》第9—13页。《魏书》和裴漼都称少林寺的创建者为跋陀，道宣称之为佛陀。一些学者考证其梵文名字为Buddhabhadra，则其汉语全名为佛陀跋陀。

⑦ 道宣提到跋陀绘制的一幅壁画，而跋陀的传记来自张彦远：《历代名画记》，见道宣：《续高僧传》*T*. 2060，50：551b；William R. B. Acker, *Some T'ang and pre - T'ang Texts on Chinese Paintings*, *Volume 2*: *Chang Yen - yuan*, *Li tai ming hua chi*, part 1, pp. 184 - 86, part 2, 7.93；Paul Pelliot, *Notes sur quelues artistes des Six Dynasties et des T'ang*, pp. 236 - 65.

⑧ 见道宣：《续高僧传》*T*. 2060，50：607b - 608a及50：484b - c；又见温玉成：《少林访古》第34—37页。

⑨ 裴漼：《少林寺碑》；慧立、彦悰：《大唐大慈恩寺三藏法事传》（688）*T*. 2053，50：253c；温玉成：《少林访古》第24—28页。玄奘选择少林寺的另一个原因是少林寺离他的故里很近，见道宣：《续高僧传》*T*. 2060，50：457c。

⑩ 见杨炫之：《洛阳伽蓝记》第5、7页；Kenneth Ch'en, *Buddhism in China*: *A Historical Survey*, pp. 162 - 63.

阿房等壮。①

洛阳城辉煌的寺庙金顶已不复存在，534年，随着北魏都城的陷落，大部分庙宇被毁。但代表拓跋氏宗教热情的另一处遗迹却被完整保存。修建少林寺的同时，在洛阳龙门动工修造佛像，成为亚洲最大的佛像之一。龙门石窟位于洛阳市郊，有成千上万座佛像雕刻于岩石之上，有些超过200英尺高。这些巨大的佛像仍然庄严地注视着奔流不息的伊河，并非因时间的侵蚀而败落坍塌。②

孝文帝对少林寺的支持被后代隋唐虔诚的帝王所继承，两个显著的例子是隋文帝（581—604年在位）和唐代女皇武则天（684—705年在位）。隋文帝赐予寺院1400英亩土地及一座水磨坊③（在中世纪，磨坊是寺院收入的重要来源之一④）；武则天在少林寺建造一座十层佛塔以超度其亡母灵魂，并曾赋诗称颂少林寺，刻于石碑之上。塔与碑皆保存完好，今日尚可观瞻。⑤

孝文帝等虔诚帝王的崇佛作为，使河南中部地区变成了一片“佛国”。直到今天，若从少林寺前往洛阳，道路两旁点缀的村庄名称仍有浓厚的佛教色彩，如佛光村。离开少林寺12英里，是玄奘故里偃师市缑氏镇，建有玄奘寺。沿途还有宏伟的白马寺，建于东汉时期，被誉为中国最古老的佛寺。接近洛阳，壮观的龙门在眼前呈现。正是在这个中世纪时期的佛教王国，少林寺迅速发展繁荣起来。

少林寺背靠庄严的嵩山，又临近帝都洛阳，既具备神圣的身份，又受到帝王的尊崇。寺院同时在地理上占据制高点，具有较强的军事价值，可扼守从洛阳经登封并继续向东南前进的山路。这种战略意义，也是少林和尚们卷入早期战争的背景。

二、事奉帝王的战功

佛教禁止暴力，无论是僧侣还是信徒，都要遵守“五戒”，首先就是“不杀生”。“生”乃指有情众生、人类及动物。杀生的对象不同，背负的道德承担也不同，杀害一只较大的动物，会比杀害小动物更加罪过。杀人是最大的罪过，要在死后接受最重的惩罚。如果是僧人杀人，他将永被僧伽弃绝。⑥

佛教对暴力的禁止表明了其对战争的态度。与其他宗教相比，佛教不主张以暴制暴。尽管有一些例外，但大部分佛教作者拒绝宽恕士兵的参战行为，无论其出于社会责任，还是政治义务。印度教允许战士死后进入天堂，但佛教教义却要把他们罚入地狱。佛教哲学家世亲（Vasubandhu）走得更远，他认为若士兵被迫去打仗，仍要拒绝参加，因为丢掉自己的性命也强过杀人。对于战争，世亲强调，所有参与者都要承担共同的责任，杀人的士兵和碰巧没有杀人的士兵有同样的罪过，因为他们从事的是同样的屠杀行为。⑦

佛教对战争的反对被写入法典，所有的印度佛教派别都有冗长的清规戒律阻止僧伽参与任何战争，禁止僧人携带武器或加入军队。他们自己不能使用暴力，也不能鼓励他人使用暴力。甚至也不能作为被动的旁观者进入战场，因为他们既

---

① 杨炫之：《洛阳伽蓝记》第5—6页。

② 参见 Ch'en, Kenneth K. S., *Buddhism in China: A Historical Survey*. pp. 170 – 77.

③ 裴漼：《少林寺碑》。

④ 参见 Jacques Gernet, *Buddhism in Chinese Society*, pp. 142 – 50.

⑤ 武则天关于“下生弥勒佛塔”的书信于683年刻于少林寺碑，傅梅《嵩书》录之。其诗创作时，她还是高宗的妃子，诗名曰“从驾幸少林寺”，收入《全唐诗》。关于武则天和少林寺，参见温玉成：《少林访古》第87—90页；关于武则天的佛教政策，参见 Stanley Weinstein, *Buddhism under the T'ang*, pp. 37 – 47。

⑥ 见 Peter Harvey, *Introduction to Buddhist Ethics*, pp. 69, 94, 及 Paul Demiéville, *Le Bouddhisme et la guerre*, pp. 347 – 348.

⑦ 见 Vasubandhu, *Abhidharmakosasastra*, 汉语译本见玄奘：《阿毗达摩俱舍论》*T*. no. 1558, 29: 86b, 法语译本见 Louis de La Vallée Poussin, *L'abhidharmakosa de Vasubandhu*, 3: 152.

不可听到战斗的声音，也不可亲见战斗的恐怖。① 中国的高僧传中不乏严守这些规条的例证：454 年，求那跋陀罗（Gunabhadra）拒绝参加其保护人南谯王的军事行动，声称“和尚不应卷入战争”；645 年，唐太宗邀请玄奘随他参加对朝鲜的战争，受到拒绝。玄奘列举佛教规条，表明僧人不能进入战场的立场。②

尽管大部分中国僧人坚决遵守禁战的规定，但也有一些例外，态度暧昧者也不乏其人。在中古时期（3—9 世纪）就有和尚参加战争，但佛教文献记载阙如。佛教作者不愿记录任何对教规的违反行为，对参战的和尚更是有意略过。佛教浩如烟海的历史文献，对参加战争之事只是蜻蜓点水，一笔带过。在一些罕见的事例中，则解释为受到当权者的逼迫，不得已而为之。例如，据史料记载，公元 5 世纪时，北梁僧人参加战斗，抵抗北魏的侵略，实乃被强行送入战场。③

如果我们依赖佛教自身的材料，我们会相信中古时期的僧人们绝少参加战争。但是，佛教作者们企图隐藏的，其他作者则会暴露之。儒家学者记录中国历史时，认为佛教参加过武装反叛，用生动的事例证明外来宗教的危险。他们注意到，在隋唐鼎革之际，佛教僧人至少参加过五次叛乱。④ 这些叛乱行动经常打着救世的旗号，进入唐代以后还延绵不断。815 年，少林寺附近的中岳寺有一位圆净和尚（约 735—815），在李师道（？—815）政变中担任核心角色。政变失败后，圆净受到折磨，一位士兵欲用重锤击断他的胫骨，却无法打断。圆净骂道：“鼠子，折人胫且不能，敢称健儿！”于是自己将小腿安放好，教那位官兵打断了它。⑤

还有考古学证据。著名的甘肃敦煌石窟发现的晚唐古卷记载，僧人们在中国西北边疆抵御外侵的斗争中起到积极作用。敦煌和尚甚至在中国和西藏法律下接受军事调遣。⑥ 例如一份古卷显示，和尚们曾参加张议潮领导的归义军，带吐鲁番回归中国管辖。⑦

至于少林寺，另一种考古材料首先证明了它的军事活动：碑刻。中古时期的碑刻至少记录了两次少林和尚使用武力的事例：第一，隋朝末年（610 年左右）他们击退了强盗的袭击；第二，大约 10 年以后，他们参加一系列战争，帮助李世民（600—649）建立唐朝。他们为唐朝立下功劳，从而为少林寺赢得财产上的保护，并树碑以记之。

评价少林寺对唐朝的军事服务的意义，应当考察当时朝廷的佛教政策。与前朝北魏和隋朝不同，“唐代的多数皇帝对佛教并无热情。”⑧ 除了武则天是虔诚的佛教信主之外，唐朝统治者一直在试图抑制佛教在经济和政治上的影响力，这些打击行为在武宗（841—846 年在位）时达到顶峰。武宗对佛教信仰进行了大清洗，成百上千的寺庙被毁，成千上万的和尚被迫还俗。此次宗教迫害之后，中国佛教再也未能恢复到中古时期的繁荣。

少林寺如果不是在军事上对唐朝的建立有功，很可能面临与其他无数寺庙同样的遭遇：幸则虽能生存却得不到政府支持；不幸则被捣毁，不复

---

① 见 5 世纪的大乘佛教法典（可能是在中国编撰）《梵网经》*T.* no. 1484, 24: 1004b, 1005c, 1007b; 又见 Demiéville, *Le Bouddhisme et la guerre*, p. 353, 及 Harvey, *Introduction to Buddhist Ethics*, p. 254.

② 分别参见慧皎:《高僧传》*T.* no. 2059, 50: 344c, 法语译本见 Robert Shih, *Biographies des moines éminents*, p. 153; 慧立、彦悰:《大唐大慈恩寺三藏法事传》*T.* 2053, 50: 253b。

③ 见道宣:《续高僧传》*T.* no. 2060, 50: 646c. 又见志磐在《佛祖统纪》（*T.* 2035, 49: 375c）中记载的道平事迹，道平自愿加入攻打安禄山的战争，被封为左金吾大将军。

④ 见《资治通鉴》182. 5686 - 5687, 186. 5833 - 5834, 187. 5858, 188. 5904; 又见 Weinstein, *Buddhism under the T'ang*, pp. 154 - 155, note 1.

⑤ 《资治通鉴》239. 7716 - 7717;《旧唐书》15. 454;《新唐书》213. 5993; 另有军阀李罕之（842—899）的事迹，他曾为一位游僧，《新唐书》187. 5442—5445。关于中国武僧，又见顾炎武:《少林僧兵》，载《日知录集释》29. 21a—22b; Demiéville, *Le Bouddhisme et la guerre*, pp. 357 - 368, 及温玉成:《少林访古》，第 141—142 页。

⑥ 见郝春文:《唐后期五代宋初敦煌僧尼的社会生活》，第 104 页。

⑦ 见冯培红:《P. 3249 背〈军籍残卷〉与归义军初期的僧兵武装》，载《敦煌研究》1998 年第 2 期，第 141—147 页。

⑧ Weinstein, *Buddhism under the T'ang*, p. 5.

存在。少林寺碑铭证实，僧人们对李世民的帮助，亦使他们获得继任帝王们的礼敬，其中有许多皇帝对佛教信仰并无丝毫兴趣。最终，在唐朝统治时期，和尚们虽然违反了关于使用武力的教规，却保证了寺院财产的安全。

少林和尚对李世民的英勇帮助，并没有得到佛教史家的记述，他们显然对此心怀疑虑。实际上，这些事迹被铭刻于少林寺石碑上，目的并非对未来的佛门中人产生影响，而是提醒唐朝官员少林寺对他们的恩惠。因此，少林寺碑铭是铭文学对佛教史学意义的重要例证。格利高里·绍本（Gregory Schopen）评论说，在印度，“碑铭材料告诉我们的，并不是渊博的印度佛教学者撰写的东西，而是无数的僧侣们真正做过的事迹。”① 他的深刻理解同样适用于中国，少林碑铭揭示了中国佛教史家未曾记录的事实：中国佛教和尚曾经为皇帝驰骋沙场。

三、728 年《少林寺碑》

少林寺有 100 多通石碑，贯穿着整个少林寺历史。最古老的碑可追溯到六七世纪，而最新的碑仍在不断打造。2001 年，少林寺为最畅销武侠小说家金庸（1924—）的题词立碑，金庸的武侠小说对少林武术极尽赞美之词。在令人眼花缭乱的少林寺碑林中，728 年的《少林寺碑》是其中的精华。这是一个巨型纪念碑，11.3 英尺高，4.2 英尺宽，已得到过许多代学者的研究。② 上刻 7 篇文字，前后撰于 621 年至 728 年之间。虽然各篇撰写日期不同，但其内容都涉及少林武僧参加初唐战役之事。

618 年，唐高祖李渊（566—635）在长安宣布建立新唐朝，当时他远非垂死的隋朝皇位唯一的争夺者。在稳固的唐政权建立之前，李渊必须解决几位觊觎龙椅的军事领袖，其中之一是隋朝将领王世充（？—621）。王世充在 619 年建立郑政权，自称皇帝。同隋朝先王们一样，将国都建于洛阳，势力强盛一时，实际控制了整个河南。

李渊次子李世民时为秦王，负责率军攻打王世充。5 年之后，李世民政变成功，铲除兄长，继承皇位。随后建立完善的官僚制度，加强军事力量。他实行有效的管理，颁布新的法律，带领唐朝军队在中亚地区取得无法匹敌的军事胜利。中国历史上，常以庙号“太宗”称颂李世民，评价太宗时期为公民品德和军事力量的黄金时期。③

李世民对王世充的战争持续了将近一年：从 620 年 8 月到 621 年 6 月。他指示将领避免直接攻打王世充的都城，而是占领通往洛阳的水上交通枢纽，切断其粮食供应。数月之后，李世民逐渐收缩对洛阳的包围，到 621 年春天，洛阳已是满城饥馑。

值此关头，另一位隋朝叛将窦建德（？—621）前来解救王世充。窦建德的权力基地在山东、河北交界地带，担心唐军的胜利将会危及他的政治野心，于是接受了王的请求，组建联军对抗唐军，621 年 5 月向洛阳进发。李世民决定先迎击窦建德，再解决王世充。5 月 28 日，他亲率大军，在距洛阳东北 60 英里的战略要地虎牢大败窦建德。随着窦的战败，王世充别无选择，只好投降。621 年 6 月 4 日，洛阳落入李世民之手。不久

---

① 见 Gregory Schopen, *Two Problems in the History of Indian Buddhism*, p. 30.

② 其真实性已经得到历史学家的确认，如都穆（1459—1525）、顾炎武（1613—1682）、王昶（1725—1806）、仁井田升（Niida Noboru, 1904—1966）、砺波护（Tonami Mamoru, 1937—）等。见都穆：《金薤琳琅》12. 1a—8b；都穆：《游名山记》1. 18a—23a；顾炎武：《金石文字记》2. 29b—30a，3. 34b—35b；顾炎武：《少林僧兵》，载《日知录集释》29. 21a—22b；王昶：《金石萃编》41. 1a—7a，74. 1a—8b，77. 15a—23a；Niida Noboru, *Tō Sō hōritsu bunsho*, pp. 830 - 833；Tonami Mamoru, *The Shaolin Monastery Stele on Mount Song*. 砺波护在专著中抄录了碑文全文，并协助 Penelope Herbert 译为英文。下文所采用的碑文英文由我本人翻译，特别注明者除外。碑文图片见《中国少林寺：碑刻卷》第 18—22 页。（译者按：已将文中所引碑文还原。）

③ 见 Howard J. Wechsler, *T'ai - Tsung*；赵克尧、许道勋：《唐太宗传》；关于李世民的军事天才，参见 David Graff, *Medieval Chinese Warfare*, pp. 169 - 177.

以后，窦建德被处死，王世充在流放途中被杀。[1]

《少林寺碑》显示，少林和尚参加了李世民对王世充的战斗。根据碑文，在虎牢大捷前不久，少林和尚击败了王世充占据战略要地轘辕山的一支先遣队，少林寺的柏谷庄也位于此地，还生擒了王世充的侄子王仁则[2]。作为回报，未来的皇帝李世民重新赐予他们失去的田产，并任命其中一名和尚为大将军。

《少林寺碑》上刻有7篇文字，包括寺院历史、李世民亲笔信和几篇唐代官方文书，从不同角度描述了少林和尚们的军事活动：

第一篇：裴漼撰少林寺历史

《少林寺碑》所刻文字，最长者为玄宗（712—755年在位）朝礼部尚书裴漼（约670—736）728年所撰少林寺历史。[3] 裴漼提到两次少林和尚使用武力的事例：一是隋朝末年，寺院受到强盗攻击，和尚们出而自卫；二是十年以后参加了李世民攻打王世充的战斗：

> 大业之末，九服分崩，群盗攻剽，无限真俗。此寺为山贼所劫，僧徒拒之，贼遂纵火焚塔院。院中众宇，倏焉同灭，瞻言灵塔，巍然独存。天龙保持，山只福护，神力所及，昔未曾有。
>
> 寺西北五十里有柏谷墅，群峰合沓，深谷透迤；复磴缘云，俯窥龙界。高顶拂日，傍临鸟道，居晋成坞，在齐为郡。王充僭号，署曰辕州，乘其地险，以立烽戍，拥兵洛邑，将图梵宫。皇唐应五运之休期，受千龄之景命，扫长蛇荐食之患，拯生人涂炭之灾。
>
> 太宗文皇帝龙跃太原[4]，军次广武[5]，大开幕府，躬践戎行。僧志操、惠玚、昙宗等，审灵睠之所往，辨讴歌之有属，率众以拒伪师，抗表以明大顺，执充侄仁则以归本朝。太宗嘉其义烈，频降玺书宣慰。既奉优教，兼承宠锡，赐地卌顷、水碾一具，即柏谷庄是也。[6]

裴漼强调了少林寺产业柏谷庄对和尚们协助李世民攻打王世充的重要意义：它在位置上是战略要地，又是参战的重要起因，还是战后的奖赏。中古时期的寺院财产通常不在肥沃易耕的平原，而多位于山坡高地。除了可耕地之外，还包括“林场、草地、山坡和果园”[7]，少林寺的庄园也不例外。柏谷庄由隋文帝杨坚（581—604年在位）所赐，位于洛阳东南方向，嵩山西部。[8] 陡峭的轘辕山高耸于庄园之上，轘辕山因一条弯曲的山路从山脚蜿蜒而上直达山顶而得名。[9] 裴漼记曰，柏谷庄的地理位置“群峰合沓，深谷透迤；复磴缘云，俯窥龙界。”

柏谷庄之名，因长满柏树的深谷而得。从洛阳到登封，需要通过这条山谷，山谷狭长，林木茂密，根据文献记载，车辆在里面无法掉头。[10] 因此，柏谷庄成为通往东都洛阳的要塞。事实上，在柏谷庄赐予少林寺之前的朝代，官方就意识到它的重要军事意义。早在金时期（265—420），就在柏谷庄建了一个堡垒“坞”，整个7世纪，这里

---

① 见《资治通鉴》189.5913－24；王世充和窦建德的传记见《旧唐书》54.2227－2243及《新唐书》85.3689－3703；关于当时的历史背景，参见Howard J. Wechsler, *The Founding of the T'ang Dynasty: Kao－tsu (reign 618－626)*, pp. 162－167；赵克尧、许道勋：《唐太宗传》，第39—44页；David A. Graff, *Medieval Chinese Warfare*, 300－900，分析了虎牢之役的胜利，见该书第172—177页。

② 王世充封王仁则为“唐王”，见《旧唐书》54.2232。

③ 裴漼的文字占了碑的一整面，另一面是另外六篇文字。关于裴漼，见《旧唐书》100.3128－3129、《新唐书》130.4487－4488，以及砺波护书第42—45页、第50—52页。

④ 唐于617年起兵于山西太原。

⑤ 广武位于虎牢附近，李世民在虎牢击败王世充的同盟窦建德。

⑥ 我的翻译依据是王昶的《金石萃编》，可与《全唐文》279.1252及砺波护书第29—30页相比较。

⑦ Jacques Gernet（谢和耐），*Buddhism in Chinese Society*, p. 117.

⑧ 裴漼所撰碑文反映了少林寺田产源自隋朝的历史过程，见王昶《金石萃编》77.17a。

⑨ 见《太平广记》5.7a。

⑩ 见《太平广记》4.2a。

都是交战各方拼杀争夺的据点。[①] 今天，这里的村庄被命名为“柏谷坞”。[②]

柏谷庄的战略价值，使王世充和李世民对它展开了激烈争夺。裴漼强调，王世充“乘其地险”，抢先建立烽火台，布置重兵。还强征其地，纳入自己的势力范围，设置轘辕县。[③] 少林和尚们正是占领了这个军事和行政重镇，才赢得了未来的皇帝李世民的欣赏。

裴漼记述，唐朝政府并没有要求少林寺攻打王世充，而是他们自发组织参加作战。和尚们愤恨王世充，因为他侵夺了他们的土地。但虽然愤恨之心强不可抑，对于是否参与战争，仍需一番细致的政治估算。裴漼写道：“僧志操、惠玚、昙宗等，审灵睠之所往，辨讴歌之有属。”少林僧人们大概并没有争论唐朝统治者和王世充双方在道义上的高下优劣，而更在意哪方更有可能赢得战争。如果他们的赌注下错，则意味着寺院的末日到来。事实证明他们做出了正确的选择，从而保证了少林寺在未来几个世纪的发展。

1000多年以后的历史事件表明，和尚们的错误决定将会给寺院带来怎样的噩运。20世纪早期，少林寺卷入了席卷华北平原的军阀混战。他们支持樊锺秀将军（1888—1930）与石友三（1891—1940）争战。樊锺秀少年时在少林寺习武，也许正是出于此因，少林和尚对他施以援手。结果却是一场灾难：樊锺秀兵败，1928年3月15日，石友三放火焚烧少林寺，一些古塔和大殿被损坏。记录1500年前另一群少林和尚精明选择的《少林寺碑》，也被烈焰局部损坏。[④]

第二篇：621年5月26日李世民书信

李世民对少林和尚们在战斗中的贡献十分认可。621年5月26日，和尚们占领轘辕后三天，[⑤] 李世民向他们颁发了嘉奖信。当时他正在战场，部署两天后与窦建德的决战。书信大概是他口述给下属的，但他在书信的末尾作了亲笔签名，并被镌刻于少林寺碑：[⑥]

太尉、尚书令、陕东道、益州道行台、雍州牧、左右武侯大将军、使持节、凉州总管、上柱国、秦王李世民告柏谷坞少林寺上座、寺主以下徒众、军民首领、士庶等：

比者，天下丧乱，万方乏主。世界倾沦，三乘道绝。遂使阎浮荡覆，戎马载驰，神州糜沸，群魔竞起。

我国家膺图受箓，护持正谛。驭泻飞轮，光临大宝。故能德通黎首，化阐缁林。既沐来苏之恩，俱承彼岸之惠。

王世充叨窃非据，敢逆天常，窥觎法界，肆行悖业。

今仁风远扇，慧炬照临，开八正之途[⑦]，复九寓之迹。法师等并能深悟机变，早识妙因，克建嘉猷，同归福地。擒彼凶孽，廓兹净土。奉顺输忠之效，方著阙廷；证果修真之道，更宏像观。

间以欣尚，不可思议。供养优赏，理殊恒数。

今东都危急，旦夕殄除。并宜勉终茂功，以垂令范。各安旧业，永保休祐。

故遣上柱国、广德郡开国公安远[⑧]往彼，指宣

---

① 《金书》首先记载了这个堡垒，裴漼也记录堡垒建于金代。见《金书》119. 3011、《宋书》45. 1372、《周书》15. 246、《资治通鉴》117. 3694及170. 5291。

② 在中古时期，这块少林寺的庄园常被称作“柏谷坞”（而不是“柏谷庄”）。下文所引李世民写给少林和尚的书信也称“柏谷坞”。

③ 《旧唐书》（54. 2234）记为轘辕县；裴漼记为轘辕州，与632年少林官方文书一致。李世民的将领王君廓于620年10月经过轘辕，但他并没有在那里驻扎军队。参见《旧唐书》54. 2234与《资治通鉴》188. 5889。这使得王世充重新占据了这块战略要地，但最终于621年5月23日被少林和尚夺取。

④ 见温玉成：《少林访古》，第357－360页；关于樊锺秀，参见《民国人物大辞典》，第1392页。

⑤ 632年的官方文书记载了少林和尚的胜利日期。

⑥ 顾炎武（《金石文字记》2. 30a）、仁井田升（第833页）、砺波护（第3页）等学者经过细致研究，确认信中签名为李世民的手迹。

⑦ 佛教八正之途包括正见、正思惟、正语、正业、正命、正精进、正念、正定。

⑧ 李安远参加过李世民指挥的数次战斗，为广德郡（在今安徽省）开国公，贞观初历任潞州（在今山西省）都督、怀州（在今河南省）刺史，见《新唐书》88. 3746—3747。

所怀。可令一二首领立功者，来此相见，不复多悉。四月卅日。①

表面看来，李世民在信中除了感谢之外，并无其他。书信文辞华丽，符合其一贯风格。② 秦王的信高度评价了和尚们的英勇和忠诚，并保证将会大力奖赏。但仔细品味，会发现作为秦王的李世民的微妙心理。尽管他对少林和尚的英勇精神大加褒扬，但也警告他们克制武力行为，提醒他们“各安旧业”。实际上此“旧业”乃指安心修道，做好教职人员的分内之事。李世民对战争的结果已是胸有成竹，“东都危急，旦夕殄除”，接下来便是休养生息，寻求和平，不会容忍和尚们未经授权的擅自行动。可见，这位未来的皇帝发出此信有双重目的：一为表彰；二为约束。

第三篇：625 年的秦王赏赐

李世民在 621 年 5 月 26 日的信中许愿将对少林和尚们进行赏赐，“供养优赏，理殊恒数”。四年之后，625 年 3 月 28 日，他兑现了自己的承诺，将柏谷庄赐予少林寺。早在隋朝时期，柏谷庄就被赠赐给了寺院，但随着隋政权的瓦解和针对王世充的战争，这块土地被唐政府充公。为了给少林和尚们一个答复，李世民将柏谷庄再次赐给寺院。

评价李世民此次赠赐之举，必须要了解他对佛教信仰的戒备之心。621 年 6 月 5 日，即夺取洛阳的第二天，李世民下令关闭东都所有的佛教寺庙，驱逐城中所有的佛教僧侣，只留 60 位重要的僧尼。③ 这股驱佛劲风还刮到了洛阳城外，许多寺庙财产被充公，和尚们被剥去僧衣。④ 622 年，少林寺也被关闭，和尚们被遣送回家，借口是寺院土地为非法获得。两年之后得以重开，实因其先前在军事上立下的汗马功劳。⑤

李世民登基之后，对佛教的反感并未减弱。尽管他谨慎从事，没有采取直接镇压的办法，以免激起反弹，但还是颁布了一系列史无前例的反佛法令：629 年下令处死非法任职的和尚；631 年禁止僧尼接受父母敬拜；637 年颁布“道士女冠在僧尼之上”诏令，下令在所有国家庆典中，以道教为首，儒教次之，佛教最后。⑥ 在他的晚年，李世民的确与一位佛教和尚关系甚笃，即著名的圣者玄奘（596—664）。但他需要的首先是向玄奘咨询外国事务，而不是请教精神话题。玄奘曾经前往印度取经，声名远播，对西方世界了解颇深。所以皇帝请求他参与国事，担任行政职务，只是被他拒绝了。⑦

因此，李世民对少林寺的赏赐是其宗教政策的一个例外。赏赐行为并非出自宗教感情，而是因为少林和尚的军事服务，不得已而为之。皇帝对佛教的蔑视，更加突显了少林寺的军事活动对于保证寺院发展的重要意义。在充满敌意的氛围之下，寺院对皇帝的军事服务，成了其得以生存的唯一保障。

李世民对少林寺的赏赐，是以命令的形式颁布的，这引起了法律史学家的注意。如仁井田升（Niida Noboru）所说，唐代的法令名称因颁布者的身份而异：皇帝下旨为“令”，诸王下令为“教”，不一而足。⑧ 李世民下令赏赐时，其身份仍为秦王，因此被称为“教”。所以《少林寺碑》中不仅包含李世民的原始文书，而且镌刻了各级官员执

---

① 可与王昶《金石萃编》41. 1a - 2a、砺波护书第 11 页、《少林寺志》（1748）之“宸翰”及《全唐文》10. 44 相比较。李世民的书信在另一块约 689 年的碑上也有刻录，碑文字体不同，但李世民签名字迹相同。见崔耕：《唐〈秦王告少林寺教碑〉考》，载《中原文物》1983 年第 3 期，第 88—90 页；另见砺波护书第 12—14 页。

② 李世民现存的文章可见《全唐文》4. 13 - 10. 51，诗歌则见《全唐诗》1. 1—20。关于他的写作及书法，参见赵克尧、许道勋：《唐太宗传》，第 392—403 页。

③ 见《资治通鉴》189. 5918。

④ 见道宣：《续高僧传》*T.* 2060, 50: 633c，又见 Demiéville, *Le Bouddhisme et la guerre*, p. 361.

⑤ 见少林寺碑第四篇文字：632 年官方文书。

⑥ 禁止僧尼接受父母敬拜的禁令于 633 年被废除。关于李世民的佛教政策，见 Weinstein, pp. 11 - 27, 及 Wechsler, *T'ai-Tsung*, pp. 217 - 219.

⑦ 见 Wechsler, *T'ai-Tsung*, p. 219.

⑧ 见仁井田升书，第 830—838 页。

行命令时的往来公文。①

少林寺将李世民的赏赐行为刻碑纪念不足为怪，在唐代及以后的朝代，将捐赠者的书信等文刻碑是通行的做法。这些碑文常会注明受赠土地的位置和范围，以保护其不受侵犯。② 个别情况下，碑文还会刻上对冒犯者的诅咒之词。《少林寺碑》记曰，这次所赐之地有40顷（约560英亩），另有一座水碾。在中古时期，寺院常靠出租水碾来收取费用（通常为面粉）。③

第四篇：632年官方文书

围绕少林寺柏谷庄的法律纷争并没有因李世民625年的赏赐而停止。田产之大小（40顷还是100顷）及其法律地位（是“口分田”还是“常住僧田”）成为626年以来法律诉讼的焦点。④ 官方经过长达6年的调查之后，终于在632年得到落实，登封县令发布官方文书（牒）认可，日期为632年7月21日。

632年的官方文书丰富了我们对11年前那场战争的理解。为了评估少林寺的财产权，登封县官员审查了寺院的军事记录。他们作为尽责法官（和历史学家），收集了所有关于少林和尚参加李世民战役的材料。最终，他们查明了和尚们621年5月23日的柏谷庄胜战；证实了昙宗和尚被任命为“大将军”的事实；收集到和尚们军事行动的证据：

依状牒偃师勘问翁重，得报称：依追刘翁重勘问。得报称：“少林寺去武德四年四月内，众僧等翻轘州归国是实……”

又追问李昌运等，问得款与翁重牒状扶同者。

又问僧彦等，既称少林僧等：“为归国有功勋，未知寺僧得何官?”款称：

“僧等去武德四年四月二十七日翻城归国，其月卅日即蒙敕书慰劳，敕书今并见在。又至武德八年二月，奉敕还僧地肆拾顷，敕书今并见在。当时即授僧等官职。但僧等止愿出家，行道礼拜，仰报国恩，不取官位。”

其寺僧昙宗蒙授大将军，赵孝宰蒙授上开府，李昌运蒙授仪同。⑤ 身并见在者。

并追在手敕教及还僧地符等勘验有实者。⑥

第五、六篇：724年皇帝的礼物

少林和尚们对李世民的帮助，使他们继续得到后任帝王们的支持。柏谷庄之战后的一百年，唐玄宗（712—755年在位）亲笔为少林寺碑题词。这是帝王表达其尊崇的典型做法，玄宗的题词与其崇敬的先祖李世民的书信前后呼应，共同被镌刻在少林寺碑之上。

两份同样镌刻于少林寺碑的官方文书（牒）称，玄宗皇帝亲笔为少林寺题词，与李世民的签名书信一起，副本保存于国家档案馆。⑦ 第二封信日期为开元十一年十二月廿一日（即西历724年1月21日），由中书令张说（667—730）所书。⑧ 张

① 李世民的“教”在Twitchett, *Monastic Estates in T'ang China*, pp. 131-32和砺波护书第17—18页中得到翻译。《金石萃编》、仁井田升书（第831—832页）及砺波护书（第16页）抄录全文。

② 见Twitchett, *Monastic Estates*, pp. 126-130；及谢和耐书第123页。对于类似的明代碑铭，参见卜正民（Timothy Brook）：*Praying for Power*, p. 174. 卜正民认为，刻碑立据的目的之一，是防止某些僧人卖掉寺产。

③ 见谢和耐书第142—150页。

④ “口分田”是为供养和尚个人而设，和尚去世后归还寺院；“常住僧田”是为维持整个寺院而设。参见仁井田升书第832—833页；Twitchett, *Monastic Estates*, pp. 133-134；谢和耐书第66—73页、第133—134页。仁井田升认为632年的官方文书证明口分田制度在7世纪时已在河南实施。

⑤ “上开府”和“仪同”分别是“上开府仪同大将军”及“仪同大将军”的缩写，见《中国历代官制大辞典》，第51、272页。

⑥ 见王昶：《金石萃编》74.5a-5b及砺波护书第21页。

⑦ 砺波护书第16、18、22、25页收录并翻译了这些文字；又见王昶：《金石萃编》74.6a-b。砺波护（第49—52页）认为著名高僧一行（673—727）对玄宗支持寺院的决定功莫大焉。第一封书信（723年12月6日）中提到的一行当时是宫廷天文学家。

⑧ 见《新唐书》125.4404-4412张说传，又见Dennis Twitchett, *Hsüan-tsung (Reign 712-756)*, pp. 338-340, 376-379, 387-389.

说以丽正殿修书院知院事身份给少林寺写信，证实少林寺碑上的题词为玄宗亲笔题写。① 他在信中还提到，他曾组织过一个专家团队，在他的监督之下查证了李世民书信的真实性。②

值得注意的是，玄宗对少林寺的尊崇，与他的先祖一样，并不是出于对佛教的虔诚。玄宗"比其任何一位先祖都决心削弱佛教的势力"③。714 年，他颁令禁止修建新的寺庙；727 年，他下令拆除所有的乡村寺庙。显然，他对少林寺的支持完全出于少林寺对其前辈的军事帮助。

玄宗对少林寺的恩惠并非仅仅是表面文章，除了亲题御笔以外，还赋予其财产上的特权。722 年，他下令没收全国的寺院财产，唯独放过了少林寺。④ 正如砺波护（Tonami Mamoru）所说，少林寺在这次充公令中勉强过关，让他们更加相信立碑彰显其军事功绩的必要性。"少林寺碑"的树立，实为提醒未来的统治者，要像玄宗一样记住少林寺对建立唐朝的贡献。⑤

正如和尚们所希望的，"少林寺碑"的树立确实保护了寺院的财产。798 年，立碑 70 年后，寺院得到一份官方文书，重申了立碑的意义。登封主簿顾少连应和尚们的请求，在寺院修缮之时为少林寺撰写了一份简史。顾少连称赞少林和尚："擒盗助信，摧魔军于充斥，保净土于昏霾，此又昭彰于我唐也。"⑥

即使是在唐代佛教历史上最为黑暗的时刻，少林和尚的英勇功绩仍然使他们幸免于难。845 年 4 月 6 日，在唐武宗灭佛运动的风口浪尖，河南尹卢真仍然幸临少林寺，此事亦载于一处少林寺碑。⑦ 卢真的探访表明少林寺至少是躲过了这次致命的劫难。即使成百上千的寺庙被毁，少林寺仍然享受着高官们的照顾。

第七篇：十三武僧名单

《少林寺碑》最后一篇文字是十三武僧名单，他们因在战场上表现英勇，得到李世民的嘉奖。632 年的官方文书则称昙宗和尚为大将军，这位和尚兼将军的昙宗，与志操、惠玚和尚一起，在裴漼所撰少林寺史中亦得到记述。以下是十三武僧名单：

唐武德四年太宗文皇帝授少林寺柏谷庄立功僧名：上座僧善护、寺主僧志操、都维那僧惠玚、大将军僧昙宗、同立功僧普惠、明嵩、灵宪、普胜、智守、道广、智兴、满、丰。⑧

632 年官方文书记载，柏谷庄之役胜利后，数位和尚被授予官职，除昙宗以外，其他人皆婉言谢绝。这些人很可能就是碑上记录的十三位僧人。需要注意的是，碑文铭刻时间并非在李世民时期。⑨ 碑文既无日期，也无签名，如果不是更晚的话，很可能是在 728 年立碑的时候制作的名单并镌刻入碑的。⑩ 十三武僧的名字记录如此准确（尤其

① 题词为优雅的隶书，内容是"太宗文皇帝御书"。

② 包括徐坚、赵冬曦，信上有他们的签名。徐、赵二人的传记可见《新唐书》199. 5663 及 200. 5702，他们是丽正殿修书院（725 年改名为集贤殿书院）张说的下属。关于张说在修书院的领导工作，见《新唐书》125. 4408。

③ Weinstein, p. 51.

④ 充公令载于《唐会要》59. 1028。裴漼记述，皇帝专门赦免了少林寺。见王昶《金石萃编》77. 18b 及砺波护书第 47—48 页。

⑤ 砺波护书第 47—52 页。

⑥ 顾少连：《嵩岳少林寺新造厨库记》，原文刻于一块少林寺碑，碑刻被毁严重。但全文被收录到晚明史籍如傅梅《嵩书》（20. 13a - 16b）中。顾少连的传记可见于《新唐书》162. 4994—4495；又见《旧唐书》13. 396。

⑦ 卢真当时还有两名随员：卢寅和元繇，探访日期为会昌五年二月二十六日。这次探访与顾少连的书信同刻于一块碑上。感谢阿德（叶德荣）先生为我指示这段内容。据我所知，这条材料别处无载。关于武宗对佛教的打击，参见 Weinstein, pp. 114 - 36。

⑧ 我的翻译来自原碑拓片，可与砺波护书第 22 页及徐长青《少林寺与中国文化》第 104 页文字相比较。（译者注：本处已还原为原碑文。）

⑨ 此处已使用李世民的庙号太宗。

⑩ "少林寺碑"上所刻七段文字中，十三僧的名单位于最后，可以基本确定是在较晚的日期添加的。特别是碑文中提到唐代某年，使我们怀疑名单是在唐代以后刻上的（碑上其他文字只记统治年号）。晚明学者都穆和顾炎武都记有十三僧助唐之事，见都穆《游名山记》19a 及顾炎武《少林僧兵》，载《日知录集释》29. 21b。

是大将军昙宗），可见和尚们在战争中的英勇故事已是深入人心。

少林碑铭上的记录言之凿凿：621年，少林和尚为未来的皇帝李世民而战，因战胜而受到奖赏。从登封县尹到中书令，各级官吏都审查了他们军事胜利的细节，并在调查报告上签名认可。因此，毫无疑问，早在唐代，少林和尚们即参与了武力斗争。

既然少林和尚参与战争毋庸置疑，那么在中古时期他们是否进行过军事训练？虽然表面看来，进入战场即意味着参与战斗，但两者又不可同日而语。少林和尚有没有在寺庙之内进行过军事训练？或许有，或许没有。那些参战的和尚或许是在寺院之外接受过武术训练；又或许专为参与某次战斗而接受训练，而不是其寺院生活的必修功课；甚或他们根本没有进行过任何训练，即被推向唐代的战场。

将唐代与明代的史料进行对比，或许可以看清真相。大量16、17世纪的材料证明，少林和尚不仅参加某些战役，而且进行常规训练。晚明时期的访客总是讲述他们在少林寺看到的喧闹欢腾的训练场面和叮当作响的武器声响。当时，少林和尚已经发展出自己的武术技艺，吸引著名的武师前来观摩。在晚明的军事作品中，充斥着对少林棍法的溢美之词。相反，唐代的碑铭并没有记载少林和尚的武技。事实上，它们既没有说明少林和尚如何打斗，也没有指出他们采用何种武器。此外，在唐代游访少林寺的文人墨客留下的诗歌和游记中，也没有提及寺院内有无军事训练的痕迹。

让我们再度审视“少林寺碑”，碑文记载两次使用武力的事例：一是610年左右击退强盗的进攻；二是621年对李世民的军事帮助。也就是说，在不长的时间内，他们参与了两次武装斗争，这也许可以说明某些少林和尚的确接受过军事训练。此外，碑文明确无误地记载，少林和尚昙宗曾被授予大将军之职。之所以获此殊荣，大概是因为他非凡的作战才能，可以从另一侧面证明少林寺曾有常规军事训练之举。为证明这一点，我们需要更多的材料证据，哪怕是蛛丝马迹。

唐代张鷟（约660—741）的文集中有一则小故事，其主角是少林和尚僧稠（480—560），佛教史上称其为“禅僧大师”。僧稠师从少林寺奠基人跋陀，跋陀曾赞他：“自葱岭以东，禅学之最，汝其人矣！”① 但张鷟所记，并非僧稠的禅学造诣，而是他的武术功力：

> 北齐稠禅师，邺人也，幼落发为沙弥。时辈甚众，每休暇，常角力腾趠为戏。而禅师以劣势见凌，给侮殴击者相继。禅师羞之。乃入殿中闭户，抱金刚足而誓曰：“我以羸弱，为等类轻负。为辱已甚，不如死也。汝以力闻，当佑我。我捧汝足七日，不与我力，必死于此，无还志。”约既毕，因至心祈之。初一两夕恒尔，念益固。至六日将曙，金刚形见，手执大钵，满中盛筋。谓稠曰：“小子欲力乎？”曰：“欲。”“念至乎？”曰：“至。”“能食筋乎？”曰：“不能。”神曰：“何故？”稠曰：“出家人断肉，故耳。”神因操钵举匕，以筋视之，禅师未敢食。乃怖以金刚杵，稠惧遂食。斯须入口，神曰：“汝已多力，然善持教，勉旃。”神去且晓，乃还所居。诸同列问曰：“竖子顷何至？”稠不答。须臾，于堂中会食，食毕，诸同列又戏殴，禅师曰：“吾有力，恐不堪于汝。”同列试引其臂，筋骨强劲，殆非人也。方惊疑，禅师曰：“吾为汝试之。”因入殿中，横塌壁行，自西至东，凡数百步。又跃首至于梁数四，乃引重千钧②，其拳捷骁武，动骇物听。先轻侮者，俯伏流汗，莫敢仰视。③

张鷟描述的暴力与虐待，与佛教寺院的氛围极不相称。他所说的习武活动与佛教和尚们的身份也极不相符。如果他的故事反映了历史事实，那么唐代的某些佛教寺院则存在习武行为。因此，

---

① 道宣：《续高僧传》*T.* 2060，50：553c. 据裴漼记载，僧稠曾为少林寺住持，见其撰“少林寺碑”，载于王昶：《金石萃编》77.16b。

② 1“钧”等于30“斤”（唐代的1斤约等于1.5英镑）。

③ 《朝野佥载》2.21－22。这则故事与少林寺历史的关系，见旷文楠：《少林习武的发端及早期道教武术》，载《体育文史》1994年第4期，第9—11页；阿德：《紧那罗王考》，载《中华武术》2003年第9期。

很有可能，中古时期少林寺或其他寺院的僧人们不仅参加了战争，还为参加战争而进行过军事训练。

四、武神与武僧

张鷟关于僧稠的故事纯属虚构，目的是吸引人们的兴趣，但其中既有佛教背景，也蕴含了少林寺的传说。故事中僧稠求助的金刚神，是佛教神话中的大力武神，而且在少林寺得到供奉。

极力宣扬和平的佛教，传到中国之时，各种武神形象却充斥其众神之列，令人匪夷所思。佛教图像向我们揭示了佛教信仰暴力的一面：佛陀左右总是侍立着全副武装、面目狰狞的武神，将妖魔鬼怪践踏脚下。[①] 金刚神就是这些神圣的武士之一，他手持的武器是金刚杵。金刚杵被引入佛教“军械库”之时，已然拥有光荣的历史：印度教神因陀罗（Indra）曾用它降伏恶龙乌里特那（Vrtra）。[②] 在视觉艺术中，金刚神的武器形状各不相同，有剑、矛、棍、铁饼，还有两条横向交叉的链子。而金刚杵常被想象成一把带有装饰的节杖，有时用花朵点缀。[③]

金刚神在中国得到尊奉，有时又被称为“二王尊”，守卫在庙门两边，形象显得力大无比。与其他守护神不同，金刚神没有佩带盔甲，而是身穿轻衣薄衫，露出强健发达的肌肉，袒露胸膛，粗壮的手臂揽着标志性的武器。[④] 一位艺术史学家说，“金刚神的形象衣着暴露，无疑是为了展览其夸张的肌肉。”[⑤] 他这种毫无掩饰的力量是吸引武师的原因——从僧稠到历史上的少林武僧，在现实和传说中都将其视为神明。

中国古典文学描绘了金刚神像宣示的原始力量，16 世纪的作者吴承恩在《西游记》中描写一对金刚塑像：

> 一个铁面钢须似活容，一个燥眉圜眼若玲珑。左边的拳头骨突如生铁，右边的手掌峻嶒赛赤铜。金甲连环光灿烂，明盔绣带映飘风。[⑥]

金刚等守护神之所以赢得其无法比拟的地位，是因为他们对敌人了如指掌。他们通常先是小妖怪，皈依佛门之后，负责对付过去的同类。他们被认为是“一物降一物”的伏魔高手。“他们最初是各种病魔……”史灼文（Michel Strickmann）写道，“到中古世纪早期，他们浪子回头，成为保护者，转而对付他们自身在古老的、未开化的前佛教时代引致的各种疾病。”[⑦] 金刚神曾经是一位印度教中的夜叉，被称为“金刚夜叉”。他亦神亦魔的矛盾特性通过凶恶的外表得以表现：头顶燃烧的火焰环，张着血盆大口，尖利的牙齿暴露在外。

金刚神的力量可以赋予其信徒的说法，并非张鷟的首创。佛教经文证实，人们向他求告，因为他可以赐予力量，称呼他为“那罗延天”或“那罗延”。“那罗延”是对印度神明（包括毗湿奴）的尊称。在中国佛教文献中，那罗延要么用来指称单独的金刚神，要么是指“二王尊”中右边的那位。[⑧]

最初，那罗延的力量来自魔法术。654 年据大量印度材料编译的《陀罗尼集经》，记载了他的两种魔法，靠咒（梵文：mantra）和印相（梵文：

---

① 最典型者即为四大天王，汉语称“护寺四天王”。参见 Aurel Stein, *Serinida*, 2: 870 – 876; Alice Getty, *Gods of Northern Buddhism*, pp. 166 – 168; 及 Demiéville, pp. 375 – 376。

② 汉语“金刚”又有“钻石”的意思。参见 Monier Monier – Williams, *Sanskrit-English Dictionary*, p. 913; 以及《佛光大辞典》4: 3532 – 3533“金刚”。金刚神有时又被称作因陀罗，见 Étienne Lamotte, *Vajrapani in India*, pp. 1 – 9; 又见 Louis Frédéric, *Les dieux du Bouddhisme*, pp. 209 – 211; 及 Getty, pp. 50 – 53, 200.

③ 见“kongo”与“kongosyo,”分别载 Mochizuki Shinko, 2: 1309 及 2: 1333 – 1335; 又见 Frédéric, pp. 60 – 62.

④ 见《佛光大辞典》“金刚力士”及“二王尊”条。又见 Frédéric, pp. 247 – 249.

⑤ Aurel Stein, 2: 876.

⑥ 吴承恩:《西游记》36.412，英译本见 Anthony Yu 译: *Journey to the West*, 2: 167.

⑦ Michel Strickmann, *Chinese Magical Medicine*, p. 67.

⑧ 见《佛光大辞典》“那罗延力执金刚”、“那罗延天”、“金刚力士”条。又见 Monier-Williams, pp. 536 – 537 “Narayana”及《禅学大辞典》第 967 页“Naraenkongo”。

mudra）完成。使用者会拥有那罗延的“无边力”，可以“移动山川，搅动海洋”。①

中国佛教文献记载了祈祷施咒的事例。慧琳（737—820）在其《一切经音义》中阐述，那罗延的力量可以通过祈祷引发。与张鷟一样，慧琳也强调心诚则灵：“若精诚祈祷，多获神力也。”②

那罗延神能够供给力量的佛教概念，影响了少林寺的宗教实践。考古资料证明这位神明因其神力在少林寺得到供奉。至今尚存的一块12世纪的碑铭刻画了他手持的金刚杵所具有的神性。在少林寺住持祖端（1115—1167）的主持下，碑文引录了《陀罗尼集经》中记载的关于那罗延的法力：

> 经云此神即观音示现，若人尽心供养，持此印咒，则增长身力，无愿不获，灵验颇多……学其印，求其咒，模其像者多。故立石以广其传。
>
> 住少林祖端重上石。③

虽然祖端的碑文引自《陀罗尼集经》，但两者对那罗延所赋神力的理解是不同的。《陀罗尼集经》表示，若获那罗延神助，便会拥有本身并不具备的“无边神力”，那完全是一种诱人的法术。而少林寺的碑文与张鷟关于僧稠的故事一样，认为那罗延的力量会进入练习者的身体。祖端通过碑文告诉世人，他们获得的不是难以捉摸的法术，而是实实在在的“增长身力”，保证练习者的筋骨会变得更加强壮。

因此，少林寺碑显示了少林武僧们是如何调整佛经中的法术以适应他们的身体训练安排的。武僧们包括张鷟轶事中的僧稠，对虚无缥缈的法术并不感兴趣，他们的目的更加具体：需要更强健的肌肉，可以在武力行动中表现良好。祖端的少林碑表明，他们藉那罗延这位古代的佛教神明，来达到自己强身健体的目的。

虽然祖端的碑刻于金代，但少林和尚对那罗延的供奉仪式还要开始得更早。碑文显示为“祖端重上石”，表明少林寺在更早的时期已有这位武神的画像。但早到何时，不太容易判断。鉴于张鷟关于僧稠的故事，可以认为唐时期少林和尚即已礼拜那罗延。如果是这样，那么早在中古时期，武术神话就已经与寺庙武术实践密切关联了。

五、武僧与酒肉

我们注意到张鷟故事中的一个细节：打斗与吃肉的关系。作为变得强大的先决条件，金刚神命令僧稠必须打破戒律，开始吃肉。僧稠拒绝，金刚神则逼迫他咽下。武僧与吃肉的关系，是武术文学中一个永恒的话题。小说、戏剧以及近世的电影、电视剧总是把武僧刻画成大块吃肉、大碗饮酒的豪杰之士。从唐代直到20世纪，文学作品中武僧的最大嗜好是酒肉。在武僧们的世界中，吃肉具有如此重要的意义。我们可以从古今的史料中，对此话题作一简要梳理。

我们应当了解，素食主义并不为佛教僧人们普遍遵守。早期的佛教经文对饮食问题并非完全一致。虽然一些大乘佛教的经文宣扬拒食动物肉类，但僧院法规并没有完全禁止食肉，只是训诫和尚们不要食用专为他们而宰杀的动物。若动物为他人而宰杀，则和尚仍可食用。文字上的不统一更带来实践中的千变万化。在小乘佛教流传的大部分国家，和尚们未禁肉类。而中国的佛教更倾向于素食主义。从中古时代开始，禁食肉类已成为中国佛教的一大重要特征，无论是僧侣，还是世俗信徒，都要遵守禁肉规定。④ 因此，读到张鷟故事的人定会对佛教神明坚持让其崇拜者违反原则的做法大感不解。

那么为什么人们想当然地认为中国武僧喜欢吃肉？原因之一是相信肉类对于人体能量不可缺

---

① 见印度僧人阿地瞿多（Adikuta）在中国编译《陀罗尼集经》*T.* 901，18：880c－881a。关于这部经文，见 Michel Strickmann, *Mantras et Mandarins*, pp. 133－163.

② 《一切经音义》*T.* 2128，54：340a。

③ 见阿德：《紧那罗王考》。

④ 参见 John Kieschnick, “Buddhist Vegetarianism in China”; Vincent Goossaert, *L'interdit du boeuf en Chine*, pp. 51－71; 及 Barend ter Haar, *Buddhist-Inspired Options*, pp. 129－37.

少。直到今天，仍有人认为专业从事运动的人的食谱中不能缺少肉类，他们相信少林和尚们仍在吃肉。而文学作品中的武僧形象也反映了另一种推测：违反使用武力禁令的僧人同时也很可能违反了食肉的禁令。有时，这两种罪孽相互交织，人们想象一位野蛮的和尚在败敌的尸首之上大快朵颐的场景。董解元戏剧《西厢记》中的主角僧人在奔赴战场之前说："开门但助我一声喊，戒刀举把群贼来斩，送齐时做一顿馒头馅。"① 可见，在人们的概念中，战场的残酷与吃肉的残忍不相上下。

中国文学中最有名的武僧之一是《水浒传》中的鲁智深，诨名"花和尚"。鲁智深在山西省的一座寺庙出家为僧，这座寺庙的和尚亦有习武的传统。寺庙位于五台山，山上英勇武僧在北宋时期（960—1127）赫赫有名。小说描述，鲁智深在寺庙中吃肉喝酒，行为太过，还强迫诽谤他的和尚们吃肉。他最后被逐出寺门，以四处卖艺为生，几经历险，最后进入梁山泊。

小说突出了鲁智深在饮食上的僭越，还说他大吃狗肉。虽然中国一些地区也吃狗肉，但许多中国人还是避之唯恐不及。中国民间信仰认为狗是不洁的，因此带有某种魔力。在台湾，犬神是夜间崇拜的对象，狗肉有时被用作巫术的道具。②但这些都无法阻止馋嘴的鲁智深，他是逢肉必吃。作者对这个食荤的和尚塑造得淋漓尽致，详细描述了他如何用手撕扯狗肉吃。除肉以外，鲁智深还吃大蒜，这也是中国佛教徒深恶痛绝的食品：③

约莫也吃了十来碗，智深问道："有甚肉，把一盘来吃。"庄家道："早来有些牛肉，都卖没了。"智深猛闻得一阵肉香，走出空地上看时，只见墙边沙锅里煮着一只狗在那里。智深道："你家现有狗肉，如何不卖与俺吃？"庄家道："我怕你是出家人，不吃狗肉，因此不来问你。"智深道："洒家的银子有在这里。"便将银子递与庄家道："你且卖半只与俺。"那庄家连忙取半只熟狗肉，捣些蒜泥，将来放在智深面前。智深大喜，用手扯那狗肉，蘸着蒜泥吃，一连又吃了十来碗酒。吃得口滑，只顾要吃，那里肯住。④

小说《水浒传》写成600年后，在一部电影里，少林和尚仿效鲁智深，成了爱吃狗肉的人。电影《少林寺》拍于1982年，在少林寺的现代历史中扮演了重要角色。它是中国内地的重要大片，由中国著名的武师主演，其中最突出者便是传奇人物李连杰（1963年生），他在18岁时已经连获五届全国武术比赛全能冠军。11岁时，李连杰参加中国武术代表团到白宫表演，成为中美外交关系蹒跚起步时期的重要事件。八年以后，他参演电影《少林寺》，与少林寺武师一起共同担任电影角色。电影在少林寺现场拍摄，激起了社会对少林寺的巨大兴趣。电影上映之后，成千上万雄心勃勃的武师涌入少林寺，催生了寺院周围数十间武校的兴起。由此，现实紧随虚构，一部电影的成功带动了少林寺的复兴。⑤

电影《少林寺》在现代寺庙史上扮演着重要角色，提供了一个历史传承的突出范例。电影的主题是发生于1300年前少林寺对李世民的帮助。事实上，电影与728年的《少林寺碑》内容相呼应，又加了不少想象与虚构的情节。电影中，和尚们不仅为李世民战斗，还解救了他的性命。作为感谢，当上皇帝的李世民亲临少林寺，豁免他们的饮食禁令，允许他们吃肉。政治上的支持与神学上的认可合而为一。一顿狗肉大餐之后，和尚们宣称："酒肉穿肠过，佛祖心中留。"

从唐代张鷟关于僧稠的故事直到20世纪80年代的电影《少林寺》，和尚吃肉之事被反复提及，可见也并非完全没有历史根据。虚构中的吃肉的少林和尚也许是取材于真实的少林武僧。如果是这样，那么至少有一些少林和尚不仅无视佛教禁

① 英译本见Chen Li-li译，*Master Tung's Western Chamber Romance*，pp. 46-47；比较13世纪的王实甫的"杂剧"版本，英译本见Stephen H. West与Wilt L. Idema编译：*The Moon and the Zither*：*The Story of the Western Wing*，pp. 232-234.

② 见夏维明（Meir Shahar），"Lucky Dog"，及Robert Weller，*Resistance*，*Chaos and Control in China*，pp. 134-35.

③ 见Kieschnick，"Buddhist Vegetarianism in China."

④ 英译本见Sidney Shapiro译，*Outlaws of the Marsh*，1：75.

⑤ 见陈兴华（Gene Ching），"How Jet Li Saved the Shaolin Temple."

止参战的规定，而且违反了禁肉的教规。马克·布洛克在《历史学家的技艺》谈到，可以用“回溯”的方式进行历史研究，即从现实出发，回顾过去：“因为所有研究的自然演进都是由易到难。”① 因此，我们可以根据这条原则，从寺院的现状入手，逐渐深入了解少林寺的饮食历史。

陈兴华在加利福尼亚《功夫太极》杂志中发表了一系列文章，研究错综复杂的少林团体。“少林和尚”这个称号有着多重含义，丰富了我们对佛教寺院生活的理解。少林弟子至少包括四种类型：核心是常住寺院的佛教神职人员；其次是在少林寺落发为僧的为数众多的和尚。在少林寺接受武术训练，离开寺院后以习武授艺为生，多数开办自己的少林武校；第三种“少林和尚”实际上是职业武师，他们从未在少林寺出家，但属于少林寺的表演团队，经常身披袈裟参加活动。有时被称为“假和尚”或“表演和尚”，为游客进行表演，或参加国际表演；最后则是大量的“俗家弟子”，他们跟随受业于少林寺的武师学习武艺，但从未剃发为僧。多数俗家弟子出生于登封县周围，其家族祖辈修习少林武艺。事实上，一些少林功夫大师是俗家习武者，如梁以全（1931 年生）和刘宝山（1931 年生）等。②

佛教的饮食禁令只是由上述第一种类型的少林寺常住神职人员遵守，今天的少林寺不提供肉食，寺院中居住的和尚只能吃素。而其他类型的少林弟子都公开吃肉，尤其是修习少林武艺的俗家弟子。令人吃惊的是，在少林寺剃度的僧人，只要不在寺内居住，有些人也吃肉。那些离开少林寺开办私人武馆的武僧们大部分都吃肉。这些健壮的武师仍以和尚的面目示人，身着僧衣，但并不禁肉食。让人觉得吃肉是武僧生活中必不可少的部分。当被问及饮食习惯时，他们解释说少林武僧与吃肉密不可分，有时还引证电影《少林寺》中的传说，是皇帝李世民将和尚们从素食的规条中解放出来。事实上，我们很难判断这种辩护是出现在电影之前还是之后。

随着少林团体的国际化，它的饮食习惯也远播海外。最近数年，不少少林武僧移居美国开办武术学校。今天，花样繁多的“少林寺”像苹果公司库比蒂诺（Cupertino）一样遍布加利福尼亚、休斯顿和纽约，其中不少是由公开吃肉的在少林寺出家的武僧们领衔。如曼哈顿少林寺的创立者延明，又吃肉又饮酒，并且娶有妻子，却总是身穿僧衣，以佛教和尚的身份出现。事实上，延明的少林身份不仅与宗教有关，而且也是生财之道。正是凭借其真正的“少林和尚”身份，延明才得以吸引习武的学生，其中包括 Rap 音乐超级明星 Rza（Robert Fitzgerald Diggs，1969—），其乐队名为“武当派”（Wu-Tang Clan）。③

因为居住在遥远的美国，延明在饮食上的僭越并没有威胁到本土少林寺的和尚们。但其他吃肉的“少林和尚”却生活在寺院的周围，与寺院内吃素的僧人们过往密切。大多数在少林寺剃度的和尚离开寺院之后，在登封县谋生。他们的武校就分布在寺院周边，与寺院内的和尚们形成竞争关系。同样，那些住在寺院内的“表演僧人”，如果不远赴他乡表演，则常会溜出寺庙去附近的餐馆吃肉解馋。最后，无数的俗家弟子来来往往，拜望他们的老师，或者切磋武艺。这样，常住少林寺的那些吃素的和尚，被其他各种类型的吃肉习武者层层包围。

少林佛教僧人们与“半和尚”或“假和尚”距离太近，是永信方丈（1965 年生）决定清理寺庙周边环境的原因之一。永信 1999 年当上少林寺住持，上任伊始即驱逐了几位颇有名气的食肉武僧。在河南省官方的支持下，他在接下来的一年继续推行宏大的清理计划，拆除了寺院周边几百个武校、餐馆、礼品店、小旅馆。这个富有争议性的工程受到国外媒体的批评，其动机是要美化少林寺周围环境。永信与政府官员志同道合，希望恢复少林寺昔日的美景，这不仅对少林寺自身的发展有益，更可以向联合国教科文组织申报世

① Marc Bloch, *The Historian's Craft*, p. 45.

② 见陈兴华：“The ‘One’ of the Top Ten: Shaolin Grandmaster Liang Yiquan,” “13, 000 Warriors of Tagou,” and “In the Dragon's Den.”

③ 见陈兴华：“Shaolin Temple's Prodigal Son,” 及 Susan Jakes, “Kicking the Habit;” 关于其他在美国的少林寺，见陈兴华：“Shaolin Brothers go West” 及陈兴华、Gigi Oh, “Shaolin's Second Wave.”

界文化遗产。[①] 另外，这种重新规划也有宗教上的考虑，显然，永信意图在他的佛教圣地与庞大的不受寺院戒律约束的少林团体之间画一条界线。

由永信净化寺院的行动，让我们想到两个半世纪前雍正皇帝净化少林寺的命令。1735年，管理河南山东两省事务的河东总督王士俊（？—1756）向皇帝上书，陈述他革新少林寺的计划。总督在他的奏章中详列了重建少林寺的规划图。向来自诩殚精竭虑、夙兴夜寐的雍正皇帝，自然不会敷衍潦草地批准奏章。这位勤政的帝王（1723—1735年在位）详细批阅了重建少林寺的草案，但他关注的重点并不在建筑上的典雅，而在于寺院管理上的问题。他颁下命令，少林寺的重建首先应从清理违规叛道的假和尚开始：

> 朕览图内，门头二十五房距寺较远，零星散处，俱不在寺内。向来直省房头僧人，类多不守清规，妄行生事，为释门败种。今少林寺既行修建，成一丛林，即不应令此等房头散处寺外，难于稽查管束。[②]

根据这位18世纪的皇帝的看法，腐败的和尚不是住在少林寺内，而是散居于寺院四邻。这与现代的情形类似，大部分吃肉的僧俗弟子都居住在散布于登封县的各家私人武校之中。皇帝称这些肆无忌惮的弟子为"房头僧"。在明清时期的佛教用语中，"房头"是指某种寺院建筑或者半独立的小庙，位置通常在大寺庙的附近。这些附属建筑用以增加寺院的财富，提高其声望，或者为了提供更多的居住地方，以免寺院过于拥挤。早在17世纪，一些僧伽领袖就对房头等处违犯教规的行为忧心忡忡。寺庙别院中的和尚肯定较难管束，因此一些僧人反对建立房头。任江苏宝华山隆昌寺住持的律宗大师读体（1601—1679）痛惜说："我每见诸方古刹各立房头，分寺业，另起灶，以至修行不洁，僧不守规，直到钟鼓停声，三门颓败……"。[③]

雍正皇帝下令拆除散布少林寺外的各处房头，很可能与读体的观点一样，是对教风的整顿。而极有可能的是，皇帝除了对房头僧人的所作所为没有好感之外，还应当对少林寺僧的一些特定的犯规行为有所耳闻。早在16世纪，一位名叫王士性（1547—1598）的高官就曾谴责少林和尚喝酒吃肉的行为。[④] 清代（1644—1911），少林寺的宗教违规行为经常被诟病，这些行为有些来自少林寺本身的和尚，有时则是寺院附近如房头等处的僧人。例如在1832年，登封县令何为颁布了一份严厉的告示，斥责少林寺房头僧饮酒、赌博甚至淫乱行为：

> 少林寺自古名刹……自应谨遵法戒，恪守清规，以肃丛林而重体制……
>
> 各房头僧人，往往交结俗家，容留匪人，或邀约酗酒，或聚会赌博，甚至朋比窝娼，构串结讼，无所不为。[⑤]

虽然何为言词谨慎，没有明确批评少林寺僧人，而是指责违法乱纪的房头僧人，但其用意一看便知，他真正警告的是少林和尚。他公开谴责房头僧，只是给少林和尚留些颜面。事实上，少林和尚与房头僧人之间的区别并不清晰。知县对所有的少林和尚——无论是寺院僧人还是房头僧人——发出预警，若他们践踏教规，将会受到严厉的惩处：

> 该僧人等务宜洗心涤虑，各自焚修，认诵经卷，耕耨农田。凡俗家诸色人等，概不许私相往来。亦不许干预外事，窝藏匪人，滋生事端。倘

---

① 见陈兴华："The World Heritage of Shaolin"及"United Nations, Divided Shaolin;"又见 Susan Jakes, "Kicking the Habit."

② 1748年的《少林寺志》"宸翰"收录了这条谕令。又见温玉成：《少林访古》第341—342页；周伟良：《明清时期少林武术的历史流变》，载《少林功夫文集》；关于雍正皇帝，参见 Madeleine Zelin（曾小萍），*The Yung-Cheng Reign*, p. 202.

③ 黄常伦：《律宗第一道场：宝华山隆昌寺》，载《法音》1998年第5期，第51—54页。

④ 见王士性：《豫志》，第6页。

⑤ 县令的告示刻于一块少林寺碑上，感谢阿德为我抄录。

敢故违，一经举发实行，加等治罪。至俗家人等，不准在寺□□□赌；佃户人等，另住一处，不准与僧家比邻同居，以示分别。①

知县的告示表明他关心的主要是社会治安，而不是寺院清规。告示尤其强调不许容留匪人。在这方面，何为与其他官员的观点类似，只有犯罪活动被证明是和尚败类所为时，或者和尚们有妨害治安或犯罪的倾向时，才会关注他们对佛教教规的违反。我们看出，在整个清代，政府都着力防范少林僧人参与宗派叛乱。例如在 1739 年，河南巡抚、蒙古人雅尔图（？—1767）曾向乾隆皇帝（1736—1795 年在位）上疏："豫有少壮之民，习于强悍，多学拳棒。如少林寺僧徒，向以教习拳棒为名，聚集无赖、凶狠不法之辈，效尤成风。邪教之人传意诱骗此等入伙，以张羽翼。"②

何为与雅尔图等政府官员的政治考量，对他们宗教主张的客观性产生影响。可以认为，官员们谴责少林和尚违反佛教戒律，只是因为他们希望说服皇帝，少林寺不是一座真正的寺庙，而会带来某种政治威胁。因此，对少林寺在宗教上的犯规，除了外部（政府官员）指控以外，内部（寺院长老）的批评更显得意义非凡。早在明代（1368—1644），寺院领袖们就努力阻止违反佛法的行为，清理违反寺规的和尚。1595 年，负责寺院律法的少林寺监寺们刻碑立约，警示僧人不得践踏佛法。他们起草的铭文说明，对寺院律法的不尊重，将会影响少林寺作为独一无二的武术寺院的地位，因为院内修习的武术会吸引那些目无法纪的和尚们：

少林禅寺自古祖庭，为天下名刹第一，而文武并用，僧众云集，遂致不遵戒律者有之……自今以往，凡有犯戒破律等项事情，小则住持径自责处，大则当年管事僧呈告到县，依律惩治。③

我们现在可以从文学、人类学和历史学的角度，评价少林寺的饮食历史。首先，自唐代以来，直到 20 世纪，小说和戏剧都将少林武僧与喝酒吃肉联系起来。在小说、短文、戏剧以及电影中，武僧总是被描述为大块吃肉的贪吃之徒。其次，在少林寺及其周边进行的实地调查，也与文学描述并无二致。尽管他们自称佛教僧人，身披僧袍，大部分离开少林寺从事武术职业的和尚都吃肉。最后，从官方文书及少林文献可以看出，明清两代，某些少林和尚或与少林寺有关联的僧人确实违背了佛教的饮食清规。因此，我们可以推断，在少林历史上的大部分时期——如果不是全部——吃肉总是与武僧密切相关。

这并不是说寺院之内经常吃肉。在少林寺历史上，吃肉的和尚通常居住在寺院的周围——如过去的房头和现在的武校，他们违反教规的行为通常发生于寺庙之外。无可否认，也有一些时期如"文化大革命"之后，寺院纲纪废弛，庙内也有吃肉的现象。但大部分还是漂泊在外的武僧，离开寺庙从事武术生涯。在这方面，文学角色鲁智深最能反映特定的历史场景。这位明代小说《水浒传》中吃肉的"花和尚"，在五台山出家为僧，最终离开寺庙，四处流浪，以习武卖艺为生。那些无数的在少林出家的武僧，离开寺庙谋生，在近而登封、远至纽约的饭馆中打破佛家饮食之戒，与鲁智深可谓惺惺相惜。

无论是不是习武之人，离开寺庙的和尚经常违反教规实在不足为奇。中国佛教史上有一群特殊的僧人，处于佛教团体的边缘，过着四处漂泊的生活。这些僧人常被世人视为天赋异能，从事治病、算命等行业。人们相信他们超常的行为与超常的能力密切相关，视其违反教规为当然之事，尤其对他们饮酒吃肉的生活方式不足为怪。因此，这些民间奇士常被称为"癫僧"、"疯和尚"或"野和尚"。在中世纪早期的传记中就有他们的事迹，如慧皎（497—554）的《高僧传》。在中国近代的宗教生活中，人们对此类和尚仍然津津乐道，称之为"酒肉和尚"。这些怪异的圣人中，最有名的莫过于宋代的道济（？—1209），又叫济癫。在其身死以后，大量的文学、戏曲争相传颂，使他成

① 同上少林寺碑。

② 引自《康雍乾时期城乡人民反抗斗争资料》下册，第 619 页。

③ 文字刻于一块少林寺碑的背面，碑文还刻有 1595 年登封知县的书信。感谢阿德为我指示此碑。

为中国宗教万神殿中最为亲切可爱的神灵之一。①

最后，我们还要注意，武僧与吃肉联系，也延伸体现在他们的守护神身上。中古时期的材料显示，与大部分佛教神明不同，守护神经常被供奉肉类。公元 513 年，虔诚的素食者梁武帝（502—549 年在位）颁布诏令，禁止官方和民间在任何庙宇奉祀牺牲。但诏令中的一条提到，一些佛教寺院和尼庵向武神如四大天王供奉鹿头、羊肉等。这个诏令说明供奉牺牲之事十分普遍。显然，人们认为天上的武神与地下的武僧一样离不开荤食。②

六、结语

少林寺的军事活动可以追溯到 7 世纪：610 年前后，少林和尚击退了盗匪的进攻；621 年，他们参加了未来皇帝李世民攻打王世充的战斗，原因之一是王世充占据了他们的柏谷庄。两次战斗都带有保家守业的性质：前者是为了保卫寺庙；后者是为了夺回被占的田产。这个特点可以让我们更深入地理解少林寺的武术传统。作为富裕的土地所有者，少林和尚是为保护其财产而战。在少林寺的事例中，军事力量实际上是经济能力的延伸。

如果少林寺的位置偏离中央，那么它的军事活动可能不会被人如此重视。可是它偏偏位于帝国首都洛阳之侧，使它原本是保护家园的地方性战斗，被赋予了国家战略的意义。少林寺扼守通往东都洛阳的山路，其战略位置使和尚们卷入了一场影响深远的政治斗争。因此，地理因素在少林寺的军事传统中扮演着至关重要的角色。

少林寺对唐朝的军事服务保全了寺院的财富。他们在李世民攻打王世充的战争中的精明选择，赢得了一位帝王和他强盛的朝代的感谢。虽然多数唐代皇帝对佛教信仰并不热心，但他们仍然感念少林寺昔日对唐朝君主李世民的支持，对其慷慨赞助。由此，少林和尚不顾佛教禁令施行暴力的行为，却成为寺院得以繁荣的原因。

少林武术发展史的某些特点，从唐代的史料即能总结出来。首先，武僧与吃肉密不可分。在中古时期，一些与少林寺相关的和尚吃肉，违反了佛教的饮食禁令，虽然这种违反更有可能发生在寺院之外；其次，早在中古时期，寺院的武术实践就与对佛教武神的敬拜密切相关。唐代，少林和尚们很可能经常向金刚神求告赋予他们强大的体力。更贴切的说法是，这位佛教中的守护神为和尚们使用暴力提供了一种宗教上的认可。如果连佛祖本人都需要武神的保护，那么寺庙当然需要武僧的保护。

虽然如此，在唐代，少林和尚并没有发明出武术技法，使他们在几个世纪后名扬四海。我们在以后的章节可以看到，到明代中期，少林武术在全国受到追捧，但中古时期的材料完全没有披露少林寺的武打技法。当时的少林和尚是怎么打的，使用的是什么武器，我们不得而知。若将少林后世的武艺归功于唐代的少林和尚，无疑是解释不通的。

① 见 Shahar, *Crazy Ji*, pp. 30 – 45；及 Holmes Welch, *The Practice of Chinese Buddhism*, p. 16；关于吃肉的和尚，又见 John Kieschnick, *The Eminent Monk: Buddhist Ideals in Medieval Chinese Hagiography*, pp. 51 – 63；以及 Bernard Faure, *The Red Thread: Buddhist Approaches to Sexuality*, pp. 151 – 53.

② 另一位守护神是迦毗罗神（Kapila），见《广弘明集》*T.* no. 2103, 52: 298a；及 Alexander Soper, *Literary Evidence for Early Buddhist Art in China*, pp. 74, 229. 感谢卜寿珊（Susan Bush）为我提供资料。

清末民初天主教与地方社会的互动

——以山西潞安教区为中心

马建春　张剑

天主教自明万历年间传入山西潞安地区，至清末民初，在数百年的政治更迭中，仍能保持继续发展的态势，仰赖于教会内部组织运作得体，以及教会在地方教徒发展中做出的种种努力。随着光绪十六年（1890）潞安教区的设立，教会内部教务组织运作与神职人员的培养随之展开。教会与地方社会的互动亦更加频繁，不同职业、年龄、性别的教徒数量逐步上升，教会内部经济结构发生显著变化，开始拥有众多的教堂、修道院、学校、医院与土地、房屋等产业。教会规模的扩大，使之与地方社会的联系日益密切，遂在其发展中逐步完成了本土化进程。

一、潞安教区的组织运作

天主教传入山西，始于明万历四十八年（1620）。是年，意大利耶稣会士艾儒略受段衮之邀入晋，由此开启了山西天主教的传播历史。纵观山西天主教的发展历程，先后经历了独立发展时期（1696—1716）、秦晋教区时期（1716—1844）、山西代牧区时期（1884—1890）等不同阶段。至光绪十六年（1890），由于新旧教会于政治上相互抗衡，外籍传教士内部派系斗争激烈，加之教区发展壮大急需系统管理，乃促使教会遂将山西天主教区重新划分。1890年6月17日，罗马教廷批准了原山西代牧主教江类思及其助理主教向教廷提出的分山西代牧区为南、北代牧区的申请，遂将其分为北部以太原府为主教府所在地的太原北圻教区和南部以潞安府为主教府所在地的潞安教区。

潞安教区，亦称“山西南圻教区”，下辖潞安、泽州、平阳、蒲州四府，辽州、沁州、解州、绛州、隰州、霍州六直隶州和各自所属共46县，以及吉州（散州）、平顺乡等，总堂设于潞安府（即今长治市）。初分时潞安教区有居民约600余万，信教群众仅9000余人。① 教区的独立，使潞安府成为晋南以及晋东南地区传教的中心，教区内部开始了新的组织运作。不久，教区即在教务发展与社会运作方面有了一定规模，教徒不断增多，教徒身份、职业构成广泛，更创办了不少教务实体，使潞安教区天主教发展达到了鼎盛。以至于1932年、1936年又于该教区内部划分出洪洞、绛州两教区。潞安教区数十年间的迅猛发展，与其历任主教尽职开拓、立志教务发展及许多传教士的务实宣教密不可分。

（一）主教府与历任主教

天主教早期传入潞安府时，尚未有主教府堂，大小宗教活动在潞城县马厂村一王姓教徒家中进行。文献载：“活动场所设在潞城县马厂村王先有家里，正房供主教作办公室，西楼楼上为神父室，楼下做圣堂”。② 同治十二年（1873）至光绪五年（1879）间，方于马厂修建一座专供主教祈祷的耶

马建春，暨南大学中外关系研究所教授。张剑，广东理工职业学院教师。

① 宋建勋主编：《山西天主教史》（内部资料），山西天主教太原教区主教李建唐准印，2004年，第66页。

② 马良：《天主教长治教区简史》（内部资料），《教友生活》编辑部，天主教长治教区李维道主教准印，1997年，第13页。

稣圣心堂，名为主教府堂。光绪三十一年（1905），新的潞安府尼各老大堂落成，并作为潞安教区主教府正式驻地。自教区设置至洪洞、绛州监牧区划出，先后有 4 位主教监牧任职潞安，他们分别为艾定禄、贺广才、翟守仁、苗其秀，均为荷兰籍方济各会士。

主教之外，教区成立之初，即有荷兰籍神父 13 人于潞安进行传教活动。至 1932 年，在本教区进行布道的中外司铎计有 119 人。其中中国籍司铎 32 人，占 27%，荷兰籍司铎 87 人，占 73%。[①] 且数据显示，1933 年前的潞安教区，荷兰籍司铎占绝大多数，教区的各项事务和权利，从上到下，均由该国司铎掌管。他们远涉重洋前来潞安地区进行传教事业，为教区的独立和发展，奠定了基础。

（二）教徒类别的构成

在天主教潞安教区发展史上，政府政策取向的变化，影响着本土教徒成分与阶层的变化。清末民初，特别是“庚子教难”后，潞安教区教徒阶层的构成，包括入教人员的身份、职业、年龄、性别等，在教会发展中呈现出新的特点。通过对潞安教区这一时期洪洞、绛州教徒成分的简要分析，即可看出当时教区内教徒构成的基本状况。

表 1：光绪十六年（1890）教区划分时南圻教区的中外神父一览表

姓名	国籍	职位	备注
艾定禄	荷兰	代牧主教	首任代牧主教，1891 年 1 月 2 日去世
葛德瑞	荷兰		艾主教去世后，任宗教署理，1892 年 1 月 2 日便去世
阎毅德	荷兰	神父	1891 年 7 月 1 日去世
安守仁	荷兰	神父	1901 年 5 月 3 日去世
潘树德	荷兰	神父	1901 年 6 月 1 日去世
翟守道	荷兰	助理修士	1903 年 4 月 12 日去世
林国栋	荷兰	神父	1906 年返国
包懿德	荷兰	神父	1922 年 3 月 7 日去世
范像风	荷兰	神父	1924 年 12 月 21 日去世
翟守仁	荷兰	神父	1901 年任主教，1926 年退休，1943 年 4 月 26 日于太原去世
田安德	中国	神父	1856 年晋铎，1901 年去世
高聿修	中国	神父	1881 年晋铎，1930 年 7 月 11 日去世
郑全义	中国	神父	1882 年晋铎，1919 年 11 月 4 日去世

资料来源：宋建勋主编：《山西天主教史》，太原：山西天主教太原教区主教李建唐准印，2004 年，第 68—69 页。

① 马良：《天主教长治教区简史》（内部资料），《教友生活》编辑部，天主教长治教区李维道主教准印，1997 年，第 27 页。

1. 教徒身份、职业构成

天主教自明万历年间在晋南传入，最先入教的教徒阶层是士绅、商人。整体而言，他们经济上较为独立，部分人具有较高的社会地位，在地方上具有一定的号召力。如绛州韩霖，明天启元年（1621）举人，家境富有，嗜游，社会地位颇高，与当时众多名士交往甚笃，有个人藏书楼，贮书数万卷。其生平著书数十种，尤以《铎书》、《守圉全书》最为著名。又如段衮，于北京入教，后回家劝其亲族一起进教。萧若瑟云："段衮为绛州巨绅，既富且贵，与弟段袭，段扆，皆热心教友，为教内外所仰望，曾捐巨款，建圣堂一座。"① 至高一志来绛州，受洗教徒达200人，其中有举贡、生员等80余人。② 崇祯四年（1631），高一志受大学士韩爌之邀到蒲州传教，当时就有150多名书生③受洗。韩爌本人官至宰相，在京城与徐光启、汤若望等人相识。崇祯八年（1635），绛州刺史雷翀更以天主教徒身份，发布告劝诫所辖民众入教。可见，天主教初入山西南部时，其教徒身份多为达官显贵，以及在地方上负有声望的士绅大族及其家人，贡生、举人、书生等地方文化人士加入者亦甚多。

但好景不长，康雍乾时期的禁教严重影响到天主教在山西的传播，地方文士、官僚阶层为仕途发展及免受侵扰，多有退教者。随后潞安天主教逐步向低层社会发展，教徒中大部分人出自贫困家庭。至清末民初，教徒的身份构成在山西南部地区随着时间的推移与之前又呈现出明显的变化，这种变化主要与清政府的天主教政策相关联。咸丰十年（1860）之后，西方列强通过一系列条约及其续约，使天主教在中国的传播合法化。但当时地方官府依然对天主教在山西的传播持敌视态度，故此时天主教徒中仍多属下层民众。

据沈艾娣（Henrietta Harrison）《方济各小兄弟会录》（Acta Ordinis Fratrum）中所记义和团运动时期山西北境825人、南境1024人殉道者数据资料统计，他们中很多人职业状况不明，教区见于职业记载的殉道者中则有农民、商人、卖肉者、屠夫、乞丐、铁匠和风水先生等。此外，从潞安教区35个县区天主教传入情况看：11个县由外省来晋逃荒的移民所带入；4个县区为本县村民外出打工或经商入教后带回。在传入时间上，26个县是咸丰十年（1860）之后才有天主教徒。

表2：光绪二十六年（1900）潞安教区殉道者的职业状况④

职业	人数	职业	人数
布道员	11	农民兼布道员	2
佣人	7	农民	49
教师	4	商人、卖肉者、屠夫	6
木匠	1	乞丐	1
绳匠	1	铁匠	1
奶妈	2	风水先生	1
先当兵后经商者	1		

资料来源：刘安荣：《本土化进程中的山西天主教、教徒及官教、民教关系》，山西大学博士论文，2008年。其数据根据Acta Ordinis Fratrum Minorum，1882—1954所列。

总之，由于受中外政治的影响，清中期的官僚、士绅阶层，为不失其身份地位，乃与教会之间多有隔膜，且保持一定距离。教会接纳的教徒，仅局限于中下层民众，少有官僚、士绅群体。潞安教区天主教徒呈现出低层化发展走向，并渐渐与主流社会失去对话机会，自我封闭于边缘化的社会状态里，难以实现教会与当地社会的交融与发展。"庚子教难"后，清廷实施"新政"。政府对天主宗教等在华传播予以开放，加之扑面而来的西方近代文化教育影响，国人因"爱屋及乌"进教者数量大增。特别是一些地方士绅的入教，带动了区域内大量民众的信教。

1933—1934年，日本"北支那派遣军"第二十师团，即山冈师团，曾在山西地区进行社会调

① 萧若瑟：《天主教传行中国考》，转引自方豪：《中国天主教史人物传》，宗教文化出版社，2007年，第190页。
② 郭崇禧：《山西天主教简述》，载于《山西文史资料全编》，山西文史资料编辑部，2002年。
③ 宋建勋主编：《山西天主教史》（内部资料），山西天主教太原教区主教李建唐准印，2004年，第5页。
④ 刘安荣：《本土化进程中的山西天主教、教徒及官教、民教关系》，山西大学博士论文，2008年，第71—72页。

查，并于1936年出版《大观》（即后之《山西大观》）一书。内中涉及山西地区各县宗教概况，以及各宗教信仰人数和性别统计，有关天主教潞安教区的统计如下：

表3：民国22、23年（1933、1934）潞安教区教徒数量

县名	教徒数量（男、女、总数）					
	民国22年（1933）			民国23年（1934）		
	男	女	共计	男	女	共计
长治县	854	548	1402	719	588	1307
长子县	—	—	—	450	534	984
屯留县	3553	3058	6611	3786	3552	7338
襄垣县	702	507	1209	704	506	1210
潞城县	2809	1903	4712	2167	1812	3979
壶关县	549	485	1034	552	494	1046
黎城县	245	159	404	318	124	442
平顺县	5	1	6	10	2	12
晋城县	194	146	340	187	142	329
高平县	116	58	174	83	54	137
阳城县	109	81	190	135	97	232
陵川县	438	386	824	437	385	822
沁水县	60	41	101	57	39	96
辽县	9	—	9			
和顺县	20	—	20	32	13	45
榆社县	125	76	201	—	—	—
沁县	—	—	—	33	18	51
沁源县	40	—	40	39	—	39
武乡县	333	209	542	394	234	628
临汾县	5	3	8	9	2	11
洪洞县	887	433	1320	296	103	399
浮山县	63	37	100	62	40	102
乡宁县	15	12	27	83	34	117
安泽县	413	264	677	404	258	662
曲沃县	8	—	8	200	143	343

（续上表）

县名	教徒数量（男、女、总数）					
	民国22年（1933）			民国23年（1934）		
	男	女	共计	男	女	共计
翼城县	160	105	265	138	90	228
汾城县	123	66	189	771	398	1169
襄陵县	143	93	236	138	90	228
吉县	9	4	13	9	5	14
永济县	133	76	209	161	96	257
临晋县	72	50	122	54	33	87
虞乡县	44	31	75	63	38	101
荣河县	1	—	1	1	—	1
万泉县	—	—	—	—	—	—
猗氏县	12	6	18	6	2	8
解县	18	20	38	18	22	40
安邑县	157	82	239	28	19	47
夏县	13	7	20	12	16	28
平陆县	204	153	357	185	139	324
芮城县	—	—	—	—	—	—
新绛县	152	114	266	98	86	184
垣曲县	353	273	626	254	173	427
闻喜县	142	24	166	44	25	69
绛县	8	1	9	7	4	11
稷山县	58	35	93	79	44	123
河津县	8	—	8	—	—	—
霍县	281	235	516	272	228	500
汾西县	3	3	6	67	23	90
灵石县	61	46	107	34	15	49
赵城县	643	420	1063	514	416	930
隰县	2050	1669	3719	2050	1669	3719
大宁县	102	73	175	112	71	183

（续上表）

县名	教徒数量（男、女、总数）					
	民国 22 年（1933）			民国 23 年（1934）		
	男	女	共计	男	女	共计
蒲县	61	5	66	48	12	60
永和县	33	24	57	51	29	80
总数	16596	12022	28618	16371	12917	29288
比例	58%	42%	100%	55.9%	44.1%	100%

资料来源：根据《山西大观》整理。说明："—"为资料不详者，并非无教徒。

显然，潞安教区教徒的涵盖区域颇广，几乎所有县区均有分布。由此即可看出天主教在这一时期于此迅猛发展的态势。

2. 教徒的年龄与性别

性别与年龄构成，是研究地方社会人员构成的基本因素。由表 3 看，虽然不同县区的教徒数量多少不一，但在教徒性别差异上，则主要表现为男性教徒明显多于女性教徒。就整个潞安教区的教徒构成来说，教徒的年龄构成基本上覆盖了不同年龄段，且不同阶段数量差异不大。现存资料中未有潞安教区教徒成员年龄的记录，但从"庚子教难"时教区教徒殉道记录中，仍可寻得一些蛛丝马迹。

表 4：光绪二十六年（1900）潞安教区殉道人员中性别、年龄划分①

年龄	人数		年龄	人数	
	女	男		女	男
0~5	100	94	6~10	85	71
11~15	46	50	16~19	29	38
20~29	64	50	30~39	33	46
40~49	49	54	50~59	36	54
60 岁以上	50	28	情况不明	23	18

资料来源：刘安荣：《本土化进程中的山西天主教、教徒及官教、民教关系》，山西大学博士论文，2008 年。其数据根据 Acta Ordinis Fratrum Minorum，1882—1954 所列。

由上表不难看出，当时潞安教区中，教徒年龄跨度较大，小至刚出生的幼儿，大到年逾古稀的老者均有。表面上看，这似乎和天主教在传教过程中注重对底层人员的吸纳有一定关联。实际教难中婴幼儿及年老者相对于青壮年来说，属于弱势地位，女性教徒相对于男性教徒来说亦属于弱势群体。在一场暴力冲突中人员的伤亡，一般以弱者为多，他们比较容易受到伤害。因此上表体现的男女教徒数字及年龄比例，并不能真正说明当时教徒年龄或性别的构成，但仍可在一定程度上反映本地教徒的年龄与性别状况。

（三）修道院与布道人员的培养

修道院，是依据教会规定培养教士，并为教会人员提供居住、饮食、习经、祷告等活动的公共场所。它既是教会人员日常学习、生活的所在地，也是其进行宗教活动的场合，是教会组织运作的一个重要的组成部分。

潞安教区成立之初，即于光绪十九年（1893）在潞城县羌城村设立小修道院，但当时因未具规模，直至光绪二十六年（1900）前后才开始实施招生。光绪二十七年（1901），潞安教区主教府在潞安府内建成，修道院遂于光绪三十一年（1905）迁入总堂。内设院长一名，教师 2~3 人，主要由神父担任，有修生 20 余人。从 1927 年到 1945 年的 18 年间，修道院招收修生 15 个班次，计 250 余

① 刘安荣：《本土化进程中的山西天主教、教徒及官教、民教关系》，山西大学博士论文，2008 年，第 75—76 页。

人。先后培养出神父 60 余名，其中晋为主教者 5 名。修道院历任院长 9 人，他们中多为荷兰籍，即范像风、翟守仁、吴泰山、郝舌耕、蒋绥则、卫真理 6 人；其余 3 人出自国内本土，他们是崔务实、平达观、韩山城。

修道院外，潞安教区还设有修女院。潞安府内的修女院来自若瑟修女会和依撒伯尔修女会。若瑟修女会，属于荷兰修会，是潞安教区于 1922 年在总堂所在地创办，旨在协助教会传教、救灵。其具体工作则是通过创办医院、养老院、育婴堂、学校等实体，救助平民，崇尚道德，扩大教育影响，以实现其宗旨。

依撒伯尔修女会成立于 1931 年，与若瑟修女会不同的是，其所有成员均为潞安教区献身教会的贞女。该修女会与若瑟修女会体制不一，有自己的会规。但成立之初，由于人员、物质等条件难以使其独立运行，故亦属潞安教区总堂辖理，加入该修女会的成员计有 56 人。

教区修道院和修女会的建立，为地方教会的发展培养了专事宗教传播的人才力量，从而也为教区的扩大、教徒的增加及教会的逐步本土化，提供了保障。

二、教区教育卫生事业的创办

作为一种传教手段，天主教非常重视教育卫生及慈善活动的开展。晚清民初的潞安地区天主教会，在经历了政府禁教及民教冲突后，格外注重地方社会中教育卫生事业的创办。虽然这些教育、卫生和慈善事业的开展，以能够吸引当地百姓入教的影响和可能为前提，以直接达到传播福音为目的。但客观上改善了地方教育卫生条件，获取了百姓的信任，在地方社会中取得了较大的社会效果，遂由此为天主教的顺利传播铺平了道路。

（一）教会学校与人才培养

早在 20 世纪初，潞安教区便在其辖区内创办学校。1936 年绛州监牧区划分之前，整个潞安教区已建有教会学校多座。其中不仅有专门培养教会人才的宗教学校，也有为社会培养人才的世俗学校，如师范学校、女校等。最初的教会学校建成于翟守仁主教时期，教区内部史料称："因当时整个山西地区教育落后，且人才缺乏，为此，教会想通过建立学校来改善当地的现状。"无需谈论天主教会于此建立学校的初衷，显然这一举措作为社会公益事业，已福及当地民众。时潞安教区所建学校主要有：安多尼学校、类思学校、明星女校（私立明星女子高初两级小学校）以及一些小学。

表 5：1925 年时天主教会在潞安教区内已建立的学校

县名	国别	教会	校数	学生数	性质
潞城	荷兰	天主教	1	27	男子学校
隰县	荷兰	天主教	1	33	男子学校
襄垣	荷兰	天主教	4	160	男子学校
新绛	荷兰	天主教	1	30	男子学校
隰县	荷兰	天主教	1	45	女子小学
潞城	荷兰	天主教	1	25	男子高小
洪洞	荷兰	天主教	1	78	男子高小
潞城	荷兰	天主教	1	12	男子师范
洪洞	荷兰	天主教	1	33	男子师范
长治	荷兰	天主教	1	不详	瑞本女校

资料来源：《山西第十次教育统计》民国 14 年度（山西省政府统计编纂，民国 19 年 7 月刊行）第 206—211 页。转引自：刘安荣，《基督教与近代山西教育事业现代化》，山西农业大学学报（社会科学版），2006 年第 1 期。

安多尼学校：据《潞城县教育志》载："清光绪二十九年（1903），天主教会南圻（今晋东南一带）教区，在羌城村占用修道院旧址，创办一所高级小学校，名为安多尼学校"。① 亦即该校建于 1903 年，是潞安教区中国神甫高聿修②在原潞安府天主教总堂所在地潞城县羌城村建立的小修

① 潞城县教育志编纂委员会：《潞城县教育志》，1990 年 4 月，第 20 页。
② 李金华：《山西通志・民族宗教志》，中华书局，1997 年，第 391 页。

道院旧址上创办的。民国元年（1912），该校增设高、小师范二科。民国8年（1920），经山西省政府部门备案，成为一所由省政府审核批准，其学生具有与社会所办学校学生享有同等待遇的学校。其招生范围不受宗教信仰限制，凡符合招生条件者，均可报名参加，学校择优录取。该校所招学生多来自周围县区贫困家庭中的优秀生，他们好学，基础知识扎实。1929年，学校迁入潞安府城内与类思学校合并，同时取消师范科。1938年，日军入侵长治，校址为其所占领。同年10月，无奈重返羌城复课。1939年7月，日军第二次入侵长治，师生多有奔赴前线抗战者，学校被迫解散。[①]

表6：安多尼学校历任校长（主任）情况表

姓名	籍贯	任职时间	职务	备注
高聿修		1903—1909	校长	神甫
刘锦文	潞城县南天贡	1909—1911	校长	神甫
成玉堂		1912—1928	校长	
秦国辅	潞城县北舍村	1928—1931	校务主任	
宗怀漠	屯留县郭村	1931—1938	校长	
平达观	长治市郊区桃园村	1938—1939	校长	1939年停办

资料来源：潞城县教育志编纂委员会，《潞城县教育志》，1990年4月。

安多尼学校创办36年，培养学生300余人[②]，毕业生遍布全国各地，其中不乏佼佼者。如留学法国里昂中法大学从事生物科学研究的鹿怀宝，长治地区高家庄人，早年毕业于安多尼学校，因学习优异，派赴法国留学。回国后先后在辅仁大学和北京师范大学专门从事生物科学研究，为我国生物科学研究做出了重大贡献。就读于上海震旦大学、北京中法大学，后任山西省政府督学的李之楠，为山西省长治市潞城县羌城村人，亦曾是安多尼学校的学生。

类思学校：1922年由潞安教区决定创办，初设于潞安府城内南街，首任校长为荷兰籍神父卫真理。但该校存在历史不长，在其开办7年中，先后毕业共3个班，计60多人。[③] 1929年，合并于安多尼学校。

私立明星女子高初两级小学校：1930年秋，经天主教会知名人士潞城县北舍村的秦良佐、南天贡的王乐仁、赵提纲和羌城的申成仁等人发起。在原安多尼学校的旧址创办了明星女子学校，也称为私立明星女子高初两级小学校。该校校务领导人员全由教会人员主持，平达观任校长，秦良佐等人为董事。在创办一年后，明星女校由县教育局备案，招生对象不再受宗教信仰的限制，只要符合学校要求的非教徒子女也可以就读。自1930年秋创办，至1939年日军第二次侵入潞城停办为止，仅存在9年，共毕业学生200余人。[④]

上述学校之外，潞安教区还于潞城县羌城村兴办了明原小学堂、加辣女子等小学堂。在南天贡地区早于光绪十六年（1890）就成立有校外青年学习班、经言要理班等。

潞安教区于临汾地区也创办有许多学校。据《临汾宗教》载“洪洞地区1914至1947年建有伯多禄学校及培德初小、师范班等。伯多禄学校1914年创建，校址在晋家巷，开始只设高小班……1914年9月，伯多禄学校增设了师范班，学生30余名。后来还增设初小班，即培德小学。1932年，伯多禄学校又附设了德来女校。德来女校1932年开办，1938年结束，共招收学生4个班，70余名学生。学生来自洪洞、赵城、潞安、晋城、蒲县等地，每星期讲一次道课，由修女陈德来管理，聘请伯多禄学校教师讲课。1918年汾城南关教堂建有育德初小，有男女学生20余人。1933年更名为‘尼各老学校’，学生发展到42人。

① 马良：《天主教长治教区简史》（内部资料），《教友生活》编辑部，天主教长治教区李维道主教准印，1997年，第20页。

② 李金华：《山西通志·民族宗教志》，中华书局，1997年，第391页。据《长治天主教简史》载有1000余人，但根据实际调查与当地人回忆，人数根本没有这么多。

③ 马良：《天主教长治教区简史》（内部资料），《教友生活》编辑部，天主教长治教区李维道主教准印，1997年，第21页。

④ 潞城县教育志编纂委员会：《潞城县教育志》，1990年，第21页。

据当时汾城县政府档案记载：‘学校有校舍22间，年支经费120元，来源为中外募捐。’同时，襄陵黄崖天主教会（堂）也办有学校，情况和汾城育德学校类似，这两所学校1937年停办。曲沃县天主教1916—1937年建有经言小学，分男女两院授课，教徒集中的村子，另建有经言班数所，经言班属季节性小学。安泽县的马家节1919—1939年建有明德小学，有男女生院各一，学生60余人，办学20年，毕业500余人。隰县1919—1938年在西坡底天主教堂建有天主教小学校，先后招8个班，毕业学生300余人。吉县1935—1936年建有天主教博爱小学”。①

这些地方的教会学校，成立时间多是在民国初期，而又在1937年日本侵华时间左右停办。可见当时的地方教会学校的设立，受到了当时政治背景的严重影响。但就这些学校的情况来看，已经突显出了一些时代的特性：学生的招生上已经形成了男女同校的局面；学校的设置多为小学建制，洪洞教区建有师范班和女校，在一定程度上丰富了地方教会学校的类型。重要的是这些教会学校的出现，对支持地方教育发展及在教徒中进行初级文化教育普及起了较大的推动作用，同时也在一定程度上对本土世俗教育提供了借鉴。

（二）医疗与慈善事业

鸦片战争以来，中国社会长期处于外部侵扰、内部纷争频仍的状况，山西地区也不例外。战争和动乱使山西地区人口伤亡严重，加之天灾频发，传统“重男轻女”观念的弥漫，致使当地常有女婴被弃于荒野。尤其是灾荒之年，物无所食，医无所治，老无所养，幼无所育及人口流离失所的状况，更是频繁出现，婴幼儿遭丢弃者更多。针对这一情势，山西天主教会积极扩大医疗救治范围，建立养老院、保赤院等慈善场所，收治并照顾无依无靠的幼儿和老人。此外，大力开展赈灾和治疗时疫的活动。通过不同形式的慈善活动，教会达到了宣扬天主教“慈悲为怀、爱人为善”的教义，更多人被吸纳入教。

1. 医疗事业

早在1922年，潞安教区在总堂设立门诊部，神父吴泰山由荷兰请来10位精通医术的修女在仁慈医院坐诊，为患者治疗。1925年，“仁慈医院”正式挂牌开业，修女狄慕德担任院长，白德英任副院长。医务人员除荷兰人外，还有来自意大利和比利时的修女及少数中国修女。② 当时的仁慈医院有着较为先进的医疗设备，医生具备较高的医术，服务周到热情，而且收费较低，深受潞安府城内外和各地教内外群众的信任。随着前来就诊人数的增多，仁慈医院在潞安地区的影响越来越大。于是，医院在张庄、马厂、南天贡、老军庄、羌城等地设立分院（又名施医处），修女们定期巡诊，为各地患者医治疾病。

此外，天主教潞安教区尚设立有不少医疗机构：“潞城地区于1925年设有施医处；屯留1923年开办医疗院；新绛于1918年设医院，1932年办绛州首普堂医院；运城于1900年后设天主医院，1923年开办天主诊所”。③

2. 慈善事业

2.1　养老院和保赤院　天主教潞安教区内建立的养老院和保赤院（又名育婴院）主要分布为：潞城南天贡村天主堂保赤院1所，潞安府城有分属仁慈医院的养老院和分属于修女院的保赤院各1所，霍县杜壁村设有保赤院1所，洪洞庄园设有保赤院1所，汾城南关教堂亦设保赤院1所，新绛依撒伯尔修女会辖属有养老院与保赤院各1所，晋城阳城也设有保赤院1所。

潞安府城内的养老院设于1922年教区总堂医院门诊部建立后不久，其主要职能是面向社会收养无人照顾的鳏、寡、孤、独和残疾人（男女老少均有）。地址位于主教府所在地，附属于总堂医院。护理照养工作由中外修女义务担任，养老院

---

① 林宏跃：《临汾宗教》，山西人民出版社，2006年，第266—267页。

② 马良：《天主教长治教区简史》（内部资料），《教友生活》编辑部，天主教长治教区李维道主教准印，1997年，第22页。

③ 刘安荣：《基督教的传播与近代山西社会早期现代化》，山西大学2004年硕士论文，第42页。

收养人数最多时达到100余人。[①] 据《天主教长治教区简史》载："院内根据各人情况，因人量才分配适当工作，无劳动能力者由院方提供吃穿，负责护理"。[②]

潞安地区的保赤院，成立时附属于修女院，专门收养社会上被遗弃的婴幼儿。起初收留孩子被寄养在教友家里，由教会雇佣奶娘。教区医院成立后，工作人员、场地、设备逐渐完善，教会把分散在教友家中的孩子集中起来，由修女会分室护理、抚养。保赤院先后收养婴幼儿200余人，一些婴儿长大后，教友愿领养者可无偿领养，抚养期间有困难者，教会给予适当补贴。同时教会要求领养者必须负责将孩子养育成人。1943年后，保赤院基本由中国修女接管。

教区当时辖属的临汾、运城地区也有保赤院设立。据《山西通志·民族宗教志》载：洪洞创办保赤会两处，一处在霍县杜壁村，一处在洪洞庄园，日军投降后，合并于庄园。[③]（新绛）保赤会、养老院皆创办于民国元年（1912），凡贫困者不分信仰，皆予接纳。1921年，依撒伯尔修女会成立后，保赤会、养老院归该会修女管理，收养残疾者男二三十人，女七八人，所收弃婴大部分死亡。[④]《临汾宗教》亦载：1918年，中国籍神甫郭志坚到汾城恢复教务，建立汾城南关教堂。该教堂自1930年起一直设有保赤院，接受贫民无力抚养的婴幼儿。[⑤]

表7：潞安教区养老院与保赤院分布情况

所在地区	所属市区	建立时间	所建机构	所属机构
潞城南天贡村	长治	1901	保赤院	南天贡教堂
潞安府城内	长治	1922	养老院	"仁慈"医院
潞安府城内	长治	1922	保赤院	修女院
霍县杜壁村	临汾	—	保赤院	—
洪洞庄园	临汾	—	保赤院	—
汾城	临汾	1930	保赤院	汾城南关教堂
新绛	运城	1912	养老院	1933年归依撒伯尔修女会管理
新绛	运城	1912	保赤院	1933年归依撒伯尔修女会管理
阳城	晋城	—	保赤院	—

资料统计来源：《山西通志·民族宗教志》，《天主教长治教区简史》，《临汾宗教》。

从时间上来看，保赤院与养老院等慈善机构的相继设立，均在1900年"庚子之难"后，这时正是义和团运动后天主教在各地恢复发展时期，教会除官府给予的政策保护外，还有因"庚子赔款"赔偿费用支持。如"1901年山西巡抚岑春煊于潞安府设洋务局，办理教案，派人找回义和团运动时出走的传教士，并借给传教士白银十三万两，作为'赈济'之用"。[⑥]

---

① 马良：《天主教长治教区简史》（内部资料），《教友生活》编辑部，天主教长治教区李维道主教准印，1997年，第23页。

② 马良：《天主教长治教区简史》（内部资料），《教友生活》编辑部，天主教长治教区李维道主教准印，1997年，第23页。

③ 李金华：《山西通志·民族宗教志》，中华书局，1997年，第396页。

④ 李金华：《山西通志·民族宗教志》，中华书局，1997年，第396页。

⑤ 林宏跃：《临汾宗教》，山西人民出版社，2006年，第266页。

⑥ 长治市地方志办公室、长治市政协文史办公室、长治市档案局联合主编：《长治大事记》（初稿），1987年，第2—3页。

2.2 赈济灾荒 赈济灾荒，作为天主教会在特殊条件下的一种救助手段，在地方社会底层民众应对灾害侵袭时发挥了重要的作用。尽管从教会自身发展看，在灾荒时施予救济，也是其吸引信徒的必要手段，但它毕竟有利于百姓生命财产的保护。在地方记忆中，1939 年，日军侵入上党地区，百姓流离失所，食不果腹。在此状况下，潞安教区及时实行以总堂为中心，在各堂口均设立“难民收容所”的措施，收容周边难民。当时总堂难民拥挤，教会乃在教堂内起灶做饭，每日三餐，保证了难民的正常生活。时日军一般少入教堂骚扰，潞安教区各教堂一度成为难民逃避日军魔爪的避难所。

三、教会地方产业的置办

潞安教区在完善内部组织运作，积极推进教会教育卫生事业发展的同时，还大力兴办教会产业，尤其是大量教堂的兴建和土地的购置，使教会在地方真正获得扎根。教堂是天主教会宗教活动的重要场所，它往往伴随着教会人员的足迹在各地兴起。如果信徒人数多少对教会来说是其发展壮大的标志的话，那么教堂的兴建与土地的购置，更是其在当地植根的主要象征。教堂和土地作为一种实质性的财富，一旦为其所拥有，乃亦成为教会自身实力的体现，反过来影响着教会于当地的发展。

（一）教堂

1900 年前，潞安教区多数教堂的兴建通过上级修会拨款或其余各地募资等途径，个别亦有教徒自建而赠予教会或众教徒筹款建成。义和团运动之后，教会自上而下拨款修建教堂数量仍占多数，但也有教堂是由政府赔款而建。

表 8：1900 年前潞安地区建立的教堂

教堂	修建时间
壶关安口圣母七苦堂	1777 年
襄垣县赵家岭圣母堂	1836 年
长治郊区高家庄若瑟堂	1859 年
长治市教区马场村耶稣圣心堂	1879 年
长治市郊区安阳村安多尼堂	1892 年
潞城县羌城村安多尼堂	1883 年
长子酒村堂旧堂	1884 年
除上述地方外，还有：襄垣县的王庄、善福、上丰；晋城县的龙头沟、城内西大街；高平县的果则沟；陵川县的太和；黎城县的城内正街、茶棚摊、赵店；屯留县的跑马岭、东李高、东兴旺、王庄、北岗、郭村；郊区的王村、黄碾、南垂。	

资料来源：马良：《天主教长治教区简史》，长治：天主教长治教区《教友生活》编辑部，1997 年，第 49—50 页。

表 9：1900 年后长治、晋城地区建立的天主教堂概况

教堂	地点	修建时间	教堂	地点	修建时间
无罪圣母堂	潞城县南关	1901 年	圣母升天堂	长治县西苗村	1902 年
席店村天主堂	屯留县席店村	1902 年	弥额尔堂	城区桃园村	1902 年
马喊村天主堂	襄垣县马喊村	1903 年	上司村西满、达陡堂	武乡县上司村	1903 年
半坡村天主堂	屯留县半坡村	1903 年	小店村天主堂	武乡县小店村	1903 年
龙渠村天主堂	高平县龙渠村	1904 年	若瑟堂	壶关县盘马池村	1905 年
野川村天主堂	高平市野川村	1905 年	方济各堂	潞城县西天贡	1906 年
若瑟堂	武乡县姚家庄	1906 年	小麻角村天主堂	武乡县小麻角村	1906 年

（续上表）

教堂	地点	修建时间	教堂	地点	修建时间
无原罪圣母堂	路城南天贡村	1906 年	宽沟村天主堂	屯留县宽沟村	1907 年
藕泽村天主堂	屯留县藕泽村	1907 年	五里庄村天主堂	屯留县五里庄村	1908 年
圣母升天堂	路城县北舍	1908 年	姜家庄村天主堂	屯留县姜家庄村	1908 年
三王来朝堂	屯留县东李高村	1909 年	无原罪圣母堂	屯留县王公庄村	1910 年
伯多禄堂	屯留县老军庄	1910 年	路村天主堂	屯留县路村	1913 年
桃园村天主堂	屯留县桃园村	1915 年	圣母圣衣堂	长治县琚寨村	1915 年
玫瑰圣母堂	晋城县大箕村	1916 年	庚能村天主堂	晋城市庚能村	1920 年
无罪圣母堂	长治城区紫坊村	1921 年	桑梓村天主堂	长治县桑梓村	1921 年
南浒庄村天主堂	屯留县南浒庄村	1921 年	隆旺村天主堂	黎城县隆旺村	1921 年
齐民庄天主堂	长子县齐民庄村	1922 年	上韩村天主堂	长治郊区上韩村	1923 年
狼窝沟村天主堂	武乡县狼窝沟村	1923 年	丰门村天主堂	晋城县丰门村	1925 年
黄花水村天主堂	壶关县黄花水村	1927 年	小南岭村天主堂	阳城县小南岭村	1927 年
张村天主堂	长治市郊区张村	1928 年	西井天主堂	黎城县西井	1928 年
善政村天主堂	襄垣县善政村	1928 年	郭家陀村天主堂	壶关县郭家陀村	1929 年
附城村天主堂	长治城区附城村	1930 年	张祖村天主堂	郊区张祖村	1930 年
宋家庄村天主堂	长治县宋家庄村	1930 年	南里信村安道堂	襄垣县南里信村	1933 年
若瑟堂	襄垣县土桥村	1933 年	天水村天主堂	晋城县天水村	1934 年
南庄村天主堂	长治县南庄村	1936 年	谓里村天主堂	壶关县谓里村	1936 年

资料来源：马良：《长治天主教简史》（内部资料），《教友生活》编辑部，山西天主教长治教区主教李维道主教准印，1997 年，第 51—53 页。

表 10：临汾地区天主教堂建立情况

教堂名称	建立时间	备注	教堂名称	建立时间	备注
马牧堂	1804	平房 33 间　窑 3 孔	韩略堰天主堂	1894	平房 38 间
城东天主堂	1903	平房 7 间	董寺教堂	1903	平房 13 间
主教府	1904	平房 122 间 枕头窑 1 孔	甘草岭天主堂	1905	土窑 7 孔，教徒 216 人
赵城堂	1909	平房 42 间	庄园露德圣母堂	1916	平房 39 间
孔庄堂	1917		许村堂	1917	
北石明堂	1920	平房 5 间	府底堂	1920	平房 7 间
胡坦堂	1920	平房 10 间	南石明堂	1920	平房 5 间

（续上表）

教堂名称	建立时间	备注	教堂名称	建立时间	备注
南王村堂	1924	平房 8 间	早觉堂	1924	平房 24 间
下张端堂	1924	平房 10 间 砖窑 12 孔 土窑 5 孔 教徒 123 人	王开堂	1924	平房 3 间 教徒 19 人
大连沟堂	1925	窑 3 孔	杨堡天主堂	1925	平房 5 间 教徒 111 人
上王村堂	1925	平房 8 间 教徒 71 人	辛堡堂	1928	平房 10 间
范村堂	1928	楼房 4 间 平房 8 间 教徒 165 人	秦坒堂	1929	平房数间 教徒 34 人
郇堡堂	1929	平房 10 间 教徒 69 人	马头堂	1929	平房 57 间 教徒 122 人
南营堂	1929	平房 4 间 教徒 45 人	南前亭堂	1933	教徒 68 人
校塌教堂	1934	平房 10 间 教徒 103 人	茂柏天主堂	不详	教徒 216 人
李堡堂	不详	教徒 35 人 平房 17 间	曹生堂	不详	平房 12 间
下纪落堂	不详	平房 8 间	柏树堂	不详	土窑 3 孔
白石堂	不详	教徒 92 人	万安堂	不详	平房 6 间
韩家庄堂	不详	平房 9 间	罗云堂	不详	平房 7 间

资料来源：李金华：《山西通志·民族宗教志》，中华书局，1997 年，第 382—383 页。

按天主教义，信徒可通过对教会资助或出钱、出力建立教堂来表达自己对天主的虔诚崇拜。故在潞安天主教内部，一些家境较富裕的信徒，常将个人所住房屋或购置的房屋捐给教会作为教堂，供教民祈祷集会之用。如韩雲、韩霖兄弟就曾于明天启七年（1627）在绛州东南购置房屋两栋，捐给教会作为教堂。此外，韩雲还于崇祯元年（1628）在绛州教堂旁另建一专供妇女礼拜用的圣堂。十二年（1639），韩雲又帮助高一志在平阳府城购屋建堂。十五年（1642），再资助金弥格在太原建堂。① 韩霖、韩雲外，段衮也曾捐巨款，建圣堂一所②，捐给教会。

家境富裕者自建或者购置房屋、土地为教会兴建教堂，而一般信徒则多通过集体筹款建立教堂。十九世纪二十年代末，潞城南天贡村申太和、申义和兄弟将自家北屋捐作教堂用所，后又将东西房捐出作为教会学校。道光二十七年（1847），申氏两兄弟又带领全村信徒自备材料，按个人能力所及，出资出力，齐心建堂，乃于次年（1848）建成本村圣母无染原罪教堂。③ 长治高家庄教堂建于咸丰九年（1859），因该庄信徒众多，众人献地献物，出钱出力，建起一座 6 间大的教堂。之后，又在教堂东侧建起 10 间正房、8 间南房，供神职人员起居之用。④ 同样的情况还出现于长治马厂村、潞城西天贡村、长子酒村等教堂兴建中。

潞安教区教堂分布总体呈现如下特点：第一，教堂的建立主要以各主教府所在地为中心，呈环状向外扩散。如：长治地区，以潞安府为中心，

---

① 黄一农：《明清天主教在绛州的发展与反弹》，载《中央研究院近代史研究所集刊》第 26 期，第 12 页。

② 方豪：《中国天主教史人物传》，宗教文化出版社，2007 年，第 190 页。

③ 《天主教长治（潞安）教区南天贡堂区百年回眸 1906—2006》（内部资料），天主教长治教区 2006 年印行，第 9、18 页。

④ 马良：《天主教长治教区简史》（内部资料），《教友生活》编辑部，天主教长治教区李维道主教准印，1997 年。

向四周村镇扩散；临汾地区以洪洞为中心、运城地区以绛州为中心向四周扩散。第二，建于村落的教堂数量高于城镇教堂数倍。这是因为潞安教区地处内陆，清末民初农业仍是其社会经济的主要支柱。尽管在地理上紧邻直隶、京津地区，但当时整个山西南部地区经济发展仍较为缓慢，教会所发展的信徒中大部分为中下层农村人口。故教堂多建在农村，城镇中数量反而较少。第三，潞安教区教堂的建立与构造同所处环境条件有关，且分布范围颇广。即使在一些偏远地区，凡有一定信徒规模的村落，亦有教堂兴建。需要指出的是，这时潞安地区乡村所建教堂一般均以平房为主，个别教堂因地处山区，乃以当地的居屋形式——窑洞构建。

（二）教会土地

土地，在中国传统农业社会一直被认为是财富的象征。拥有土地就意味着拥有财富，而土地的多少，则更是一种社会地位与身份的象征。晋南地区，历史上以农业为主，土地是人们社会生活中重要的物质构成。天主教在潞安地区的发展显示，随着本地信徒人口的增多，土地亦成为教会重要的资产，在其地方宗教传播中发挥了作用。

由潞安教区天主教拥有土地来看，其来源不外有三：其一，由国外传教士来华自携款项购置，或其在国内通过募资等方式购买以用于教堂兴建；其二，教徒捐赠。一些教徒会将个人土地（含房屋占地、种植用地等）捐给教会，以示信仰之虔诚；其三，义和团运动后的“庚子”赔款，教会将部分款项用来购置土地。教会拥有的土地，主要用以兴建新教堂及教区规模扩大后的传教费用。

表 11：民国 23 年，天主教占有土地情况

地区	买地人			拥有土地			购买原因	购买日期
	姓名	国籍	职业	种类	所在地	面积		
长治县	苗其秀	荷兰	传教士	房屋	东南城角	100 亩	为建造医疗设施	光绪 20 年
屯留县	冯安澜	荷兰	传教士	房屋	徐子荣	25 间 13 亩	盖修道院	光绪 28 年 3 月
	奚比良	荷兰	传教士	房屋	杨姓	22 间 8 亩	盖修道院	光绪 28 年 5 月
	费尔惠	荷兰	传教士	房屋	老军庄	97 间	盖传教士住宅	光绪 27 年 2 月
	费尔惠	荷兰	传教士	房屋	路村乡	13 间	盖传教士住宅	光绪 28 年 3 月
	费尔惠	荷兰	传教士	房屋	东兴旺	22 间	盖传教士住宅	光绪 20 年 5 月
	费尔惠	荷兰	传教士	空地	东兴旺	10 亩	信教及田亩	光绪 28 年 5 月
	费尔惠	荷兰	传教士	房屋	曲庄东	9 间	盖传教士住宅	光绪 27 年 9 月
	费尔惠	荷兰	传教士	房屋	南浒庄	20 间	盖传教士住宅	民国 2 年 8 月
	费尔惠	荷兰	传教士	房屋	南浒庄	9 亩	盖传教士住宅	光绪 15 年正月
	费尔惠	荷兰	传教士	空地	北浒庄	21 间	盖传教士住宅	民国 15 年 4 月
	费尔惠	荷兰	传教士	空地	许村东	3 孔	盖传教士住宅	民国 17 年 4 月
	费尔惠	荷兰	传教士	空地	姜家庄	14 间	盖传教士住宅	宣统 28 年
	费尔惠	荷兰	传教士	房屋	前苏村	20 间	盖传教士住宅	光绪 21 年 3 月
	戚元善	荷兰	传教士	洋房	王庄东	31 间	盖传教士住宅	光绪 28 年 5 月

（续上表）

地区	买地人			拥有土地			购买原因	购买日期
	姓名	国籍	职业	种类	所在地	面积		
屯留县	戚元善	荷兰	传教士	房屋	西泼乡	17 间	盖传教士住宅	光绪 28 年 2 月
	戚元善	荷兰	传教士	房屋	辛安庄	5 间	盖传教士住宅	光绪 28 年 6 月
	戚元善	荷兰	传教士	房屋	北岗上东	18 间	盖传教士住宅	光绪 29 年 8 月
	戚元善	荷兰	传教士	房屋	贡村	4 孔	盖传教士住宅	民国 15 年 2 月
	戚元善	荷兰	传教士	房屋	南渔泽	11 间	盖传教士住宅	光绪 18 年 4 月
潞城县	鲍神父	荷兰	传教	空地	张庄村	3 亩	传教	光绪 29 年 10 月
	褚神父	荷兰	施医	空地	张庄村	5.8 亩	施医	民国 19 年 5 月
	文神父	荷兰	施医	房屋	李村沟	9 亩	传教	光绪 29 年 8 月
	金神父	荷兰	施医	房屋	王村东	5.6 亩	传教	民国 2 年 7 月
	申天福	荷兰	施医	房屋	王村东	2 亩	传教	光绪 28 年 9 月
	申天福	荷兰	施医	房屋	南垂村	2 亩	传教	光绪 24 年 6 月
	申天福	荷兰	施医	房屋	天贡东	5.3 亩	传教	光绪 27 年 3 月
	翟守仁	荷兰	施医	房屋	至天贡东街北	12 亩	传教	康熙 3 年
	安多尼	荷兰	施医	土地	羌城东	13 亩	传教	光绪 10 年 11 月
	富主教	意大利	施医	房屋	马厂村	24 亩	传教	咸丰元年 5 月
	富主教	意大利	施医	房屋	高家庄	12 亩	传教	同治元年 4 月
	方司铎	荷兰	修道	房屋	高家庄	1 顷 58 亩	修道	民国 19 年 7 月
	富主教	荷兰	传教	房屋	高家庄	30 亩	育婴堂	咸丰元年 2 月
	谢司铎	荷兰	传教	房屋	安昌村	0.9 亩	传教建明元堂	光绪 27 年 8 月
	谢司铎	荷兰	传教	房屋	安昌村	1.2 亩	传教建明元堂	光绪 27 年 8 月
	富主教	意大利	慈善事业	空地	安阳村	48 亩	育婴堂	光绪 4 年 3 月
	富主教	意大利	传教	房屋	安阳村	3 亩	传教	光绪 4 年 5 月
	富主教	意大利	慈善事业	房屋	安阳村	20 亩	育婴堂	光绪 5 年 2 月
	富主教	意大利	慈善事业	房屋	安阳村	19 亩	育婴堂	光绪 5 年 2 月
	富主教	意大利	慈善事业	房屋	安阳村	10 亩	育婴堂	光绪 5 年 2 月
	许司铎	荷兰	慈善事业	房屋	黄碾镇	10 亩	传教	光绪 27 年 2 月
黎城县	华民觉	荷兰	传教	房屋	城内正街	10 亩	建教会	光绪 20 年 7 月
	华民觉	荷兰	传教	房屋	西伴乡	1 亩	建教会	宣统 2 年 9 月

（续上表）

地区	买地人			拥有土地			购买原因	购买日期
	姓名	国籍	职业	种类	所在地	面积		
黎城县	华民觉	荷兰	传教	房屋	赵店镇	0.5 亩	建教会	光绪 26 年 4 月
	华民觉	荷兰	传教	房屋	马家凹东	1 亩	建教会	光绪 24 年
	华民觉	荷兰	传教	房屋	秋树垣东	2 亩	建教会	光绪 30 年
	华民觉	荷兰	传教	房屋	椰坡东	1 亩	建教会	光绪 20 年
	华民觉	荷兰	传教	房屋	马家峪	1.5 亩	建教会	光绪 24 年
	华民觉	荷兰	传教	房屋	苏家峧	1 亩	建教会	民国 8 年
	华民觉	荷兰	传教	房屋	东阳关	2 亩	建教会	光绪 28 年
	华民觉	荷兰	传教	房屋	茶棚滩	5 亩	建教会	光绪 15 年
高平县	席司铎	荷兰	传教士	房屋	果则沟村	38 间	建天主堂	咸丰年间
	布司铎	荷兰	传教士	房屋	果则沟村	1 亩	种蔬菜	光绪年间
安泽县	不详	荷兰	传教	平地	马家节	1.5 亩	盖教堂	光绪 32 年 3 月
	不详	不详	传教	房屋	唐城镇	4 亩	传教士避暑	不详
曲沃县	孙晋光	荷兰	天主教传教士	房屋	社仓巷	49 间	传教	民国 9 年 3 月
襄陵县	艾弥良	荷兰	监牧主教	房屋	黄崖乡东	11 间	设立天主堂	光绪 27 年 12 月
	艾弥良	荷兰	监牧主教	房屋	黄崖乡东	11 间	设立天主堂	光绪 28 年 6 月
	艾弥良	荷兰	监牧主教	地基	黄崖乡东	11 间	设立天主堂	光绪 28 年 6 月
	艾弥良	荷兰	监牧主教	房屋	黄崖乡东	11 间	设立天主堂	光绪 28 年 7 月
	艾弥良	荷兰	监牧主教	房屋	黄崖乡东	11 间	设立天主堂	光绪 29 年正月
	艾弥良	荷兰	监牧主教	房屋	黄崖乡东	11 间	设立天主堂	光绪 30 年 4 月
	艾弥良	荷兰	监牧主教	房屋	黄崖乡东	11 间	设立天主堂	光绪 30 年 5 月
	艾弥良	荷兰	监牧主教	房屋	黄崖乡东	11 间	设立天主堂	光绪 30 年 10 月
新绛县	马维骥	荷兰	传教	房屋	正平坊	10 亩	不详	咸丰 11 年
赵城县	郭志坚	不详	传教	土地	城内西街	2 亩余	设立教堂	不详

资料来源：［日］山冈师团编：《山西大观》，山西古籍出版社，1997 年。

从以上表格中可以看出，在教会拥有土地中，大部分被用以建立教堂，部分堂口则于此土地上建立学校、医院、修道院、修女院、育婴堂等教会附属机构，以扩大教会影响。但也有部分土地是用于传教人员的住宅建设，甚或亦有如高平县果则沟村天主教会土地专门用来种蔬菜，以及安泽县唐城镇有 4 亩土地用以建传教士避暑地。总之，潞安天主教会土地的利用之所以呈现出多样性特点，一方面是为了教会自身发展需要，如建立必要的教会附属机构，拓展事业，扩大影响；另一方面亦为了教会地位的巩固，以及在地方社会中威信的树立。

此外，由表中潞安教区教士控制土地（实为教堂所属土地）来看，一些监牧、主教名下拥有教区内大量土地。如屯留县教士费尔惠，自光绪十五年（1889）始，至民国2年（1913）间，已拥有土地19亩、房屋203间、窑洞3孔。黎城县华民党教士，自光绪十五年（1889）至民国8年（1919）间，据有土地25亩。襄陵县教士艾弥良自光绪二十七年（1901）至光绪三十年（1904），所拥有的房屋达88间。在以农业为经济主体的潞安教区，拥有如此大数量的房屋或土地，说明天主教会在当地发展迅速，而且与地方社会互动频繁，联系密切。但从另一视角看，教会大量土地和房屋的拥有，亦为地方传统势力所反对，以致民教冲突，导致矛盾激化。如义和团运动中潞安地区不少教堂与教会拥有房屋就成为民众攻击的主要目标。此后的庚子赔款，很多也都是用以重建被破坏的教堂。

四、潞安天主教的本土化

天主教在中国数百年的传播历史证明，正是它不断融入中华文化的相关内容，调整宣教形式，在异文化情境中进行适应性变化，方使其得以在中国传承不息。可以说，当天主教传教士携带《圣经》进入中国某一地区时，它的教义、教理以及其宗教礼仪等被当地信徒接纳的同时，传教士自身也实现了对当地文化的认同与吸纳。亦即当地信徒对天主教义、教理的接受，并非基于对《圣经》等原始经典的理解，而是通过传教士口头解读或用汉语写就的宗教著述。这些解读和著述中，实际包含着传教士运用汉族传统思维，对天主教进行的中国式理解和定义。

（一）传教人员的本土化

追溯天主教在山西的传播历程，实际自明万历四十八年（1620）传入时，它就已经尝试与中国文化相对接。而其在山西的发展，亦是不断本土化的过程。就潞安教区天主教自身建构与传教模式看，其本土化最突出的表现是本土传教士的培养与主教的遴选。

与其他地区一样，明末天主教初入山西，为能尽快立足当地，传教士将西方宗教文化思想与当地普通民众思维习惯和传统观念相结合，并以西方先进科学知识为前导，首先从居于思想文化界上层、容易接受新鲜知识的士大夫入手，展开传教活动。由于地方士绅、官员的皈依，天主教遂得以立足山西，获得长足发展。这些士绅、官员与传教士关系密切，他们往往通过著书立说、官府公告及规劝亲朋好友，扮演着辅助国外传教士传播教理与发展教徒的角色。而且以个人的示范作用，使天主教在地方社会产生广泛影响。方豪先生《中国天主教史人物传》即曰：“段衮，字九章，亦在北京奉教，圣名斯德望。归家后，劝其亲族与其婿，明宗室王爷某同沾圣化。段衮为绛州巨绅，既富且贵，与弟段袭、段扆，皆热心教友，为教内外所仰望。”① 此外，时韩霖亦尝著述，用糅合中西思想的方法，将天主教义、教理融入明太祖朱元璋“圣谕六言”的宣讲中，从而使天主教在地方社会得以顺利传播。这是山西地方出现的天主教与中国文化第一次有机结合的著述，也是天主教在山西本土化的表现。另有绛州刺史雷翀，不仅个人信教，还以公文发布形式，号召所辖府州百姓入教，其事迹广为人知。显然，这些士绅在一定的程度上起着传教士的作用。

大约自清中叶始，天主教在山西传播中，开始注重中国本土神职人员的培养。而其培养方式则主要是送他们前往西方神学院进行专门的神学知识学习，并通过研修宗教义理达到以后晋铎神父的目的。如当时各地天主教会即派年轻有为、信仰虔敬的教徒前往意大利神学院专门进行学习深造，他们学成回国后很多人在山西教区被晋铎为神父。

---

① 方豪：《中国天主教史人物传》，宗教文化出版社，2007年，第190页。

表 12：早期留学意大利晋铎后返国服务于山西的中国籍神父

姓名	洗名	籍贯	出生日期	出国年月	晋升神父	返国	传教地区	去世
常纳巴	巴尔纳伯	湖北襄阳	1741. 5. 19	1761. 5. 19	1767	1767. 11	山西直隶	1797. 1. 26
郭若旺	若望	山西壶关	1743. 10. 25	1766. 7. 26	1775	1775. 5	直隶、陕、甘、晋	1817. 2. 23
刘明莪	多明我	陕西临潼	1747. 12. 30	1766. 7. 26	1774	1774. 8. 23	晋、陕、甘	1828. 4. 26
郭雅歌	雅各·若瑟	山西壶关	1747. 12. 13	1766. 7. 26	1775	1775	山西	1779. 3. 30
徐格达适之	各耶大努	甘肃甘州	1748. 1. 1	1773. 10. 18	1782. 4. 7	1778. 9	山西、蒙古	1801
范天成之仁	西满	直隶景州	1755. 5	1773. 10. 18	1781. 3. 25	1783. 9. 12	陕、甘、晋、鲁	1828. 7. 21
李自标	雅各伯	甘肃凉州	1760. 5	1773. 10. 18	1784. 11. 14	1792. 3. 26	山西、甘肃、陕西	1828. 2. 17
王保乐	保禄	山西太原	1770. 12. 4	1789. 6. 11	1798. 9. 22	1802. 12	山西	1843. 2. 5
严甘霖	多明我	福建漳州	1774	1795. 7. 23	1806. 6. 29	1836. 1. 25	山西、湖广等地	1832. 2. 25
汪振亭	保禄	广东广州	1784. 8. 7	1802. 9. 27	1822. 2. 2	1823. 2. 25	山西、陕西、湖北	1869. 1. 4
陈良	来奥	山西潞安	1805	1821. 9. 1	1830. 12. 5	1831. 1. 27	湖广、山西	1879
张保禄	保禄	山西太原	1804	1821. 9. 1	1830. 12. 5	1831. 1. 27	蒙古、山西、湖广	1861. 2
郭纳安	若望	山西阳曲	1805	18. 248. 24	1833	1834. 2	陕、甘、湖广、山西	1884. 1. 3
王修达	德大格	山西文水	1805	1824. 8. 24	1833	1834. 2	山西	1880. 3. 30

资料来源：《山西天主教史（内部资料）》第 63、64 页图表而成，略有删减。

山西天主教早期神职人员，多为外国传教士，主要神职自然亦由其担任。后来虽然有了本土神职人员，但他们往往依附于外国教士，其职责也主要是成为国外神职人员的助手，协助传教士进行布道活动。在清中期政府禁教时期，正由于他们的努力，乃使山西天主教获得持续发展。他们亦因此为外国神职人员所信任。随之天主教会在华及山西神学院的创办，其神职人员培养开始走向地方化。

神学院生源主要来自基层修道院修士，他们多数通过神学院学习后，回到地方服务于教堂。尽管在神学院期间也有不少人获得出国深造的机会，但多数人仍主要学习在国内神学院。国内神学院的兴建，逐步解决了天主教士的国内培养。修道院与神学院的学习内容，既有天主教教义、教理，也有本土传统文化知识，可使神学人员兼备东西方思想与知识，为其立足本土，开展传教打好基础。这一举措，亦使天主教更多受到本土文化影响，并促成其与地方社会的互动。

（二）国籍教区的出现及主教的本土化

主教的本土化和国籍教区的出现，对天主教在山西的传播具有里程碑意义。而其局面的形成得益于 1922—1927 年国内声势浩大的“非基督教化运动”和 1924 年召开的“第一届中国教务会议”。事件要求教会摆脱西方教会影响，实现教会自身的本土化。具体内容为建立国籍教区、中式圣堂、中式圣艺与神学及礼仪本土化等。这一运动很快影响到山西，并得以在天主教会中实施。代表性事实即为陈国砥神父“祝圣”任山西第一位国籍主教，以及汾阳成为山西第一个国籍教区。教会本土化在潞安教区的实现则到了 20 世纪 30 年代，具体体现为：洪洞教区作为首个潞安国籍教区出现，教堂建筑开始明显融入传统建筑符号，教会许多礼仪开始与地方风俗相融合。显然，随着时代的发展，潞安教区通过历久弥新，实现了真正意义上的本土化。

（三）宗教建筑的本土化

绛州天主教堂段春生神父在《九原山麓的段家庄教会》一文中云："段衮于1624年在他的家乡——段家庄建教堂一座，该教堂是绛州地区乃至整个山西天主教历史上第一座具有中国古典建筑风格的教堂，也是中国教会第一座由教徒自发捐献建立的教堂。"① 可见早在明末，山西地方天主教堂的建造就注重中国传统建筑风格。早期中国式教堂的出现，一方面源于教会资金缺乏，教堂由教徒捐赠，或由教徒筹款建造，传教士无力干涉。另一方面，传教士为在地方立足，进而扩大教会影响，获得民众信赖，亦对此予以认可，或默许中式教堂存在的合理性。

而在偏远山村，不少教堂更是直接以山陕地区特有的窑洞修成。如表10所列，兴建于1804年的马牧堂，即用平房33间，窑3孔；1904年洪洞主教府辖属教堂有平房122间，枕头窑1孔；1905年修建的甘草岭天主堂即为土窑7孔；至1924年，临汾下张端堂亦用砖窑12孔，土窑5孔修成。

此外，潞安一些天主教徒的房屋建筑亦开始采用中西合璧形式，形成地方独特的风格。传统的山西南部民居建筑，多采用泥土烧成的土砖，屋顶多呈页面形状，以便于雨水排泄，房屋多坐北朝南。天主教传入后，一些当地教徒往往在其房屋正中竖立一个十字架，以示其信仰。院落构造亦与传统地方民居一样，不同的是信徒家中少了祭拜祖先的牌位，而代替以悬挂天主耶稣画像。院落大门也不再贴以"紫气东来""庭院生辉""吉祥人家"等传统书眉，而换为"主赐平安""主佑平安""愈显主荣"等字样。这一既延承传统文化，又凸显教义主旨的民居形式，是潞安当地天主教徒信仰本土化的具体表现。

晚清以后潞安教区的城镇教堂建筑，多数基本采用西方哥特式教堂风格。它们多由荷兰籍传教士设计、监理，实际建造者则主要是本土的手工工匠，他们在参与教堂修建过程中，学习了一定的西方建筑技术，汲取了不少有益的知识与经验，对其工艺水准产生了潜移默化的影响，随之亦对当地房屋建筑风格发生了深远的影响。

（四）圣教礼仪中民乐的引入

天主教徒在举行弥撒或祷告时，常伴有《圣歌》吟唱之形式，并辅以乐器伴奏。在潞安教区的天主教传播过程中，自然伴随有《圣歌》吟唱和乐器伴奏等天主教礼仪的传入。传教士们在将祷告语翻译为汉语韵文吟诵时，由于难以寻求西方乐器伴奏，遂常常以地方传统民族乐器来替代。陶亚兵《中西音乐交流史稿》中曾就山西地天主教音乐伴奏问题给予介绍："到了20世纪初，中国一些地方又出现了天主教作弥撒唱圣咏时用民族乐器伴奏的做法。""笔者1990年在山西祁县采访时见当地的天主教礼拜仪式（作弥撒）上使用二胡、笛子、笙、唢呐等民族乐器奏乐。当地教会中主持音乐活动的长者满喜介绍说，这种做法是从长辈们那里一代一代传下来的。依其口碑，这种做法应该在20世纪初就已经开始了。"② 显然，在山西地方天主教会的宗教礼仪中，采用民乐伴奏进行弥撒仪式的活动是存在的。虽然这是教会因当时地方社会条件所限形成的无奈选择。但这一转变，拉近了教会与当地信众的距离，它是天主教与地方文化融会的结果，也体现了其宗教礼仪的本土化。

结　语

天主教传入潞安地区数百年，无论是教会内部组织机构的完善，还是与地方社会的交融，均在晚清近代化过程中取得了长足进步。潞安教会在关注自身发展的同时，将其触角延伸至当地社会医疗、卫生、教育事业，对地方社会进步与发展做出了贡献。与此同时，教会在与地方社会的互动中亦逐步推进了自身的本土化过程。总之，与中国其他教区一样，潞安地区天主教的发展，受到专制政治、地方社会、传统文化等诸因素影响。但由于天主教传入当地较早，有一定信仰基础，加之教会在与地方社会互动中的积极作用，乃使得潞安地区天主教的传播与演变颇具区域特色。

---

① 引自段春生，九原山麓的段家庄教会，2005年。

② 陶亚兵：《中西音乐交流史稿》，中国大百科全书出版社，1994年，第186—187页。

清朝藏区喇嘛教刑事案件的司法考察

赵宁芳

宗教之于国家，是历史上几乎所有国家在社会统治过程中必须面临的一个问题，而各国或一国的不同时期，对于宗教的态度和政策有时各不相同。无论是西方基督教国家，还是东方的印度，还是伊斯兰国家，宗教都曾经抑或正在左右或者影响着国家的存在和运行。相比之下，中国的情况似乎有所不同，数千年赓续不断的文化传统与政治传统使宗教从未对国家形成挑战。无论是内生宗教还是外来宗教，在中国传统政治模式的“太极推手”之下，都似乎变得趋向于一致，外来宗教不得不揉入中国传统儒道文化内核而实现了本土化。在中国历史上所有的宗教中，喇嘛教似乎又是一个例外。尤其是在清代，在清王朝“因俗而治”的宗教政策和民族政策下，喇嘛教在统一蒙藏贵族，约束民众行为，乃至维系边疆和国家稳定方面发挥了重要的作用。在这样一个特殊的历史背景和政治背景之下，喇嘛作为喇嘛教的代表者，无论在宗教体系、政治体系，还是在民众的认知中，都具有特殊的形象。那么，对于喇嘛的刑事案件自然要有一套不同于一般情况的制度体系与司法体系。

一、规制喇嘛教刑事案件的律例规范

在清代，特别是清中期以后，中央政府针对蒙藏地区的喇嘛教徒众颁布了许多禁令，以法律的形式限制喇嘛教徒众的活动和行为。如《理藩院则例》、《蒙古事例》和《大清会典事例》中都有专门的规定。《理藩院则例》中有《喇嘛事例》，《蒙古事例》中有《喇嘛例》，《清会典事例》中则有《喇嘛禁令》。这些规范调整范围涵盖喇嘛的衣食住行各个方面，目的在于规范约束和限制喇嘛的行为，并对严重危害统治秩序的行为予以惩治。按照规范调整行为的差别，可大致将清代规制喇嘛行为的律例规范分为以下几类：

第一，惩治“违制”行为。与清代官僚等级服饰一样，喇嘛服装的颜色和样式也具有严格的等级制式。中央政府对喇嘛服色进行详细规定，以代表其不同的地位和权限，主要是为了通过赋予上层大喇嘛以优越待遇和尊崇地位从而对他们进行统辖。而下层喇嘛如若擅自穿戴上层喇嘛的服饰，则被视为“违制”，要受到刑事处罚。《蒙古律例》规定：“喇嘛、格隆等穿用黄色、金黄、红色衣服，班第等穿红衣，喇嘛班第之帽作素色。五巴什、乌巴三察停其穿用黄色、金色、红色。喇嘛等御赐各样衣服，准其穿用。大喇嘛等若违此穿用者，罚一九牲畜，班第、五巴什、乌巴三察鞭八十。”① 顺治十二年（1655）题准：“喇嘛格隆服用黄红色，非奉上赐，不许用五爪团龙。班弟用黄帽黄衣。”②《理藩院则例》规定：“喇嘛等例服金黄、明黄、大红等色，其余颜色不准擅服。其札萨克喇嘛并由藏调来之堪布等，并准其服用貂皮、海龙皮褂外，其余达喇嘛以下及呼图克图喇嘛等之跟役徒众，不准僭服。此外，一切服饰均不得滥用。违者，照违制例治罪。并将失察之呼图克图喇嘛等，一并随案拟议。”③ 可见，

赵宁芳，南开大学周恩来政府管理学院 2015 级博士生。

① 《蒙古律例》卷 11《喇嘛例》。

② 《钦定大清会典则例》（乾隆朝）卷 142。

③ 《钦定理藩部则例》（光绪朝）卷 59。

为了维系喇嘛之间的等级秩序，法律严格限制喇嘛的服饰颜色和装饰。另外，为了维护皇帝的尊严，若非“御赐”或者“奉上赐”，禁止上层喇嘛擅服“五爪团龙”等逾制服饰。否则将被视为冒犯皇帝威严、破坏等级秩序的行为，予以严惩。

第二，惩处贼盗行为。清王朝将贼盗作为重点打击的犯罪之一，在刑事立法中规定了非常全面和严厉的惩处措施。在对喇嘛教僧众的规范中，也体现了这一特点，即对喇嘛的贼盗犯罪绝不宽容，甚至还要追究上层喇嘛的连带责任。在相关规范中，主要是打击喇嘛偷盗寺庙贡器什物等犯罪行为。《理藩院则例》规定：“凡各寺庙贡器什物，如被班第等偷窃，除将该犯僧送部治罪外，若系本管之喇嘛等自行查出呰止，先事疏防，达喇嘛罚钱粮三个月，德木奇罚钱粮六个月。若该管之喇嘛并未查出，别经告发者，该喇嘛等革职，呼图克图罚钱粮六个月。知情隐匿者，连坐。掌印之呼图克图各罚钱粮一年。”[①] 本条规定班第等喇嘛如果偷窃寺庙贡器什物，将会受到理藩院的审判并定罪量刑。上层喇嘛在自己的管辖范围内负有缉拿盗贼，管束徒众的责任，如果管束不严，以致出现盗窃的犯罪案件，也要被朝廷追究失察责任。此外，对于窝藏隐匿盗贼的行为，也要受到与本犯同坐的处罚。“凡喇嘛容留犯罪盗贼者，与犯人一同科罪。其犯人罪名至死者，该喇嘛减一等办理。”由于清朝另有关于喇嘛犯罪的刑罚规定，即“死刑之外，罪止鞭责，不及流徙，统于罚例”。[②] 因此，实际上对于窝藏隐匿盗贼的喇嘛只能处以鞭责和罚钱粮的刑罚。

第三，惩处犯奸行为。根据藏传佛教格鲁派教规，喇嘛不准娶妻，僧尼不得嫁人。但随着出家为僧喇嘛人数的增多，喇嘛教中出现了大量的喇嘛犯奸行为，不仅违反教规教理，而且给社会秩序造成破坏。因此，清王朝对此专门制定相关规范，以预防和惩处喇嘛犯奸的行为。《蒙古律例》规定：“（喇嘛）若宿于无夫之妇之家内，革退喇嘛，鞭一百。外地妇人亦鞭一百，内地妇人交部治罪。若齐巴汗察（僧尼）行奸者，将齐巴汗察革退，鞭一百。该管大喇嘛，罚三九牲畜，札萨克喇嘛等二九牲畜，德木奇各罚一九，存公。”[③] 编修《理藩院则例》时，为预防犯奸行为的发生，在吸收此条的同时又稍加修改：“但宿于无夫之妇人家，无论是否犯奸，喇嘛剥黄，鞭一百，勒令还俗；系齐巴汗察鞭一百，勒令还俗；系蒙古妇女，鞭一百；系内地妇女，交该管官治罪。失察之该管喇嘛，罚二九牲畜，存公。”从以上的规定可以看出，对于喇嘛的犯奸行为，刑律的处罚是严厉的。不仅处罚犯奸的喇嘛，而且对于私自容留喇嘛住宿以及可能与喇嘛发生奸情的妇人，也按其所属地域分别定罪处罚。此外，为了防止犯奸行为在寺庙中发生，法律还规定喇嘛不得私自容留妇女于寺庙之中。“喇嘛所住庙宇内，不准妇人行走。若喇嘛等住房内令妇人行走者，容留之大喇嘛罚二九牲畜；德木齐罚一九牲畜；格隆、班第等罚五牲畜，存公。所住妇人之夫若系内地官员、民人，一并交该部治罪。”在这种类型的刑律中，也规定了主管喇嘛的失察责任，目的是促使上层喇嘛积极约束喇嘛行为。

第四，禁止私行行为。喇嘛的私自出行不仅破坏喇嘛教寺院的管理制度，而且容易引发诓骗、反叛等严重犯罪。因此，为了控制喇嘛的出行，清王朝对喇嘛教的立法中对出行规定了相应条件，并对造成事端或违法者予以严厉处罚。首先，禁止喇嘛私自接受延请，出行治病念经。民众凡是延请喇嘛班第等治病念经的，首先须报明该管喇嘛。如果不经过申请而私自邀请，以及喇嘛私自接受而出行的，对邀请方和喇嘛班第“各罚一九牲畜。失察之该管喇嘛，罚五牲畜”。如果喇嘛擅行住宿，则将“擅宿、留宿之人各罚三九牲畜。失察之该管喇嘛，罚一九牲畜”。同时，因洮岷地方有些喇嘛还以治病念经为名诓骗蒙古等地民众。因此，《理藩院则例》中要求札萨克区分情形予以处置：对确系治病的，“准令容留”；对诓骗民众的，“严行禁止”；如果喇嘛“违例隐藏，发觉时，除喇嘛等逐回原籍，仍将札萨克等一并议处”。其次，限制喇嘛寺院喇嘛们的互相往来，以防止喇嘛寺院之间互相串联，制造事端。《理藩院则例》

① 《钦定理藩部则例》（光绪朝）卷60。

② 《乾隆朝大清会典》卷80。

③ 《蒙古律例》卷11《喇嘛例》，成文出版社，1968年，第213页。

规定："唐古忒喇嘛徒众，非奉旨调取，不准私来"，"在京喇嘛等奉使西藏，有擅带彼处班第来京者，除将该班第遇便仍递回籍外，该喇嘛罚钱粮一年。"①如果喇嘛确有外出需要时，先要申请到理藩院开具的路引，并须向寺院住持告假，并且期满必须返回，否则要受处罚。再次，为了维护大喇嘛奴役下层喇嘛的特权，法律中还禁止喇嘛的逃亡行为。发生逃亡事件后，对逃亡者和管事喇嘛都要处罚。"凡喇嘛、班第等私自逃走，自行投回者，初次鞭六十，二次鞭八十，三次鞭一百，革退。如拿获者，鞭一百，革退。该管之德木齐等隐匿不报者，初次罚钱粮一个月，二次罚钱粮两个月，三次以上俱罚钱粮半年。"② 最后，法律明确禁止喇嘛寺庙擅自收留游方喇嘛和无籍喇嘛，以此进一步限制喇嘛的私行和逃亡。《理藩院则例》规定："格隆、班第等不得将游方喇嘛擅行收留。违者，比照喇嘛私请私行例，各罚一九牲畜"；"蒙古地方除领有札付度牒、册籍有名之格隆、班第外，遇有游食无籍之喇嘛立即驱逐，不准容留"，违者将按照"私将家奴充当班第例"的规定罚三九牲畜。此外，"各寺庙之班第内，如有素不安分之人，一经本庙逐出，别庙不得赡徇收留，如有隐留者，交掌印呼图克图鞭责四十，失察之达喇嘛、德木齐等罚钱粮三个月"。③

值得注意的是，在喇嘛教刑事案件的处理中，主要适用《蒙古律例》和《理藩院则例》中的有关规定，"以伸国家之法，以服番众之心"。但是如果涉及喇嘛教中的喇嘛僧众与内地民人之间伙同犯罪案件，则可能直接适用《大清律例》的规定。首先，《理藩院则例》"蒙古民人伙同抢劫从重科断"条规定："蒙古地方抢劫案件，如俱系蒙古人，专用蒙古例，俱系民人，专用刑律。如蒙古与民人伙同抢劫，核其罪名，蒙古例重于刑律者，蒙古与民人俱照蒙古例问拟；刑律重于蒙古例者，蒙古与民人俱照刑律问拟。"因此，如果喇嘛伙同民人抢劫的犯罪符合该条的条件，可以按照从重科断的原则适用《大清律例》的规定。同时，《理藩院则例》还规定："凡办理蒙古案件，如蒙古例未备者，准照刑例办理。"由此可知，在处理喇嘛教在蒙藏地区犯罪的过程中，如果发现犯罪行为在蒙古例中没有相应法律规定，则可以直接适用《大清律例》。《理藩院则例》中的这种规范从现代法理学意义上说应当叫做准用性规范。这样立法保证了《大清律例》的权威性，同时也避免了因重复规定而导致的立法成本浪费和相互矛盾的问题。当适用这些规则的时候，实际上《理藩院则例》将对特定犯罪行为适用的规范指引到王朝统一的立法中，而此时解决案件的运用法律实际上是对《大清律例》的适用过程。

二、喇嘛教刑事案件的惩治原则

在清王朝因俗而治的政策下，对于喇嘛教刑事案件，较好地坚持了"从俗从宜"的原则。对于轻微刑事犯罪，允许适用地方习惯法进行处理，而对于严重刑事犯罪，则绝不姑息，一律严惩。

喇嘛的轻微刑事犯罪主要是涉及危害王权统治的违制行为，以及破坏地方社会秩序的较为轻微的贼盗、犯奸、逃亡等可能处以枷号、鞭刑或者罚钱粮等刑罚的行为。中央王朝为统辖黄教上层统治者，在法律上确立了上层喇嘛的宗教地位和政治地位，使其在政治地位和权力的享有方面与世俗官僚贵族等同。同时，通过将官僚制度运用到喇嘛教行政体制上，清政府赋予了上层喇嘛的宗教、司法和行政大权，以求通过他们约束喇嘛僧众，用法律的手段对违法犯罪的喇嘛实行制裁。《理藩院则例》规定："各庙达喇嘛、德木齐等，各界三年由该掌印呼图克图甄别一次，如查有人品不端，差使懒惰及笃病残废者，核实报院奏请拣选奏放。"在偏远地区，喇嘛属众较多的寺院，清朝颁给主持活佛印信，授予独立的行政和司法权。规定：寺院距旗治五百里，徒众超过八百名，上层喇嘛可立公堂，审讯喇嘛徒众，对不

① 以上引文见张荣铮等点校：《钦定理藩部则例》（光绪朝）卷 59，天津古籍出版社，1998 年，第 424、426、424、425 页。

② 张荣铮等点校：《钦定理藩部则例》（光绪朝）卷 59，天津古籍出版社，1998 年，第 427 页。

③ 张羽新著：《清政府与喇嘛教》，西藏人民出版社，1988 年，第 131 页。

守清规的喇嘛班第按庙规施行惩罚，重者亦可驱逐。①

清政府通过立法确立了上层喇嘛的刑事管辖权。对于实施轻微刑事犯罪行为的喇嘛，一般由上层喇嘛（或活佛）讯明案情，确认犯罪后，按教规和《蒙古律例》及《理藩院则例》的规定予以处理。例如，《蒙古律例》规定："（喇嘛）若宿于无夫之妇之家内，革退喇嘛，鞭一百。外地妇人亦鞭一百，内地妇人交部治罪。若齐巴汗察（僧尼）行奸者，将齐巴汗察革退，鞭一百。该管大喇嘛，罚三九牲畜，札萨克喇嘛等二九牲畜，德木奇各罚一九，存公。"② 《理藩院则例》对此条稍加修改："但宿于无夫之妇人家，无论是否犯奸，喇嘛剥黄，鞭一百，勒令还俗；系齐巴汗察鞭一百，勒令还俗；系蒙古妇女，鞭一百；系内地妇女，交该管官治罪。夫察之该管喇嘛，罚二九牲畜，存公。"③ 对于喇嘛的犯奸行为，刑律规定了严厉的处罚，而对于轻微犯罪的认定，清王朝则交给寺院的上层喇嘛或活佛，由其依据法律进行定罪。并且，对于犯奸案件，不仅寺院处罚犯奸的喇嘛，而且对于私自容留喇嘛住宿以及可能与喇嘛发生奸情的妇人，也按其所属地域分别交相应官吏进行惩处。轻微刑事案件在经过了上层喇嘛的审判之后，需要向理藩院奏报。

在甘川青滇藏区，交由寺院处理的喇嘛犯罪案件，多为轻微的刑事案件。对于藏区内重大的人命、强盗案件，则多由管理民族地区事务的理藩院处理或者由理藩院派出司官会同清廷派驻边疆的大臣共同处理。清中央政府为适应多民族国家统一的历史特点，更有针对性的管理民族事务和解决民族问题，在中央政府机关中特别设立理藩院，并授权其执掌"外藩蒙古及喇嘛、回部、金川事"④。具体而言，其职能是"掌外藩之政令，制其爵禄，定其朝会，正其刑罚"⑤。从对喇嘛教的管理来看，清政府通过确定职责权限，将中央政府管理的喇嘛教事务纳入理藩院的管理范围内。理藩院主要由旗籍、王会、典属、柔远、徕远、理刑等清吏司组成，其中管理喇嘛事务的是柔远清吏司⑥、理刑清吏司和喇嘛印务处等。柔远清吏司主管喇嘛和呼图克图等的年班、进贡及京城内外各寺庙钱粮等事务；典属清吏司具体负责喇嘛考列等第、升迁调补、度牒路引、僧纲替袭等事务；理刑清吏司具体"掌蒙古、番、回刑狱诤讼"⑦。理藩院直接审理的案件一般有两种类型，一种是地方基层组织不能够决断的，或者处断不公的。例如，《大清会典》规定："凡蒙古之狱，各以札萨克听之……不决，则盟长听之。不决，则报院（理藩院）"，而对于"札萨克、盟长俱不能决者，即将全案遣送赴院。其或札萨克、盟长均判断不公，亦准两造赴院呈诉"。⑧ 与之类似的还有青海的千百户、甘肃的大寺院及四川、云南等地的土官不能处断的案件。另外一种是地方官府无权判断的发遣、死刑等重罪案件，均须报于理藩院审判。例如，《大清会典》中规定："凡蒙古罪至遣者，令报于院以会于刑部而决焉。死者，则会三法司以谳。"喇嘛的刑事案件也遵循这一规定，一般由理藩院的理刑清吏司进行审判和处理。

同时，理藩院的派出机构也参与民族地方的司法审判和案件处理。由于理藩院管辖青海、蒙古、回疆和西藏在内的广大地域，而且少数民族事务众多，因此，作为清代中央政府的组成部门，不可能对所有民族地区事必躬亲。这便与清政府加强中央集权，巩固对少数民族的控制的政策形成一对矛盾。为了化解这一矛盾，既满足朝廷对边疆事务的统治和管理，又不至于使理藩院在民族事务上应接不暇，清廷允许理藩院向民族地区

---

① 以上引文见徐晓光：《清代蒙藏地区法制研究》，四川民族出版社，1996年，第69页。

② 《蒙古律例》卷11《喇嘛例》，成文出版社，1968年，第213页。

③ 张荣铮等点校：《钦定理藩部则例》（光绪朝）卷59，天津古籍出版社，1998年，第424页。

④ 吴长元：《宸垣识略》卷5。

⑤ 《大清会典》卷63。

⑥ 道光时又将一部分管理喇嘛教事务的职责分给了典属清吏司。

⑦ 《清史稿·职官二》。

⑧ 《大清会典》卷68。

派出代表机构和人员进行管理。在朝廷的授权下，理藩院向蒙古、青海、西藏等地派出大量驻扎基层的司员，以实现对日常民族事务的处理。这在司法审判上，便体现为理藩院派出机构在民族地方对有关案件的司法管辖和处理。这些派驻的司官并非独立审案，而往往是会同边疆大臣共同审理，这是由清王朝在甘川青滇藏区的行政建制的特殊性决定的。清朝对少数民族地区的统治，除西南一些省实行“改土归流”以外，在甘川青滇藏区的大部分均采取了与内地府州县制不同的行政组织。在青海设置了统管军政的西宁办事大臣，其职责概括而言主要是“掌镇守险要，绥和军民，均齐政刑，修举武备”。其中，处理青海地区的重大命盗案件是极为重要的职权。在实际运行中，西宁办事大臣对千百户部落和札萨克旗中不能解决的重大案件也具有管辖权。在四川的西南、云南中甸及甘肃一些少数民族地区，清政府多沿袭明制，设置文武土官，将地方政务交由当地少数民族头人自理。清王朝封授的土官有土知府、土知州、土知县、土指挥使、宣慰司宣慰使、安抚司安抚使、长官司长官等，由各省督抚、大臣分别管辖。因此，当出现喇嘛犯罪危害其他部落或盟旗，或者与其他民族民众共同犯罪严重危害地方稳定时，理藩院司官将与相应的地方官会同审理该犯罪案件。对于罪行重大，可能处以绞斩死刑的喇嘛，则需要由理藩院会同三法司定拟，并向皇帝具奏请旨；可能处监候秋后处决的，还须会同刑部和九卿在秋审时拟议。

三、喇嘛教刑事案件的管辖

清政府通过喇嘛教对蒙藏民族进行控制，以实现巩固王朝统治，促进国家统一的目的。当喇嘛教的发展和僧众的行为违背了这一原则时，王朝则会坚决加以镇压和惩治。康熙皇帝曾经指出，对于喇嘛教僧众“但皈道法之人则嘉之，悖道法之人则惩之”。[①] 他在这里所说的“道法”，可以理解为清王朝的根本利益，具体来说，就是巩固封建政权、加强国家统一的政治目标。[②] 为了防止喇嘛教因受到朝廷的“过于优崇”，而导致“日后渐加纵肆，或别致妄为”，康熙皇帝定下了清王朝处理喇嘛违法犯罪的总基调，即对于肆意妄为、违法犯罪的喇嘛，坚决依照清朝法律予以制裁。康熙间，清政府对大喇嘛丹巴色尔济、阿其图格隆、巴咱尔喇木扎木巴等包庇第巴桑吉嘉措隐匿达赖五世之死等事件的处理中都是这一原则的具体体现。雍正朝对参与罗卜藏丹津叛乱喇嘛的处理也体现了王朝的这一基本态度。乾隆时期，皇帝针对喇嘛的违法犯罪再次阐明态度，“朕于黄教素虽爱护，但必于奉教守法之喇嘛等方加以恩遇。若为教中败类，罪在不赦者，即当明正典刑，断不可稍为袒护”。[③] 乾隆五十六年（1791），清政府对济众喇嘛谣惑众心的投降行为的处理，即是这一态度的具体体现。

清政府的“从俗从宜”政策的实施，将审理喇嘛违反教规和轻微刑事案件的权力赋予了寺院上层喇嘛或活佛。从前文对甘川青滇不同地区行政体制的分析可知，这些地方存在札萨克和千百户、“政教合一”的大寺院以及土司衙门等基层组织。但由于清王朝对喇嘛教的特殊考虑，并未将喇嘛纳入札萨克、千百户等地方基层政权管辖，而是因地制宜，即在寺院管辖的地方交由各地的上层喇嘛或者活佛管理（该管喇嘛），最终统辖于呼图克图（活佛）[④]，而在土司管理的地方则交由僧纲（僧官）进行管理。

在青海和甘肃藏区对寺院及寺院喇嘛的管理权主要是赋予活佛。清政府在罗卜藏丹津叛乱后，贯彻“众建而分其势”的原则，将青海蒙古划分为 29 旗，并将大喇嘛大寺庙的领地专门封为察罕诺们汗特别旗（喇嘛旗），由札萨克喇嘛统领。喇嘛旗之外的其他旗中的寺院，以及实行千百户制度地区的寺院，则均由呼图克图活佛总管。在青海地区的寺院也大多遵循这一特点。只是有些寺

① 《清圣祖实录》卷 17。
② 张羽新著：《清政府与喇嘛教》，西藏人民出版社，1988 年，第 131 页。
③ 《清高宗实录》卷 1393。
④ 也有较多的寺院将决定权交给寺院议事机构，如议事会等。

院由于组织上的特点，有些许例外，青海地区第一大藏传佛教寺院塔尔寺即是如此。塔尔寺的寺主是清代青海“八大呼图克图”之一的阿嘉呼图克图，又称阿嘉仁波切，俗称阿嘉活佛，是藏传佛教格鲁派塔尔寺地位最高的活佛，统领全寺行政和宗教事务。其下设立总法台，代表活佛总揽全寺教务。总法台下设大囊佐一人，协助管理行政事务。大囊佐下面还有吉索钦莫（通称“大吉哇”），为全寺行政管理机构。其负责人为吉索第巴，由塔尔寺六族中获得噶仁巴学位的喇嘛轮流担任。另有六族部落中的上层喇嘛派出的代表，称为六族干巴，协助处理大吉哇的日常事务。日常重大问题的处理，一般通过全体喇嘛经堂会议研究决定，但六族干巴在其中占有六个席位（共十人），权力十分突出。塔尔寺的宗教管理系统是总法台领导下的大经堂、扎仓组织。“大经堂设大僧官，管理全体僧人的学习、纪律，下有属员4名，手持四楞铁棒（即铁棒喇嘛）巡行寺内。此外，尚有管理大经堂财务的过尼等小僧官。与大僧官平行的是总引经师（翁则），在大经堂下有4个扎仓（学院），各自从活佛中推荐一名法台负责政教，任期3年，下有格贵、翁则、叶日哇（负责总务）各1个。”① 在整个的组织管理结构中，由于六族干巴的权力占据绝对优势，不仅具有总法台、大僧官、翁则的提名权，而且对大囊佐的任免具有决定权，因此，六族干巴成为了塔尔寺的实际统治者。在甘肃藏区，清代形成了以拉卜楞寺为主的“政教合一”的行政体制。嘉木样活佛为拉卜楞寺的首脑，执掌寺院和属地的政教大权。在嘉木样活佛一世至五世的领导和主持下，拉卜楞寺的寺院组织结构也不断完善，分别形成了拉章（佛宫，分政务、教务和活佛食宿三部分职能）、措钦措兑和仲甲措兑（上、下议会，前者为嘉木样的佛宫，后者为寺院最高权力机构）、议仓（嘉木样大事议事处）等日益健全的寺院及属地管理机构。其中，对寺院喇嘛的犯罪行为，由该套管理机构中的相应人主管，但最终由嘉木样活佛决定。

不管是活佛最终决定，还是寺院某一机构或某些人统管，统治权都集中在上层喇嘛手中。因此，清政府在立法中也结合这一特点予以规定。例如，《理藩院则例》中规定了上层喇嘛在自己管辖范围内缉拿盗贼、管束徒众的义务。“凡各寺庙贡器什物，如被班第等偷窃，除将该犯僧送部治罪外，若系本管之喇嘛等自行查出咎止，先事疏防，达喇嘛罚钱粮三个月，德木奇罚钱粮六个月。”此即是将管僧拿盗的责任交予本管上层喇嘛，如履行职责，则对主管喇嘛仅仅处以罚钱粮的较轻处罚。“若该管之喇嘛并未查出，别经告发者，该喇嘛等革职，呼图克图罚钱粮六个月。知情隐匿者，连坐。掌印之呼图克图各罚钱粮一年。”② 即如果管事喇嘛其对下属僧众管束不严，导致盗窃犯罪发生且其并未查出，则视为相对严重的情况，对管事喇嘛甚至呼图克图（活佛）都要追究责任。再如雍正三年题准：“洮、岷地方喇嘛，以治病禳灾为名诓骗蒙古，即令札萨克严禁。如果治病有益，分别保留，其余一概逐回原籍。嗣后有隐藏者，发觉，将札萨克等一并议处。”③ 可见，对于寺院范围内的喇嘛犯罪，一般均由上级管事喇嘛负责查缉和惩处。

在四川藏区，存在着以土司为中心的“政教合一”体制，其对喇嘛寺庙和喇嘛的管理权则归属于僧纲。④ 具有代表性的便是卓尼杨土司，而卓

① 冉光荣：《中国藏传佛教寺院》，中国藏学出版社，1994年，第197—198页。

② 张荣铮等点校：《钦定理藩部则例》（光绪朝）卷60，天津古籍出版社，1998年，第437页。

③ （清）会典馆编，赵云田点校：《钦定大清会典事例·理藩院》卷993《禁令》，中国藏学出版社，2006年，第414页。

④ 据《理藩院则例》“甘肃所属各庙喇嘛职衔定制”条规定：甘肃所属河州之普纲寺、灵寺、宏化寺各设都纲一缺。西宁县之西那寺、塔尔寺、扎藏寺、圆觉寺、沙衝寺、仙密寺、佑宁寺，碾伯县之瞿昙寺、宏通寺、羊尔贯寺、普化寺，大通县之广化寺，贵德厅之二叠阐寺、垂巴寺、玛呢寺各设僧纲一缺。洮州厅之阎家寺、龙元寺、圆成寺各设僧正一缺。均照松山报恩寺一体由部给与札付，其国师之号不准承袭。由此可见，在甘肃和青海藏区，也是存在管理寺院行政事务的僧纲和僧正职位的，但与四川“以土司为中心”的政教合一行政体制中的僧纲不同，其并非寺院的政教领袖，而是还有呼图克图或者活佛位居其上，作为总负责人。

尼寺则是寺院管理的典型。卓尼寺的管理机构由僧官（堪布）与法台系统组成。卓尼寺的教权由卓尼杨土司家族掌握，兄袭土司职，弟出家为寺主（僧官）。如系独子，则统领政教权力。乾隆六十年（1721），五世班禅授给僧官“堪布”名号，总理全寺政务。堪布以下设有大、小佐理各一员，大佐理协助堪布管理 44 个属寺政教事务，小佐理协助大佐理和处理外事。大小佐理之下设监督全寺纪律的有班 2 员。此外，堪布下设有“尚署楼”——头目掌印处，具体掌管各扎仓之事务、财会等，并可将疑难问题上报堪布处理。卓尼寺的法台系统分为总法台和扎仓法台，分掌全寺或者各个扎仓寺院的教务。总之，卓尼寺的寺主为僧纲，并非活佛，享有该寺和属寺的一切政教权力，而五大活佛①多偏重宗教活动，不掌握政治实权。

在云南藏区（主要集中在中甸地区），决定政教重大问题的最高权力机构为“吹（僧侣）云（施主）会议②”，而具有代表性的大寺院主要是归化寺。寺内也分政教两个系统。教务方面的最高议事机构为“拉西会议”，由寺主活佛不定期召集，职能主要是商讨重大教务、整顿寺规等。政务方面的最高机构为“拉章会议”，主要是“协商重大行政问题，审理僧俗诉讼案件，协调官府、土司与归化寺的关系等”。③ 归化寺下辖康村，康村下辖米村等基层组织。由此可知，在川滇藏区，对于喇嘛犯罪的管辖权，或者交给堪布，如上文提到的卓尼寺，以及阿坝州的格尔登寺、求吉寺、苟象寺等；或者交给寺院的政教议事机构，如甘孜州的大金寺、灵雀寺、寿灵寺等。④

四、喇嘛教刑事案件的处理程序

从清政府及地方官府解决的涉藏刑事案件的程序来看，官府在审理过程中一般适用《大清律例》的规定。只是清王朝存在对于喇嘛教及喇嘛的优待政策，以及对不同地区颁布的特别条例时，才在具体处置过程中优先予以考虑相关条例规定。例如，《蒙古律例》和《理藩院则例》中的一些特别规定，在处理藏区喇嘛犯罪时便具有直接适用的效力。并且当地存在的罚赎、起誓等惯例也会在审判中根据不同情况加以适用，并且喇嘛犯罪如牵涉到藏族等其他少数民族时，其他民族的习惯法也会受到关注。但是，当没有特别条例的内容可以适用时，则运用《大清律例》的规定进行审判。

首先，官府对有关僧众的呈控进行受理。官府在受理对喇嘛犯罪的呈控后，常需当堂审讯查问，依据律例或者案情决定是否准理。对于经查问确认的命盗等地方重大案件，依据《大清律例》“告状不受理”条规定官府必须受理。⑤ 官府的受理将会展开对刑事案件的具体审判程序。对于被告的喇嘛，如果案情轻微，则由官府签发传票，由差役传唤；若案情重大，则官府签发拘票，由差役拘提；如被告逃匿，则签发缉票，由官府缉拿。人犯到案后，轻者交班房看押，重则交监狱监禁。对于犯罪现场和犯罪工具等，则派出专门的人员进行查验。值得注意的是，由于喇嘛教是

① 伊利仓、玛尔当仓、古雅仓、德哇仓、嘉当仓。

② 参加者有土守备（第巴，又称营官）2 人、土千总（神翁）5 人，名曰“诺奔”（亲民之官）。又每境（中甸共分大中甸、小中甸、全杀、尼西、格咱五境）老民 3~5 名，此系“云”方单表。扎仓拉章之“香追”（总管）1 人，扎仓老僧 8 人，在职“觉厦”迪哇 1 人，此系“吹”方代表。康村“格干”8 人为会议的勤杂人员。吹云会议每 3 年召开一次，由值班土守备为召集人（二守备轮流值班 1 年），商讨中甸政、军及教务等重大问题。参见冉光荣：《中国藏传佛教寺院》，中国藏学出版社，1994 年，第 198 页。

③ 冉光荣：《中国藏传佛教寺院》，中国藏学出版社，1994 年，第 199 页。

④ 当然，四川的大部分中小寺院如八邦寺、东谷寺等多由活佛进行全面管理，不借助会议等机构。参见冉光荣：《中国藏传佛教寺院》，中国藏学出版社，1994 年，第 200—215 页。

⑤ 参见《大清律例》第 334 条：凡告谋反、叛逆，官司不即受理（差人）掩捕者，（虽不失事）杖一百，徒三年。（因不受理掩捕）以致聚众作乱，或攻陷城池及劫掠民人者，（官坐）斩（监候）。若告恶逆（如子孙谋杀祖父母父母之类）不受理者，杖一百。告杀人及强盗不受理者，杖八十。

清王朝重点扶持的宗教，直接对喇嘛的犯罪进行司法审判可能会涉及法律与宗教的冲突问题。因此，为方便喇嘛重大犯罪的司法审判，《理藩院则例》中专门规定了“喇嘛等犯罪先行还俗”条，“凡喇嘛等因事拘审，先行革退。……如讯明无罪，仍复其喇嘛。”① 依据此条，如果喇嘛因犯罪而被拘押和审判，在审判之前，会被取消喇嘛籍，作为普通人并且适用世俗程序进行审理。② 而对于喇嘛的革退，则规定“凡札萨克喇嘛、达喇嘛、苏拉喇嘛有犯降革者”，由理藩院奏报皇帝批准。

其次，对于喇嘛所犯的命盗等重大刑事案件，必须经过官府的审讯。《大清会典》规定：“凡听断，依状以鞫情，如法以决罚，据供以定案。”③ 由此可以得出审讯过程中所坚持的三项原则，即依据呈状推问，根据法律拷讯，凭借口供定案。在审讯命案时，按法律规定，将杀人行为分为“谋杀、故杀、斗殴杀、戏杀、误杀、擅杀、过失杀、义杀④”等情形，区别对待。审讯盗案，则分为强盗和窃盗。在审讯的过程中，为了获得口供，还可以采用刑讯的手段。经过审讯，获得证词和口供之后，则可据以定案。

重大案件的刑罚主要是发遣和死刑。藏区地处清朝的西北和西南边疆，王朝一般不适用徒流等刑罚，而是在死刑之下设立发遣刑，“根据犯罪的轻重分为三等，分别发遣到云南、贵州、广东、广西烟瘴地方，湖广、福建、浙江、江西、江南等省和山东、河南等省。”由于涉及适用绞监候，因此，还需要经过上报，最终经过秋审，由皇帝最终决定是否执行。当然，对于喇嘛的反叛行为，由于其罪行严重威胁王朝统治，清政府一般采取从重从快处理，有时甚至授权平叛大臣直接采取措施。例如，在罗卜藏丹津叛乱时，西宁附近的喇嘛教寺院也多受煽惑，导致“西宁数百里之内，一切有名寺院喇嘛皆被甲执械，率其佃户僧俗人等，攻城打仗，抢掳焚烧，无所不至”⑤。在此情境下，清政府果断派出主力部队进行平叛，对反叛军队和喇嘛僧众进行打击。清军攻破塔尔寺后，察罕诺们汗迫于清军的攻势而投降，但清军主官年羹尧不但直接下令将其处死，也对其他喇嘛僧众进行了严厉的镇压。在攻打郭隆寺时也是如此，清军不但攻克该寺，而且将达克玛呼图克图正法，并随带剿杀大量反叛僧人。

再次，对藏区犯罪喇嘛的刑罚执行方式主要是罚服，即对犯罪喇嘛科取一定财物，使之服罪，达到惩戒的目的。从清代法律在蒙藏地区适用的整体来看，虽然有凌迟、绞、斩、发遣等刑罚，但对于一般的犯罪几乎全是以习惯法为基础，用科罚牲畜代替实际刑罚。蒙藏民族世代居住在青藏高原上，大部分以从事畜牧业为主，因而罚服以罚牲畜为主，并有九数和件数之分。《理藩院则例》“罚九定额”条规定：“罚罪九数乃马二匹、犍牛二只、乳牛二只、三岁牛二只、两岁牛一只。”以此九数为基本单位，最高可罚至九九，即八十一匹牲畜。件数则是针对较轻的犯罪，主要有罚牲七、罚牲五、罚牲三、罚牲一。其中具体罚牲数量依据犯罪轻重而确定。在“喇嘛禁令”中，《理藩院则例》也规定了以罚服赎罪。例如，民众凡是延请喇嘛班第等治病念经的，首先须报明该管喇嘛。如果不经过申请而私自邀请，以及喇嘛私自接受而出行的，对邀请方和喇嘛班第“各罚一九牲畜。失察之该管喇嘛，罚五牲畜”；如果喇嘛擅行住宿，则将“擅宿、留宿之人各罚三九牲畜。失察之该管喇嘛，罚一九牲畜。”⑥ 在这一条中，“一九”即为单倍的九数，而“五牲畜”便是“罚牲五”，即五件之数。

最后，除牲畜之外，钱粮也可成为罚取的对象。被罚取钱粮的大多是寺院中具有一定职权和地位的喇嘛。例如，《钦定理藩部则例》中对于喇

---

① 张荣铮等点校：《钦定理藩部则例》（光绪朝）卷59，天津古籍出版社，1998年，第427页。

② 徐晓光：《清代蒙藏地区法制研究》，四川民族出版社，1996年，第85页。

③ 《大清会典》卷55。

④ 《大清会典》卷55。

⑤ 年羹尧：《附奏查访西宁近日民情片》（无年月），见《年羹尧奏折》专辑（上），第46页。

⑥ 张荣铮等点校：《钦定理藩部则例》（光绪朝）卷59，天津古籍出版社，1998年，第424页。

嘛逃走的，"该管之德木齐等隐匿不报者，初次罚钱粮一个月，二次罚钱粮两个月，三次以上俱罚钱粮半年"①。对于私自容留它寺逐出的班第的，将受到"掌印呼图克图鞭责四十"的处罚，而且"失察之达喇嘛、德木齐等罚钱粮三个月"②。此外，鞭责也是对喇嘛犯罪的常用处罚方法。例如，嘉庆二十二年，清政府规定："喇嘛班第等私自逃走，自行投回者，初次鞭六十；二次鞭八十；三次鞭一百，革退；拿获者，鞭一百革退。"③ 道光十九年，规定："喇嘛班第等，但宿于无夫之妇人家，无论是否犯奸，均剥黄鞭一百，勒令还俗。"④ 鞭责的等级和数量都由法律明确规定，由上层喇嘛或活佛在对喇嘛犯罪的处理中加以贯彻执行。

总之，清王朝在处理喇嘛犯罪案件中，既坚持了全国法律统一的原则，也结合地方及宗教特点及时作出了系列变通，体现出"从俗从宜，各安其俗"的特点。从立法来看，对于宗教范畴内的一般行为，允许宗教戒规戒律发挥作用，但涉及地方稳定和秩序的，可能给人们行为和社会生活带来重大影响的事项，则纳入法律专门调整。在司法过程中，对喇嘛犯罪的刑事案件，又根据主体的不同，区分了喇嘛之间、喇嘛与民众间发生的案件，并分别采取不同的处理策略。管辖方面，除非涉及地方重大案件，主要以宗教系统内部处理为主。在审判和判决方面，原则上适用内地法律，但也考虑到民族地方的特点，对地方习惯法给予了积极地适用。应当注意的是，本文所讨论的是藏区喇嘛与民众、喇嘛与喇嘛之间的刑事案件处理，并不涉及喇嘛教与其他宗教之间的刑事案件解决。相比而言，后者的处理复杂程度要高于前者，是涉藏刑事案件处理程序问题研究的重点内容，对此，将另行撰文探讨。

---

① 张荣铮等点校：《钦定理藩部则例》（光绪朝）卷59，天津古籍出版社，1998年，第427页。

② 张羽新著：《清政府与喇嘛教》，西藏人民出版社，1988年，第131页。

③ （清）会典馆编，赵云田点校：《钦定大清会典事例·理藩院》卷993《禁令》，中国藏学出版社，2006年，第415页。

④ （清）会典馆编，赵云田点校：《钦定大清会典事例·理藩院》卷993《禁令》，中国藏学出版社，2006年，第416页。

蒋湘南的易学、科学及宗教哲学思想

问永宁

一、蒋湘南的生平与学术

蒋湘南，字子潇，河南固始人，生于嘉庆元年（1796年），卒于咸丰四年（1854年），回族学者。杨大业说“蒋湘南也是回族”①，夏寅官《蒋湘南传》云：“先世本回部。”② 李叔毅认为：“蒋的姻亲都是回族，蒋集镇至今仍为回族聚居区。”③不过从相关材料看，蒋湘南是穆斯林的可能性微乎其微。蒋家估计已经出教很久，是一户出教回回人。

蒋湘南与魏源、龚自珍、俞正燮、林则徐、阮元、刘宝楠等相熟。龚自珍“忽有故人心上过，乃是虹生与子潇”。④《春晖阁诗选》卷5有《书龚定庵主政文集后并怀魏默深舍人》，其诗云：“平生服一龚……齐名有魏尚。”卷6《长夏无俚拉杂书怀不加诠次凡十四首》云：“我友龚与魏。”蒋湘南还参加过嘉道间京师士人修禊雅集活动。⑤龚、魏、俞等人，对于伊斯兰教都颇有研究，其中魏源《海国图志》卷25《天方教考》一文，集此前伊斯兰教研究之大成。俞正燮《天主教考》一文⑥，对伊斯兰教亦有涉及。如果蒋是穆斯林，不应该无一人提及，要知道，当时这一批人对于西北民族宗教问题，尤其是回教问题，是非常关注的。而魏源《庐山杂咏偕子潇》云：“与君同是再来僧，共拨寒灰听水声。谈罢不知庐阜月，只疑青海寺中行。”自注“蒋子潇同游，自言其生时，母夫人梦蜀僧至，及曾在青海塔尔寺遇番僧胡土克图，一见知其前生，甚异。”⑦ 说明魏源将蒋湘南看成了转世僧人。蒋湘南出生的转世之说，违背伊斯兰教教义，说明其家庭伊斯兰教意识的淡漠。

蒋湘南著述颇丰，大多散佚，传世作品似乎只有《七经楼文钞》《春晖阁诗选》《游艺录》《卦气说》以及方志数种。在这些诗文中，保留了大量信息，表明蒋湘南本人基本上已经不信仰伊斯兰教，不是穆斯林。《七经楼文钞·南照镇重修清真寺碑记》云：“（回教）自礼乐刑赏以至饮食衣服，莫不有一定之制，食其教者，虽远徙万里外，终守之而不敢戾。”蒋氏对于伊斯兰教教法在生活习惯上的规定是熟悉的，而所谓回教的一定之制，表现在饮食上，首先就是不食猪肉，刘智《天方典礼》卷18下对此有较细致的解释。魏源《天方

问永宁，深圳大学哲学系教授。此文原载于《黉门菊灿——萧汉明教授七秩华诞纪念文集》，黄黎星、崔波、丁四新编，吉林文史出版社，2009年。

① 杨大业：《明清回族进士考（四）》，载《回族研究》2005年第4期，第74页。

② 沈云龙主编：《碑传集补》卷50《蒋湘南传》，《近代中国史料丛刊》第999册，文海出版社有限公司，1973年，第2740页。

③ 李叔毅等点校：《七经楼文钞》，中州古籍出版社，1991年，点校前言，第1页。

④ 刘逸生：《龚自珍己亥杂诗注》，中华书局，1980年，第218页。

⑤ 罗检秋：《嘉道间京师士人修禊雅集活动与经世意识的觉醒》一文注九，http://jds.cass.cn/Article/20060209081833.asp。此文收入郑大华主编：《西方思想在近代中国》，社会科学文献出版社，2005年。

⑥ 见《汉学堂知足斋从书·正谊录》。

⑦ 《魏源集》，中华书局，1976年，第831页。

教考》下云：“以一豕之食不食为出教入教之大坊，几视淫杀盗妄为尤厉。”不食猪肉，是中国穆斯林的最明显标志。《春晖阁诗选》卷2《春日杂感》云：“望我风云起龙尾，累人口腹愧猪肝。”卷六《故里》：“猪肝饱仲叔，牛背羡封衡。”卷5《失恃后戒诗两年余，今逾大祥，始一操管，聊述客况》云：“年来误我是虚名，猪肝闵贡终怀感。”朋友们也用猪肉招待蒋湘南，吴式芬和蒋湘南同游，作诗云：“醉我深杯竹叶醅，尝我大胾花猪肉。”① 蒋湘南食猪肉的行为说明他不是穆斯林。蒋湘南对马注的著作很熟悉，马注《清真指南》卷8《教款》认为吸烟是“黑拉目”（非法的），而蒋湘南烟瘾颇重②。这都趋向于表明蒋湘南不是“食其教者”，不是一个穆斯林，他的宗教身份已经相当模糊。可能如周作人所说，“蒋君脱籍已久远”。“他对于这方面已是颇疏隔的了。”③ 他祖先的族属和宗教，对他的日常行为似乎已经没有明显影响。

蒋湘南的学术，与乾嘉时代之后的博雅之风一致，力求博通，其学无所不窥，著述也极为丰富。从《七经楼文钞》《游艺录》二书看，他的学问，涉及面很广，对天文、水利、医药、术数、宗教、经学、文学等，都有独到的研究。蒋湘南以儒家自居，但认为儒家本为诸家之一，及“孔子崛起为儒宗，取各家精华而会于六艺，为此学者，必通天地人而后得名之为儒”。④ 他心目中的大儒是郑司农、黄宗羲、戴震、钱大昕等。朱、陆两家，不过是“各挥空中之拳”⑤ 的无根之学而已。其弟子卢正烈云：“先生之学，自象纬、律历、舆地、农田、礼制、兵法、刑名、考工以及释、道两藏，一一皆寻其源流，究其得失。”⑥ 夏寅官说：“贾、董、马、郑之学，濂、洛、关、闽之理，道藏、梵荚之书，毗婆尸佛之教，分析其支派源流而穷精奥。”⑦ 卢、夏二说合起来，大体包括了蒋氏的主要治学范围。

二、伊斯兰哲学对蒋湘南的影响

但是不论是卢正烈，还是夏寅官，对于蒋湘南思想的来源，都没有触及。蒋湘南固然对伊斯兰教没有信仰，但伊斯兰哲学对他的思想有非常重要的影响。蒋湘南思想中，不少重要概念，就出自汉塔布（伊斯兰教汉文经典）。汉塔布反映的是系统的伊斯兰哲学⑧，对蒋湘南思想的核心概念和伊斯兰教汉文经典（汉塔布）的相关文字作比较，就可以看出蒋湘南思想和伊斯兰哲学有密切关系。

1. 四因说

四大之说，起于印度，很早就传入中国，如敦煌卷子P. 3357号《大乘中宗见解》，问：“何者四大?”答：“地、水、火、风，题名四大。”《千金方》就曾引用四大之说，与阴阳五行并列。但是尽管“余二十年前，通观全藏”，⑨ 熟读释典。蒋湘南的“四大”说，却不是来源于佛教，而是从回教来。古希腊人持四大说，受其影响，伊斯兰

① 吴重熹编：《海丰吴氏诗存》卷4，吴式芬《龚定庵礼部招同廖鹿柴工部，家红生舍人，蒋子潇、孔绣山、梁敬叔三孝廉，出右安门观海棠，用东坡定惠院海棠诗韵》。转引自樊克政：《龚自珍年谱考略》，商务印书馆，2004年，第423页。

② 瞿兑之：《人物风俗制度丛谈》引《退复轩随笔》。山西古籍出版社，1997年，第176页。

③ 周作人：《苦竹杂记》，岳麓书社，1987年，第125页。

④ 《游艺录》卷2《大儒五人》，资益馆校印本。

⑤ 《游艺录》卷2《大儒五人》，资益馆校印本。

⑥ 李叔毅等点校：《七经楼文钞·后序》，中州古籍出版社，1991年，第224页。

⑦ 沈云龙主编：《碑传集补》卷50《蒋湘南传》，《近代中国史料丛刊》第999册，文海出版社有限公司，1973年，第2740页。

⑧ 郑文泉认为汉语伊斯兰哲学已经达到“系统”（system）的层次，这个“系统”的内涵本身是伊斯兰的，是当时伊斯兰世界流行思潮的“汉译”结果，是“伊斯兰哲学在中国”、不是“具有中国特色”的哲学，而是阿拉比学派的苏非主义哲学。http：//humanum. arts. cuhk. edu. hk/ ~hkshp/zhesi/zs7/gart3. htm。

⑨ 《游艺录》卷3《观世音菩萨述》，资益馆校印本。

哲学亦持四大之说。① 《正教真诠·正命》云："天地之形，乃阴阳之相，阴阳即为水火。"②《七经楼文钞·翟蔚堂医说序》云："天地之先，阴阳而已。阴阳之迹，水火而已。水为火蒸而气生，火为水博而土出。水、火、气、土四者，天地之所由成，人身脏腑之所由具也。四性之生长者，谓之木，四性之坚凝者，谓之金。金木无一定之形，乌得以《洪范》所言人事之用者，以拟造化之源乎？"二者何其一致。《清真指南》卷3《四行》云："真主不凭一物而造化天地万物，始于无极，成为太极，化为水火。"以水火为万物之先，阴阳之迹，此与蒋湘南之说又何其相似乃尔。《天方性理》卷1《四象》："水受火炽而气生，火与木博而土生。"《天方性理》卷2《四方》："气自水生，土因火生。"更与前引蒋湘南语类同。凡此种种，皆表明蒋湘南的四大说，本于伊斯兰哲学。

2．九天说

蒋湘南对近代西学，接触较深。他对西学有一定了解，但他谈及天体结构，却坚持地心说。《游艺录》卷1《日食》："地又以弹丸之土悬于天之中心。"这和传教士的说法似乎一致，然而却不来自于西法，而是受到伊斯兰哲学的深刻影响。

伊斯兰哲学根于古希腊哲学，传统伊斯兰哲学中的天体说，即是亚里士多德的水晶球说。《正教真诠·元始》："天者乃无灵中最大物，其形浑圆，体坚而透明，不似他物可变可坏，总是一天而有七重，且能旋转。七重之上，更有两重。"此即是希腊古说。蒋湘南所言之天体，共有九重，"九重天乃西方古说，回回书亦然。所云阿而始，即太西之宗动天，所云库而西，即太西之恒星天也"。③"太西更有第十重，名永静天，包含九天为浑天之主宰，此则凿空已甚……回人则谓阿而始之天向下一面有形，向上一面无形。"④ 蒋湘南认为九重天之说合理。"夫浑天主宰即上帝也。上帝主宰天地万物，不止运动九天，若谓九天之上，更有一永静不动之所，为上帝所居，是上帝离于天之外矣。""上帝无所不在，即在天地万物之灵动处而见。其说与《中庸》'体物不遗'相合，故不言有第十重天。"⑤ 落到底，他信的是回教的天体说。《天方性理》卷2《形器》："阿而实为至清无上之天，诸天之悬位于其中也，犹珠之悬于水晶室也。此第一天之体，一面有形向下，一面无形向上。"正与蒋说相合。蒋湘南云："自西而东者，自然之行；自东而西者，反掣之行也。"⑥ 刘智云："阿而实之旋转也，自东而西，是谓自然之动，其余诸天之旋转也，自西而东，是为反掣之动。"⑦ 蒋湘南云："九天之功，日天最大，凡飞潜动植之化育，风雷雨露霜雪之变幻，无一非日光照地，地气上升之所为。"⑧ 刘智云："太阳天则章明贵显也，凡人禽之生活，草木之长发，金石之变化，花实之蕃硕……即云雨雷电，雾露霜雪，寒暑湿燥，四时往复，万物消长，一切变化施为，皆莫不成于此天之功用也。"⑨ 二说显然是有关联的，而《游艺录》卷1《天体远近》的数据约同于《天方性理》的《九天》，《游艺录》卷1《六等七等》对于星之大小，则完全采用《天方性理》卷2《九天》的数值。这都说明，蒋湘南关于天体的认识，本于伊斯兰教的性理之学。

3．上帝（主宰）

"上帝"是蒋湘南思想中的一个核心概念。对比蒋湘南的文字和相关伊斯兰教汉文著述，我们就不难发现，蒋湘南的上帝观念，大量利用了伊斯兰哲学的内容。（为方便比较，试列表如下，左栏列蒋湘南的文字，右栏列相关伊斯兰教汉经文字，以下相关文字的比较仿此）。

---

① 宋岘：《回回药方考释》，中华书局，2000年，《前言》第22—29页。

② 王岱舆：《正教真诠》一书，至少有广州清真堂刊本与中华书局本两种，中华书局本，系马安礼修订之作，改动很大，本文据广州清真堂本。

③ 《游艺录》卷1《十重天》，资益馆校印本。

④ 《游艺录》卷1《十重天》，资益馆校印本。

⑤ 《游艺录》卷1《十重天》，资益馆校印本。

⑥ 李叔毅等点校：《七经楼文钞·岁差说》，中州古籍出版社，1991年，第224页。

⑦ 《续修四库全书》第1296册，上海古籍出版社，1997年，第64页。

⑧ 《游艺录》卷1《日食》，资益馆校印本。

⑨ 《续修四库全书》第1296册，上海古籍出版社，1997年，第60页。

1.《七经楼文钞·六宗述》："其体立于未有天地之先，其用显于既有天地万物之后。" 2.《七经楼文钞·主宰》："天地不能自主也，有主宰乎天地者，而天地始立。……花非春也，而春之迹显于花；汤非火也，而火之迹显于汤……其体立于天地之先，其神妙于万物之后，其精贯于万物之中，其本然显于天地之迹。……性不可见，于五官百骸之动作见之。天地之主宰亦犹是而已矣。日月之行，四时之迭遭，风雷雨露之布濩，山河之流峙，飞潜动植之蕃变而生死……无一非天地之动用，即无一非主宰之大能。"	1.《天方典礼择要解》卷2《真宰篇》："体立于二气未肇之先，用著于万象既形之后。"卷4《谛言篇》"天地万物皆不能自主，必有真主主宰乎其间也。……以性论何？性无形者也。" 2.《清真指南》卷2《天命》："火之踪迹显于水则温，春之踪迹显于物则荣。"卷3《性命》："寻春于花，花非即春，觅香于风，风非即香。" 3.《天方至圣实录》卷之首《至圣篇》："至圣之灵，卓出天地未有之先，为万有理性之宗，至圣之身，挺生于天地既全之后，为万世圣人之果。" 4.《正教真诠·真一》："所谓万物之判断者，若天之高，地之厚……日月之升沉，昼夜之晦明，四时之代谢，飞潜之高下，草木之荣枯，金石之变化，若非真主之造化，孰有能是者乎？"

4. 前定自由

1.《七经楼文钞·率性命》："人之在天地，其犹舟楫之泛海乎？有本意所之之地，风乘之而到也。其或转吉为凶，或因凶而吉，皆不出乎大海之中，即皆不离乎舟楫之用。大海之中，天命之前定也；舟楫之用，人事之自由也。无舟楫不显大海，无大海安用舟楫。"	1.《清真指南》卷2《前定》："前定如大海，自由如舟楫，事因若风涛。无大海自无舟楫，是前定不离自由；无舟楫不显大海，是自由不出前定。" 2.《正教真诠·前定》："前定乃大海。"

5. 大体小体

1.《七经楼文钞·翟蔚堂医说序》："有形之物，人身为大，而天地为小。天地之形，天外而地内，人身之形，地外而天内。以性命之世，广大无象也。"	1.《天方性理》卷5《见小》："物无有大于天地者，然大视之则大，小视之则小……能复本然之见，则其视天地也非大。盖天地者形也，有形之天地，无形之天地之所生也。" 2.《清真指南》卷3《格物》："论色世，则天地为一大世界，而人居其中，论身世，则人为大世界而天地居其中。"卷2《体认》："自其外者而观之，则天地为大世界而人居其中；自其内者而言之，则人为大世界，而天地居其中。" 3.《大化总归》上卷引《道行经》："人为天地所生而人又能生天地，但天地之生人生其象，人生天地生其理。生其象者，人在天地中，觉人小而天地大；生其理者，天地在人中，觉人大而天地小。天地大以象，人大以理，其实人之理即包乎天地之理，天地之象即寓乎人之象也。"①

① 《大化总归》的作者马复初后于蒋湘南，不过他所引的《道行经》即回教名著《弥尔萨德》（《密尔索德》），刘智译作《道行推原经》，伍遵契译作《归真要道》，是经堂教育的重要读物，《天方性理》袁汝琦序："《密尔索德》、《勒瓦一合》、《额尔史》等经，既行于天方，又传之中国。凡吾教学人，皆知颂习之矣。"蒋湘南受《道行经》影响是很可能的。《天方性理·本经》引《道行推原经》云："小中见大，天纳粟中；大中见小，天在尘外。"和蒋湘南的文字并不一样。这一段文字，很可能蒋湘南是根据原著自己译的。

6. 性命说

1.《七经楼文钞·阐性》："性，无恶也，而能行善恶。其所行之善，即天命之本然，因乎习以发见者也；其所行之恶，则因乎习之不善，而蒙晦其本然者也。"……"故不独本然之性无恶，即气质之性亦无恶也。惟其无恶，而情用之际，又由乎已，已所为之事，或著于善，或著于恶，则情用于善恶之间，譬如君王赐臣印剑，非使之作威福也，臣得其权，而公私任其自便。究之自便乎私者，亦必先有外感之私，而非其本然之正。" 2.《七经楼文钞·辩命》："自儒者分理与气数，而命之说不明。""命者，使令也，而使令人者，上帝也。帝所命于人者，性也，性中所具，乃人一生所率而行之道也。是犹君父命臣子所治之事也……受命而往，必复命而来，故人有生无不死也。学仙佛以求长生，是贪异地而不思归命于君父也。" 3.《七经楼文钞·主宰》："金石得坚定之性而不能生长，草木得生长之性而不能知觉，禽兽得知觉之性而不能明理，惟人也备万物之全，为天地心，生长异金石，知觉异草木，明理异禽兽。"	1.《正教真诠·前定》："善本原来，恶即新有。" 2.《正教真诠·性命》："性命乃各物之本然……凡人之性，能行善恶，非性本有恶也。""凡以理为本者，自皆可喜可爱，因本善无恶也。及论其情用之际，又由于已，已或行善或作恶，因已所行之殊异，则情用于善恶之间矣。譬如君王所赐剑印，得者公私任其自便耳。所谓情者即性之发，若无外感之私，自然听命于理，无不善也。倘执已偏，自然不得其正，无非恶也。"……"以善者为理性，恶者为气性，殊不知气质本于何有……天即上帝也，命犹令也，性即命也，率犹循也。"……"以善者为理性，恶者为气性，殊不知气质本于何有……天即上帝也，命犹令也，性即命也，率犹循也。"……"惟人之性能生长，而且知觉更能推理也。乃生长殊于金石，知觉异于草木，推理超于禽兽。" 3.《正教真诠·仙神》："倘果能长生住世，何异之子不归，叛却原本。在臣则为不忠，在子则为不孝，况此自用之徒，叛违天地万物之真主，而不欲归原者，其为何如。"……"倘果能长生住世，何异之子不归，叛却原本。在臣则为不忠，在子则为不孝。况此自用之徒，叛违天地万物之真主，而不欲归原者，其为何如。" 4.《天方性理》卷1《性理》："人之性，有生长，有知觉，有灵慧，得其性之全；鸟兽之性，有生长，有知觉，无灵慧；草木之性，仅有生长；而金石之性，则仅有坚定而已。"

7. 鬼神

1.《七经楼文钞·鬼神》："鬼神阴也"……"鬼神亦有雌雄。有雌雄则有孳息，有孳息则有嗜好，有嗜好则有饮食，有饮食则有事业，有善恶，有生死。"	1.《归真要道》卷2第三门第一篇："地属阴应神鬼。" 2.《正教真诠·仙神》："仙乃天仙，神乃神鬼……鬼祟属于纯阴。"……"神者，次于人极天仙……亦有生死，有男女，有好欲，有孳生，有饮食，有眈睡，有顺违，有正邪，有功课，有事业，各有己务。" 3.《清真指南》卷3《神鬼》："有男女，有孳生，有嗜好，有饮食，有眈睡，有顺违，有功课，有事业。"

8. 灯喻

1.《七经楼文钞·阐性》："上帝以其本然之灵明者，命于人之心，心受乎天命之灵明者以为信，譬如灯然。身者灯之罩，心者灯之盏，德者灯之机，性者灯之油，命者灯之光。无光，则油与机无以尽其才，无油无机，则盏与罩徒成虚器而已。然而灯有不明者何也？必其罩之蒙尘也，必其盏之积垢也。尘垢既久，遂致其油不澄清，机不端正也。"	《纂译天方性理本经注释》第四章： 1."火若灯具，真光其火，不获真光，徒为人具。" 黑鸣凤注："具，器也。真光，喻真心，获，得也。言人之身心性德，譬如灯具，真心，譬如具内之灯。身为灯罩，心为灯盏，性为油，德为机，机所以织灯者也，俗谓之燃子。言人之有身心性德也，譬如灯之有盏罩机油也，有盏罩机油而无灯，只可谓之灯具，不可谓之灯。人虽有身心性德，而若不见其真心，则亦只可谓之人具，不可谓之人实也。" 2."人极大全，无美不备，既美其形，复美其妙。" 黑鸣凤注："形，指身心性德言，妙，指真光言，此广灯喻之义也。言人之所以为人者，百善备足，本无纤毫缺欠，自有身心以来，真光即附着于其中，但为物欲锢蔽，故不能显其素裕之美耳。……譬如灯之为物，其光何尝不具，然欲其明，必先得其具之美。具之美，何在乎，在罩之透亮而不昏蒙也，尤在盏之莹洁而不黯黮，在油之清澄而不溷浊也，尤在机之端正而不欹斜。"

9. 余光说

1.《游艺录·观世音菩萨述》："无论古今华夷，凡有抱正慧方便作大饶益者，皆菩萨性光中分体之光所示现也。"……"性者，人身之灵物，命者，上帝之真光。其在先天，性命灵光所余之渣滓流而为后天之天地万物，故凡有形者之知觉运动，无一非无形者之光之所著也。"	1.《归真要道》卷1第二门第一篇："主上要造化万有，先从止一真光的余光上，显了至圣之命的光……从此一切点儿上，造化列圣的命，从列圣的余光上，造化一切大贤之命，从大贤的余光上，造化一切摩敏的命……从一切人的余光上，造化一切天仙的命……此后造化等等草木、矿穴、金石、火风、水土的性。" 2.《正教真诠·真圣》："真主运无极而开众妙之门，化生天地万物，皆无极之余光。" 3.《正教真诠·元始》："真主要造化天仙神鬼，乾坤万物，自止一之余光显了万圣之元首，即穆罕默德无极之本原，乃一切妙明之始也……爰自命源之妙，显了灵觉之余光，遂以此造了列圣之本来……又自诸品之余光，造化了一切水陆飞行之本来……又自智源之理，显了理性之余光，造化了一切无灵觉之本来，乃诸无世界及日月星辰，土水火风，草木金石。"

三、蒋湘南与易学

蒋湘南作为一个嘉庆道光年间的中国学者，他思想的另一个来源是经学，特别是易经，对他思想的建构，有很直接的作用，其重要性同样不容低估。

蒋湘南以为，有形的天地"不能自立也，有主宰乎天地者，而天地始立"。① 这个主宰天地万物的，就是上帝。"上帝者，天地万物之主宰，于《易》谓之乾元。"② 这个上帝无形象，无方所，人可以通过万物认识上帝的存在。"上帝之象，显于万物，万物之象，显于圣人，圣人时时见上帝之象，因指上帝之象以示众人。是故六十四卦自伏羲氏以后，神农、黄帝、尧、舜皆名为象。"③

① 李叔毅等点校：《七经楼文钞·主宰》，中州古籍出版社，1991年，第99页。
② 李叔毅等点校：《七经楼文钞·六宗述》，中州古籍出版社，1991年，第20页。
③ 李叔毅等点校：《七经楼文钞·原象》，中州古籍出版社，1991年，第10页。

圣人本象以制礼。礼本乎太一，“太一即上帝也，”① 以象明礼，“不知此者，不足以言《易》”。这样，《易》就成了以象贯通天地人的圣经，而乾元就等同于伊斯兰教的上帝。“天地、阴阳、四时、鬼神，皆礼所范围”，“上帝为礼之本，即象之本”，礼也就有了和伊斯兰教教法相同的地位。《七经楼文钞·原象》载：“（上帝）铸天地、日月、星辰、风雷、雨露、山川、草木、鸟兽、虫鱼之精而为人，铸人之精为圣人。圣人者，上帝之镜也。镜照天地，而天地有上帝焉。镜照日月、星辰、风雷、雨露而日月、星辰、风雷、雨露有上帝焉。镜照山川、草木、鸟兽、虫鱼而山川、草木、鸟兽、虫鱼有上帝焉，镜照男女，男女有上帝焉。上帝之象，显于万物，万物之象，显于圣人。……夫圣人何为以象示人也？曰，教人识上帝也。”“象”就是认识上帝，证明上帝存在的工具。这其实是用易经比附伊斯兰哲学。蒋湘南的格义，使得他的思想，明显可以看到两种文化的痕迹。

蒋湘南认为，要认识上帝，就要读懂《易经》这本圣经。要读懂《易》，就要懂易象，要通过仰观俯察来格物穷理。仰观者即为天学推步，俯察者即人情物理，近取诸身，就是医学。这三个方面的内容，在蒋湘南的思想中，占有重要地位。

蒋湘南在当时的学者中，眼界很宽。天学方面，他对于西洋天文历法与回回历法、中国古历法甚至印度天文学都有相当的了解。对于天体构造，日月食的原因，都有较先进的认识。

前文已云蒋湘南知道西方古天体学说，其实他对于传教士所传天文学也相当熟悉，甚至对于当时西方天文学的新发展亦有相当了解。“西法乃以有恒率者为平行，有损益者为定行，与郭守敬之上减下增同一调停。然亦不得已之法也。多禄亩之法至呢谷老而变，至第谷而又变，至奈端而又变，至戴进贤而又变，至蒋友仁而又变。”② 多禄亩即托勒密，呢谷老即尼古拉·哥白尼，奈端今译牛顿，戴进贤和蒋友仁则是清代来华的传教士。可见蒋湘南对当时西方天学最新动态是了解的。《七经楼文钞》和《游艺录》中还有不少文字提到西方天学的具体内容，文长不具引。

蒋湘南对西学也有一定认同，“盖三角八线即勾股之异名，西人用之尤精密也”。③“西人言九重天，远近确凿有据，儒者以其出自西人而愈不肯信，究因不明天体之故。”④ 尽管如此，蒋湘南对第谷以来的西法与古西法的区别，并没有清楚认识，他说的西学，是和回回历法相容的古西法。认为两者都出自婆罗门，“婆罗门为西方最古之术，回回、太西皆因之而加精者也”。⑤“五通仙人九执历三卷，为西方推步法著书之始，欧罗巴之太西法，阿尔璧之回回书，皆从此出。”⑥

蒋湘南用中西结合之法解释了日月食。他说：“夫日何以食，月食之也，月岂真能食日哉？一在第四重天，一在第九重天，相去三百三十一万九千一百三十一里，中隔金、水二天，月之不能侵日明矣。所谓食者，人在月天之下，自地平上仰视日天，值朔日经纬同度，日为月隔，遂以为日被月食，其实月未食日也。”⑦“圣人有国，日月不食”是“腐儒不明天道者之妄论。”⑧ 但他对近代西方科学并不完全信服，他说：“天道神而难测，虽隶首不能立定限也。”“古之圣人知有岁差之度而不立岁差之法，但用超辰以弥补之，俾天周即是岁周，所以便民时也，宁疏无密，固非何承天、祖冲之辈所能识矣。”⑨ 他还将中西结合，认为太岁超辰即上古岁差，但证明的方法，却是用西方的古宇宙说，“九重之天，日天第四，上下八天，

① 李叔毅等点校：《七经楼文钞·原象》，中州古籍出版社，1991 年，第 11 页。
② 李叔毅等点校：《七经楼文钞·推步总论》，中州古籍出版社，1991 年，第 115 页。
③ 《游艺录》卷 1《天体远近》，资益馆校印本。
④ 《游艺录》卷 1《九重天》，资益馆校印本。
⑤ 李叔毅等点校：《七经楼文钞·西法非中土所传论》，中州古籍出版社，1991 年，第 117 页。
⑥ 《游艺录》卷 3《观世音菩萨述》，资益馆校印本。
⑦ 《游艺录》卷 1《日食》，资益馆校印本。
⑧ 《游艺录》卷 1《日食》，资益馆校印本。
⑨ 《游艺录》卷 1《岁差经证》，资益馆校印本。

皆借日天之力以成其功用”。[①]

蒋湘南拿易学解释这些天文知识，认为“古无岁差之名而确知有岁差之度，《易》曰：“泽火革，君子以治历明时，革者去故之谓也。治历而取象于革，非以历法积久当改变哉？”[②] 而“《周易》言乾元用九，不言坤言用六，坤之用六，仍乾元用之也。六在九之中，坤在乾之中，即地悬天心之中，象天地皆造化于乾元，而九为乾元用数，天之必分九重明矣”。这样，外来文化，就被中国古书所容纳而消解，失去了独立意义。

蒋湘南的易学观，也表现在他的医学观上。

蒋湘南学医，最初是为了学易。“余初学易时，读易说数百家，皆不概于心。以为伏羲画卦，有仰观俯察，远取近取之分，其天文地理及远取诸物者，非末学所能骤明，下手工夫，其惟近取诸身乎？身之骨节三百六十，经络十有二，以之分配卦爻，亦不能骤明也，非读古医经不可。于是即《灵枢》、《素问》、《难经》以求之，求之三年，于手足阴阳，凡浊中之清，从下而升，清中之浊，从上而降者，一一合诸卦爻而洞其渊微，而医理亦因之渐通。既而念药之治病，必循经络，能知某药入某经，亦足识阴阳之变。”[③] 蒋湘南自称医术不错，“自余学医后二十余年，凡已身有病与家人之病，莫不应手奏效，人人诧为神奇”。[④]

但是第一，蒋湘南学医的目的是为了学易，学医只是手段。第二，他的医学完全是中古以前的医学，他反对金元以后诸家，只认同孙思邈、张仲景与《灵枢经》，而且他认同这些人或书的原因，只是由于这些人或书与易经的说法吻合。而对易经的先验性的肯定，又是基于易经和伊斯兰哲学的“相通”。这使得医学在他这里不再是一门独立的技术，这说明他在医学上认同的不是近代医学，他认同的医学模式，不是近代流行的生物医学模式。他甚至认为符录是“古圣人之术”[⑤]，可以治病“药石所不能者，以移精变气治之”。[⑥] 这就完全超出了近代医学的范围。

蒋湘南认同天人相通之说，认为“养性命之道，在于保身，保身，在于知天地之形”。“脑者，北极也；肺者，恒星也；肾者，渤海也。三者身中天地之大纲，于五行无不统也。” “善为医者，提纲挈领以治之，而经天纬地之用彰焉。”[⑦] 使得他所说的医学已经完全超出了医学本身，成为贯通哲学、甚至神学的一门学问，已经不是科学所能范围。

蒋湘南认为人体是一小天地，与大天地同构，“五际者，金、木、水、火、土也，在人，谓之五性；在天，谓之五行，分于人，曰心、肝、脾、肺、肾；分于天，曰东、西、南、北、中。合天人而会之，则东方者，甲方也，甲木克戊土，得已土配之，而甲木之性不过，甲木为肝，肝行仁，故仁言主甲已”。[⑧] 他又认为“性生情，情生气，气生数，数生律，律生历”。[⑨] 希望实现“阴阳、历谱、天文、五行，合为一家”的孔门大道，恢复孔门“吹律定姓”之法。[⑩] 甚至认为黄河之决，乃行省大吏之罪， “天人之相通，捷于呼吸”。[⑪] “王者值此天神伺察之时，一有不慎，天命将去，故为一际也。……王者值此阴阳消长之时，一有不慎，害气将至，故为一际也。”[⑫] 这就更是走向汉人的路子，完全与科学相背了。

蒋湘南的科学思想，还见于他对各种术数的讨论之中。这也和他学易的经历有关。“余初学易

---

① 李叔毅等点校：《七经楼文钞·太岁超辰即上古岁差说》，中州古籍出版社，1991年，第110页。
② 《游艺录》卷1《岁差》，资益馆校印本。
③ 《游艺录》卷2《灵枢经证》，资益馆校印本。
④ 《游艺录》卷2《灵枢经证》，资益馆校印本。
⑤ 李叔毅等点校：《七经楼文钞·符录原始》，中州古籍出版社，1991年，第92页。
⑥ 李叔毅等点校：《七经楼文钞·符录原始》，中州古籍出版社，1991年，第92页。
⑦ 李叔毅等点校：《七经楼文钞·翟蔚堂医说序》，中州古籍出版社，1991年，第199页。
⑧ 李叔毅等点校：《七经楼文钞·诗有六情五际解二》，中州古籍出版社，1991年，第35页。
⑨ 李叔毅等点校：《七经楼文钞·诗有六情五际解二》，中州古籍出版社，1991年，第35页。
⑩ 李叔毅等点校：《七经楼文钞·诗有六情五际解二》，中州古籍出版社，1991年，第39页。
⑪ 李叔毅等点校：《七经楼文钞·与汪孟慈太守论河决书》，中州古籍出版社，1991年，第130页。
⑫ 李叔毅等点校：《七经楼文钞·诗有六情五际解二》，中州古籍出版社，1991年，第39页。

时，欲明俯察地理之义，阅葬书一百七十余种。”① 蒋湘南喜好象数易学，认为黄道周《三易洞玑》是经典之作，对邵雍也表推崇。因此之故，他对六壬、遁甲、九宫等也有研究，认为“太乙、遁甲皆出于《乾凿度》太乙下九宫之法”② “三元、六纪及积篰诸法，乃太乙下九宫之术，在《易纬·乾凿度》中……为儒者所传‘六日七分’之学，即孟、京、焦三家之卦气也。……并不言占验，与阴阳五行诸家之书大相径庭”③。

蒋湘南对这些传统上与灾祥牵连甚深的术数著作，加以理性的解释，也归在易学的名下，成为他思想的一个部分。甚至“卦气”也变成了“黄帝历象”。④ 不过，蒋湘南也认为，天机不可测，上帝主宰天地万物，“气数之学”包含的“壬遁”、“星命”、“宫宅”、“地形”诸家，“纷纷扰扰，以为天机可以推测，气运可以挽回，皆惑也”。⑤ “富贵贫贱，皆由天命。”⑥ 这其实是伊斯兰教前定说对术数的一个否定，和科学没有关系。

蒋湘南的技术知识在他的体系中，没有独立价值，他学医、读葬书、学推步天文、读术数书，全都是为了学易，而学易的背后，是因为易象出于上帝。蒋湘南认为“上帝之象，显于万物，万物之象，显于圣人，圣人时时见上帝于象，因指上帝之象以示众人。是故六十四卦自伏羲氏以后，神农、黄帝、尧、舜皆名为象。一夫圣人何为以象示人也？曰：教人识上帝也”。⑦ 人生是为了归于上帝，而归上帝必须先识上帝，识上帝的根本文献，就是《易经》。在蒋湘南这里，《易经》成了无所不包的神学大全。可以说，蒋湘南的科学，是宗教哲学的工具。“愚人溺于有形之可乐，声色货利迷其本光，及其死也，不能复还天物。”观音“受上帝钦命而以普度为政者也”⑧，观世音也有了伊斯兰教神学的色彩。蒋氏的易学观较为特殊，但并不算特例。传教士白晋就在《易经》中读出了《圣经》，这说明《易经》本身形上的色彩浓厚，很容易与神学相关联。

由于万物皆象，所以万物皆在易中，这样，科学本身，也只是易象的构成部分。不论推步天文，还是草药经络，本身都没有独立价值，“夫天地、阴阳、四时、鬼神皆礼所范围，上帝为礼之本，即象之本，求上帝之功，不外观象，不知此者，不足以言易”。⑨ 这种认识，和近代科学背道而驰。近代科学的代表，一为第谷、哥白尼代表的天文学，一为伽利略、牛顿代表的物理学。后者尤其可以看作近代科学的典范，它的一个根本特征，就是其形而上学的思维方式，即所谓“理想状态下”每一个实验和周围环境没有关系，每个事物是独立的，绝缘的。在蒋湘南的易学观中，万物皆象。同出于上帝的万象之间，互相关联，天人可以感应，人身可以配卦爻。这种思维，和近代科学正相冲突，蒋湘南虽知道哥白尼、第谷、牛顿之名，甚至还了解他们一些理论，但他的宗教观和易学观，影响了他，他对近代科学的实质缺乏把握。

易学取象的思维方式本身，容易附会。蒋湘南在讲说西学时，和当时“西学出于中土派”的讲法相类似，他喜欢用经典上的文字去比附地解释科学，如以《诗经》、《尚书》解释西方天文学，如以《孟子》解释天有九重等。但在所有比附文字中，出现频率最高的，还是《易经》，这种比附阻碍了他进一步深入了解掌握西学的内容。易学的思维，是辩证思维，在易学庞大复杂的体系中，可以找到很多可以比附西学的内容，而比附的理解、解释，严重消解了科学理论的独立性、完整性，使科学变成了对宗教化了的易学的只言片语的说明，使科学的冲击力大为下降，从而阻碍了蒋湘南对西方近代科学的掌握。

① 《游艺录》卷2《葬经》，资益馆校印本。
② 《游艺录》卷2《太乙遁甲》，资益馆校印本。
③ 李叔毅等点校：《七经楼文钞·书〈太乙金镜〉后》，中州古籍出版社，1991年，第90页。
④ 李叔毅等点校：《七经楼文钞·卦气说》，中州古籍出版社，1991年，第13页。
⑤ 李叔毅等点校：《七经楼文钞·辨命》，中州古籍出版社，1991年，第104—105页。
⑥ 《游艺录》卷2《葬经》，资益馆校印本。
⑦ 李叔毅等点校：《七经楼文钞·原象》，中州古籍出版社，1991年，第10页。
⑧ 《游艺录》卷3《观世音菩萨述》，资益馆校印本。
⑨ 李叔毅等点校：《七经楼文钞·原象》，中州古籍出版社，1991年，第11页。

蒋湘南对易学的宗教化的解释，影响了蒋湘南对西方近代科学的掌握，这和宗教哲学的价值取向有关，和易学的思维方式也不无关联。易学的思维方式对学习近代科学不利，对于形而上学为首要特征的近代科学的吸收掌握，易学的辩证思维确实很可能是个障碍。但以易学的辩证思维为核心的中国传统思维方式，对于当代科学的吸收，情况则大为不同。首先，比附性思维在当代学者中间，已经基本被消解，取象论学的思维，不再对科学构成影响。其次，当代社会状态下，科学的独立性已经得到确定，它不再只是学易的手段，易学本身不可能再成为科学的目的，从而也不可能对科学的发展起副作用。复次，从发生的角度看，易学思维或许确实对近代科学的出现不利，从传播的角度看，易学已经对科学的传播不再起负面作用。而从发展的观点看，易学的辨证思维方式，对于当代科学的发展，应当会有正面价值。系统论、场论等理论和易学的思维方式相当一致，生物医学模式向社会医学模式的转变，也意味着易学的辩证思维至少有很高的现代医学价值。

四、蒋湘南哲学的定位及价值

由上文可以看出，作为回族学者，蒋湘南的思想根于伊斯兰哲学。同时，为一个嘉庆道光年间的中国学者，他的思想内容与表现方式，有时代特点和中国哲学的气息。从表达方式、思维方式甚至价值选择看，又受到易学的实质影响。蒋湘南用伊斯兰哲学对宗教、科学、经学，进行格义式的理解和综合，伊斯兰哲学和中国哲学，特别是易学，是蒋湘南思想两个主要支撑。对于研究蒋湘南的思想，以下几个问题，值得注意。

首先，蒋湘南思想格局的形成，和伊斯兰教汉文译著有直接关联。

元代以来，中国伊斯兰教逐步中国化，教内的学者用中国哲学，特别是理学的思想、语言来阐释、理解伊斯兰教教义，使得中国伊斯兰哲学带上了中国哲学的风格与特色。《来复铭》就是一个代表。① 但是理学的思维方式，和认主独一的伊斯兰教有较大冲突。在明代中后期，经堂教育出现，伊斯兰教教内加强了对阿拉伯语和波斯语原著的学习和翻译。或许也受到天主教汉文著述流行的刺激，伊斯兰教汉文译著大量出现。这些著作和经堂教育的翻译之作不同，富有中国特色，对所有伊斯兰教的信仰和教法、教规，都作了合乎中国哲学价值观的解释，已经是一种有中国特点的伊斯兰哲学。和天主教传教士区分“先儒”与“后儒”，“真儒”与“俗儒”，“拘儒”与“伪儒”，注重经学，批评理学，以儒合天②的现象一样，伊斯兰教汉文译著也注意对古儒今儒作划分。在批评吸收理学的同时，将注意力更多地转向经学，除了技术原因，更主要的，恐怕还是因为“古儒”的天道观、礼制观等，和伊斯兰教的哲学思想“很少抵触”③，互相可以诠释的空间更大，蒋湘南对《易经》的重视，原因与此相同。但是，伊斯兰教汉文译著仍然保持了最基本的伊斯兰教的神学内容，还不是比较彻底的哲学著作。蒋湘南和刘智这些教内学者不同，他不是穆斯林，伊斯兰教的神哲学，在他这里，和经学一样，只是一种重要的学术资源。他大量直接利用了刘智、马注等人的著作，和马注等人一样，努力会合伊儒。但是对于马注等人而言，其著述的目的是阐教，对于蒋湘南而言，其目的是讲学。从上文可以看出，伊斯兰教汉文译著中比重很大，意义非凡的解释天堂地狱、末日来世和念礼斋课朝等关于信仰的内容，丧葬仪式、饮食习惯等关于教法

---

① 《来复铭》文字不长，转引于下：无极太极，两仪五行。元于无声，始于无形。皇降哀（疑为衷）彝，锡命吾人，与生俱生，与形俱形。仁人合道，理器相成。圣愚异禀，予赋维均。是故，心为郛廓，性为形体。繇太虚有天之名，繇气化有道之名，合虚与气有性之名，合性与知觉有心之名。存心养性，以事其天。慎修厥身，以俟其命。主敬穷理，以养此性。戒慎恐惧，以体此道。不愧屋漏，以事此心。斯与造物为徒矣！不尔，天顾卑（疑为畀）之，人顾弃之，其将何以复帝者之命。余振贵、雷晓静主编：《中国回族金石录》，宁夏人民出版社，2001年，第215页。

② 何兆武：《中西文化交流史论》，湖北人民出版社，2007年，第17页。

③ 马士年：《伊斯兰教在陕西的传播发展与演变》，宁夏哲学社会科学研究所编，《清代中国伊斯兰教论集》，宁夏人民出版社，1981年，第203页。

的内容，在蒋湘南这里，基本上看不到踪影，而改头换面了的上帝、大体小体、鬼神等内容，恰恰是和儒家互通，可以为大多数儒家学者可以接受的部分。和伊斯兰教汉文译著相比，蒋湘南基本是在哲学的层面利用伊斯兰哲学，他的哲学，已经可以说是一种有伊斯兰哲学特点的中国哲学了，一种伊斯兰化的新儒学。

其次，蒋湘南思想的形成，和清代学术，特别是今文经学关系密切。

蒋湘南对经学史的看法，受戴震、章学诚的影响不小，很注意思想的完整性与逻辑的一贯性。同时他和龚自珍、魏源等关系密切，龚、魏用公羊学的以比附式的解经来讲新思想的方法，被蒋湘南利用过来讲自己的哲学。公羊学与世推移，以应时变的观点，以礼仪治乱区分夷夏的观点，都对蒋湘南影响很大。不过就哲学而言，公羊学在蒋湘南这里，影响不大，倒是《易经》，成了蒋湘南哲学的一个支柱。原因在于伊斯兰教神哲学本身就是体系完整的宗教哲学，作为一名回族学者，蒋湘南对伊斯兰教神哲学有深入研究，不可能脱离其影响。作为一个中国学者，蒋湘南如果要利用伊斯兰教汉文著述，必须有可以用来格义的资源。在中国哲学中，儒学和伊斯兰教哲学，互通之处甚多。在儒学经典中，《易经》的形上性和可解释性最强，蒋湘南用对伊斯兰教神哲学和《易经》比附式地互释，来建立自己的哲学体系，就是自然不过的事情。今文经学对蒋湘南在哲学方面的影响，看来主要是其比附格义的解经方法。

最后，蒋湘南不是穆斯林，他似乎已经没有伊斯兰教的信仰，甚至于把伊斯兰教看作婆罗门教的一支。《七经楼文钞·南照镇重修清真寺碑记》云："回教自隋唐时入中国，距今二千年，卒未有能名其为何教者，余尝以释藏参之，而知其为上古婆罗门之教也。"这和当时学者的观点一致，魏源就认为："婆罗门教以事天治人为本，即彼方之儒……为耶酥之天主教，再盛为穆罕默德之天方教，皆婆罗门教之支变。"① 蒋湘南又云："穆罕默德起于天方，正谬距邪，力辟浮屠，甲明事天之义，于是婆罗门之教又一盛，即今所传之回教也。"蒋说与魏说接近，此足见蒋氏对于回教，颇有隔阂。

但是蒋湘南无疑相当认同伊斯兰教哲学。造成这种出教的同时对伊斯兰哲学全盘接受的局面，原因何在？乾隆之后，清人对于回教，每有敌对之见，如魏源在《圣武记》卷7中，即对回人大加诋毁。蒋湘南家族对于其回回身份，表面上的回避，和这种社会氛围有没有直接关系？蒋氏家族诗书传家，为当地名门，"表里不一"的选择背后，是自觉的行为，还是有其苦衷，有没有文化宗教认同的内在冲突与焦虑？蒋湘南的行为，对于研究古代外来民族的"汉化"，有没有典型意义？都是值得研究的问题。

蒋湘南交游甚广，阮元、刘宝楠、黄爵滋、魏源、龚自珍等著名学者，和他非师即友。他们之间不可能没有思想的交流与碰撞，那么，蒋湘南对这些师友不可能全无影响。从上文看，蒋湘南对伊斯兰教和婆罗门教的关系的看法，就与魏源接近，伊斯兰哲学通过这些学者之间的交流，就不会不对中国哲学产生影响。从这些情况看，伊斯兰哲学对中国思想的影响，似乎需要重新审视。

传统的三夷教研究，对于技术物质层面和宗教层面重视而轻于思想哲学层面的研究。一般研究中国思想史者，对于西方哲学在中国的传播，往往会从天主教传教士谈起。其实此前景教、回教、犹太教在中国都有较大规模的传播，其哲学根底，都是根源于希腊哲学特别是新柏拉图主义与亚里士多德的哲学。此三教的哲学思想，对中国哲学的影响如何，需要更深入的资料发掘。利玛窦等人入华之前，大批伊斯兰教徒华化，在这个过程中，有没有西方哲学通过伊斯兰哲学在中国传播，宋明以降的理学家，有没有可能因此受西方哲学的影响。章太炎即云："景教在唐已入中国，如清虚一大为天，也和回教相同，张子或许是从回教求得的。"② 如果说，章太炎只是推测之辞，那么陈天怡《宋人理学由回教蜕化而出》一

① 《汉学堂知足斋丛书》卷上《正谊录》。

② 章太炎（曹聚仁整理）：《国学概论》，上海古籍出版社，1997年，第38页。

文，则在学理上有不少值得注意之处。[①] 事实上，清初大儒中，至少傅山就和回教人士相交甚深，“傅山的两位至交文玄锡和梁檀皆奉伊斯兰教”。[②] 文玄锡“神仙授秘言”[③]，梁檀“终夜不睡，时时呵斥唤叹，如先生责让幼学者”。[④] 其行为，显然系苏非、傅山的思想，有没有可能受伊斯兰教影响。李二曲的思想，李天纲认为得之于天主教者甚多，[⑤] 可是他“初则以心观心，久之心亦无所观”之说，俨然同于穆斯林哲学“人在真主的本体中消失、寂灭并与真主一起永存。……在寂灭的最高阶段，甚至寂灭的意识也已寂灭”所说的苏非派“人主合一论”[⑥]。他和回教背景的马相如（马自强玄孙）相熟，说马氏“大道无穷，吾子能竟，圣学忌杂，吾子能醇”。[⑦] 悔过自新之说及敬天之行为，回教与耶教并无二致。明末关中回民集中，文化发达，二曲之学，又多苏非气息，有没有可能受伊斯兰教影响，也是值得注意的一个问题。

章太炎说：“张横渠《正蒙》之意，近于回教”，他又疑张子受景教影响。[⑧] 景教与回教，其哲学背景本来相近，章氏之说，有没有合理性？这是一个值得关注的问题。

---

① 陈天怡：《宋人理学由回教蜕化而出》，宁夏人民出版社，《中国伊斯兰教史参考资料选编》（下册），1985年，第1257—1279页。

② 白谦慎：《傅山的世界，十七世纪中国书法的嬗变》，上海三联书店，2006年，第94页。

③ 傅山：《老来幡然敬元锡丈，为作诗二十四韵，元本回人》，《霜红龛集》，《续修四库全书》第1395册，上海古籍出版社，1997年，第518页。

④ 傅山：《太原三先生传》，《霜红龛集》，《续修四库全书》第1395册，上海古籍出版社，1997年，第553页。

⑤ 李天纲：《中国礼仪之争》，上海古籍出版社，1998年，第138页。

⑥ 金宜久：《伊斯兰教概况》，青海人民出版社，1987年，第240页。

⑦ 华文书局股份有限公司：《陕西通志续通志》，华文书局股份有限公司，1969年，第4208页。

⑧ 章太炎：《国学讲演录》，华东师范大学出版社，1995年，第181页。

基督教女青年会服务社会的轨迹探寻及思考

——以广州市为例

贺璋瑢

基督教女青年会简称女青年会（Young Women's Christian Association，简称 YWCA），是一个具有基督教性质的社会服务团体，作为国际性组织分支遍布全世界。回顾历史，基督教女青年会于 1855 年由英国的金纳德夫人（Lady Kinnaird）倡导与组织在伦敦成立，本着基督“爱人如己”“非以役人乃役以人”的精神，为社会大众服务。最初，女青年会是在女青年中进行宗教和社会服务工作，不久，女青年会就相继传入欧美其他国家。1894 年世界女青年会在英国成立，至 1919 年世界上已有 35 个国家建立了女青年会，是当时妇女运动中最大的组织。

基督教女青年会由美国传入中国。1890 年在杭州弘道女中成立了我国的第一个学校女青年会。1908 年在上海成立了我国第一个城市女青年会。1911 年，在清政府即将被推翻的前夕，在革命思想、社会改良思潮甚为流行的广州，由几位热心社会事业的基督徒女性发起，于 1912 年正式成立了广州基督教女青年会，这是继上海之后在全国第二个成立的城市女青年会。本文将就广州基督教女青年会百多年来如何服务社会、造福人群的轨迹做一个大致的梳理，并就在中国经济快速发展的今天，基督教女青年会作为一个宗教社会服务团体如何利用自身优势，更好地践行其服务社会、造福人群的目标谈谈自己的思考或浅见。

一、1949 年前基督教女青年会服务社会、造福人群的轨迹

1949 年中华人民共和国成立以前，女青午会服务社会、造福人群的轨迹可以大致分为两个时段：

1. 筚路蓝缕创业和引领时代风气的时期（1912—1936 年）

最初中国的女青年会是以“中国中等阶级妇女”为服务对象，着力培养中国女界未来的领袖，因而常被人称之为“小姐会”“太太会”，早期的活动区域为各地的大中城市。20 年代初，非基督教运动爆发，国民革命兴起，中国社会的产业经济出现了较快发展的势头。这种情形促使中国的基督教会重新思考在新形势下教会的发展和社会形象的问题，女青年会也不例外。在 1923 年召开的女青年会的第一次全国代表大会上，明确宣布女青年会的宗旨是“促进女子德、智、体、群之兴趣，俾得协助教会，引导女子，使之能得救主耶稣完满之生活，而建设天国于世上。”在 1928 年召开的女青年会的第二次全国代表大会上，其确定的宗旨为“本基督教之精神，补助发展各地女青年会，服务社会，造福人群。”“服务社会，造福人群”的八字方针第一次明确地提了出来。这次会议还强调了将农村女性和劳工女性确定为

贺璋瑢，华南师范大学历史文化学院教授。注：这篇论文的写作得到了广州市基督教女青年会刘红副总干事的大力支持，她不仅向笔者提供了文字资料，还接受了笔者的访谈，并对论文的修改提出了宝贵的意见，笔者在此谨向刘红副总干事致以最诚挚的感谢！

女青年会的两大主体而非仅仅是服务对象，并为此制定了具体的事工计划。1926 年，丁淑静女士成为女青年会的第一任中国总干事，此时女青年会的工作重点和方向已渐渐转向服务劳工女性和社会改造。可见女青年会的工作在上世纪的 20 年代呈现出一条清晰的轨迹，即从创办初期的集中于基督徒女性、有钱有闲的太太小姐、受过教育的女性和学生，转而面向社会各阶层的女性和儿童。工作目标从过去的以注重个人修养为主（如办查经班、布道会、祈祷会等）向德育、智育、体育、群育的全面转变。女青年会的会徽就形象地表达了其注重德、智、体、群的精神与内涵：

YWCA

如图所示，基督教女青年会的会徽为蓝色的等边三角形加一横条。

三边代表德、智、体，中间一横代表群。

德——表示爱人如己的精神；

智——表示要不断增长知识；

体——表示要有健康的身体；

群——表示团结合作、群策群力的精神。

正是在上述背景下，包括广州女青年会在内的各地女青年会在当时的主要工作均围绕以下几方面展开：一是发展四育（即德、智、体、群），引领时代的社会改良之风气。为此，通过向社会各界募捐，1924 年女青年会建成了有游泳池、儿童游乐场、球场等初具规模的会所。至 1932 年，女青年会在丰宁路 104 号（近人民中路 322 号）的会所，有职工学校、图书馆、礼堂、幼稚园、儿童游乐场、游泳池、球场、义务医疗室等，为广州各阶层的女性开展“德、智、体、群”四育活动提供了良好场所。1930 年 3 月，女青年会在其机关刊物《广州女青年》上刊登了欢迎女青年加入本会的启事《请到女青年会去》，也体现了“德、智、体、群”四育的精神。全文如下：

请到女青年会去

哪里去？哪里去？爱国青年，
请到女青年会去前去前去！
服务慈善精神在这里。

哪里去？哪里去？强健青年，
请到女青年会去前去前去！
游玩场游泳池在这里。

哪里去？哪里去？慕道青年，
请到女青年会去前去前去！
实行人格救国在这里。

哪里去？哪里去？活泼青年，
请到女青年会去前去前去！
合群广交切磋在这里。

就发展德育而言，女青年会所提倡的德育，即追求真理，培养高尚的道德，发扬“爱人如己”、“非以役人，乃役以人”的基督精神。女青年会经常组织各种宗教活动，如开设查经班、布道班、主日会、灵修会、举办宗教演讲等，宣传基督教的思想，以提升女青年的道德。女青年会还长期举办各种演讲会，如名人演讲、培德演讲、公共卫生演讲、儿童幸福演讲等，召开各种讨论会，开展社会问题讨论，家庭问题讨论等。以提升公民道德和公民的社会责任。

就发展智育而言，女青年会先后开办了职工学校，免费的平民学校、女工夜校、职工学校（设家事即家政、商业、工艺、美术等数科）、选课补习学校、幼稚园（广州的第一所幼稚园）等。举办“儿童智力健康比赛”、“儿童世界展览大会”等。

就发展体育而言，基督教男女青年会自成立起就是我国体育运动的推动者。女青年会把当时西方国家流行的女子排球、垒球、网球等引进广州，在其主办的《广州女青年》期刊中进行推介，并发专文介绍了“体育与人生的关系”，打破“柔”为女德的传统观念。女青年还每学期组织中学生开展游泳（女青年会的游泳池是当时广州唯一面向女性开放的游泳池）、球类（篮球、排球、垒球）、国语、戏剧、歌诗、演说等六项比赛。

就发展群育而言，女青年会通过举办丰富多

彩、形式多样的高层次的联谊、聚会、文娱、交际等群育活动，增强会员之间的凝聚力，增进女界和公众对青年会的了解和参与度，扩大其社会影响力和群众联系面。二是开设有少女游戏领袖训练班、少女事业领袖训练班等，很多人在其举办的活动和培训中，其领导能力、口头表达、交际能力都得到很好的锻炼和提升。

还需要指出的是，当20年代初广州妇女解放运动兴起，出现“废娼”运动时，女青年会积极投身其中，提出“贞洁”“自重”口号，号召妇女冲破封建束缚，参与社会生产活动，并为从良及受侮辱被遗弃的妇女提供单身宿舍。

可以说，从20年代初至1936年，这十几年是1949年以前广州女青年会发展最为顺遂和稳定的时段，女青年会在引领时代风气、改良社会、移风易俗等方面做出了卓越的成就与贡献。

2. 抗日救亡到新中国成立的时期（1937—1949年）

1937年，日本发动全面侵华战争，抗日救亡成了当时时代的主题。广州女青年会竭尽全力投入到抗日救亡中，成了广州市最活跃、最持久的抗日妇女团体。当时已经有一些中共党员和一些进步女性参与到女青年会的活动中来，推动女青年会组织了广州妇女歌咏团。并成立了女青年会地下党支部，支部成员带头义务去女工识字班当老师，以合法身份到工厂女工群众中去工作并宣传抗日。1937年12月，广州各妇女团体在女青年会组织成立“广东妇女团体联席会议”，联合妇女力量一致抗日，女青年会加入其中。联席会议的每一次会议都是在女青年会的礼堂召开。从1938年4月起，联席会议在女青年会举办妇女战时讲习班，每三个月为一期。

抗日战争中，女青年会的工作主要在以下几方面展开：一是宣传抗日，调动妇女抗日热情。为此女青年会积极开展战时民众教育，如每周至少一次集会，邀请剧团来女青年会礼堂唱歌演戏，宣传抗日。开办民众夜校，宣讲抗战常识、抗战读本等。邀请名人作抗战演讲，如郭沫若、廖承志等都在女青年会做过演讲。二是战区服务，为了支持中国军队的抗战，多次组织和参加募捐活动，为前线战士征募棉衣、救护药品、慰劳物品和慰劳金等。随着抗战的深入，女青年会还于1937年12月成立了战时服务团，服务团内又分为救济股、训练股、慰劳股、宣传股，其工作重点主要放在后方宣传、救济服务上。战时服务团经常到各地医院、荣军大队或居民点开展多种形式的抗日宣传活动。在日军轰炸广州时，战时服务团参加抢救受伤市民，并组织妇女救护队与中华救护总队联合组成一队，准备了许多救伤药物及床架，到遭受轰炸的灾区进行救护。三是开展难民救济，1938年8月广州沦陷后，女青年会迁往香港，积极参与了救助难民的工作，在澳门开办救济粥场。1938年后韶关成为广东省的政治、经济、军事与文化中心，女青年会在此有办事处，配合抗战需要，协助救济难民、输送物质，办营养食堂，开设女子宿舍，慰劳荣军和学生救济等。

1945年8月，抗日战争结束，全国暂时有了一个较和平的时期，女青年会随之迁回广州，并满怀希望地投入了抗战后的修复重建工作。当时的广州百废待兴，急需大量女工，而当时的女工多为文盲和半文盲。女青年会为此开办了培训妇女劳工骨干的6所女工夜校，课程设有常识、语文和算术，基本上按照上海女青年会女工夜校的模式来办学。当时的中共地下党组织也很懂得利用这个阵地，因此，劳工夜校的学生不仅学习了文化科学知识，而且还懂得了许多革命道理和形式，夜校的许多老师和学生在1949年后就成为了广州妇女干部队伍中的骨干力量。1949年10月14日解放军入城时，女青年会的同工及夜校的女工学员和老师在全市首先动员起来，煮了一锅又一锅的开水和黄豆粥慰问解放军，派发妇联印制的《告全市姐妹书》，迎接解放。不难看出，女青年会中的进步人士利用了女青年会的特殊身份，为当时的许多中共地下党的革命活动提供了掩护，为解放战争的最后胜利作出了一定的贡献。

由上可见，1912—1949年期间，不管时局如何动荡，广州基督教女青年会本着基督之爱的精神，以服务社会、造福人群为宗旨，面向社会，为女界和社会各界举办各种有益活动，参加者有基督徒也有非基督徒，后者居多。可以说，在广州的近代史上，女青年会为推动女性的解放、提倡两性平等、维护女性权益和社会公益事业，做出了诸多贡献。

二、1949 年后基督教女青年会服务社会、造福人群的轨迹

1949 年中华人民共和国成立后女青年会服务社会、造福人群的轨迹大致分为两个时段：

1. 新中国成立后受到左的思潮和各种运动冲击、活动渐趋停止的阶段（1950—1978 年）

1949 年 3 月 24 日，全国妇女民主联合会成立，女青年会全国协会是三大初创会员单位之一。5 月 4 日，全国民主青年联合会成立，女青年会全国协会与青年会全国协会一道，是四个初创单位会员之一。从 1950 年开始，女青年会恢复了会员各种兴趣学习班，并组织定期的新知学习讲座。从 1952 年开始，女青年会在附近社区和教区招募缴费会员，开展如烹饪、舞蹈、俄语、英语、钢琴、编织、车衣、戏剧等活动，丰富了广州市民的业余文化生活。

抗美援朝战争爆发后，女青年会积极参加捐献飞机大炮支援朝鲜的活动，并把女青年会的车缝班改为支前被服加工厂，日夜为志愿军缝制军被和军服。1953 年 10 月，女青年会的总干事还代表广州妇女参加了第三届赴朝慰问团。

1951 年，三自革新反帝爱国运动兴起后，女青年会的工作和人事无疑受到较大影响，在此艰难处境下，女青年会还是勉力开展自己的工作。广州的反右运动开始后，女青年会的会长被错划为右派。50 年代后期，举国上下都投入了“大跃进”“人民公社化运动”，女青年会和教会一样实行大收缩。不久，全国开始大炼钢铁，女青年会的会所成了炼钢之所，女青年会的全部活动停止，工作人员被安排到工厂、农场，会务被迫停止。从 50 年代后期到 1978 年，由于受到各种政治运动的冲击，女青年会的会址被改作他用，会务实际上是处于停滞状态。“文革”期间，女青年会的人员受到冲击，女青年会的招牌也被红卫兵拆除了。

2. 复会新生、重绽光彩的阶段（1979 年至今）

1979 年底，全国十大城市允许恢复基督教女青年会活动。经过一段时间的筹备，在停止了近 20 年的活动后，广州女青年会的牌子再次挂起。接着，女青年会的各项事工也开始逐渐恢复和发展。在近三十多年的时间里，前十年（1979—1989）可以说是一个重新打基础的阶段。在这一阶段，女青年会积极促成落实宗教房产政策，建设新会所（该会新建的穗花新村会所是广州海珠区辖区最早的多功能社区服务中心之一），重建董事会和同工队伍等，并积极使传统的各项事工（如各种教育培训中心、健身院和欣光合唱团等的成立、青少年服务、长者服务的开展等）得以逐渐恢复和重新走上发展的轨道，并与时俱进地开展各类文化教育培训、文娱康体方面的活动。此外，女青年会还积极参加各项社会公益活动，关注弱势群体。该会自复会以来先后向“广州市宗教界支持民族教育基金会”、“广州市宗教界广东扶贫日”、“希望工程”、残疾人福利、华东水灾、东南亚海啸救灾、西部开发、汶川地震、青海玉树地震、南方冰雪灾害等各类慈善赈灾事业捐款，至 2009 年上半年，累计捐款 43 万多元。近年来，女青年会还整合社会资源，组织高校社工系、心理系师生到劳教所、戒毒所、少教所开展戒毒帮教活动，不断拓宽服务社会、造福人群的路子与途径。

需要指出的是，从 1990 开始到现在，女青年会开始渐渐转型，探索更好地服务社会、造福人群、再创辉煌的新阶段，这当中她们做成了几件值得一提的大事：

其一是开展涉外家政保姆服务培训。早在 1996 年，女青年会就开广州地区之先河，成功开办了涉外家政培训班，涉外家政班每期两个月，48 个课时。开设的课程有英语、插画、西餐、熨衣、家居卫生、婴幼儿护理课程、西方礼仪和习俗、涉外家政服务员工作要求、宠物饲养等，并聘请外籍义工上部分课程，带学员进入外籍雇主家实习，课程结束后进行笔试和英语口语考核，通过考核后获得女青年会颁发的中英文结业证书。女青年会还随机对学员进行家访以及对学员的人品进行了解，确保招收品行良好的学员，对外籍雇主负责。学员上岗后还对其工作情况进行跟进。

至 2012 年 6 月，女青年会共举办了 52 期涉外家政培训班，有 1217 名学员获得结业证书，超过

9000名学员上岗，2007年5月，在10多家涉外家政保姆中介中，女青年会涉外家政培训班名列第一。涉外家政培训自开办以来一直都是女青年会传统优势培训项目，多年来受到广大雇主（雇主来自美国、英国、日本、澳大利亚、意大利、德国、荷兰、新西兰、印度等国）和学员的欢迎。经女青年会培训的家政助理诚实敬业，工作勤恳，普遍受到外籍雇主的好评。有的优秀学员还被市妇联评为“星级保姆”、“标兵保姆”，或在广州电视台专栏节目中获“心水保姆”的称号。

其二是开展连南国际小母牛项目。“国际小母牛项目组织”是一个非官方、非盈利的国际乡村发展机构，通过向小型农户提供禽畜、技术培训及相关服务来消除饥饿和贫困，并改善环境。这个组织自1944年创立以来，已在世界128个国家和美国35个州扶持过700多万个家庭致富。这个扶贫项目要求“受助农民必须将头胎产下的小母牛无偿赠给其他农户并帮助他们把牛养好”（称为“礼品传递”）。广东连南地处粤北石灰岩山区，土壤贫瘠，是广东著名的穷乡僻壤之地。2004年9月，在女青年会的引荐下，小母牛项目正式落户连南。几年来，这个项目给当地的农村社区带来明显的变化，如家庭收入增加，大部分农户添置了家用电器，有的还新建了房屋。当地政府还为配套项目修路、引水，加强了基础设施建设。女青年会在项目的牵线和执行过程中，对小母牛项目点开展对口扶贫，如赠医送药，对当地妇女进行卫生保健培训，向当地敬老院、小学捐款，为村民赠送书籍、棉被及其他生活用品。

其三是开展艾滋病预防宣传培训。广州地处改革开放的前沿，经济发达，早期吸毒感染艾滋病的人较多。另外由于外来人口多，流动性大的原因，艾滋病感染者由吸毒转为性传播的人数逐年增加，艾滋病防控的工作在广州更显迫切与突出。女青年会是广东地区最早开展艾滋病预防干预的社会组织之一。2006年，该会得到爱德基金会的资助，利用教会网络资源，先进行骨干培训，然后向大众培训来扩大宣传。2007年，女青年会与广东省基督教两会合作，将广东省分成粤中、粤东与粤西三个大区进行宣传培训工作，两年共开展6次骨干培训，12次集中式大众培训，并发放了3000多份宣传手册。2007年底，女青年会开拓新的宣传方式，组建了7支演出队，通过演剧的形式深入社区、广场、中学、大学城、农村、工厂、港口向大众宣传艾滋病预防常识。由于这种形式的宣传很受欢迎，该会一直坚持至今。2008年，女青年会获得全球基金第六轮艾滋病防治项目的资助，于是又开展了“发廊性工作者艾滋病预防干预项目”，组建一支义工骨干队伍走街串巷深入城乡结合部的发廊、沐足、按摩、小型旅馆等处，干预服务对象149人，232人次。从2009年5月起，还组织义工小组逢周日前往广州市第八人民医院探访慰问住院的艾滋病人。

2009年7月，女青年会正式实施“中盖”项目（即卫生部和国家防治艾滋病办公室与美国比尔及梅琳达·盖茨基金会艾滋病防治合作项目），以专业社会工作方法——小组工作方式，组织开展“关爱生命，你我同行”感染者小组系列活动。该会专门辟出一间房设立“健康大使咨询室”，开展电话咨询、心理疏导、个案探访、故事收集、生产自救、社区自愿服务、劳动技能培训、养生讲座等，后来又在此基础上正式成立广州市首家“艾滋病感染者活动中心”，从专业社工角度接入艾滋病感染者关怀，为感染者提供一个社交平台，培养同伴教育员，构建同伴支持网络，干预心理危机。并帮助感染者开展手工制作，尝试生产自救，还帮助感染者与相关部门沟通，办理低收入保险，申请廉租房等民政救助手续等。不难看出，通过上述活动，广州市女青年会走在了“民间抗艾”的前列。2009年和2010年，女青年会连续两年获得“广东省中盖艾滋病项目综合排名一等奖”的荣誉。

其四是设立广州益人社会工作服务中心，承接政府购买服务项目。2010年10月8日女青年会成立广州益人社会工作服务中心，“益人”之名蕴涵着“荣神益人”之意。2011年，广州市委市政府提出对社会建设升级转型，创新社会管理，作为有悠久历史和优良传统的社会服务机构，女青年会迎来了再上新台阶的大好机遇。2012年7月，“益人中心”通过投标成功承接从化市的“城郊街家庭综合服务中心”项目，8月正式与城郊街道签订服务协议，这是该会承接的首项政府购买服务项目。10 月 12 日，“从化市城郊街家庭综合服务中心”正式揭牌对外服务。目前该服务中心拥有 20 名全职社工，其中包括 14 名持证社工以及拥有二十多年实务经验的资深社工。该中心占地 1300 平方米，设置 20 个功能区，涵括 6 大类专业服务。中心着力于通过提供专业的社会服务，以满足社区内个人（长者服务、儿童、青少年服务与残障服务等）及家庭的多元化需求。

其五是积极开展推广义工运动，女青年会积极倡导志愿精神，持续吸收义工，开展义工培训，充分利用、整合义工资源开展各样社会服务。目前女青年会已拥有 13 支义工队伍，在册义工近 1000 余人，长期风雨无阻地开展长者服务、戒毒帮教、艾滋病、结核病、麻疹的防治宣传和患者关怀、社区义务按摩服务、“欢乐学堂”周日营义工服务、居家助残养老服务、青年领袖培训等，取得了良好的社会反响。女青年会同时也是中山大学、华南农业大学、广东商学院社工系学生的实习基地，该会还与广东的多所大学合作，吸引高校学生源源不断地参与到该会的义工队伍中来。该会还组织开设了义工管理、项目管理、导师培训、程序策划、游戏带领等系列培训课程，外树形象，内强素质，提高义工的素质。近年来该会的义工队伍有 2~3 倍的增长，并连年都有义工被评为广州市志愿服务先进个人和优秀义工。

最近，女青年会又与白云区恒福社会工作服务社签订合作协议，为该社下属的新市街家庭综合服务中心提供专业督导顾问服务。按照协议要求，该会将于 2013 年 9 月 1 日至 2014 年 6 月 30 日期间，派出具备督导资质的工作人员为新市街家庭综合服务中心的社工提供实务教育，传授有关社工管理理念、模式、工作程序、标准等知识，并为社工提供相应培训，以促进其服务工作的专业化、本土化发展，提升具有社工业务知识的工作水平，推动其提高服务质量。同时该会督导还将向新市街家庭综合服务中心提供业务管理、服务模式、工作程序和标准等具体实务指导意见，协助中心提升业务水平，并完成家庭综合服务中心购买合同的相关内容。要说明的是，广州的家庭综合服务中心督导服务大多是由机构聘请香港或者内地的资深社工，以个人名义提供服务。而广州基督教女青年会采用机构名义输出督导服务，可以有效地发挥不同督导的特长，确保督导服务时间，提供更优质的本土督导服务，是在社会管理创新大背景下的一个有益的尝试。

由上可见，在近二十几年的时间里，女青年会不断创新服务理念，关注社会需要，大胆把握机遇，不断开拓创新，与时俱进地拓宽服务形式，拓展社团发展的新路径，为构建和谐广州作出了应有的贡献。

三、思考或感想

回顾历史，一个女性民间团体何以能在中国社会的百年沉浮中顽强生存下来并始终恪守其创立之初“服务社会，造福人群”的宗旨，履行着自己的使命，答案只有一个，那是基于一代又一代的“女青年会人”承载着团体的使命，以促进女性的发展和社会的进步为己任，以在不同的历史时期服务社会、造福人群的创新见证了团体存在的价值。女青年会百多年来服务社会、造福人群的轨迹清晰可循，在百多年的时间里，上帝赐予广州基督教女青年会事工各样恩惠，而女青年会通过服务社会、造福人群的途径在广州的历史上、当今的社会中树立起了自己的良好形象，真正以实际行动“荣神爱人”，为上帝作了美好的见证。

需要指出的是，基督教女青年会（也包括青年会）和基督教会既有共性又有所区别。其共性在于：“基督教女青年会同样是以见证上帝是爱的福音为己任，遵循耶稣基督服侍的教训，服务社会，造福人群。同时，和教会相比，基督教女青年会又有自己的独特性：她不仅向教内，同时也注重向教外、向社会开展服务事工和见证基督教对人群的关爱”。①

可以说，女青年会的社会服务工作早已践行

① 高英：《百年见证 彰显主爱——纪念广州基督教女青年会成立一百周年感恩礼拜证道》，载《天风》2013 年第 3 期，第 16 页。

了其成立之初时的三种思路：即一是不受宗教的限制，其所服务的人群不是仅限于基督徒；二是不受性别的限制，其所服务的人群也不是仅限于女性；三是不受年龄的限制，其所服务的人群更不是仅限于青年，而是覆盖从青少年到老年的比较广泛的年龄段。

不过，女青年会作为一个社会服务团体，在当下依然面临着许多困难和挑战，最大的困难和挑战恰恰来自于自己的名称——“基督教女青年会”。这个名称本身表明了其团体的宗教背景，表明了其是属于宗教、带有宗教背景的社会服务团体（女青年会是在民政部门登记的具有法人地位的名正言顺的社会团体）。正是因为其带有宗教的色彩，当女青年会去寻找社会资源的时候，往往不被理解。社会上的许多人和组织、甚至包括政府机关，往往对她们抱有警惕、怀疑、甚至几分不信任的态度。如广州市最早打算试点购买政府服务时，包括女青年会在内的三个带有基督教宗教背景的社会服务团体都没有购买到政府的项目。后来，女青年会想了一个办法即不直接用女青年会的名称而是成立了益人社会服务中心（2010 年成立），作为专业的社工机构，去承接参与购买政府服务的项目。换了个身份，结果成功中标。为了此次的投标成功，女青年会事先还做了很多准备工作，如在招标之前半年女青年会就招进专业社工，招来以后又将之专门送到香港去学习、取经和进一步的培训。

再比如，女青年会全国协会一直都是全国妇联的团体会员，广州市女青年会过去也一直是广州市妇联的团体会员，但从 2002—2012 年，即约有 10 年时间，由于各种原因，广州市女青年会失去了团体会员的身份与资格。直到 2012 年上半年在女青年会的不断努力下，市妇联又将女青年会正式纳入团体会员。广州市妇联本应给女青年会从事社会服务工作很多支持，但事实上妇联长久以来甚少与女青年会主动联系，只是近几年来才有所联系，而且这种联系还是非常稀疏的，彼此之间的合作就更谈不上了。

另外一个较大的困难和挑战即是来自于竞争。在当今社会管理创新的进程中，社会组织的作用越来越受到重视，而且社会组织的发展可以说是非常迅猛。有数据显示，目前中国有各类社会组织四十七万个。近几年广州市各类的社会公益和服务组织也在大量涌现出来，显然在如此众多的社会组织中，女青年会的“服务人群，造福社会”也在面临竞争与考验。

当然，困难和挑战有时又蕴含了发展的契机。今年女青年会又顺利通过广州市民政局的各项综合考核评级，被评定为广州市第一批具备承接政府职能转移和购买服务资质的社会组织，是目前全市首家具有宗教背景的社会组织获得该资质，实现了历史性的突破，为女青年会更广泛地参与社会服务工作提供了有力支撑。

在当今的中国，在社会公益和社会服务方面的缺口仍然很大，要解决这些点多面广的社会问题，单纯依靠政府的力量远远不够，政府各级民政部门也很难照顾到方方面面。而在动员社会力量兴办社会公益和社会服务事业方面，宗教界无疑有其自身的特殊优势，这种特殊优势具体而言表现在：第一，宗教的公益和服务事业是信仰实践的组成部分，是宗教信仰的外化与物化。所有的宗教，都有着济世助人的主张。可以说，宗教界出于其信仰和教义理解来参加扶贫济困、赈灾救难、养老托幼、帮残助弱等社会公益慈善活动，少有功利色彩而更多超越之境，以其“社会关怀”来表达或传递出“终极关怀”。而社会公益和社会服务事业又使宗教的社会关怀找到了由以落实的途径，从而彰显出自身的社会价值。第二，有较高道德感召力与社会公信度。一般而言，健康发展的正信宗教一般都具有良好的道德形象，为开展社会公益和社会服务事业提供了较高的道德感召力。这有利于避免寻租，克服腐败，实现低成本运作，更容易得到社会大众的信任与认同。

宗教界在社会公益与社会服务上本来就有着悠久历史和丰富经验，但在过去较长的一段时间内被我们所忽视。目前我国宗教的社会公益和社会服务工作和国际上以及港、澳、台地区的宗教参与公益事业和社会服务的广度和深度相比，差距颇大。宗教界在社会公益和社会服务方面所发挥的作用还不够突出。宗教界在中国各地的社会公益和社会服务还应该、也还可以发挥出更大的作用。有时这种作用发挥不出来，非其不愿也，而是由于各种因素的限制使其不能也。

我国目前涉及公益和慈善事业的法律法规主要有《公益事业捐赠法》《社会团体登记管理条例》和《基金会管理条例》等，随着形势的发展，上述法律法规已不能满足我国社会公益和社会服务事业发展的需求。针对上述情况，2012年2月26日国家宗教事务局联合中共中央统战部、国家发展和改革委员会、民政部、财政部和国家税务总局联合印发《关于鼓励和规范宗教界从事公益慈善活动的意见》（国宗发〔2012〕6号），这正说明了随着当代社会的多元发展及在社会转型过程中出现的复杂局面，宗教界参与社会服务和公益事业应该说是水到渠成、恰逢其时。该《意见》审时度势，明确提出宗教界从事公益慈善活动是"促进我国公益慈善事业健康发展的有益补充"，"宗教界依法开展的公益慈善活动和设立的公益慈善组织受法律保护，享受与社会其他方面同等的优惠待遇"等，这就给予了宗教界从事公益慈善活动以准确的定性与定位。一方面有利于宗教界以更好的姿态融入社会、服务社会，另一方面也有利于社会各方统一思想，正确认识宗教界社会公益和社会服务活动的"身份问题"，从而将其纳入现行法律、法规、制度体系，实现法制化、规范化管理。

如果说随着经济的快速发展，社会组织作为社会自我管理的重要载体，已越来越成为现代社会中市场配置资源方式的一个重要补充，成为政府凝聚社会资源、提供社会服务的有力帮手，成为经济社会协调发展的助推器的话，那么各级政府和我们的社会，就理应给予宗教组织与宗教团体、尤其是像女青年会这样的宗教服务团体更大的发展空间，使其能利用自身优势，将其服务社会、造福人群的优良传统经常化、持续化、规范化、系统化，为宗教进入社会公共生活提供一个新的平台。

可喜的是，中华基督教青年会、中华基督教女青年会于2013年5月17日至19日在广州召开了社会服务工作经验交流观摩会，来自各地基督教青年会、女青年会的负责人和工作人员以视频、PPT的形式生动地介绍了他们的社会服务事工，交流了心得，分享了经验。中华基督教青年会全国协会涂汉桥总干事说，此次会议的目标是："通过交流和实地观摩使青年会、女青年会的同工对社会服务工作中社会资源整合，专业能力建设及社会效益评估等方面进一步提高认识，对各地青年会、女青年会增强社会服务的责任意识和创新意识，突出团体社会服务工作的主线，积极参与社会服务和公益事业起到积极的推动作用。"①回顾历史，立足现在，放眼未来，"广州基督教女青年会无论是在过去近代历史发展中，还是在现代社会的实践中，都经历上帝的恩膏和圣灵的带领。女青年会的存在和发展，本身就是上帝慈爱和公义的见证。"② 我们相信、同时也期待广州的女青年会在昌明安定的社会环境里，更好地贯彻其服务社会、造福人群的理念，再谱新章，再创辉煌。

① 中华基督教青年会全国协会涂汉桥总干事在中华基督教青年会中华基督教女青年会社会服务工作经验交流观摩会上的讲话。

② 高英：《百年见证 彰显主爱——纪念广州基督教女青年会成立一百周年感恩礼拜证道》，载《天风》2013年第3期，第18页。

道术通医术

——道教与传统医学简析

章晓丹

中国道教与传统医学自古以来相融相通、相互影响，“十道九医”、“医道通仙道”等说法在民间也广为流传。医学以治病延年为目标，道教以长生不死为信仰。长生的具体修炼在于“先将服草木以救亏缺，后服金丹以定无穷，长生之理，尽于此矣。”① 长生之术首先要祛病健身，可见中医药学是道教修炼的首要内容，所以“古之初为道者，莫不兼修医术，以救近祸焉。”② 由于道家思想和方法的影响，《黄帝内经》中可以追寻到先秦老庄的思想内容，导引、气法、符箓等道术也成为传统医学的内容，而《隋书·经籍志》所录二百五十六部医方中则多有神仙养生之法。历代道士兼行医术的比比皆是，葛洪、皇甫谧、陶弘景、孙思邈等著名高道皆为名医。被《道藏》收录的医学著作也不在少数。

从整体看来，道术包含有外丹服食、内丹修炼和符箓治病等非常丰富的内容。外丹服食与中国传统医药学相吻合，也是传统医学的核心内容，主要包括草木药服食和丹药服食。内丹修炼是以人体为炉鼎，以精气神为药物而在体内凝练结丹的修行方式，主要有导引、调息、辟谷、房中等多种修炼方式，通过各种内丹修炼，达到强身健体、延年益寿的目的，这属于广义意义上的传统医学，也是道教医学的特色。符箓治病则是带有宗教色彩的符、谶、咒、祝等，这也是道教源于巫术而流传下来的。《中华道教大辞典》中总结说：“其（道教医学）医药体系不仅包括传统中医药学的本草、汤液、膏丹、针灸等；而且还包括导引、按摩、却谷、美容、房中、气法等；再有就是符箓、药签、祝咒、祭祀、斋醮等疗法也包括在内，具有强烈的宗教信仰特征。”③ 道士通过治病救人而传道，也促进了传统医学的发展，实际上道教的医药学本身就是道教修炼的内容。

一、道术、医术与巫术

（一）道术、医术源于巫术

《山海经·大荒西经》有载：“大荒之中，有山，名丰沮玉门，日月所入。有灵山，巫咸、巫即、巫盼、巫彭、巫姑、巫真、巫礼、巫抵、巫谢、巫罗十巫，以此升降，百药爰在。”十巫以神仙升降、百药医术为特征，这是古代较早有关巫和巫术的记载。巫术是人类为了有效地控制环境（外界自然）与想象的鬼灵世界所使用的手段，它建立在某种信仰的基础上，是企图对环境或外界作可能控制的一种行为。④ 汉代许慎在《说文解字》中说：“巫，祝也。女能事无形，以舞降神者也，像人两褎舞形，与工同意。古者巫咸初作巫。凡巫之属皆从巫。……觋能斋肃事神明者。在男

章晓丹，广东省民族宗教研究院副研究员。

① 王明：《抱朴子内篇校释》，中华书局，1985 年，第 246 页。

② 王明：《抱朴子内篇校释》，中华书局，1985 年，第 271 页。

③ 胡孚琛主编：《中华道教大辞典》，中国社会科学出版社，1995 年，第 878 页。

④ 张紫晨：《中国巫术》，上海三联书店，1990 年，第 37 页。

曰觋，在女曰巫。”[①] 宗教学者认为巫术是人类宗教行为的最早形式，是原始宗教的表现形式。

首先，道术源于巫术。道教是中国土生土长的宗教，它由原始的自然宗教发展而来，具有浓厚的巫觋色彩。巫术是道教产生的一个重要渊源。道教中，道术是指道士自身修行的法术，包括内外丹术、符箓、祈祷等等，“道者，虚无之至真也，术者变化之玄伎也。道无形，因术以济；人有灵，因修以会道。人能学道，则变化自然。”[②] 道是术之本，术是道之用。人通过修道学道、掌握和运用道术而成为有道之人。

道术渊源于古代的巫术和秦汉时期的方仙术。战国至秦汉时期，巫术中禁咒、降神及神仙信仰被方仙术所吸收并最后转变为道术。早期道教无论是五斗米道还是太平道都有很浓的巫觋气息。道教的斋醮就是源于巫的祀神、祈福等仪式。巫觋与神明交，必要斋戒，斋即沐浴更衣、禁忌某些事物，戒即忌娱乐、忌房事。道教的斋戒同样以洁净禁戒为主，且：“斋定其心，洁静其本，在乎澄神……。凡修道之人当守其吉日，思存吉事心愿。当须斋戒，遣诸杂念，密处静室。”[③] 可见斋戒已成为道士修心炼性的手段。醮就是设坛祈祷，醮仪也是巫仪的发展，“有主持法师，有监坛师，如同巫师作法一样，头戴宝冠，身披霞帔，手持玉简，在一片威严庄重的气氛中进行。在斋醮中的许多名目，立幕、后奏、发符、招魂、行箓、立幡、诵经、祈祷、投简、烧纸马、上功表等等，十分繁缛，比巫觋之设坛祭要完备得多”。[④] 巫觋与道士一样，常用咒语、符箓来驱病魔除鬼妖。咒语和符箓广泛存在于道教与民间巫术中，且已难以分辨哪些属于道教的，哪些属于民间巫术的。巫术中祈祷、咒语、符箓、祀神仪式等巫技巫法甚至巫术中的法器等被道教所发展和运用，其呼风唤雨、抓妖驱鬼、招魂送亡等活动在道教中更为常见。道教还保留了巫医有关祭祀鬼神、祝咒治病等传统。

其次，医术源于巫术。中国医学源远流长，古代有“伏羲治九针”“神农尝百草”“黄帝创医药”等传说。“中国医学的演进，始而巫，继而巫和医混合，再进而巫和医分立。以巫术治病，为世界各民族在文化低级时代的普遍现象。”[⑤] 同样，巫术也是古代医学产生的一个重要渊源。古代人们由于认识水平不高，很多疾病不能够医治，很多病因也无法解释，容易认为疾病的来源是瘟鬼、病鬼的缠绕。可见古代医学很长时间是与巫术结合在一起的，巫医是我国传统医学发展过程中的一个重要阶段。中国古代巫医不分，春秋时期是巫、医并行。战国之后，医药学逐渐从巫术中分离开来，出现方士医药学，当时为人们治病的就是方士。

（二）道术、医术思想同源

道术和医术有着相同的思想渊源。阴阳五行学说、精气神人体观等思想是道教和传统医学理论体系重要的基础。

首先，阴阳五行学说是道教和传统医学共同的思想基础。阴阳五行学说是中国古老的哲学思想。阴阳原指日光的向与背，向日为阳，背日为阴，后也引申为冷暖、内外、动静等。“一阴一阳谓之道”[⑥]，古代思想家用阴和阳来表达自然界或社会中相互对立统一的两个方面，阴与阳的相互作用是宇宙间的基本规律。五行即水、火、木、金、土，是构成世界万物的五种基本元素，西周末年史伯就提出：“以土与金、木、水、火杂，以成百物。”[⑦] 五行间相生相克，包含着生克胜复、相乘相侮之理。阴阳五行学说被道教和传统医学各自吸收和发展，因而道教有天地万物之阴阳动静之理，传统医学则有人体之阴阳盈虚消长之理。

阴阳五行学说被《黄帝内经》所吸收和发展，从此奠定了中医学理论基础。《黄帝内经》：“阴阳

---

① （汉）许慎撰、（清）段玉裁注：《说文解字注·五篇上》，上海古籍出版社，1981年，第201—201页。
② 《秘要诀法部·序事第一》：（宋）张君房纂集《云笈七籤》卷45，华夏出版社，1996年，第261页。
③ 《太平御览》卷661道部引《登真隐诀》。
④ 张紫晨：《中国巫术》，上海三联书店，1990年，第275页。
⑤ 陈邦贤：《中国医学史》，《民国丛书》第79册，上海商务印书馆，1947年，第7页。
⑥ 《易·系辞上》。
⑦ 徐元浩撰，王树民、沈长云点校：《国语解集》，中华书局，2002年，第470页。

者，天地之道也，万物之纲纪，变化之父母，生杀之本始，神明之府也，治病必求于本。"[①] 可见，阴阳就是本。"阴阳者，数之可十，推之可百，数之可千，推之可万，万之大小不可胜数，然其要一也。"[②] 据统计，《黄帝内经·素问》中一半以上的篇章中论及阴阳。人体遵循自身阴阳的变化规律，同时也遵循天地阴阳的变化规律。古人把五行学说看作宇宙间的规律，万物随四时变化周而复始地运动。医学家将五行思想和医理结合起来，《周礼·天官冢宰》载："以五味、五谷、五药养其病，以五气、五声、五色决其死生。"《灵枢·通天》载："天地之间，六合之内，不离于五，人亦应之，非徒一阴一阳而已也。"

古代医家把阴阳五行学说融合到医学领域中，并且延伸、演绎为医学专业内涵，并在有关生理、病理、诊断、治疗等各个方面体现出来。早在春秋时期，医家已经用阴阳的理论来解释人的生理和病因。古人认为，疾病的产生终归是阴阳失调所引起。《黄帝内经》载："阴胜则阳病，阳胜则阴病。阳胜则热，阴胜则寒。"[③] 还对阳虚外寒、阴虚内热，阳盛外热、阴盛内寒的病机作讨论："帝曰：阳虚则外寒，阴虚则内热，阳盛则外热，阴盛则内寒，不知其所由然也。岐伯曰：阳受气于上焦，以温皮肤分肉之间。今寒气在外，则上焦不通，上焦不通，则寒气独留于外，故寒栗。帝曰：阴虚生内热奈何？岐伯曰：有所劳倦，形气衰少，谷气不盛，上焦不行，下脘不通，胃气热，热气熏胸中，故内热。帝曰：阳胜则外热奈何？岐伯曰：上焦不通，则皮肤致密，腠理闭塞，玄府不通，卫气不能泄越，故外热。帝曰：阴盛生内寒奈何？岐伯曰：寒气积于胸中而不泻，不泻则温气去，寒独留，则血凝泣，凝则脉不通，其脉盛大以涩，故中寒。"[④] 这里，阳虚、阴虚、阳盛、阴盛，代表着各种复杂的病机变化。因此，在诊断中要注意各种对立关系，如阴与阳、表与里、虚与实、寒与热等等，使在治疗中得以对症下药。如寒者热之，热者寒之、虚则补之、实则泄之，即"高者抑之，下者举之，有余折之，不足补之，佐以所利，和以所宜，必安其主客，适其寒温，同者逆之，异者从之。"[⑤] 这就是中医学之治病大法。

阴阳五行思想也是道教理论体系的基础。《道德经》载："道生一，一生二，二生三，三生万物。万物负阴而抱阳，冲气以为和。"（第14章）又载："有无相生，难易相成，长短相形，高下相倾，音声相合，前后相随，恒也。"（第2章）阴阳由道而生，阴阳相交则生万物，相反相成而化育万物。道教阴阳理论受到《周易》及中国古代阴阳五行学说的影响，并将阴阳五行学说丰富衍生为养生修道的理论基础。《太平经》载："天下凡事，皆一阴一阳乃能相生，乃能相养。"[⑥] 又载："天失阴阳则乱其道，地失阴阳则乱其财，人失阴阳则绝其后，君臣失阴阳则其道不理，五行四时失阴阳则为火灾。"[⑦] 天地万物、君臣、五行四时都具有阴阳的属性，阴阳失调则灾害生。"丹经万卷，议论不出阴阳"[⑧]，阴阳五行学说是道教内丹和外丹修炼的重要思想基础。《丹房须知》载："修炼之士，须上知天文，下知地理，达阴阳，穷卦象，并节气。"[⑨] 可见熟练掌握阴阳八卦理论是炼丹术士进行炼丹实验的首要条件。

其次，精气神人体观是道教和传统医学共同的思想基础。精气神是我国古代重要的哲学问题。古代思想家认为，精与气是世界万物之物质本原，可以相互转化；神则是精和气的敞现，也指事物之玄妙变化。

《道德经》载："治人事天莫若啬，夫唯啬，

---

① 田代华主校：《黄帝内经素问注证发微·阴阳应象大论》，人民卫生出版社，1998年，第35—36页。
② 田代华主校：《黄帝内经素问注证发微·阴阳离合论》，人民卫生出版社，1998年，第59页。
③ 田代华主校：《黄帝内经素问注证发微·阴阳应象大论》，人民卫生出版社，1998年，第41页。
④ 田代华主校：《黄帝内经素问注证发微·调经论》，人民卫生出版社，1998年，第389页。
⑤ 田代华主校：《黄帝内经素问注证发微·至真要大论篇》，人民卫生出版社，1998年，第613页。
⑥ 王明：《太平经合校》，第221页。
⑦ 王明：《太平经合校》，第733页。
⑧ 《钟吕传道集》，《道藏》第4册，上海书店出版社，1988年，第666页。
⑨ 《丹房须知》，《道藏》第19册，上海书店出版社，1988年，第57页。

是以早服，早服是谓重积德。重积德则无不克，无不克则莫知其极。莫知其极，可以有国。有国之母，可以长久。是谓深根固柢，长生久视之道也。”① 这里“啬”是指要爱惜、保养自己的精神和生命活力，而不应使之受损或浪费。只有这样，才能使生命根基得以巩固和保持。治理国家、养护身心，没有比爱惜精力更重要。爱惜精力，乃是早作准备；早作准备就是不断的积“德”；不断的积德就没有什么不能胜任的；没有什么不能胜任就无法估计他的力量；无法估计他的力量，就可以担负保护国家的责任；掌握治理国家的道理，就可以长久维持。这就是根深柢固，“长生久视”的道理。② 顺应生命的自然本性更有益于生命。

精气神思想对传统医学的影响很大，已经成为传统医学基本理论的核心，它对人体生命的产生、发育、死亡等生理病理观甚至中医之诊断、治疗等有着主导作用。《素问·六微旨大论》曰：“出入废，则神机化灭；升降息，则气立孤危。故非出入，则无以生长壮老已；非升降，则无以生长化收藏。”在《黄帝内经》中，人体生命包含着神、气、精三个层次。一方面，神为主，气为从，然后才是有形之生化与存在；另一方面，神是由精气所生，精气是产生神的物质基础。明代著名医学家张介宾对精气神三者的关系作了详解和区分，他说：“先天之气，气化为精；后天之气，精化为气。精之与气，本自互生。精气既足，神自王矣。虽神由精气而生，然所以统驭精气而为运用之主者，则又在吾心之神。三者合一，可言道矣。”③ 传统医学认为气是维持人体生存的最基本的物质，神也由精气产生。人出生前乃禀先天之气，先天之气受之于父母。人出生后乃靠后天之气来维持人体的生存，后天之精气则主要依赖于饮食、运动所得。在传统医学中，精、气、神可以统称为“气”。

精气神也是道教医学、内丹学的人体观概念，是人体生命的三个基本要素，被称为人的“三宝”。精指的是人躯体中的生命物质，也是人形体中的精华。气有后天的呼吸之气，也有先天的元气。神有后天的“识神”，也有先天的元神。后天的精气神是人体内分泌、气血循环、感官思维的生命活动。先天的精气神则是无形无质、自然本能的功能，是人体生命运动的表现形式。道教中道术的修炼有炼形、炼气、炼神三个层次，内丹入手功夫以精为基础，气为动力，神为主宰。④“道学历来将人体看做是由形（躯体结构）、气（生命结构）、神（心理结构）三个层次组成的巨型动态开放系统，形、气、神三重结构不分离才能组成有生命有思想的人，形（肉身）、气（能量）、神（意识）相分离就意味着死亡。因而道学的养生方术，也是从形、气、神三个层次入手展开人体修炼工程。”⑤ 思神、存神、炼神、出神等是具有道教特色的神仙方术，此类道术中，神统御着气和形。另外，道教继承老子道家的自然观，认为宇宙万物包括人都是由道生元气、元气分而为阴气阳气而最后构成。可见气是非常重要的物质，是宇宙万物的物质基础，也是构成人的基本物质。因此，道教形成一系列的气功导引之术，主要用于预防疾病、延年益寿，成为传统医学养生的重要文化遗产之一。

（三）医术犹道术

天人合一思想是中国古代关于天人关系的学说，早在周代就有将天命与人事相对应的思想。在道家思想中，宇宙与人是互通的，天与人皆合于自然无为之道，而道通于一，故而天与人合而为一。天道自然往返，推天道可以明人事，“天地不仁，以万物为刍狗；圣人不仁，以百姓为刍狗。”⑥ “天地与我并生，万物与我为一。”⑦ 道家强调天的自然属性，天人合一不以人的意志为转移，“其好之也一，其弗好之也一；其一也一，其

① 《道德经》第 59 章。
② 参考于陈鼓应：《老子注译及评价》，中华书局，1984 年，第 297 页。
③ （明）张介宾：《张累岳医学全书·类经》，中国中医药出版社，2002 年，第 21 页。
④ 参考于胡孚琛主编：《中华道教大辞典》，中国社会科学出版社，1995 年，第 487 页，“精气神”条目。
⑤ 胡孚琛、吕锡琛：《道学通论——道家·道教·仙学》，社会科学文献出版社，1999 年，第 375 页。
⑥ 《道德经》第 23 章。
⑦ 《庄子·齐物论》。

不一也一。"①

《黄帝内经》同样认为宇宙是个大天地，人身是个小天地。天象有日月之运行，一寒一暑，在人身则为气血运行，水火既济；自然界有气候之春夏秋冬，春升、夏浮、秋降、冬沉，在人身则对应为：肝应春气主升，心应夏气而主浮，肺应秋气而主降，肾应冬气而主沉。自然界气候异常是灾异，人身体异常则为疾病。《内经》载："天有日月，人有两目；地有九州，人有九窍；天有风雨，人有喜怒；天有雷电，人有音声……天有阴阳，人有夫妇；天有三百六十五日，人有三百六十五节。"② 又载："夫一天、二地、三人、四时、五音、六律、七星、八风、九野，身形亦应之。……人皮应天，人肉应地。"③

道教以国家来比喻人体，认为国家治理和人体疗病同理。葛洪云："故一人之身，一国之象也。胸腹之位，犹宫室也。四肢之列，犹郊境也。骨节之分，犹百官也。神犹君也，血犹臣也，气犹民也。故知治身，则能治国也。夫爱其民所以安其国，养其气所以全其身。"④ 于此可见，医术犹道术也。道教也以人体运动与天体运动相对应，以五行、八卦、九宫、二十四气、天干、地支等道教常用符号与人体的四肢、五脏等器官、肢体相对应，如《太平经》中载有天气不悦会导致头痛，五行气相争会引起足疾，四时气不和则可致四肢病，所以要顺四时、调阴阳。

"道法自然"是道家哲学的重要思想。"域中有四大，而人居其一。人法地，地法天，天法道，道法自然。"⑤ 自然而然是道的本性，道化生万物，以"无为"为法则。人居其中，人亦要法于自然。传统医学也认为，人的自然生理等活动应该顺应、协调于自然界的变化和秩序，而古代医学典籍中也有很多有关人的活动要顺应自然的内容。《黄帝四经》也有人法自然、合同于道的思想，"其次有贤人者，法则天地；象似日月，辨列星辰，逆从阴阳，分别四时，将从上古合同于道，亦可使益寿而有极时"。⑥ 从详细上说，"夫四时阴阳者，万物之根本也。所以圣人春夏养阳，秋冬养阴，以从其根。……逆之则灾害生，从之则苛疾不起，是谓得道"。⑦ 人的身体的调养要与季节的变化相适应，这样才能顺乎自然，身体得以安康，逆其道而行只能生灾害，伤身体。《素问》中有《四气调神大论》篇，四气是一年四季春夏秋冬的气候，即春温、夏热、秋凉、冬寒。清代高士宗《素问直解》说："四气调神者，随春夏秋冬四时之气，调肝心脾肺肾五脏之神志也。"人要顺应自然界四时气候的变化，调摄精神活动，以适应自然界生、长、化、收、藏的规律，以达到养生防病的目的。可见道术和医术的哲学观是相通的。

二、符咒斋法与心理疗法

道教起源于古代巫术，且以长生久视、修道成仙为信仰，故保留了巫术祭神祀鬼、符咒等传统，其修持之道术也多以防治疾病、延年益寿为目的。符咒即书符念咒，古代用以祈祷和祭祀以祈求庇佑、避免灾难的法术，后被用作驱魔除妖、治疗疾病的方法。符箓和咒语是道教的主要法术，它们之间关系密切。道士做法时通常是符咒并用，画符、用符都要念咒，通常的做法是一边念咒语一边将符烧成灰，并放入装水的杯中，从而制成符水以治病驱邪，或水湿符箓后喷洒其水以洗去邪秽，或既服符水又焚纸钱以谢过鬼神。

早期道教就是利用符咒之术而传道传教，为人治病驱邪。史书记载甚详："熹平中，妖贼大起，三辅有雒曜。光和中，东方有张角，汉中有张修。角为太平道，修为五斗米道。太平道者，师持九节杖为符祝，教病人叩头思过，因以符水饮之，得病或日浅而愈者，则云此人信道，或其

① 《庄子·大宗师》。
② 《黄帝内经灵枢译释》，上海科技出版社，1986 年，第 418—419 页。
③ 田代华主校：《黄帝内经素问注证发微·针解篇第五十四》，人民卫生出版社，1998 年，第 334 页。
④ 王明：《抱朴子内篇校释·地真》，第 326 页。
⑤ 《道德经》第 25 章。
⑥ 田代华主校：《黄帝内经素问注证发微·上古天真论篇第一》，人民卫生出版社，1998 年，第 10 页。
⑦ 田代华主校：《黄帝内经素问注证发微·四气调神大论》，人民卫生出版社，1998 年，第 15 页。

不愈者，则为不信道。修法略与角同，加施静室，使病人处其中思过。又使人为奸令祭酒，祭酒主以《老子》五千文。使都习，号为奸令。为鬼吏，主为病者请祷。请祷之法，书病人姓名，说服罪之意。作三通，其一上之天，著山上，其一埋之地，其一沉之水，谓之三官手书。使病者家出米五斗以为常，故号曰五斗米师。"①

符箓是道教中一种法术，通常也称作符字、墨箓、丹书等等，道教认为那是天神的文字，用以召劾鬼神、降镇魔妖最后达到除灾治病的目的。它源于古时的巫术，早在黄帝时期即有立坛、求神、授符等巫咒风俗。符箓也是符与箓的合称，严格上说，符与箓不同。符，亦称云篆、符字、八显、宝诰、丹书等等，是一种被认为能够镇压鬼魅的奇特文书。文字弯曲难辨，跟一般文字不同，又似字非字、似图非图，它是道法的重要手段之一。在古代，符最初是一种代表着一定权位的信物，常用于调动军队，体现最高统治者的绝对权力。民间巫师、方士模拟符信，托之神仙所颁，施之于鬼神世界，它赋予法师超常的、不可抗拒的法力，可以达到召劾鬼神、镇压精怪的目的。《太平经》载："欲除疾病而大开道者，取决于丹书吞字也。"② "吞字"即服符水，能使灾害不能伤、皮邪不敢难。早期道教发展并创造出有系统的符书和符法，符书的种类繁多，各施其用，有护身符、镇妖符、治病符等等。符法也分为识符、画符、用符等环节。神符的应用也很广泛，以至道教的各种修持几乎离不开用符。箓又称法箓，是记录有关天官功曹、十方神仙名属、召役神吏、施行法术的牒文，起着与神灵交通的作用。"箓者，太上神真之灵文，九天众圣之秘言，将以检三界官属，御远元元，统握群品，鉴骘罪福，考明功过善恶轻重，纪于简籍。"③ 修行道士必须受箓，施法时方能驱使箓文中的神真从而救济困厄。咒语，也称神咒、秘咒，来源于古代巫术，是巫师用于驱除鬼魅、祈福镶灾等祈求神灵的巫术语言。古代，咒与祝通，《说文解字》载："祝，祭主赞词者，从示，从人、口，一曰从兑省。"又载："祝者咒也。"所以祝由也叫咒由。唐代咒禁师是太医署四科之一，祝由科自元代便列入太医院十三科。以祝由科移精变气治病的记载，最早见于《素问》，称上古之人治病，既不用打针也不服药，只要移易精神、变换气质，请人施展祝由之术，即可治愈。道教继承和发展了咒语，《太平经》有载："天上有常神圣要语，时下授人以言，用使神吏应气而往来也。人民得之，谓为神祝也。祝也，祝百中百，祝十中十。祝是天上神本文传经辞也。其祝有可使神玄为除疾，皆聚十十中者，用之所向，无不愈者也。但以言愈病，此天之神谶语也。"④ 咒语乃由天神颁授，威力巨大无比，甚至"咒金金自销，咒木木自折，咒水水自竭，咒火火自灭，咒山山自崩，咒石石自裂，咒神神自缚，咒鬼鬼自杀，咒祷祷自断，咒痈痈自决，咒毒毒自散，咒诅诅自灭"。⑤

早期道教为人治病的法术很多，有符咒、悔罪、上章、房中术等等，其中符咒治病是主要方法之一。五斗米道创始人张道陵及其子张衡曾造作符书，以符水为人治病。东汉末张角传太平道，"初，巨鹿张角自称大贤良师，奉事黄老道，畜养弟子，跪拜首过，符水咒说以疗病，病者颇愈，百姓信向之"。⑥ 张鲁据汉中，行五斗米道，亦"持九节杖为符祝，教病人叩头思过，因以符水饮之"。⑦ 符咒成为道士法师的主要方术，也是驱邪、禳灾、治病的重要手段，从起初的五斗米道、太平道直至后来的天师道、正一道，概莫能外。后世道教对符咒斋法极为推崇，视为瑰宝，他们制定了严格的授受规则和礼仪程序，将其发展成为庞大的体系。符咒治病的范围涉及内科、伤科、儿科、妇科等多科病症，主要治疗瘟、痘、尸疰（肺结核）、寒热、惊悸等病。

---

① （晋）陈寿：《三国志·张鲁传》，中华书局，1999年，第198页。
② 《太平经》第108卷。
③ 《云笈七签》卷45《明正一箓第三》。
④ 《太平经》卷50《神祝文诀》。
⑤ 《太上正一咒鬼经》，《道藏》第28册，第367页。
⑥ 范晔：《后汉书·皇甫嵩传》，中华书局，1965年。
⑦ （晋）陈寿：《三国志·张鲁传》，中华书局，1999年，第198页。

尽管古人对于符咒治病早有评说："实无益于治病，但为淫妄，然小人昏愚，竞共事之。"① 它之所以能够作为有效的治病手段且长期流传于民间，在于道士法师既精通符咒法术，也懂得民间治病之土法，多种方法杂糅使用，使疾病得以控制。同时，符咒治病是一种辅助性的治疗方法，它并不排除传统的药物或针灸治疗，只是在辅助常规治疗或者常规治疗没有效果的情况下辅助使用。符咒治病作为宗教医学的部分，既有巫术的成分，也有精神疗法的成分。其使用朱砂画符，姜黄染纸，焚化符纸，化入水中，某些疾病患者服之见效。精神上它通过激发人的宗教感情、调解人的社会环境和心理因素而达到抗病的效果，其静功可调节人的大脑而有助于神经衰弱的治疗，其祝由术也能通过宣导情绪使人放下思想包袱。所以，尽管符咒斋法是一种宗教的法术，对现代中医医疗实践来说，它还是有一定的启发意义及实用价值的。

现代医学研究表明，符咒疗法与现代医学的心理疗法是相通的。病人的信心、意志以及良好的精神状况在疾病治疗当中发挥着重要的作用，甚至有时候比药物治疗本身更重要。人罹患疾病后，体内的环境也随之发生改变，这个变化通过影响大脑的正常功能，最终使人产生心理障碍，最常见的则有思想苦闷、恐惧焦虑、紧张抑郁等等。这种心理障碍有大有小，各人不同。较为严重的心理障碍可以导致疾病病理发生改变，使疾病愈加严重而更难医治，或者导致抑郁、焦虑等神经症，影响日后的生活。即使较轻的心理障碍也不利于患者的康复。

在心理学领域，心理暗示指的是通过某种手段使人不自觉地接受某种观点、信念、态度或行为模式的影响，从而在心理状态或行为上发生相应变化的过程。其特点是无需实施者说理论证，而只是动机的直接移植。接受者则不进行分析、批判，只是盲从、附会。这种过程可由人施授，也可由环境施授。在由人施授时，可采用言语的或非言语的形式。而暗示疗法则是通过非批评性的暗示使患者产生认知、情感和行为改变的心理治疗技术。② 仔细考察符咒治病的过程和细节，可以发现其实际发挥着原始心理暗示疗法的作用。符咒施用时，首先要求病人对符咒要诚心诚意、充满信心，不能有丝毫存疑，这是首要条件。道士法师宣称其所用符咒乃天神所授，神力非凡，病人只要诚心接受，在道士的指导下服用或佩戴，则能逢凶化吉，灾消病除。这里已经给病人一定的心理暗示，它消除病人的绝望心理，稳定其情绪，大大改善其心理状态，增强其战胜病魔的信心。道士法师在画符念咒时，披头散发、手持利剑、手舞足蹈、念念有词，增加宗教的神秘感，以一种神圣而威严的气氛感染并调适病人，此时病人的心理变得更加强大、坚毅和自信，焦虑得到排解，精神有所舒缓，心理得以安慰，有了良好的精神状态，病魔更容易被战胜。

三、外丹服饵与药物学

中国传统的药物学统称为本草学。"本草"一词始见于汉代，后世凡研究药物之书皆以本草命名，因为其中以草本药最多，实际上本草的含义还包括更大范围的植物、矿物和动物等多种有药用价值的物质。正如所说："药有玉、石、草、木、虫、兽，而云本草者，为诸药中草类最多也。"③ 约成书于东汉初年的《神农本草经》是中国现存最早的本草著作，从该书多处出现"神仙不死"、"养命延年"、"久服轻身"等类似于神仙方士语言可以断定，中国传统本草学与道教关系密切。

中国道教起源于战国至秦汉时期的神仙传说和方士方术。早在春秋战国时期，中国已有不死之药的传说，神仙方士相信自然界存在着吃了不死的天然药物，《山海经》及《楚辞》中都有不死药的记载。战国时期开始，流行于北方燕齐一带方仙道着力寻找不死药献给帝王，此中慢慢发现朱砂、枣、人参、灵芝、玉石等有延年益寿的功效，从而也形成了方仙道服食派。战国时期的方

① （晋）陈寿：《三国志·张鲁传》，中华书局，1999 年，第 198 页。
② 林崇德、杨治良、黄希庭主编：《心理学大辞典》，上海教育出版社，2003 年，第 14 页。
③ （五代）韩保升编：《中华本草（精选本）》（上册），上海科学技术出版社，1998 年，第 3 页。

仙道主要有三派：一是专以服食药物以求长生不老的服食派；二是以房中养生为成仙方术的房中派；三是以吐纳导引服气而长寿变仙的行气派。服食与行气、房中合为三派仙道。起初，神仙方士寻找的是象灵芝、人参之类的植物类“不死药”，后来发现此类药物不能使人长生，“不能自生，何能生人乎?”① 从西汉开始，方士们开始寻求人工制造的不死药，他们以不朽的金石类矿物烧炼大丹，认为可以通过模仿天地运转的规律来炼制仙丹。神仙方士李少君向汉武帝进言：“祠灶则致物，致物而丹沙可化为黄金，黄金成以为饮食器则益寿，益寿而海中蓬莱仙者乃可见，见之以封禅则不死，黄帝是也。”② 而方仙道的服食派后来成为炼丹家，道士吸收了古方士的炼丹术，发展为道教外丹术。道教以长生不死、得道成仙为信仰，道士们寻求灵芝异草、烧炼金砂大丹的热情同时也引发了道家对药物学的深入研究。

《论衡·道虚》有载：“闻为道者，服金玉之精，食紫芝之英。”服食是道士修炼养生的方法，主要是服食丹药和草木药，包括膏丹、丸、散、汤剂、酒方。据《摄养枕中方》载：“凡欲求仙，大法有三：保精，引气，服饵。”③ 魏晋时期服食大盛，无论道士还是名士皆提倡服食金丹。魏晋时期的道家主要服食矿物药，“五石散”最受欢迎。魏晋士人何晏（？—249）是服丹、炼丹之风的开创者，他因身体有疾病，从炼丹家那里获得了五石散丹药，服用后不但病情好转，更有时人所说的返老还童之症。经过何晏的宣扬，道士士人纷纷效法，一时间成为当时的时尚。据史书所载，著名书法家王羲之也曾向许迈学习炼丹，共修服食，也曾不远千里去采拾药石。东晋时期，炼丹服丹的士人与道教炼丹术士结合形成了道教新的派别——丹鼎派，葛洪就是丹鼎派的代表人物，他首先提出先服草木以救亏缺，然后服金丹以定无穷。由此可见服食之术在当时道教神仙思想和修炼实践中的重要地位。在葛洪看来，由金石类矿物炼制的金石大丹毕天不朽，是最有效的仙药，草木药容易腐烂，属于下品。

唐代，外丹术极盛，服食丹药者甚众。单服草木药者甚少，多数草木药是加入丹药中进行烧炼。隋唐时期基本上是以服食金石药为主。唐代炼丹术的兴盛是由于服食金丹大药的观念普遍流行，这反过来又增长了服丹风气的盛行。据史书记载，唐代至孙思邈时期，丹药炼制中草木药的使用已经普遍流行。早期炼丹的原料“五金八石”，金石炼制出来的丹药普遍有毒性。据史书记载，当时服食者普遍相信服食金丹后，可以长生不老、白日飞升，实际上金丹中的剧毒物质使服食者中毒而迅速死亡，史书所载为之送命的服食者为数不少。据清赵翼《二十二史札记》卷 19《唐诸帝多饵丹药》条中载，唐太宗、宪宗、穆宗、武宗、宣宗，皆服食丹药中毒致死，其流毒至于五代，正所谓“服食求神仙，多为药所误”。为了制伏金丹的毒性，中唐以后，服食金丹的道教术士想到了新的办法，他们在金丹之中加入了一些去毒的草木药，这直接导致了草木药研究的又一高潮。道教的著作中对这个转变过程也有清楚的记载，例如苏游倡服胤丹，但他明确指出胤丹有毒不可单服，应该与草木相配合服食。宋代关于服食研究日益低迷，而有关本草书籍的编撰却日益增多，如今所能见到的本草学记载绝大多数是因为被载于宋代大型本草著作而保存下来的。道教术士对本草的研究最终也汇入了传统医药本草学的主流。唐代之后，外丹开始衰落，但炼丹服食方和外丹术为传统医学所吸收利用，极大地丰富了传统医学知识，特别对传统药物学有极大的贡献，而道教炼丹术在宋朝以后更是逐渐转为临床药用。传统本草经典著作中关于玉石类药有详细的功能及使用说明，而这些本草书籍中关于矿石类药知识的记载主要是来源于道教著作，即使明代著名的李时珍所著《本草纲目》也是如此。可见对于矿物类药物的深入研究是道教外丹服食活动对传统药物学的重大贡献。

道教外丹服饵活动对原始化学制药的发展有很大的推动作用，从而也丰富了传统药物学的内容。化学药剂在两汉前的传统医学文献中无迹可考，膏药的使用也无迹可寻。魏晋之后由于外丹

① 王明：《抱朴子内篇校释》，第 74 页。

② （汉）司马迁：《史记·封禅书》，中华书局，1999 年，第 320 页。

③ （唐）孙思邈：《摄养枕中方》，（宋）张君房纂集《云笈七签》卷 33，第 188 页。

术开始盛行于世，相应地很多化学药剂相继面世，当时大量使用的膏药有五毒神膏、续断膏、丹参膏、蛇衔膏等等。膏药是中药外用的一种，主要用于中医外科，在治疗疮疡痈疽等方面疗效显著，自古以来被当做外科的主药。如今中医外科广泛使用的红升丹（氧化汞类）、白绛丹（氯化汞类）等膏药，都是由古代道教炼丹遗法衍化而来。还有著名的玄门四大丹，即乾坤一炁丹、混元丹、金龟下海丹和毒龙丹，也由道教金丹术士秘传至今，对治疗疮疡痈疽等疾病有很大的贡献。当代丹道医家张觉人总结说："丹药虽然不宜于内服（也有少数丹药是可以内服的，如三打灵药配成的中九丸及混元丹等），但对外科疮疡方面却有着它的不朽之绩。中医外科方药中，丹药实占有相当大的比重（谚语有'红升白降是外科家当'，可见丹药在中医外科上的重要性）。故截至目前，任何中医外科文献中，都少不了有丹药的一个重要部分。"①

道家正是由于炼丹服食的需要，对草木药进行了深入的研究。随着服饵外丹的发展，药物的内容不断丰富，更进一步推动了本草学的发展。《抱朴子内篇·仙药》专论服食，其中载有上百种服食药物，也有很多草木药服食方，该篇还认为上药延命，中药养性，下药除病。南朝著名道教医家陶弘景是传统本草药学史上贡献最大的学者，他整理《神农本草经》撰成《本草经集注》七卷，收集药物多达七百余种，开创依经作注、增补附后的方法，既大体保留了《神农本草经》的原貌，又补录了魏晋医家新药，还将《名医别录》随文散入书中使其得以保留而流传于后世。该书开创了以玉石、草木、虫、兽、果、菜、米、实分类法，成为后世草本学研究的蓝本。明代李时珍著《本草纲目》时就大量引用了《本草经集注》和《名医别录》书中的内容和论述。唐代著名道教医家孙思邈被誉为"药王"，他所著《千金翼方》分类载药多达八百多种，其中很多是唐代以前本草学罕见药物，极大地扩大了传统医学的药物范围。孙思邈非常重视药物的品质鉴别，也很讲究药物的疗效以及贮藏和保存，他甚至主张通过自己种植、自己采摘和自己炮制来提高药效。

本草学研究的是单味药的知识，各种药物组合而成的复方则是方剂学研究的范围。方剂学在道教中称为"丹方"或"仙方"，它在道教文献中多有记载，而传统医学的丹方也完全来源于道教。《道藏》所收录的方剂专著有葛洪的《肘后百一方》、孙思邈的《千金要方》、《仙传外科秘方》和《急救仙方》等，《仙传外科秘方》一书中有些药物完全是由炼丹术发展而来。总体上看，道教丹方可分为三类：一是炼丹术中的丹药配方，即所谓"金丹大药"，如九转丹、大还丹等等。中唐以前的金丹经过陈国符先生的补充整理共得丹名48种。这些丹方基本上是由石药组成，炼制过程也较复杂，如果用来内服，则绝大部分会导致中毒，常见的汞中毒、砷中毒都是因为服食此类丹方所致。另外，有些方剂虽未名之以丹，而是以散剂的形式来服用，也属此类，如著名的五石散、王母四神扇散等；二是养生长寿方，这些方剂一般由石药和草木药共同组成，有些完全是草木药，这类丹方毒性较小或基本无毒。由于其药物组成大多是补益类的药物，直到今天还有应用的价值。这类方剂如《通玄秘术》中所载的药物可作为代表。一些辟谷方、养容方、解毒方也可归属此类；三是临床治疗方。虽然道家总是把丹方说成能治百病的神丹，但这并不妨碍他们研究确具治病的方剂。典型的代表人物是葛洪和孙思邈，他们都是兼炼丹家与方剂学家于一身的人物。《道藏》中收录的大型方书皆属此类。②

四、内修方术与医学养生

传统医学之养生，也称为摄生。所谓养是保养、调养和护养，生则是指生命、生存和生长。养生就是根据人体生命的自然规律通过保养身心、减少疾病而达到强身健体、延年益寿的目的而进行的自我生命调养的活动。《黄帝内经》有载："上古之人，其知道者，法于阴阳，和于术数，食饮有节，起居有常，不妄作劳，故能形与神俱，

① 张觉人著，张居能整理：《中国炼丹术与丹药》，学苑出版社，2009年，第32页。

② 参考于祝亚平：《道家文化与科学》，中国科学技术大学出版社，1995年，第210—211页。

而尽终其天年，度百岁乃去。”[①] 养生至寿长善终要合于自然之道。道教珍视生命，追求长生不死。“道不可见，因生以明之；生不可常，用道以守之。若生亡，则道废，道废则生亡。生道合一，则长生不死，羽化神仙。”[②] 可见道教之修道与养生实为一体，因生明道，用道守生。养生就是修道，道士可由养生术法进入道的境界。

导引、行气、守一、辟谷、房中、内丹等道教内修摄养方术早在战国时期已经出现。其中渊源最早的是行气，如前所述，行气与服食、房中合为三派仙道。行气指的是吐纳锻炼，《庄子·刻意篇》有载：“吹呴呼吸，吐故纳新，熊经鸟伸，为寿而已矣。”实际上《庄子》书中还载有“缘督为经”、“踵息”、“心斋”、“坐忘”、“朝彻”、“见独”等多种养生功法。早期道教经典《太平经》通过继承和发展古代的内修摄养理论，它为内修方术于后世的发展奠定了理论基础。《太平经》提出人如要长寿应当爱气、尊神和重精，主张精气神三者共位，其中有载：“神者受之于天，精者受之于地，气者受之于中和，相与共为一道。故神者乘气而行，精者居其中也。三者相助为治。故人欲寿者，乃当爱气、尊神、重精也。”[③]《太平经圣君秘旨》载：“夫人本生混沌之气，气生精，精生神，神生明。本于阴阳之气，气转为精，精转为神，神转为明。欲寿者当守气而合神，精不去其形，念此三合为一，久即彬彬自见，身中形渐轻，精益明，光益精，心中大安，欣然若喜，太平气应矣。修其内，反应于外。内以致寿，外以致理。非用筋力，自然而致太平矣。”[④]《太平经》还提出内照、守一、存神、食气、胎息、辟谷等修炼方法。

东汉炼丹术士魏伯阳撰《周易参同契》，参同《周易》象数学、黄老思想和炉火烧炼等三家之理而契合为一，阐发丹道学说，被奉为“丹经之祖”。《周易参同契》成为早期炼丹术的奠基之作，对后世影响很大，可惜它以及它的丹道学说并未为当时人所发现。

自魏晋南北朝直至隋唐，道士医家及丹道经典层出不穷，如葛玄撰《五千文经序》、葛洪撰《抱朴子》、陶弘景撰《养生延命录》等，还有《黄庭内景经》、《大洞真经》、《老子清静经》等，对摄生方术和医学养生皆有重大的贡献，导引、行气、辟谷、存思、调息等很多内修方术得到进一步的研究和完善。《抱朴子内篇》更是集其之前道教内修方术之大成，其中有载：“服药虽为长生之本，若能兼行气者，其益甚速。”又载：“然又宜知房中之术，所以尔者，不知阴阳之术，屡为劳损，则行气难得力也。”[⑤] 它为当代人们研究气功提供了宝贵的材料。隋代开始有内丹之名，起初仅指胎息、导引等。隋开皇年间罗浮山隐士苏元朗提出以“身为炉鼎，心为神室”，归神丹于心炼，开启了内丹修炼之门。唐朝时期，道教外丹学逐渐衰微，内丹学悄悄兴起。中唐司马承祯兼收儒佛道各种学说，主张静心无欲的修道成仙理论，推动内丹学的发展。

唐代末年至北宋初年，道教内丹学盛行于世，在道教修炼方术中占据统治地位。著名内丹家崔希范、钟离权、吕洞宾、陈传、刘操、施肩吾、陈朴、谭峭等高道以内丹学传功度人，使内丹功法趋于成熟和完善。[⑥] 北宋张伯端著《悟真篇》，阐明《周易参同契》的内丹秘诀和修炼方法。此后，内丹修炼将古代导引、行气、调息等修炼方术融入进来，形成规模宏大而完整详细的内丹修炼体系。因此，宋元之后，道教丹鼎一派即以修炼内丹为实务，随着内丹学的发展产生了很多流派，而内修功法也逐步趋于完善，至明末则基本定型。明清时，伍冲虚著《天仙正理》、《仙佛合宗》及柳华阳著《金仙证论》、《慧命经》等内丹修炼书籍已深得内丹要旨。

理论上，内丹学吸收了传统道教的精气神学说，进行性与命的修炼。道教精气神理论表明，形是气的基础，气是神的基础，神主导着气，气

① 田代华主校：《黄帝内经素问注证发微·上古天真论》，人民卫生出版社，1998年，第4页。

② （宋）张君房纂集：《太上老君内观经》，载《云笈七签》卷17，第94页。

③ 王明编：《太平经合校》，第728页。

④ 王明编：《太平经佚文》，载《太平经合校》，第739页。

⑤ 王明：《抱朴子内篇校释》，第114页。

⑥ 胡孚琛：《道教内丹学揭秘》，载《世界宗教研究》1997年第4期，第89页。

主导着形。人体就是由精、气和神共同构成的有机整体，如果三者有所异常，三者间的和谐统一关系被破坏，三者关系不能统一，人体也将随之解体以致死亡。内丹学所修之性与命，命是指精气，性是指心神，所谓性命双修，实质上就是炼气炼神。《道枢·众妙术》载："内丹之要，在于存其心，养其气而已。"《金丹大要》也载："心印经曰：上药三品，神与气精。圣人言修炼金丹者，炼精气神而已。惟此三者，千古之上，无以易也。"①

性命双修以"顺则生人，逆则成仙"为基本原理。自然界的演化过程是神生气、气生精、精生形，这个过程是顺生，此即所谓"顺则生人"。在人体此顺行过程则是人的先天元气逐渐耗散以至最终消亡而人尽天年的过程，正如《悟玄篇》所载："所谓人者，秉受元阳真气，三百八十四铢，内分二十四铢，散于五脏六腑，以应二十四气；外分三百六十铢，以应周天三百六十度。"又载："盖人子时，两肾中二气上升，午时到心，二气交合熏蒸，肝肺之液自心而来。左肾之气负戴肺液而下降，右肾之气负戴肝液亦下降矣。亥时到于肾，肺液到于左肾，化而为精，肝液到于右肾，化而为血矣。久久元气耗散，精血干枯，则曰死矣！"另一方面，人修炼性与命则应将上述过程逆转过来，从逆的方向返本还原，于人的体内模拟宇宙（人体）的反演过程，即炼精（形）化气、炼气化神、炼神还虚，此即所谓"逆则成仙"。

内丹术自古以来就是一种自我身心锻炼的理论与方法。《黄帝内经·上古天真论》载："恬淡虚无，真气从之，精神内守，病安从来。是以志闲而少欲，心安而不惧，形劳而不倦，气从以顺，各从其欲，皆得所愿。"可见，内摄方术一直以来就是一种从精神调养入手的修身养性的方法。人可以通过静坐、调息、凝神、返观内守、运转大小周天等方法进行自我身心锻炼，使身心得到调节。这些内修方术经过临床运用，在调整人体阴阳平衡、疏通经络不淤滞、行气调畅气血、增强免疫等方面效果明显，从而实现改善体质、延年益寿的目的。关于内丹的功效，胡孚琛提出六个方面的总结：其一是它可以改造修道者的人生观，促使修道者在行为上与道相合，从而建立起新的行为模式；其二是丹道能变化人的气质，控制人自身的情绪；其三是修习丹道可以清洗自己隐藏下来的心灵创伤，重新发现和认识"自我"，从而使自己的心灵获得解脱，达到开悟的境界；其四是丹道可开发出人体生命潜能，激发人脑的深层智慧；其五是可以改善人体素质，祛病健身，激发人体青春活力；其六是内丹功法可以使人延年益寿进而超越人体生命的界限。②

"气功"一词则始见于隋唐时期的道教修炼专著中。当代所流行的气功是为了防治疾病、强身益寿、开发潜能而以内炼为主的各种自我身心锻炼功法的总称。狭义上仅指静的以吐纳为主的修炼，广义上则囊括导引、存思、吐纳、静坐和内丹等有关人体精气神修炼的全部功法。这些功法既有动功也有静功，动功是以肢体活动为主且与意志相结合的修炼方法，静功则是肢体不活动而通过自我控制呼吸和意识的修炼方法。调心、调息、调身是气功锻炼的基本方法，这是对心理活动、呼吸运动以及身体姿势、动作的调控，对机体起着自我调整和自我修复的作用。传统医学的经络、气血、脏腑等基本理论都与气功密切相关，气功通经活络、调和气血、调节脏腑的作用经过临床试验已证实有效。

以前研究者将气功理解为固定的姿势、特定的呼吸法以及入静的操作，但现在多从意、气、力等三方面来考虑和理解。实际上，我们今天很难对气功的科学性和合理性下结论，因为目前有关生命科学的理论还不能对其作适当的解释。而人体的本质究竟如何也还没有定论，对气功的评判还没有科学理论和方法作依据。尽管如此，气功的作用已被临床试验证实有效，而气功的原理正在研究和探讨中。

---

① 《金丹大要·精气神说上》，载《道藏》第24册，第11页。

② 胡孚琛：《内丹功的六大功效》，载《中国气功科学》1999年第12期，第20—21页。

广东民间人物神崇拜

陈泽泓

一般来说，人物神崇拜的产生后起于自然神崇拜、鬼魂崇拜和图腾崇拜。这是人自身力量为适应环境在一定程度上与自然力抗争的逐步认识。但人物神成分很庞杂，其产生也因不同时期而类型有所不同。早期产生的人物神，多属始祖神一类，与自然神崇拜、图腾崇拜有着密切关系，甚至有从自然神、图腾崇拜蜕变而人格化的浓厚成分，同时也有率领先民迁移定居、改进生产手段和改善居住条件的业绩。如西江龙母神，扩大之又有开天辟地之事迹；如盘瓠神的崇拜，这又反映了先民渴望寻究生存其中的世界之本原的意识。其后的人物神多与文明的开发，征服自然界有关，往往是一些英雄人物，如伏波将军。随着封建宗法观念的渗透和封建文明的进程，赋予人物神更多符合封建礼教与逐步建立的民族道德观念的特性，其表现是往往将具体的历史人物神化，而这些人物中不乏谪臣贤官、忠臣义士、能工巧匠，为之立庙祭祀。如对岭南归入祖国统一版图有功的赵佗、冼夫人，也有后来归入佛道的民间信仰神祇。而且有一批由岭北移入而扎根于岭南的神祇。

从秦汉时期至隋唐时期，大致为岭南各地逐渐汉化，归入大一统封建帝国的历史时期，拓疆开辟有功的任嚣、尉佗、陆贾、路博德、马援、冼夫人、陈元光为各地崇祀，尉佗建立南越国，其后又受陆贾所劝朝汉。《舆地纪胜》载南越王庙在赵佗陵山之侧，“立庙号曰灵庙，议加谥曰昭襄王”，① 此为见于史载的岭南最早祀本地人物之庙堂。唐代诗人许浑到广州，有诗云：“南来称尉任嚣力，北向称臣陆贾功。箫鼓尚陈今世庙，旌旗犹镇昔时宫。粤人未必知虞舜，一曲薰弦万古风。”可见粤人对平南越有功的任嚣、陆贾等人比对尧舜更为崇拜。唐代的越王庙称尉佗楼，庙内陈列的是越王当年的礼乐仪仗。宋代有南越王庙。明代，南越王庙与陆贾祠并入侯王庙。嘉靖二十一年（1542）广州知府陈锭在城北镇海楼东廊重建南粤三君祠，所祀为任嚣、赵佗和陆贾。伏波将军之祀，主要在粤北、雷州半岛及海南一带，冼夫人之祀在粤西及海南。陈元光之祀主要在粤东，雷文玉之祀在雷州半岛，这些人渐而转化为民间保护神。

由唐至宋，在地方入祀而神化的人物，主要是谪官、贤吏，反映了岭南作为蛮荒之地，这一阶段的开化首先受到贬官流宦之教化渲染，同时也为一些贤良勤政、奉行儒家经世治国信条的官员所教诲。如治潮卫道之韩愈，在潮地奉祀延续百代，成为粤东民众一大偶像。对这些先贤建祠以祀，是封建教化之一种有效方式，也是民众扬善去恶、寄托追求清官廉治愿望的一种方式，同时也相信会得到祭祀贤宦的保佑。这种做法当然还得官方首肯和出面。宋代广州原已建有八贤祠，从历任广州牧守中挑选出清节廉正的八人，画出图像入祀，元祐年间蒋之奇知广州，又增祀二人，遂成“十贤堂”。这种将贤宦入祀的做法，历朝不断。明代在广州所立的惠爱坊，铭记有惠爱于百姓的贤宦 67 人，其中就包括宋代所祀十贤。清人仇巨川所纂《羊城古钞》记载广州城中之名宦祠就有 52 座，一祠所祀多达 9 人。在雷州有十贤祠，

陈泽泓，广州市文史研究馆文史学术委员会主任，研究员。

① 《舆地纪胜》卷 89《广南东路·广州》。

在海南有五公祠，所祀都是唐宋时期贬谪之名士。

宋末、明末，岭南都是王朝交替最后的战场，战争十分残酷，民众对民族气节之悲壮感受甚深。忠臣入祀为神，长盛不衰，这与官方宣扬“忠节”之正统观念十分吻合。祀唐代“安史之乱”中死节的中原名臣张巡、许远的双忠祠，在潮地香火甚旺，已知至少有27座，[①] 绝大多数尚存。又由潮地传向印尼、新加坡、台湾、九龙。广东是文天祥、陆秀夫、张世杰坚持抗元斗争之最后激战之地，珠江三角洲、潮汕地区祀此三人之“大忠祠”、“三忠祠”有多处，如新会全节庙（又名慈元庙、大忠祠）、潮阳东山大忠祠。20世纪90年代，文天祥、陆秀夫在潮后裔，分别传至32代和30代。据称文天祥之孙文伯平在战争中由仆人带至潮安县凤凰下埔村后坑岭结庐，后代在该地建正气堂，其后代又分散移居潮汕各地、福建及海外。1992年10月30日，潮安县凤凰下埔村文氏隆重举行纪念先祖文天祥诞辰760周年大会，来自海内外文氏宗亲有186人到会，参谒始祖祠遗址、龛图碑记和始祖恕斋公墓。这支队伍十分庞杂，仅康熙《潮州府志》中收入潮州府名宦者自汉代至清初共139名，入乡贤祠者自汉代至清初共130名。入祀者未必都有神化事迹，但祭祀者显然是将其作为神化之榜样。人物神崇拜有着漫长而又复杂的演变过程，以下只能大体按产生的时间顺序择要介绍广东的人物神。

一、盘古

盘古是传说中开天辟地的英雄，盘古开天地是中华民族的创始神话，民间认为盘古是“天地万物之祖”。今见最早关于盘古的文献记载为《太平御览》引三国徐整《三五历纪》：“天地混沌如鸡子，盘古坐其中。万八千岁，开天辟地，阳清为天，阴浊为地，盘古在其中，一日九变，神于天，圣于地。天日高一丈，地日厚一丈，盘古日长一丈，如此万八岁。”[②]《绎史》引徐整另一著作《五历运年纪》：“首生盘古，垂死化身，气成风云，声如雷霆，左眼为日，右眼为月，四肢五体，为四极五岳，血液为江河，筋脉为地理，肌肉为田，发髭为星辰，皮毛为草木，齿骨为金石，精髓为珠宝，汗流为雨泽，身之诸虫，因风所感，化为黎甿。”[③] 此后，晋葛洪的《枕中记》、南朝任昉的《述异记》对盘古的神话都有记述。关于盘古神话，有不少学者认为是起源于南方而后流向北方，近年有学者踏勘考证，提出盘古神话是远古时源于河南的桐柏盘古山，其后随先民的流徙而迁播各地。[④] 盘古神话应是中华民族的集体创造与加工，岭南的盘古崇拜早已有之。南朝梁任昉《述异记》谓：“今南海有盘古氏墓，亘三百余里，俗云后人追葬盘古之魂也。”“南海中盘古国，今人皆以盘古为姓。”[⑤] 所谓盘古墓，已无从考。而“盘古国”，则有指认为今广州西北面花都狮岭（又称盘古王山）。这里原是瑶民聚居之地，瑶民于明、清二代受统治者所镇压，剿抚兼施，至今已完全汉化，当地村民本身不承认自己为瑶族之后。所谓“盘古国”，即瑶民盘古峒，当地土名“西域”。城方约1平方公里，有“北门”、“南门”、“书院”等名，显然是古城遗址，此处出土有古代陶器、兵器及古铜钱。看来盘古国是明清以后才解体的。狮岭离广州30公里，山上建有盘古神坛，是一座重檐歇山顶的厅堂建筑，正面开敞，四面围廊，坛内供神牌，上书“初开天地盘古大王圣帝神位”。坛内木刻、石刻对联落款多为清光绪二十七年（1901）。据说此庙是清嘉庆年间才复建的，原来的盘古庙为何时始建无从得知。民间传说，古时花县地近大海，一天有恶龙来，说驻此地的冯婚配犯了天条，要发水淹死冯家之人。冯家向盘古王求救，盘古王将恶龙斩成两截，自己化为横亘几十里的花山山脉挡住滚滚而来的

① 林俊聪：《潮汕庙堂》，广东高等教育出版社，1998年，第289页。
② 李昉：《太平御览》卷2。
③ 马骕：《绎史》卷1。
④ 马卉欣编著：《盘古之神》，上海文艺出版社，1993年。
⑤ 任昉：《述异记》卷上。

海水。不久，又有狮精来此为恶龙报仇，盘古王请来其弟仙古王、妹仙姬娘，一起制服了狮精，将其化为狮岭。为纪念盘古王等救命恩人，人们建了这座盘古神坛和仙姬娘庙，保存至今，诞期则举行演粤戏、闹花灯、抢花炮等民俗活动以示纪念，每次活动持续5天5夜。近十余年来，还有许多海外侨胞、港澳同胞专程赶来拜祭祖先，捐资修葺了盘古王庙。狮岭盘古神坛于清光绪年间香火骤盛，事出有因。光绪二十七年（1901）外国传教士进入狮岭鹿坑重建基督教堂，狮岭附近村庄群众发动捐款集资重建盘古神坛，与基督教堂唱对台戏，盘古王诞并成为风俗流传下来。狮岭盘古诞从瑶民风俗转变为汉人风俗，是汉瑶杂居同化的历史产物。

盘古王由岭北入岭迁播，还可以指出佐证。在进入岭南的要道粤北南雄，一些有千年以上历史的村庄，如全安乡杨历岩村、矾巷、梅岭江梅驿、邓坊乡赤石村等处皆建有盘古王庙。邓坊乡还有盘古王山。不过略有不同的是，花县的盘古王庙供的木雕盘古王神像，赤身露体，惟腰间及脖子上各缠一圈树叶，手中握一把长矛。而南雄的盘古王像是三头六臂。盘古诞生的时间，花都狮岭为八月十二日，而南雄在五月二十日。此外，在肇庆有盘古祖殿、博罗有盘古庙、深圳有盘古石，这都反映了盘古神祭祀圈在广东当在西江、北江和东江地区。特别要指出的是肇庆的盘古殿，原来是在北岭深山大榄坑，当时那里是瑶寨，后随瑶人迁出。祖殿殿名为“盘古祖殿”，殿内供奉的有十大圣皇，即盘古皇、天、地、人皇、古皇、燧皇、仓皇、木德皇、炎帝和黄帝，融合了中国古代文化的自然崇拜、图腾崇拜、祖先崇拜的多种偶像，其中之盘古皇，却仍是瑶族的盘瓠（狗头王）的形象，这是盘古与盘瓠文化交流整合的特征。

二、龙母

西江流域水系发达，水患剧繁，各处建有保佑平安的龙母庙，而以中游德庆悦城的龙母庙为“三江水口龙母祖庙”。传说中的龙母，是秦代姓温（一说姓蒲）的渔民的养女。她在江边拾到巨卵，竟孵出五条小龙，其中一条没有尾巴，是著名的掘尾龙。秦始皇得知此事，派人下诏强迫温女进宫。官船溯流到广西始安，风雨大作，原来是五个龙子为留住温女而兴风作浪，将船吹回悦城，如是反复三次，钦差只好作罢。温女老死之后，被尊为“龙母”葬于南岸青旗山下，龙母墓后移至江北今龙母庙内。龙母传说起源很古。唐代户部侍郎李绅被贬为端州司马，顺西江泛舟南下，船至悦城，专门写了祭文向龙母祝祷，得遇天降大雨，江水暴涨，顺利渡过了滩浅水急石多的悦城滩，到了端州，他寄诗家人，诗中有“风水多虞祝媪龙”句。清《德庆州志》载有唐《赵令则龙母庙碑》、《新修龙母庙楼碑》条，可见唐代已有龙母之庙。《肇庆府志》称：“龙母庙，一在城东一百里，灵陵水口，即古悦城庙，宋时为永济行宫。”此庙在宋代还曾称“孝通庙”，则是着重于宣扬龙子报恩。现存的建筑是清光绪三十三年（1907），集两广名工巧匠，用七年时间构筑的。全庙占地1万多平方米，包括牌坊、山门、廊庑、香亭、正殿、妆楼、碑亭、龙母台等，规模宏丽。建筑材料多采用花岗石，设计别具匠心，每年受洪水淹没之后，不留淤泥痕迹，地面干净清洁。而且有精湛的建筑装饰，其建筑成就为建筑学家所注目。殿内祀龙母、五龙太子。这位龙母，应是古代百越民族生活在西江流域之一支的首领，正当母系社会向父系社会过渡阶段，故知其母不知其父。龙子的传说，体现了百越民族崇拜龙（蛇）图腾，也反映了由图腾崇拜转向民族始祖崇拜。也有学者认为，龙子的传说可能与古代西江生长鳄鱼有关。① 西江流域民间将龙母视为至高无上的祖宗神、自然神和守护神，人们将拜祭龙母称为“探阿嫲”（奶奶），广西人称为“姑婆”（姑奶奶）。西江水上的船只，多供有龙母圣像，过龙母庙前要鸣笛，鸣金或放鞭炮致敬，至今依然。民间求子求财，去病消灾，也要到此祈祷，每年前来龙母庙祭祀者有百万之众。春秋两

① 曾昭璇：《天后的奇迹》，中华书局（香港）有限公司，1991年，第147页。

诞，一是正诞五月初八，一是润诞八月十五，从五月初一至初十，八月十四至十六，都是贺诞日期，珠江三角洲的三埠四邑、港澳以及桂、闽、赣等地到龙母庙进香者如潮涌来，正诞期间，麇集人数多达二三十万以上。值得注意的是传说中将龙母与秦始皇的时代联系起来，这正反映中原文化传入岭南之初，正当先秦至秦这一时期，西江流域是主要的途径。从岭南文化发展的历史看，西江流域是最早接受中原文化渗透的地区。在四会、罗定、怀集、德庆、广宁、肇庆等地发现的一批春秋战国遗址、墓葬及其出土的大量青铜器，约占全省迄今发现的1100多件青铜器的百分之六七十。不言而喻西江流域先秦青铜文化在本省乃至岭南地区青铜文化占有显著地位。秦汉时期，湘桂走廊和湖南的潇水——贺水——西江，在沟通岭南与岭北经济、文化的交流中有特别重要的作用。秦汉大军南下，西江是必经之路。秦平岭南，置四会县，以其地为西江、北江、绥江、龙江四水所汇得名，包括今怀集东部、广宁、四会、三水南部、高明西部以及江门、新会等地。这些地方名义上属秦政权，但土著的瓯族的势力仍十分强大，龙母传说正是这一渗透的产物。

三、伏波将军

历史上奉命平岭南的伏波将军有两位，一是西汉汉武帝时伏波将军路博德，一是东汉光武帝时伏波将军马援。二人中，以马援影响为深。在两广有多处伏波祠，以广西横州、广东徐闻、海康等地之祠为显。伏波将军南下时率水军顺流而下，因此成了过险滩、跨海峡的水上保护神。徐闻伏波庙在计网村，这座庙早已有之，北宋苏东坡从惠州再贬海南昌化军，经徐闻渡海过琼，曾亲赴伏波庙朝拜。返途又经徐闻，写下《徐闻伏波庙记》，云："海上有伏波祠，凡渡海者，必卜焉。曰，某日可渡，必吉，而后敢渡。"南宋建炎三年（1129），李纲由澶州谪移海南万安军，与儿子宗之从徐闻渡，因病遣宗之摄祭伏波。渡海三日之后，李纲遇赦又返徐闻，即"书碑施金委郡守"刻苏轼《伏波庙记》，并记其事于碑阴。今徐闻九坛铺伏波庵仍供有伏波将帅牌位。庵联曰："伏敌奸慝，当年扫黎氛前后两汉之戎行曾经此地；波平浪静，而日但消蛮虑马路二公之武烈益著今时。"可见是两位伏波将军并祀。汉武帝时，平南越的将军本有两位，除伏波将军路博德外，还有楼船将军杨仆。在攻打番禺的过程中，杨仆纵火烧城，为此引起番禺人的愤慨，虽然平越为二将军之功，而粤民独祀路博德而不祀杨仆，可见百姓对于祀神是经过选择的。至于独为纪念马援的，有建于乐昌罗家渡附近武水南岸的韩泷祠，始建于汉代。马援之后，东汉桂阳太守周昕开通九泷十八滩河道，民为彰其功，将祠改名周府君庙，到了唐代，因韩愈贬潮过此有诗，庙才改成今名。庙内正殿塑韩愈像，右边塑马援与送子娘娘，左边塑周府君和土地山神，成了一座众神之殿。伏波将军神化，其初是粤人为纪念其开化之功。此类祀神显赫者，还有南越国之后，为祀赵佗在广州建立的南越王庙，庙内建有尉佗楼。

四、冼夫人

冼夫人是一位历经南梁、南陈、隋、唐四朝的岭南杰出的越人领袖，广东高凉郡人。与梁高凉郡太守冯宝结婚，一生致力于维护祖国统一和民族和睦团结，为保境安民，传播汉文化，革除社会陋习作出了贡献，其恩威所及，不仅在粤西一带，还远至海南。她因军功被隋朝册封为"谯国夫人"，又因每战必胜，出战时金伞宝幰相随，被高州人称为"锦伞夫人"。冼夫人为岭南人民所爱戴，冼玉清赞誉她是"妇女享万世祭祀之第一人"。冼夫人死后，高州、琼州人民纷纷立祠建庙纪念她，海南省、湛江市至今好些地方还存有冼夫人庙。《舆地纪胜·高州》："诚敬夫人庙碑，石极古，龙错虽不平整，而其光莹然，遇天之清明，迫而视之，可洞见人物往来影，耆老相传，以此碑乃鉴石所制。"此为关于冼庙的最早记录。《文昌县志》载："二月迎南火雷高凉郡主二夫人，装军拥从，三日方止。"可见在老百姓心目中，冼夫人的神通同生前的功业一样，应是保境安民，而崇祀冼夫人尤为隆重的，是她的乡里族人。冼夫人故里，一说在高州县雷同乡，一说在电白县兜乡，此二处的冼夫人崇拜之隆重可相比肩。电白县之晏宫庙，至迟建于北宋咸平至景德年间（998—1007），每年正月十七至二十二日举行隆重的祀冼活动。十七日，丁村迎冼夫人神像回村单独祭祀，两日后，才在乡内各村轮流迎像祭祀。而《茂名县志》则谓："十一月二十四日，冼夫人生辰，正日及前后数日，演戏祭奠，有庙之处皆然。"据《大明一统志》载，明洪武初，冼夫人"封为高凉郡夫人，岁以仲冬二十四日祭之"。①这表明至迟在明初冼夫人列入官方祀典。

冼夫人之子孙冯盎，唐时任高州总管，封越国公。他秉承了冼夫人的意愿，继续为统一祖国作出贡献。冯盎享寿高年，威望崇隆，被阳春人称为冯三公。明嘉靖十二年（1533）、万历四年（1576），西江以南汉、瑶族间严重武装冲突结束后，大批汉人迁居阳春，各村为增强民族融合团结，先后建立 30 余座冯三公庙，其中以双滘高凉寨、八甲罗城大塱村三处最为著名。庙中所祀，其实不止冯盎。高凉寨冯三公庙神座上有三位神主，中位是"本楼寨主冯三大人神位"，左右分别为"天后圣母冼夫人神位"和"黄幸三大神师神位"。双滘镇压各村原有 26 座冯三公神庙，至 20 世纪 50 年代初土改时全部拆除，但每年正月初三这日，村民仍在原庙址上搭起福利上坛，长老们把保存在家中的木雕神像、神牌、香炉捧至坛中，仍有致祭、游神活动。

五、天后

妈祖是在中国东南沿海乃至海外东南亚一带受到广泛崇拜的海神。据考，妈祖姓林，出生于福建莆田县湄州岛一带（一说莆田贤良港）的平民之家，自小聪明伶俐，受巫教影响成为一名乡间巫女，善于占卜，研医济世，热心公益，可惜年轻夭折。她死后，为人们所怀念，创造出妈祖统一显灵的诸多传说，于是演变为海上的保护神。北宋时，自湄州开始就已为其建庙，其后，各地纷纷建立妈祖庙。经过民间信仰的加工，妈祖身价渐高，不再是平民之女，而成了五代闽国都巡检林愿之女。这位林姓女子，身后迭受封号，曾被称为"通灵神女""湄州神女""崇福夫人""林夫人""灵惠妃"。由宋至清代，帝王们对其册封达四十余次，累计封号达五六十字。元世祖时正式受封"天妃"，全称"护国明著灵惠协正善庆显济天妃"。至于"天后"之号，是清以后才有的，康熙帝封其为"护国庇民昭灵显应仁慈天后"，这里有平台之后，安抚人心之意。至于老百姓，还是喜欢将这位女神称为妈祖，其庙称为"妈宫"，不像官府那样正儿八经地为女神加封并将其庙称天后宫。妈祖的大显灵通，原先在于海上，使舟行之人一是免受海寇之患；二是免受风涛之患。到了后来又发展到祈雨祈晴、求子驱疫、助战御敌、赈灾退洪、发财施福，无所不能了。

妈祖虽然是籍贯为福建的一位民间神祇，但受崇拜的范围却超出福建。天后信仰的流布，与古代海上航海事业的发展有很大的关系。天后信仰，存在漫长的海岸线和海岛上，南方以闽台和广东省为著，北方以天津等地为著。由于闽粤两省陆地毗邻，海上交通更是方便。宋代，妈祖信仰产生不久，即已传入广东。丁伯桂《顺济圣妃庙记》："神之祠不独盛于莆，闽、广、浙甸皆祠也。"当时在东莞县官厅头、雷州府郡东潮村均有天后宫。南宋刘克庄《后村居士集》卷 36 载，嘉熙四年（1240）时"某持节至广，广人事妃，无异于莆，盖妃之威灵远矣!"② 当时广州有称为"崇福无极夫人庙"的天妃庙，东莞县官厅头、雷州府郡东湖村均建有妈祖宫。元代，在广州，天妃被称为南海之神，竟然与南海神同等待遇，同日接受朝廷致祭。《元史 · 祭祀志五》谓："惟南海女神灵惠夫人，至元中以海运有奇应，加封天妃神号，积至十字，庙曰灵慈。"清代广州的天后宫祭仪与名宦祠一视同仁。明、清以后，广东各地兴建的天后宫比比皆是，在广州的兰湖东岸、西关荷溪源头、新城卖麻街、太平沙、芳村、西

① 《大明一统志》卷 81。
② 刘克庄：《后村居士集》卷 36《到任谒天妃庙》。

濠、西华路北洗马坊、西关十三甫、第十甫、怀远驿、十七甫、东教场、小东门外等多处建有天后宫，珠江三角洲一带几乎村村建有天后庙，乃至江河码头和内地山区，一样立庙祭祀。“全中妈祖信仰除福建台湾之外，当居广东。故有广东从信妈祖，不亚于福建人之说。”① 直至现在，广东各地尚有天后宫（庙）100余座，主要分布在沿海地区，其中不乏香火旺盛的名庙。地处闽粤交界的海上的南澳岛，方圆近130平方公里，现尚存15座妈宫。最古老的深澳天后宫建于宋代，明万历四年（1576）移建今址，1985年又作修建。深圳赤湾天后庙，位于宋帝昺帝陵东侧，面向伶仃洋海湾，一度是广东最大的天后宫，始建于宋代，明代永乐年间重新修建，有大小房间100间。此庙居山面海，风景甚佳，历代为新安八景之一。清《粤东见闻》载：“吾粤水国，多庙祀天妃。新安赤湾沙上有天妃庙，背大海，面大洋，大小零丁数峰壁立为案，最显灵。凡渡海者必祷，谓之‘辞沙’，盖以庙在沙上也。”② 可见这里的天后神名气很大，而且形成“辞沙”祭祷之俗。佛山建有多处天后宫，以始建于明崇祯元年（1628）的栅下天后庙最为著名。明李待问撰《栅下天妃庙记》称：“左右两庑，翼肴岿然，中堂广深，设神像俎豆其间，后建公馆堂寝，为乡人及众商讌集之所。”可见此处之天后宫已成了商贾及各界人士的聚会娱乐之处。澄海樟林为潮汕地区著名古港口，建于乾隆五十二年（1787）的新围天后庙，有正宫、梳妆楼、拜亭、东西两厢等，占地近十亩，是潮汕一带最为宏伟壮观、规模最大的天后庙，清代刘墉为其书题“海国安澜”巨匾。汕头市未开埠前，已是渔民聚集地点，随着海岸线的延伸，建有多座妈祖庙。明洪武二年（1369）创建于厦岭港畔（今升平区厦岭路）的妈祖宫，是见于史载的汕头最早的妈祖庙，当地人称为厦岭妈宫。清《揭阳县志》载：“太祖洪武二年改潮州路为潮州府……是年，置蓬州守御千户所于厦岭村。”此处为水陆要冲，商贾舟帆所往，舆贩所集之处，俗话说：“先有厦岭，后有汕头。”而天后宫则是与此处开辟同时兴建之庙宇。嘉庆年间在澄海蓬州都，建有妈祖庙，此即今天扬名海内外的位于市内升平路口的“老妈宫”。汕头港口上的一座小岛，面积不足1平方公里，古称“马屿”，竟然存有三座妈祖庙，以至被改称为“妈屿”。元代时已有船主为求航行平安，集资在马屿创建妈宫，虽属草创，仅数椽，却系粤东沿海最早的妈宫之一。船员、渔夫及家属常来祭拜，并以活鸡祭拜后放生，故屿名又被称为“放鸡山”。明万历四年（1576）总兵晏继芳在放鸡山建妈祖庙，十一年，副总兵于嵩重建庙，康熙二十四年（1685）总兵杨嘉端重修，咸丰十一年（1861）又重建。于此可见这一地区妈祖崇拜在明清时期之盛，而且在临海驻军心目中妈祖之地位。放鸡山天后宫在民国17年（1928）由汕头市总商会发起扩建。20世纪90年代重建天后宫，得海内外人士捐资100余万元，农历3月23日妈祖诞时举行落成典礼。面积由162平方米扩建为335平方米，庙前建有大戏台。此宫称妈屿老妈宫，相隔数百米东南侧山坡在清咸丰八年（1858）另建有一座新妈宫，据传为来汕头办洋行的泉州商人带头解囊兴建。新妈宫比老妈宫规模更大，1949年遭风灾受损，“文革”中更被毁坏，1983年由普宁旅泰侨商资助重修一新。弹丸一岛，竟有这么两座较大规模之妈宫。粤西一带的天后宫，相传以阳江为早，始建于宋代，故其庙称“祖创宫”。而雷州县城南门外的天后庙，庙门楹联称：“闽海思波流粤土，雷阳德泽接莆田”——点出雷州妈祖信仰与莆田的直接关系。位于南海西沙群岛的永兴岛上，有建于清代的两座珊瑚石砌小庙，其中一处就是海神娘娘庙，此可谓中国最南端的天后庙。香港自宋咸淳年间开始建天后庙，到了清朝末年，在当地的60多座庙宇中，有一半以上敬的是天后。主要的天妃庙有香港仔、石塘嘴、上环、铜锣湾、筲箕湾、石澳、赤柱等地。澳门天妃庙也有500多年的历史，当地称“妈阁”“妈祖阁”，西人以此定名澳门。

妈祖传入广东省之后，在粤地民间有所演化。清许联升《粤屑》谓：“廉州，钦州有三婆婆庙，

---

① 陈国强主编：《妈祖信仰与祖庙》，福建教育出版社，1990年，第29页。

② 范端昂：《粤东见闻》卷5。

州人祀之甚虔。官此地者，朔望行香必诣焉。3 月 22 日为婆婆生日，迎神遍游城内外。”清俞樾云：“余嘉庆壬申过浔州，有天后庙，崇碑屹立，叙天后世系，云有第三姐，亦同修炼成仙，然则三婆庙也有据，非乌有先生也。”① 那么，这位三婆婆是由妈祖之三姐派生出来之女神。浔州府地为今广西桂平县内，地当粤西之西，则这位三婆婆也可能是岭南民间之产物。妈祖与广东当地神祇争祀，使一些地方的传统信仰受到影响而演变。粤西地区向来尊冼夫人为“圣母”，设庙以祀。而海运和外贸的兴起，使得妈祖统一传入后出现“天妃”与“圣母”争祀的情况，终至势均力敌，共处一庙并祀。湛江市南郊太平区通明村的宣封庙，始建于明万历十四年（1586），庙址临河，深入遂溪、海康县内，明代为防倭要地，又是商贾云集的商埠和渔港。天妃、圣母皆获朝廷封赠，故庙名“宣封”，不专一家。地方官员旧制多于初一、十五派人致祭，求这两位民间信仰的女神保佑平安。妈祖诞一般为 3 月 23 日，广东有不少地方在此前后举行热闹非凡的民俗活动。但也有不同时日的，顺德杏坛镇以每年八月初八为天后元君圣母娘娘诞日，除了游神、演戏，还要举行赛龙活动。正月初五、初六还有为期两天的天后出巡，隆重异常。

潮州府城东门之天后宫，创建年代无考，应是早于清代之前。顺治、康熙《潮州府志》均不见载。乾隆《潮州府志》仅有一句“天妃庙在东门内”。② 列于“祀典”一类，是见已属官方批准之祀，似乎反映了此前潮地受清初战事及海禁影响，天后之祀都不便进行。其后，东门内的天后宫道光二十四年（1844）、光绪二十二年（1896）先后重修，而且韩江中的凤凰台又建了一座天后庙，香火盛行。天后庙春秋二祭，祭品与文昌庙同，每次支祭品银五两六钱，在开元寺租项下动支。③ 天后庙祀之盛及地位之高，是清中后期潮地海运交通贸易发展的反映。

六、风雨圣者

旧时各地久旱均有祈雨之仪式，潮州祈雨所请的竟是一位小男孩模样的神仙。此神仙供奉在离潮州城 30 里外的浮洋斗文村风雨圣者庙内。久旱不雨，即由慈善界人士召集城内各班潮州大锣鼓，敲锣打鼓地将风雨圣者请进城内，供奉在开元寺院中临时搭起的竹棚里，由僧众诵经，请风雨圣者显灵施法。三天之内，如普降喜雨，即开台演戏谢神。或修桥铺路，祭孤赎罪。三天之后未见雨下，即由各界人士排长队，三步一跪分赴开元寺真武宫向如来佛、玉皇大帝陈情祈雨。至此仍不下雨，风雨圣者就要吃些苦头，供神之棚被拆掉，神像的竹笠被掀开，让这位圣者受点曝晒之苦。相传风雨圣者生于宋乾道九年（1173），是揭阳登岗乡姓孙的农家子，幼失怙恃，抚于兄嫂，逾十岁，已每显异征。一年天旱，随兄进城籴米，见开元寺内黑压压地跪了一地人求雨，他向官长说：“你这样做岂能求雨，祈雨要看我的。”并表示如祷不来雨，愿受火烧。至午刻，只见他挥动竹笠，即时黑去四合，大雨不止，直到众人说“够了”，复挥以笠而雨停云散。此后，他仙逝而去，人们只好取他飞升处的一棵樟木砍下来刻像，“凡水旱祷之，皆产应。地方官上其事于朝，敕封为‘风雨使者’，祀之”。④ “风雨使者”取得官方承认的合法地位。各地雨仙祠陆续兴建于宋、元、明三代，而至今尚存的则多为清代所建。明清时代潮州、揭阳县的方志称雨仙为“孙道者”；揭阳方志又称“灵威风雨圣者”；清代文人笔记称“风雨使者”；乾隆五十四年（1789）海阳知县韩义《新修孙雨仙庙碑记》称“雨仙”；民间多称“雨仙爷”、“仙爷”、“仙爷公”，有的地方又称“者爷”，某些孙氏宗族聚居的乡村迳称“祖叔公”。雨仙信仰的形成，与潮汕地区的地理环境有很大关系。潮汕地区季风气候明显，受干旱威胁

---

① 俞樾：《茶香室四抄》卷 20。
② 乾隆《潮州府志》卷 25《祀典》。
③ 光绪《海阳县志》卷 20《建置略四》。
④ 郑昌时：《韩江闻见录》卷 1《风雨使者》。

也大。明清时期，气候变化对农业生产的影响造成危害更趋突出，古潮州溪废弃、彩塘溪的湮废，到了无以复加的地步，雨仙信仰的滋长也应运而生。因此，雨仙的分布区域与两溪流域相关，大致为：东至澄海澄城，南至潮阳河溪，西至揭东曲溪枫口，北至潮安枫溪长美，中心区在揭东登岗镇和潮安凤塘镇的西南部，仅登岗镇就有六座雨仙庙。除了地理因素，雨仙信仰的流播与血缘观念也密切相关，这种以雨仙信仰为纽带的宗族认同在当代还延伸到海外。1967 年在新加坡的华侨、华裔成立“沙溪西林孙氏同乡会”，以崇奉雨仙、阐扬祖德、联络同乡感情、增进本宗团结及一切同乡福利事业为宗旨。其主要活动以圣者庆最为隆重。在潮汕，也有祀清水圣王（福建人、清水祖师陈应，宋元丰年间大旱，因其祈得雨而圆寂，被尊为雨神），但雨仙崇拜始终为盛，且在不断演变中，渐而带有宗族保护神、地区保护神的色彩。至清代，地方政界要员、士大夫也成为当时的催雨灵魂带头人。

七、金花夫人、公婆神

民间祈求生儿育女，传宗接代的心理，本来已赋予救苦救难、大慈大悲的观音菩萨一个特殊的功能——送子。然而，在广州地区，妇女却多崇信金花夫人，认为她不仅有送子的功能，还有催生保生之神通。既然服务一条龙，其香火当然旺盛。广州及附近诸县建有不少供奉这位女神的金花庙。这位金花娘娘的身世与天后妈祖有相似之处。《番禺县志》云其年轻时已是一位小巫女，被称为“金花小娘”。后来投水仙湖，尸体数日不坏，且有异香，里人见而异之，举殓后得香木刻像立祠。这位金花小娘为何要寻短见？《广州府志》记述了一段缘由，说金花女本是处女，有巡按夫人分娩数日不生，梦中得神启示，密访得金花女至，夫人果诞子，而由是无人敢向这位具有神的身份的金花女提亲，以致羞愧投湖。这位为人助生的年轻女巫，最后落得无以为婚而投水的悲剧下场。传说金花女投水之湖，后来称为仙湖，湖边建“金花小娘庙”以祀之。明初巡抚陈濂重建此庙，将女神升格，庙也改称“金华普主惠福夫人庙”。其实，仙湖之名，本为南汉南宫园苑之名，却被人附会到金花女身上，而传说叫人接受的能量远胜过历史，大家也就信其有之。在广州的金花庙不止一处，以河南的金花庙规模最大，里面原来供奉有 80 多尊神像和 12 位奶娘，有白花夫人曹氏、养育夫人邓氏、转花夫人宁氏、送子夫人谢氏、红花夫人叶氏、保胎夫人陈氏、腰包夫人万氏、送花夫人蒋氏等名目。这些奶娘大抵与养育、保胎有关。旧时金花诞在夏初，盛况非凡。清仇巨川《羊城古钞》谓：“每岁首夏神诞，报赛者烟火、火炮、百戏并集，歌舞之声旬月未已焉。”① 金花娘的信仰从广州流播至广东各地，清代仅佛山就有 4 座金花庙。道光《佛山忠义乡志》称：“金花会盛于省城河南。”佛山石湾河岩乡的金花古庙，供奉金花女菩萨，以 4 月 17 日为金花诞，平日已是香火不断，是日更热闹异常。来自佛山、南海的四乡醒狮队接踵而来，争先入庙。庙中高挂花灯，灯面四周悬挂无数红白色彩纸带，专供求子之人采摘，求生男者摘白带，求生女者摘红带，回家后将带供在祖先神位前，保佑早生贵子。金花神崇拜后来渐被淡漠，20 世纪 40 年代中期，广州河南的金花庙已渐荒芜，至 50 年代，各处金花庙也渐消之。

旧社会的生活、保健条件差，孩子生下来不易养大，仍要托付神灵庇护，于是又有庇护小孩健康成长之神应运而生。这种神祇，与主管一方而又形式简便的社神有一种内在的联系。潮汕一带，小孩保护神称为公婆神。传说从前有一丈夫出外谋生，回家撞见妇人与人通奸，一怒之下将奸夫奸妇一齐杀死，埋于房中床下。可是死者阴魂作祟，把后妻所生的几个儿子都弄死了，杀人者只好立死者神位祭拜，此日为七月初七。后来生下之孩子果然平安无事。以后，家家效尤祭拜以求孩子平安长大，恶鬼成了小孩的保护神。而在陆丰蔡潭一带七月初七也有阿婆生（诞），传谙古时有一妇人，善于哺儿育女，奉君进宫为皇上

① 仇巨川：《羊城古钞》卷 3。

调教喂哺皇子。一次因回避龙驾，匆忙中撞至床脚绝命。死后被封为少儿的保护神，尊称阿婆。家祭的公婆不立偶像，只用一个瓷碗作香炉，放床下或旧式眠床的木架上，由这间房的主妇焚香祷祝。除七月初七外，有的家庭在元宵、除夕，孩子出麻疹时都要拜祭。公婆神或称花公、花妈，乡中也设有公婆宫或公婆坛，并有塑像供奉，宫坛联为："公公十分公道，婆婆一片婆心。"孩子长到十五岁，父母以丰盛的礼物向公婆神隆重祭拜，谢保佑之恩，行"出花园"之礼俗，表示孩子已长大成人了。珠江三角洲也有敬公婆神之俗，形式略有不同。广州地区旧时在民居桌下供阿婆神，神牌上写"王父母之神位"，设香炉、油灯，逢初二、十六和小孩生日，烧香点灯，让小孩向阿婆神叩头。小孩满月时，抱小孩去街边捡一块石头回来，放在神位旁边，以示为小孩壮胆。番禺一带，30年代以前家家大床也安有"阿婆"，每日上下午要爬进床底插香，逢年过节拜祭。所谓"阿婆"，是产下子女后的脐带放入煲中填以草木灰，放在床下将其神化。佛山人则在大床置"契公"、"契娘"神位，奉拜时以茶水代酒，说是怕他俩酒后误事。生下来的孩子如身体虚弱，要到庙中求濑花先母、保根夫人赐福，将孩子托付观音或榕树（寓粗生粗长之意），神诞期要贺神诞以示谢恩，孩子长大了也要行谢花五礼。吴川一带，婴儿出世，有延请道士或巫婆立花公花婆之例俗，把写有神衔的牌子放床下，神衔是"南海大慈大悲慈航观自在王观世音菩萨"，将观音菩萨与花公花婆扯在一起，这也是民间崇拜的随意捏合。每月初一、十五烧香敬奉，孩子长大后，再请道士祭拜，请神灵回天，俗称"脱噩"。阳江一带，称四月八日为阿婆节，主祭床头婆。这床头婆是一个填满糠灰的瓦煲。初一、十五烧香。床头婆所管的事既有保生贵子也有保孩子平安。祈生男孩者，所上供品中有荸荠形包子，叫"床头固"，象征男子的"小鸡鸡"。小孩有病，也让小孩到床头婆前叩拜。

八、双忠公

双忠公是粤东潮汕地区乡村社会中普遍信仰的神祇。双忠公指的是唐代"安史之乱"时以忠义著名的两位将领，此二人为张巡、许远。唐至德二年（757）安庆绪叛军之部将尹子奇率兵围攻中原与江淮之间重镇睢阳（今河南商丘），河南省节度副使张巡和睢阳太守许远一起死守睢阳达十月之久，"睢阳之战"为中国古代战争史上最为惨烈之战役之一。守军兵粮断绝，援军不至，张巡杀其妾以飨军士，许远杀奴僮以哺卒，城中妇人既尽杀而食之，又以男夫老少继之，"所食人口二三万，人心终不离变"。① 城中原有军民6万之众，城破，遗民只有四百人，张巡与部将36人同时被害，许远被执送洛阳，以不屈死。"安史之乱"平定后，唐肃宗下诏褒奖张巡、许远，庙享睢阳，号"双庙"②。张巡、许远不惜脔妾奴，以百姓为食，以换取忠义报国的行为，在宋代继续得到朝廷所推崇，并批准于睢阳以外其他建祠致祭。《宋会要辑稿》记载南宋建炎元年（1127）饶州知州"乞致祭张巡许远，以旌忠烈，以为万世臣子之劝"。③ 这一年，正是南渡之后南宋政权建立的第一年，说明了南宋政权在国难当头时强调"忠义报国"灌输于民间的意义。双忠公信仰就是在这种气氛中向南渗透的。据传说潮汕地区的第一个双忠庙建于北宋熙宁年间，此为潮阳威灵庙。而见于史籍文献的修建双忠庙宇是在元初。"大德末年，邑令袁天汉就邑，寓前进士赵嗣明，复谋营创（张许庙）。赵为潮著姓，率众易从，捐赀市材，竖三门、二庑，前后殿，通三十二间。"④ 此举，袁天汉的动机是因为朝廷有"皇元统一，首褒忠义……信夫大忠大义，越古越今，虽万世犹一日也"的祀典规定。而实际上主其事者是他与宋皇族同姓，从南渡入闽，寓于潮家。赵嗣明出身南京进士，曾任惠州通刺，母老乞归。文天祥

① 《旧唐书》卷4900《忠义下·张巡传》。
② 《新唐书》卷192《忠义中·张巡传》。
③ 《宋会要辑稿》之《礼二十·山川祠之四》。
④ 刘应雄：《潮阳县东山张许庙记》，《永乐大典》卷5345，十三，潮、潮州府三，"文章"。

起兵抗元驻军潮阳时赵嗣明备粮饷劳军，并为之出谋献策，宋忘后不仕。赵嗣明捐资建双忠祠，置田以供祀事，其背景是表达对南宋及文天祥等前朝英烈的特殊情怀。到了元末至正二十六年（1366），潮州路总管王翰甫到任即派人到潮阳双忠祠致祭，并将文天祥一首有关张巡、许远的《沁园春》词易名《谒张许庙词》，勒石立碑于灵威庙前。文天祥之《沁园春》原题《至元间留燕山作》，应作于关押在燕山期间，而词中所提到的"古庙"应是睢阳之双庙。王翰甫刻此碑时特意写了《刻文丞相〈谒张许庙词〉跋》，说明"丞相文山公题词，盖在景炎时也。三宫北还，二帝南走，时无可为矣，赤手起兵，随战随溃，道经潮阳，因谒张许二公之庙"。[①] 此为文天祥谒潮阳双忠庙之最早记载。张巡、许远身后，唐大历、元和年间，张、许二家后代为睢阳失守责任和许远的气节问题争论不休，朝中对此意见不一，韩愈出面为许远辩护，说"二人者，守死名城，先后异耳，二家子弟材下，不能通知其父志，使世疑远畏死而服贼"。[②] 这么一来，又有双忠以韩愈为知己，自愿到韩愈化过之乡保佑，地方传文天祥是卫道尽忠之典范，把他们与双忠联系起来，赋予潮州双忠公信仰以"正统性"，又提供了"地方性"的解释。明隆庆、弘治年间先后在双忠庙左右建起韩祠和大忠祠（祀文天祥），双忠公信仰在地方得到士绅的民间的推广。明中叶以后，屡有显灵御寇之传说，双忠公和当时地方深受"山贼""海盗""倭寇"之苦有关。到了清雍正年间，地方太平，双忠公又有护卫江河水利之功。到了清中期之后双忠公信仰在潮州地区已经相当普遍，也成为为数不多的官方祀典之列的神祇。雍正年间普宁知县兼摄潮阳县事的蓝鼎元在潮阳雷厉风行推行"毁淫祠"，却出面为"双忠祠"筹措长远的香灯之费，并撰《文光双忠祠祀田记》以说明其推崇双忠信仰之意旨：

> 余惟潮俗之淫祠，自昌黎公建邦启土而外，独双忠祠、大忠为正。大忠祀宋丞相文文山先生，双忠祀唐睢阳张、许二公，皆可使百世闻风起懦，维千秋纲常于不附者也。[③]

雍正、嘉庆、咸丰、同治、光绪年间，朝廷对许远、张巡封号叠加，张巡的封号至光绪六年（1880）为"显佑安澜宁漕肋顺效宁助顺彰威灵佑护国翊运之神"，许远的封号至咸丰八年（1858）为"威显灵佑扬仁振武昭应王"。顺治年间，朝廷以张、许配祀帝王庙，潮州乡间各地出现第一批新建"双忠庙"，至清末，潮州各地乡村所谓"地头神"（社庙），已经很大部分主祀张巡许远。[④] 各地人民祭拜双忠公十分隆重，"竣栋宇，洁荔蕉，庠耄耕氓，黄童白叟，莫不奔走匍匐于几筵也。"[⑤]

九、财神、关帝

在商品经济较为发达的广东，财神是民间颇受欢迎的神仙。财神不止一位，与发财致富有关的神灵都可以称为财神。

财神有文、武之分。广东人所祈的文财神是"增福财帛星君"，广州人家又有称"都天至富财帛星君"。传说这位财帛星君是北斗七星之一，降临人间即为文财神。又传说他是商纣王之臣下比干，善于理财，因忠谏为纣王所杀，《封神演义》中被封为七斗星之一。旧时，几乎家家都拜这位财神，与福、禄、寿、喜合称五福神。广州地区七月二十二日为财神诞，人们供牲醴、放炮仗、烧金纸膜拜。粤语民谣有："财神到，财神到，好走快两步，得到其睇起你，你有前途！"此外，正月十二有招财童子诞、五月二十三有才主娘诞。招财之神，男女老少都可以充当，可见广州民间

① 隆庆《潮阳县志》卷15《文辞志》。
② 《新唐书》卷192《忠义中·许远传》。
③ 蓝鼎元：《鹿州初集》卷10。
④ 陈春声：《宋明时期潮州地区双忠公崇拜》（未刊稿）。
⑤ 龚崧林：《修双忠庙碑》，光绪《海阳县志》卷20《建置略四》。

求财之心理。珠江三角洲之人还将保佑发财的职能赋予观音菩萨，使这位大慈大悲的佛教尊神变成民间信仰的一位财神。顺德县地建有不少观音庙，各家各户也几乎无不将观音偶像请进厅堂。正月十九观音诞、六月十九观音得道纪念、九月十九观音出家纳以及初一、十五烧香膜拜，香火缭绕不在话下，而这些纪念日的祭拜活动，都没有正月二十六日观音开库之隆重。所谓观音开库，是说每年正月二十六日子时至亥时，观音必大开金库，借钱于民，助民致富。因此，善男信女当在这时赶紧进香“借钱”，许愿发了财以后还本纳息，到了次年此日，向观音借钱发了财者，会抬着整只“金猪”（烧猪）来朝拜观音。据说顺德县内最灵验的观高瞻远瞩庙，是建于南宋年间的桂洲金鱼岗白莲池畔的观音堂。近千年来，香火旺盛，历代不断修葺，最近一次是 1984 年重加修葺。伴随着观音开库的朝拜活动，有一种称为“青菜会”的仪式，或同宗族祖、或街坊邻里、或相熟好友，人数从二三十人至上百人不限，组成一个生菜会，在观音开库这日聚在一起吃生菜会。所谓吃生菜会，是大家聚在一起吃生菜包，生菜包是用生菜包以炒熟的蚬肉、韭黄做成的，究其含意，蚬肉寓意显贵发达，而生菜、韭黄则取谐音生财、长久，一个生菜包中即含有生财、发达、长久之意了。虽然未免有点牵强附会，但能表达出人们对发财理想的强烈愿望，也就足够了。来吃生菜会者，正月二十三就提前在观音堂附近的山地搭起数以千计的棚屋，为届时在此吃生菜会作准备，至于来不了的，则在家里吃生菜会。每年观音开库这日，到观音堂朝拜观音“借钱”或“还本纳息”的香客，超过十万之众，除了就近的顺德各乡村民之外，还有来自邻县南海、中山、新会、番禺乃至远及香港、澳门、南洋等地。在商品经济发达的珠三角地区，符合大众心理的吃生菜会之俗应运而生，20 世纪末又随着改革开放继续兴盛。广州芳村坑口的生菜会有 100 年以上历史，以前的生菜会从正月二十五日开始一连三天，现时只有正月二十六日一天。从正月二十六日的子时开始，主要活动为舞狮、正午吃免费的生菜饭。2002 年春节，除了广州市民外，还有南海、顺德、佛山等地共 3 万多人参加，总共摆了 100 桌，主要是村里的民间组织生菜联谊会筹措经费，村民自发煮菜、洗碗、招待客人，饭桌上最有特色的菜式就是生菜包。这个活动虽没有祭拜观音、财神的仪式，但也有扮成财神者在生菜会上派生菜，显示出活动的一贯宗旨。①

武财神或指赵公明，或指关圣帝，广东一带以关帝为盛。以关帝为财神，大概取其勇武无敌、义气压邪可以充当保镖之意。还有一说，因关帝红脸，商家以“红”为“红利”的好兆头，而将关帝奉为财神。关帝之祀，旧时极为普遍。关帝庙为粤地仅次于天后、龙母的三大寺院之一。近代佛山一地就有关帝庙 11 座，五月十二日关帝诞，关帝出游，以东头、弼头、福德、仙涌、福庙等五庙龙游为隆重，称为“五虎下西川”。不过，以前祀关帝，无所不求，避灾邀福，乃至求雨退洪，并不专重于求财。而关帝庙在上世纪 50 年代之后一度断了香火，关帝诞之类的活动今已销迹。近十年来，随着市场经济的活跃，关帝以财神的身份从香港返传入沿海地区，进而传至内地。广东的商场店铺供奉关帝为财神，随处可见，在关帝的诸神通中，突出了其武财神的功能，这也反映了在商品经济的浪潮中商家难以把握自己命运的处境以及祈求一帆风顺寻求保护的心理。

---

① 《生菜会摆宴 100 桌》，载《广州日报》2002 年，3 月 10 日。

人类学视野下的华侨华人与软实力

汪鲸　戴洁茹

近年，软实力（soft power）概念愈加频繁地出现在中外各国的政治、舆论和学术界的言论中。软实力的定义和应用也逐渐摆脱了最早仅作为与军事、经济等硬实力相对应的实力面相，呈现出内涵更加明确和可操作性日益增强的趋势。软实力概念不仅被应用到国际政治和国际关系的研究中，而且还扩展到文化建设、区域政治、经济发展等领域。① 软实力概念被如此热议和讨论，使得软实力成为了当下时髦的学术话题。国内针对软实力的研究成果大量涌现，极大地丰富了软实力研究，但少有从人类学的学术视角对其进行剖析和梳理的成果。能否使软实力概念融入人类学等相关学科体系，使其得以准确描述社会事实并指导文化生产和意识形态运作，是当今中国人类学值得回应和探讨的问题。

一、软实力概念的提出与应用

将目前主要由国际政治、国际关系和哲学等层面讨论的软实力概念，从人类学的角度对其进行定义和讨论，关系到能否将软实力概念纳入传统社会科学的研究范围，并在已有的社会理论体系中为其找到合适的位置。惟其如此，才能使软实力概念逐渐摆脱较为模糊的定义，并对实践政治的操作提供有益的参考意见。本文试从人类学视角探讨软实力概念，厘清软实力概念的学术谱系和学术价值，并将其与中国的华侨华人研究结合起来，希冀使软实力研究服务于中国的华侨华人研究及侨务工作。

软实力概念的提出源自于冷战后，美国政界对维持和巩固自身霸权地位的焦虑和思考。1990年，约瑟夫·奈在《注定领导：变化中的美国实力特性》一书中提出了软实力（soft power）概念。并在《美国霸权的困惑：为什么美国不能独断专行?》等后续出版的论著中对软实力概念进行了更加详细的论述。② 他认为，软实力是除了军事和经济等硬实力之外的另一种权力形式，这种权力的行使和效果有别于传统的自上而下式的强制性的权力模式，采取的是一种协商、合作与志愿的运作模式，强调的是“不用实实在在的威胁或报酬就得到所想要的结果”。③约瑟夫·奈在其2004年的著作《软力量：世界政坛成功之道》一书中，又对软实力的来源进行了论述：“软力量主要来自三种资源：文化、政治价值观及外交政策。”④

冷战中，美苏争霸多着重于经济和军事等层面的角力。冷战后的美国政界逐渐意识到，必须摆脱单一的“硬实力”权力模式，转而开发软实力等新能力和资源，以求在冷战后相对和平的环境中维持霸权和优势地位。因而，软实力逐渐成

汪鲸，广东省民族宗教研究院副研究员。戴洁茹，厦门大学人类学与民族学系硕士研究生。

① 刘相平：《对软实力之再认识》，载《南京大学学报（哲社版）》2010年第1期。

② 有关约瑟夫·奈对软实力概念及其相关理论的论述，参见约瑟夫·奈著，何小东、盖云玉译：《美国定能领导世界吗?》，军事译文出版社，1992年；约瑟夫·奈著，郑志国等译：《美国霸权的困惑：为什么美国不能独断专行?》，世界知识出版社，2002年；约瑟夫·奈著，吴晓辉、钱程译：《软力量：世界政坛成功之道》，东方出版社，2005年。

③ 约瑟夫·奈著，吴晓辉、钱程译：《软力量：世界政坛成功之道》，东方出版社，2005年，第5页。

④ 约瑟夫·奈著，吴晓辉、钱程译：《软力量：世界政坛成功之道》，东方出版社，2005年，第11页。

为美国等西方国家政治界和学术界所热议的论题。20世纪改革开放之后，中国经济实力、综合国力和国际影响力的上升，也使得中国的政界和学术界越来越关注中国国际形象的塑造和中国外交战略的发展与转型。经济的快速发展和国防现代化程度的提高使得外界对中国产生了一定的忧虑和误解。过去，中国在国际政治和外交上对软实力建设的相对忽视，也造成了中国在塑造国家形象和传递自身外交理念时的缺陷。认识到这一点后，中国加强了对“和平崛起”和“和谐世界”等外交战略的宣传并强调对软实力的研究和建设。① 中国共产党第十七次全国代表大会提出了“文化软实力”概念，这也表明中国的领导层开始重视软实力资源，并将其作为核心竞争力进行探索和开发。

冷战后，在相对和平的国际环境下，各大国对软实力的重视和关注，表明了软实力将越来越成为一种大国间博弈和角力的手段和工具。对软实力在传统社会科学层面进行深入剖析势在必行，其成果也必将惠及中国的国际政治和外交利益。

二、“软”与“文化”

20世纪90年代后，软实力概念首先获得了来自国际关系学界的关注。在国际关系学的发展历程中，对以文化和价值观念为主体的权力形式的关注，可以追溯到古典现实主义学派的代表人物汉斯·摩根索。他认为，文化和哲学思想的对人的吸引力要远远较政治和经济手段有效，是改变国家间权力关系的手段。② 但是，在国际关系学中，文化和价值观念作为一种可以和政治、经济、军事等传统权力形式相提并论的权力要素，还是要等到约瑟夫·奈的软实力概念和理论体系的提出。

软实力以文化要素作为主要创新点，为以往强调军事、经济和科技等“硬实力”要素的国际关系学理论的发展带来了机遇。约瑟夫·奈的软实力概念及其理论体系，主要包含了文化与意识形态两层含义。“软实力——即我们文化和意识形态的号召力”。③作为意识形态工具的软实力较容易理解，可是作为文化的软实力应该如何定义呢？有学者称，约瑟夫·奈对文化语焉不详，从他的著述中提炼不出相对完整、明晰、系统的文化理念。④ 那么，软实力中的文化要素具体指的是什么，就需要借助对文化有丰富研究传统的人类学视角进行解析。

文化概念在人类学学科的发展过程中占有非常重要的地位。“文化”在人文社会科学领域中虽然历史悠远，但其含义始终比较含混，直到19世纪中叶随着民族学、人类学的产生而被赋予了本质涵义。英国人类学创始人E. B. 泰勒在1871年出版的《原始文化》一书中，首次对文化作出了系统表述：“文化就其广泛的民族学意义来说，是作为社会成员的人所习得的包括知识、信仰、艺术、道德、法律、习俗以及任何其他能力和习惯的复合体”。之后近一个半世纪的发展历程中，尽管对文化的内涵和外延有过争论，并形成了不同的学术流派，但文化作为学科的核心概念始终占据着人类学学科的中心位置。

泰勒有关文化的定义，反映了早期欧美人类学家和社会学家以简单人类社会类型为研究对象的成果。他们相信，在这些被当时欧洲人称作“原始人”的非洲和大洋洲土著的社会中，每一个社会成员都共享着一整套的文化习俗和信仰。这套文化习俗是后天习得并伴随其一生的，原始人借着这套共享的文化体系进行认知和分类。⑤ 持这种观念的学者包括英国人类学家E. B. 泰勒和法

---

① 有关国内外学者对中国软实力研究成果的综述，参见蒋英州、叶娟丽：《国家软实力研究述评》，载《武汉大学学报》2009年第3期；肖永明、张天杰：《中国文化软实力的回顾与前瞻》，载《湖南大学学报（社科版）》2010年第1期；陈奕平、范如松：《华侨华人与中国软实力：作用、机制与政策思路》，载《华侨华人历史研究》2010年第2期。

② 汉斯·摩根索著，李保平、郝望、徐昕译：《国家间政治：权力斗争与和平》，北京大学出版社，2006年。

③ 约瑟夫·奈著，郑志国等译：《美国霸权的困惑：为什么美国不能独断专行?》，世界知识出版社，2002年，第5页。

④ 郭小聪：《约瑟夫·奈软实力说核心概念辨析》，载《国际关系学院学报》2010年第1期。

⑤ 参见爱弥儿·涂尔干、马塞尔·莫斯著，汲喆译：《原始分类》，上海人民出版社，2005年。

国社会学家涂尔干、莫斯等人，他们的文化概念内涵广泛并处于其社会理论的核心地位。

随着人类学研究对象的不断扩展和理论体系的不断完善，文化概念逐渐摆脱了早期涵盖一切人类所创造的精神和物质成果，获得了更加具体和清晰的定义。总的来说，在人类学的不同流派中，对“文化”的定义主要包括了以下两种类型：作为制度的文化（institutional culture）和作为具象的文化（embodied culture）。对“文化”两种不同的理解代表了人类学家从不同的层次和不同路径对社会现实进行的观察。作为制度的文化主要指的是，文化由一系列规范所组成，这些规范定义了该社会中人们的行为期望，使共享同一或相似文化的个体可以预测和把握彼此的行为，减小社会活动的成本。这种对文化的结构 - 功能主义的定义是美国社会学家帕森斯所倡导的，他将“文化”看做一套行为规范，为社会成员所共享，并影响到行动者建立目标和实现目标的手段。① 这种有关文化的定义影响深远，是人类学的结构 - 功能主义学派进行社会研究的前提条件之一。

但是结构 - 功能主义对文化的定义也给其带来了困扰，这样的文化定义无疑是和社会变迁和个体能动性（agency）相龃龉的。结构 - 功能主义者的文化定义最适合的无疑是一个相对静止和稳定的社会。帕森斯之后，对这种文化定义进行质疑的人越来越多，其中法国人类学家皮埃尔 · 布尔迪厄和英国社会人类家吉登斯提出了作为具象的文化概念。作为具象的文化概念是“铭刻于人类身体和思想中的习惯和技能中发现的，这些习惯和技能就使人们生产、再生产和改变制度结构和关系结构成为可能”，②作为具象的文化从文化模式与主体能动性两方面对个体行动进行辩证分析。提倡“具象结构”概念的法国社会学家布尔迪厄，将社会看成由多个场域所组成的社会空间。行动者处于场域中的不同位置，受家庭出身和教育经历等影响而具备“习性”（habitus）。“习性”内化于行动者的身体之中，在遭遇到熟悉的境遇时，便会自然而然的生成实践活动。③ 相对于作为行为规范和制度约束的文化，被行动者个体通过身体实践和生活经验所内化，并成为行动最初和内在结构的具象文化，为研究行动者的能动性和社会变迁的研究开辟了新的路径。

三、意识形态与权力

从人类学的学科发展对软实力中的文化要素进行梳理后，再来看西方社会科学中对软实力内涵的另一理解，即意识形态的理解。西方马克思主义民族学流派对意识形态的理解来源于马克思对意识形态的论述，马克思将意识形态看成是某种社会为维持自己的存在和运转所必然带来的社会现象，属于虚假的“观念上层建筑”，是应该揭穿和批判的幻象。④ 而西方马克思主义继承人之一的葛兰西则将意识形态视为“一种在艺术、法律、经济行为和所有个体的及集体的生活中含蓄地显露出来的世界观”。⑤ 上层建筑中的市民社会由政党、工会、教会、学校、学术文化团体和各种新闻媒介构成，以意识形态或舆论方式得以维持，强调对意识形态领导权的争夺是争取市民社会“文化领导权”的首要途径和战斗阵地。⑥ 西方马克思主义的另一位大师，法国哲学家路易 · 阿尔都塞则进一步将意识形态看做“一种无所不在、略显神秘而又时时发挥着现实功用的物质性存在，是渗透和弥漫于诸多意识形态国家机器当中的建构主体的活动。”从而摆脱了西方马克思主义对意

---

① 乔纳森 · H · 特纳著，邱泽奇、张茂元等译：《社会学理论的结构》，华夏出版社，2008 年，第 37 页。

② 杰西 · 洛佩兹、约翰 · 斯科特著，允春喜译：《社会结构》，吉林人民出版社，2007 年，第 4—6 页。

③ 参见皮埃尔 · 布尔迪厄、华康德著，李猛、李康译：《实践与反思——反思社会学导引》，中央编译出版社，1998 年；皮埃尔 · 布尔迪厄著，谭立德译：《实践理性——关于行为理论》，北京，三联书店，2007 年；皮耶 · 布赫迪厄著，宋伟航译：《实作理论纲要》，麦田出版社，2009 年。

④ 汪民安主编：《文化研究关键词》，江苏人民出版社，2007 年，第 436 页。

⑤ 转引自汪民安主编：《文化研究关键词》，江苏人民出版社，2007 年，第 436 页。

⑥ 汪民安主编：《文化研究关键词》，江苏人民出版社，2007 年，第 436 页。

识形态真假问题的静态认识论理解。①

西马对意识形态概念的理解和发展与约瑟夫·奈软实力中的意识形态因素的内涵有不谋而合之处。约瑟夫·奈将对美国国家软实力中意识形态要素表述为："深受自由主义和平均主义思潮影响的美国大众文化主导着当今世界的电影、电视和电子传播。……信息和美国大众文化的传播增进了美国观念和价值观在全球的认知和开放。"②"美国在国际体系中比其他国家具有更强的同化能力，国际货币基金组织和关税及贸易总协定等管理国际经济的机构，就包含有自由化的自由市场原则，这些原则相当符合美国的意识形态和社会。"③ 约瑟夫·奈将蕴含了美国大众通俗文化视为美国国家软实力的体现。这些美国通俗文化并经过媒体制作、宣传和传播的文学和影视作品等，不断地宣扬以美国为核心的普世价值，并在世界各地不断生产和复制这种价值观念。可见，约瑟夫·奈对意识形态的看法并不是传统意义上，将意识形态等同于某一阶级或政党的政治思想，而是将意识形态的概念放入特殊的社会文化语境当中进行理解，与葛兰西和阿尔都塞的生产性的意识形态概念更为接近。而对葛兰西对意识形态领导权的表述和争夺市民社会"文化领导权"的看法无疑对国家软实力的开发和应用具有极其重要的作用。

约瑟夫·奈用软实力（soft power）来表述他对冷战后，大国维持霸权地位所要积极发展和开发的权力形式。软实力（soft power）虽然是一个崭新的表达方式，但其落脚点仍在于权力（power）上。何谓权力，权力如何作用，作用的形式和效果如何，是西方社会科学传统中一贯注重的话题。将软实力的概念放在人类学社会学的理论体系中进行考察，可以更好的理解软实力的发生和运行。

社会学家迈克尔·曼吸取了前辈马克思·韦伯有关"社会领域"④ 的论述，进而认为，社会权力可以分成以下四种：经济权力、军事权力、政治权力和意识形态权力。⑤ 这种将社会权力划分成不同形式的论述，是软实力概念形成并发展的前提条件。法国社会学家米歇尔·福柯对权力的分析，反对以往将权力看做是"从上而下"的压迫式的权力形式，而将权力视为"从下而上"的生产性的权力形式。这种生产性质的权力通过知识生产和话语实践运作于人体，使社会中的个人更加驯服，成为由权力和知识生产所塑造出来的规训个体。⑥ 福柯从17世纪以来的社会变迁中，对知识生产和社会权力进行的研究，表明了权力在实现自身的同时，通过说服和训导等较为"柔软"的实现形式达到了权力的实现和再生产。这为软实力概念的实现提供了历史依据和社会学实证研究的基础。

文化与价值观念要素在国际关系学理论体系中的论及与发展，使得注重档案史料梳理与对比的国际关系学与重视田野作业和抽象思辨的人类学等学科实现了交叉。人类学等传统社会科学一直将文化和价值体系的研究看作学科产生和发展的基石。对人类社会多样的文化观念、哲学思辨和宗教体系的关注是人类学考察和研究的重点。相对于国际关系学从国家等宏观层面对文化因素的传播和影响进行考察，人类学则注重从微观和区域角度研究人类社会的文化、习俗和信仰。因此，将软实力放置在拥有文化研究传统的人类学学科中进行考察，并将其与国际关系学的研究成果进行比较和融合，将有利于对个体、社会和民族国家等不同行为单位间的行为逻辑进行比较研究；有利于从微观到宏观层面考察文化的生产与

① 汪民安主编：《文化研究关键词》，江苏人民出版社，2007年，第437页。

② 罗伯特·基欧汉、约瑟夫·奈著，门洪华译：《权力与相互依赖》，北京大学出版社，2002年，第264页。

③ 约瑟夫·奈著，何小东、盖云玉译：《美国定能领导世界吗?》，军事译文出版社，1992年，第158页。

④ 马克思·韦伯在《经济与社会》一书中一反涂尔干的有机整体式的社会模式和马克思的发展阶段论式的社会模型，将社会划分成经济、统治地位、宗教、法律、地位团体和普通组织领域，他将社会行动置于每个领域中进行考察，从而信奉多元因果论的社会学说。参见乔治·瑞泽尔主编：《布莱克维尔社会理论家指南》，江苏人民出版社，2009年，第142—200页。

⑤ 参见迈克尔·曼著，刘北成、李少军译：《社会权力的来源》，上海人民出版社，2007年。

⑥ 参见米歇尔·福柯著，刘北成、杨远婴译：《规训与惩罚》，三联出版社，2003年；米歇尔·福柯著，莫伟民译：《词与物》，上海三联书店，2001年。

再生产过程；有利于国家关系学和人类学等学科间的交叉与促进。

四、华侨华人与中国软实力

从人类学角度对软实力概念中的文化、意识形态和权力因素进行分析后，可以清晰地看到：软实力的产生根源于社会个体的身体和习性结构当中，并于日常生活世界的维持中获得生产、创造和再生产。软实力的成型得益于由政党、学校、宗教团体、学术团体和新闻舆论所生产的文化产品。软实力的实现则迥异于"硬性"的军事、经济和政治因素，而是依靠"软性"的知识生产、说服和对身体的规训来实现的。由此可知，中国国家软实力的开发和应用离不开对社会文化的重视、知识和媒介的生产以及舆论传播对受众的潜移默化。

中华文化的传播和推介需要媒介，作为沟通世界和中国的华侨华人群体，对中国软实力的构建和应用过程中具有重要的作用和意义。而近几年中国所经历的一系列事件如欧美华人自发抗议外媒对中国的新闻报道失实和恶意歪曲，主动护奥运圣火并宣传中国的和平理念；强烈抗议藏独、疆独分裂分子所进行的企图分裂祖国的骚乱活动等等。这些事实表明：华侨华人群体对中国和平崛起与和谐世界的外交理念的维护和传播贡献巨大。如何有效地将华侨华人群体所具有的软实力保护好、维护好、发展好，是构建中国国家软实力的重要课题。

在对软实力的构成及其实现机制进行考察之后可知，要维护和发展华人华侨对中国软实力的作用，就必须将软实力的生产和实现机制与华侨华人的日常生活世界和社会文化活动联系起来。华侨华人很早就开始迁居国外，目前遍布全球各地。他们一方面积极吸收并融合了当地文化要素，创造出了新的文化和文明，另一方面，大部分的华侨华人也较好地保存了传统的文化习俗、生活方式、语言和宗教信仰。华侨华人对中华文化的保存尤其表现在日常生活中，对儒家思想的奉行和对祖先崇拜等传统宗教的信仰。社会学家潘光旦先生引述《中庸》中"致中和，天地位焉，万物育焉，"将中华文化的本色概括为"中和位育"，强调"中和"在华人思想所占据的重要地位。① 而强调"中和"与"和谐"的中华传统文化，以华侨华人为载体在海外获得了延续和传播。例如，在马来西亚和新加坡，很多已经不会讲汉语或不认识华文的马来西亚土生华人"峇峇"，他们已经改信伊斯兰教或其他宗教，却依然保留了"祭祖"等中国传统的宗教仪式和节日习俗。

自19世纪中期后，华侨华人群体逐渐壮大，在异文化占据优势的国家和地区，他们仍然保持并延续了中国传统的文化观念。华侨华人将传统文化融入身体实践和日常生活当中，使之成为具象化和制度化的文化形式。中华文化依靠着华侨华人群体的繁衍在世界各地获得了极大的推广和传播。除了依靠华侨华人群体的繁衍而得以形成具象化和制度化的文化形式，中华文化和理念也离不开海外华侨华人的各种社团组织宣传和推介作用。华侨华人在当地组织的宗亲会馆、庙宇寺院、华文学校、华文传媒和华商组织也持续生产着有中国特色的文化产品，向所在国的人民宣传中国的文化和理念。可以看出，华侨华人群体在文化和意识形态两个方面，对中国国家软实力的构建和发展起着不可替代的作用，他们亲身实践并再生产了"致中和"的中华文化内核、并对中国的国家形象和外交理念等各方面进行了强有力的传播和宣传。重视华侨华人群体在国家软实力构建过程中的作用，将是中国软实力研究和开发中非常重要和亟待解决的课题。

五、余论

冷战后，约瑟夫·奈在其论著中提出了软实力概念并进行了论述，认为软实力是除了军事和经济等硬实力之外的另一种权力形式，这种权力的行使和效果有别于传统的自上而下式的强制性的权力模式，采取的是一种协商、合作与志愿的运作模式。本文从人类学视野对软实力概念中的

---

① 潘乃穆、潘乃和编：《潘光旦文集》第6卷，北京大学出版社，2000年，第121页。

文化、意识形态和权力因素进行分析后认为：软实力的产生根源于社会个体的身体和习性结构当中，并于日常生活世界的维持中获得生产、创造和再生产。软实力的成型得益于由政党、学校、宗教团体、学术团体和新闻舆论所生产的文化产品。中国国家软实力的开发和应用离不开对传统文化的重视、知识和媒介的生产以及媒体和舆论的潜移默化。中华文化依靠着华侨华人群体的繁衍在世界各地获得了极大的推广和传播。除了依靠华侨华人而传承的具象化和制度化的中华文化，华侨华人在当地组织的宗亲会馆、庙宇寺院、华文学校、华文传媒和华商组织也持续生产着有中国特色的文化产品，向所在国的人民宣传中国的文化和理念。可以看出，华侨华人群体在文化和意识形态两个方面，对中国国家软实力的构建和发展起着不可替代的作用。沟通世界和中国的华侨华人群体，在中国软实力的构建和应用过程中具有重要的作用和意义。

问题、理论与方法：近代以来西方汉学与社会人类学有关中国民间信仰研究概述

宋永志

引言

近代以来，海内外学者对中国传统社会中以神明为中心的信仰现象给予了较多的关注，学者们通常将这一类信仰现象归为“民间信仰”① 的学术范畴之中。尤其20世纪90年代以来，以“民间信仰”为主题的不同学科的研究成果不断涌现，极大地促进了不同学科间的对话，拓宽了民间信仰研究领域的深度和广度。从学术史的角度来讲，中国社会民间信仰的研究往往与近代人文学科的发展相伴相生，尤其是宗教学、民俗学等学科，对民间信仰的研究不仅有其内在理路和取向，其研究模式和方法还受到了西方汉学与社会人类学学界的影响，而西方汉学与人类学界对民间信仰的研究则滥觞于晚清时西方传教士对中国社会的深入体验和观察后的思考。

在近代学科产生之后，西方学者从社会人类学、宗教学的角度来观察和分析中国民间社会的信仰现象，探讨民间信仰与制度性宗教之间的关系，对中国社会的民间信仰现象是否自成为一个宗教体系进行了长时间的讨论。本文通过对西方汉学与社会人类学界在这些讨论中主要观点的梳理，简要回顾近一百多年来西方汉学与社会人类学界有关中国宗教体系研究的概况，并对近年来西方汉学与社会人类学界有关民间信仰的研究取向作简单的介绍，不当之处，尚祁批评指正。

一、晚清时期西方传教士对民间信仰的研究与批判

1.“民间信仰”一词的来源

在中国传统社会中，民间信仰现象存在已久，在官方文献中，民间信仰大都被称为“淫祀”，往往被官方所控制或禁毁。到了近代，在新文化运动所倡导的民主与科学的社会思潮影响下，民间信仰现象又大都归为“迷信”而遭到批判。如何对民间信仰现象给予合理的解释和研究，这需要在近代人文学科建立起来后才有可能。关于“民间信仰”一词，追根溯源，并非起源于中国，而是舶来品，最早由日本学者首先使用。1897年，日本学者姉崎正治（Anesaki Masaharu）在对日本东北部的仙台和盛冈等地做实地调查后，在《哲学杂志》第12卷第130号上发表了《中奥民间信仰》一文。他首次提出了“民间信仰”的概念，他提出这一概念的目的是为了研究在民间社会中常常被忽视的、与制度性宗教相对立的信仰习惯，即所谓的“迷信”。他指出“民间信仰”包括“民

宋永志，广东省民族宗教研究院助理研究员。

① 有关“民间信仰”的概念在近年来有许多讨论，成果较多，不同学科的定义有所不同，至今未达成共识，为行文方便，本文依据西方学术语境中对民间信仰的定义来论述，在西方学者的论著中，民间信仰一词多使用 popular religion、folk religion 等，一般翻译为民间宗教、大众宗教等等。相关研究参见柯若朴（Philip Clart）著，谢惠英译：《中国宗教研究中“民间宗教”的概念：回顾与展望》，载《辅仁大学第四届汉学国际研讨会“中国宗教研究：现况与展望”》论文集，2007年，第208—238页。

间的宗教"，即"民间崇拜"，还包括"说话"（folklore），即"民俗"。他的这一研究使作为与被组织化的宗教相异的民间崇拜研究得到具体化。因此，从"民间信仰"一词出现的背景来看，日本学者较早注意到了民间信仰的非制度性。二战前后，许多日本学者如松浦健一、堀一郎、樱井德太郎等人都做出了很好的研究，不过这些基本都是基于日本社会的研究。①

中国社会的"民间信仰"研究滥觞于晚清时来华的西方传教士。基于传教的需要，许多传教士为了了解中国民间社会的信仰和宗教习俗，需要做大量的社会调查，为基督教或天主教在中国落地生根打下基础。因此，西方传教士从自身的立场出发，自然就对中国民间社会的信仰与宗教习俗产生偏见，将其贴上"迷信"或是"邪教"的标签并加以批判，为其传教事业扫清道路。这一时期，由传教士记述民间社会信仰现象与宗教习俗的著作就是在此背景下产生的。

2. 西方传教士对中国社会民间信仰的记录与批判

自19世纪中叶后，西方传教士就已经出版了有关中国"民间信仰"的著作，如1867年美国公理会传教士卢公明（Justus Doolittle，1824—1880）根据自己十几年在福州的生活见闻，写成了*Social Life of the Chinese*（《中国人的社会生活》）一书，从政治、经济、民间信仰、习俗、宗教、教育等多个视角，对清末的福州社会进行了极为翔实的观察与描述，作者还用大量篇幅描述了"与福州及其周边地区人们普遍信奉对象有关的当前习俗与观念"，对福州民间信仰的各门各类的神灵偶像进行了细致入微的描绘，包括神灵的起源、职能、祭期、仪式等都介绍得颇为详细。② 除此之外，曾于1881年来华的法国耶稣会士戴遂良（Léon Wieger，1856—1933）对中国的历史、民俗、宗教、信仰等怀有浓厚的兴趣。他在中国生活了46年，一生大部分时间在河北河间府传教，1933年逝世于河北献县。自1909年开始，他先后完成了《中国近代民间传说》（*Folklore Chinois Modeme*，1909年）、《中国宗教信仰与哲学思想史》（*Histoire des croyances religieuses et opinions philosophiques en Chine depuis l'origine jusqu'a nos jours*，1917年）等著作，尤其是《中国宗教信仰与哲学思想史》一书，长达700余页，叙述时间跨越了从上古时期到清末的整个历史阶段，对中国各教派及哲学思想的主要观点和发展演变做了全方位的梳理和探索，是西方人第一部对中国思想、哲学、信仰史的专著。③

和戴遂良同时期在中国传教的还有法国天主教耶稣会传教士禄是遒（Le P. Henri Doré S. J. 1859—1931），他于1884年来华，曾长期在中国的河北地区和江南地区传教，对中国人的风俗、习惯、信仰与历史都相当熟悉。他于1911年完成了*Recherches Sur Les Superstition En Chine*（《中国迷信研究》，法文本）一书的第一卷，此后他花费毕生精力，遍走各地，结合田野调查和文献，陆续完成了该书剩下的九卷。书中对中国的民间习俗和信仰以及佛道教的介绍颇为细致，书中还指出了中国人日常生活中习以为常的一些陋俗。④此书中译本于2009—2014年由上海科学技术文献出版社陆续出版，共十本，书的译名为《中国民间崇拜》，但直译却应该是《中国迷信研究》。可见译者是有意淡化禄是遒对中国民间信仰所怀有的宗教偏见，但却模糊了作者的身份及所处时代的背景。在禄是遒所处的时代，把"民间信仰"贴上"迷信"的标签，几乎是西方传教士在华传教的一种策略，反对所谓的"迷信"是他们向信众传教的准备工作。除了作为传教士，禄是遒也可以说是一名汉学家，他与法国汉学界联系广泛，与研究中国宗

① ［日］铃木岩弓：《"民间信仰"概念在日本的形成及其演变》，载《民俗研究》1998年第3期。

② Justus Doolittle, *Social Life of the Chinese*, *with some account of their religious*, *governmental educational*, *and business customs and opinions*, VolI, London, Sampson Low, Son&Marston, Milton House, Ludgate Hill, 1866. 中文版参见陈泽平译：《中国人的社会生活》，福建人民出版社，2009年。有关卢公明在福州传教的研究，参见林立强：《美国公理会传教士卢公明与晚清福州民间信仰》，载《世界宗教研究》2005年第2期；以及林立强：《美国传教士卢公明与晚清福建社会》，福建教育出版社，2005年。其中第四章详细论述了卢公明所见的福州民间信仰现象。

③ 谢海涛：《浅析戴遂良的汉学研究》，载《文汇报》2013年12月23日，第011版；刘丽霞：《近代来华法国耶稣会士对中国文学中他界书写的译介——以戴遂良、禄是遒等为例》，载《齐鲁学刊》2012年第5期。

④ Henri Doré, *Recherches Sur Les Superstition En Chine*, Chang-Hai, Imprimerie De T ' ou-Sé-Wé, 1911. 中文版参见李天纲等译：《中国民间崇拜》，上海科学技术文献出版社，2009—2014年。该书中译本共分十卷，分别是《婚丧习俗》《咒术概观》《符咒说文》《命相占卜》《岁时习俗》《中国众神》《佛教传说》《佛界神祇》《道教神祇》《道教仙话》。

教学的马伯乐（Henri Maspero，1883—1945）、葛兰言（Marcel Granet，1884—1940）颇为友善。因此，他的这部体现了法国汉学界对中国社会文化研究旨趣的著作，受到当时法国汉学界的极大重视。

除此之外，还有一些传教士对中国社会进行了调查，如1888年浸信会传教士士文（Rev. Z. Simmons，1846—1912）对广州乡村庙宇的调查，1922年巴克尔（Albert George Parker，1889—1974）对中国民众神灵信仰做了问卷调查，1928年浸礼会传教士葛维汉（D. C. Graham，1884—1962）在四川对庙宇和神灵的调查等等。① 李天纲认为，这些早期由西方传教士撰写的有关中国社会宗教信仰的著作，一方面是为了传教的需要，同时也是出于对中国社会文化理解的需要，导致了他们“民间宗教”研究的“宗教化”取向。② 这样的批评虽然很中肯，但这些西方传教士对中国民间信仰现象的研究不能脱离自身所处的时代及个人的身份和立场，这些因素决定了西方传教士在观察民间信仰与生活习俗的视角。

无论如何，这些来华的传教士不管出自何种目的，他们对中国社会开展的各种社会调查，对民间信仰的记述和观察，使得“民间信仰”成为一种研究对象，为中国的宗教学、民俗学的诞生和学科化奠定了基础。而这些传教士对民间信仰的“迷信化”解释，也为新文化运动中的知识分子所继承，形成一种“反迷信”的传统，这种传统对中国社会和民众的影响非常巨大。③

二、民间信仰是否成为一个宗教体系？

——20世纪初到70年代西方社会人类学界的讨论

在西方传教士对中国社会的民间信仰进行全景式考察的同时，西方一些学者从学科的角度对民间信仰进行科学化的研究。他们考察民间信仰的角度不再带有宗教的偏见，而是从民间信仰本身出发，考察民间信仰现象所具有的社会文化内涵，研究民间信仰与宗教之间的关系并讨论民间社会中的信仰现象是否成为一种宗教体系的问题。

20世纪90年代，王铭铭在介绍西方汉学界研究中国民间信仰的状况时指出，民间社会中的信仰、仪式和象征对于理解社会中大多数民众的思维方式、生产时间、生产关系和政治行为具有重要性，对信仰、仪式和象征的研究不仅是考察中国社会文化的基层角度，而且还具有十分重要的意义。因此，长期以来，对中国民间宗教的研究受到了国外汉学与人类学界的重视。④

但西方汉学与人类学界对中国民间社会是否存在一个宗教系统的问题是有分歧的，一种观点是不承认民间的信仰、仪式、象征构成民间社会的宗教系统；另外一种观点正好相反，认为民间社会存在一种宗教文化，这种宗教文化包括了信仰（神鬼祖先）、仪式（家祭、庙祭、墓祭、公共节庆、人生礼仪、占验术）和象征（神系的象征、地理情景的象征、文字象征、自然物象征）三大体系，并构成一种宗教体系。⑤

1. 马克斯·韦伯（Max Weber）和葛兰言（Marcel Granet）的观点

研究中国制度性宗教的德国社会学家马克斯·韦伯（Max Weber，1864—1920）就持有前一种观点。他在1915年完成了《中国的宗教：儒教与道教》⑥ 一书，书中探讨了中国儒教与社会结构之间的关系。他认为儒教与道教对中国传统社会包括大众的日常生活产生了极大的影响，但对民间社会中的民间宗教与信仰却采取了极为漠视的态度。他不认为中国民间社会存在一个宗教系统，他认为中国本土宗教只有儒教和道教，社会中的民间巫术和习俗只属于道教的范畴，不构成一个系统的宗教，其实质都是异端道教与佛教救世论的派生或者二者融合折中的产物，并称之为“功

---

① 范正义：《明清以来传教士对中国神灵信仰的文化批判》，载《宗教学研究》2003年第2期。

② 李天纲：《中国民间宗教研究二百年》，载《历史教学问题》2008年第5期。

③ 有关“迷信”概念在中国社会如何产生和演变，可参考宋红娟：《“迷信”概念在中国现代早期的发生学研究》，载《北京大学研究生学志》2008年第4期。

④ 王铭铭：《中国民间宗教：国外人类学研究综述》，载《世界宗教研究》1996年第2期，第125页。

⑤ 王铭铭前揭文，第125页。

⑥ ［德］马克斯·韦伯著，洪天富译：《儒教与道教》，江苏人民出版社，1995年8月。

能性神灵的大杂烩”。①

此外，法国社会人类学家、年鉴学派的重要成员葛兰言（Marcel Granet，1884—1940）也不认为民间社会存在一个宗教系统。他在 1919 年出版了博士学位论文 *Fetes et chansons anciennes de la Chine*（《古代中国的节庆与歌谣》），这本书运用当时法国社会学的研究方法，通过对《诗经》中情歌的解读，试图从这些情歌中窥探出中国社会的早期形态，并借此了解中国上古时期的宗教习俗和信仰。在该书开篇的导论中，葛兰言就直抒胸臆，他说：“在本书中，我希望表明，了解中国上古的宗教习俗和信仰并非是不可能的。”② 随后的 1922 年，葛兰言出版了另外一部著作 *La Religion des Chinois*（《中国人的宗教》或译为《中国人的宗教信仰》），这本书除开头的绪言和结尾的结论外，共分四章，第一章乡村宗教，第二章封建宗教，第三章官方宗教，第四章宗教的复兴。从章节安排中可以看出葛氏对中国宗教体系进行了分类和梳理，该书第一章就古代信仰作了专门论述，他延续了第一部著作《古代中国的节庆与歌谣》的观点，通过对节庆习俗、历法、仪式以及圣地信仰的考察，解释了古代社会中农神崇拜与祖先崇拜、公共崇拜与私人崇拜之间在演化过程中产生的错综复杂的关系。③ 但他认为这些宗教习俗和信仰是民间远古生产习俗的表现，后来被早期的中华帝国及其士大夫系统化为完整的宗教象征体系，但是它们本身不是正规的宗教形态。④

2. 高延（J. J. M. de Groot）和杨庆堃（C. K. Yang）的观点

认为中国民间社会存在一种宗教体系的当首推荷兰人类学者高延（J. J. M. de Groot，1854—1921）。19 世纪末，他在福建厦门及附近地区做了长期的田野调查，并将实地调查的情况与古代文献结合，对该地区的民间信仰情况做了详细的研究。他于 1892—1910 年期间先后出版了未完成的六卷本 *The Religious System of China：Its Ancient Forms，Evolution，History and Present Aspect，Manners Custom and Social Institutions Connected Therewith*（《中国宗教体系：其古代形式、变迁、历史、现状及与之相关的风俗、传统、社会制度》）一书。他在序言中指出，到他那时为止，中国宗教并没有被作为一个整体和仍然活着的宗教进行研究。⑤ 该书主要从六个方面来梳理中国宗教的诸多面向，包括死者的处理、灵魂与祖先崇拜、道教、诸神、佛教与国家宗教。他不仅关注了中国宗教的现状及其自古代以来的演变，也关注到了民间社会非制度性、非系统性的信仰和仪式，试图以此勾勒出中国的宗教体系。⑥ 王铭铭指出，高延在书中“把民间的信仰和仪式与古典的文本传统相联系，认为民间信仰体系是中国古典文化传统的实践内容，是一个系统化的宗教”。⑦高延的这本著作是西方学者研究中国宗教的奠基之作，尤其是他采用了当时刚刚兴起的人类学田野调查与文献相结合的研究方法，为后来有关中国的宗教研究提供了诸多观点

① 黄海德：《中外学术界关于“中国民间信仰”概念的认知与检讨——附带论及中国社会中宗教与社会的联系与互动关系》，载中国中外关系史学会、华侨大学华侨研究院编：《中外关系史论丛（第 19 辑）——多元宗教文化视野下的中外关系史》，甘肃人民出版社，2012 年，第 138 页。

② ［法］葛兰言（Marcel Granet）著，赵丙祥、张宏明译：《古代中国的节庆与歌谣》，广西师范大学出版社，2005 年。关于此书，另有张铭远先生的译本，译为《中国古代的祭礼与歌谣》，于 1989 年由上海文艺出版社出版。关于葛兰言学术生平的研究，参见杨堃的《葛兰言研究导论》（收入王铭铭：《西方与非西方：文化人类学述评选集》，华夏出版社，2003 年，第 193—218 页）以及王铭铭的相关研究，此不赘述。

③ ［法］葛兰言（Marcel Granet）著，程门译：《中国人的宗教信仰》，贵州人民出版社，2010 年 3 月。关于葛兰言这本著作的研究，参见吴银玲：《葛兰言〈中国人的宗教〉研究》，中央民族大学硕士学位论文（未刊），2011 年。

④ 王铭铭：《社会人类学与中国研究》，三联书店，1997 年，第 153 页。

⑤ J. J. M. de Groot，*The Religious System of China：Its Ancient Forms，Evolution，History and Present Aspect，Manners Custom and Social Institutions Connected Therewith*，Leiden ：E. J. Brill，1892—1910. 有关高延为此书作的总序（中文），参见赵强译，吴娜校：《高延论中国宗教及其研究——〈中国的宗教体系〉总序》，载《文化学刊》2014 年第 2 期，第 78—82 页。

⑥ 刘永华：《民间何在：从弗里德曼谈中国宗教研究的一个方法论问题》，载复旦大学文史研究院编：《“民间”何在，谁之“信仰”》，中华书局，2009 年，第 3 页。

⑦ 王铭铭：《社会人类学与中国研究》，三联书店，1997 年，第 154 页。

和方法。

美国社会学家杨庆堃（C. K. Yang，1911—1999）则从社会学的角度对中国宗教进行了研究，1961年，他的 *Religion in Chinese Society*：*A study of Contemporary Social Functions of Religion and Some of Their Historical Factors*（《中国社会中的宗教：宗教的现代社会功能及其历史因素之研究》）一书由加利福尼亚大学出版。这本书是西方第一部系统研究中国社会宗教问题的专著，被称为研究中国宗教的“圣经”，其中有较大篇幅在讨论民间信仰问题。关于写作此书的动机，他在导论中写道：“本书试图回答这样的问题：在中国社会生活和组织中，宗教承担了怎样的功能，从而成为社会生活与组织发展的基础，而这些功能是以怎样的结构形式来实现的?”① 对于中国社会中是否存在一个宗教的问题，他指出：“在中国广袤的土地上，几乎每个角落都有寺院、祠堂、神坛和拜神的地方。寺院、神坛散落于各处，比比皆是，表明宗教在中国强大的、无所不在的影响力，它们是一个社会现实的象征。”② 书中他还创造性地提出了中国宗教分为“制度性宗教”（institutional religion）和“分散性宗教”（或弥散性宗教，diffused religion）的观点。分散性宗教的概念“一方面为中国宗教形式界定了一个符合社会学规范的模式，同时更使那些存在于民间生活中的信仰仪式得以被作为中国宗教来检视”。③ 因此，他是将民间信仰视为宗教，并希望通过认识民间宗教的“分散性”来探索民间宗教实践中可能具有的模式。④

3. 莫里斯·弗里德曼（Maurice Freedman）和武雅士（Arthur P. Wolf）的辩论

就在杨庆堃的著作出版之后的第二年，即1962年8月，英国人类学家莫里斯·弗里德曼（Maurice Freedman，1920—1975）就写了一篇简短的书评并发表在《亚洲研究杂志》（*The Journal of Asian Studies*）上。⑤ 之后的1971年10月，隶属于“美国学术团体协会”（*The American Council of Learned Societies*，*ACLS*）和“社会科学研究协会”（*The Social Science Research Council*，*SSRC*）的“当代中国研究联合委员会”（*The Joint Committee on Contemporary China*）的中国社会研究小组在美国加州召开了一次有关当代中国宗教的学术会议，这场会议集中了研究中国宗教的许多知名学者。会议上，莫里斯·弗里德曼从社会学的角度对杨庆堃和葛兰言有关中国宗教的研究作了进一步的阐释，他发表了题为 *On The Sociological Study of Chinese Religion*（《论中国宗教的社会学研究》）的文章，这篇文章后来被收录在名为 *Religion and Ritual in Chinese Society*（《中国社会的宗教与仪式》）的会议论文集中。论文集由斯坦福大学人类学教授武雅士（Arthur P. Wolf）主编，于1974年由美国斯坦福大学出版社出版。弗里德曼在文章中认为中国存在一个宗教体系，他开篇就从杨庆堃的著作入手，他说：“杨庆堃把中国宗教作为一个整体来解释，本文正是以此主题为开端并以此结束。”他认为中国宗教：“在表面的多样性之背后，存在某种秩序。这一秩序可以如此表达：在观念的层面（信念、表征、分类原则等）和实践、组织的层面（仪式、群体、等级制等）存在一个中国宗教体系。”在弗里德曼看来，这个体系的核心就是民间信仰。⑥ 由此，根据弗里德曼的观点，民间信仰虽然在表面上呈现出多样性的特点，但这种多样性都源自于一个基本的统一体系，即民间信仰也具有统一性。

但王铭铭认为弗里德曼的观点没有表述这个宗教到底包括什么内涵、是否为中国社会的各阶

① ［美］杨庆堃著，范丽珠等译：《中国社会中的宗教：宗教的现代社会功能及其历史因素之研究》，上海人民出版社，2007年6月，第19页。

② 杨庆堃前揭书，第24页。

③ 杨庆堃前揭书，第9—10页。

④ 胡安宁：《民间宗教的社会学人类学研究：回顾与前瞻》，载《中国农业大学学报（社会科学版）》2012年第1期，第65页。

⑤ Maurice Freedman 关于杨庆堃著作的书评，参见 *The Journal of Asian Studies*，Vol. 21，No. 4，1962，pp. 534 – 535.

⑥ Maurice Freedman，*On The Sociological Study of Chinese Religion*，Religion and Ritual in Chinese Society，edited by Arthur P. Wolf，Stanford：Stanford University Press，1974，pp. 19 – 41. 该文的中译本，参见李华伟译：《论中国宗教的社会学研究》，载《宗教社会学》第一辑，社会科学文献出版社，2013年，第232—233页。

层所接受等问题。更重要的是，他没有意识到中国民间宗教这个术语可以指两种很不同的体系。在一般的汉学家和历史学者那里，“中国民间宗教”这个词汇可能被改造为一个分类学概念。在这个意义上，民间宗教可以指非官方的秘密教派，也可以指正规的有文本传统的道教、儒家哲学和佛教的民间散布形态。①

除了弗里德曼的文章外，这本论文集还集中了当时西方汉学与社会人类学界其他学者对中国民间宗教研究的主要成果，这些研究主要是基于在香港和台湾地区的调查而开展的。② 作为主编的武雅士也写了一篇名为 *Gods*，*Ghosts*，*and Ancestors*（《神、鬼与祖先》）的文章，这篇文章最初写于1965年，是为当时康乃尔大学教授莫里斯·弗里德曼主持的一个学术会议而写，后经多次修改补充而成。这篇文章是作者在台湾多年田野调查工作的成果，文章主要讨论了台北盆地西南地区的三峡乡乡村中烧香的三种仪式行为的意义。由此，他总结出中国民间宗教的一个共同的象征信仰体系，即：神、祖先和鬼。这个体系中，神、祖先和鬼分别对应着现实生活中的官员、家庭或宗族成员和村落的外人和危险的陌生人。武雅士认为中国民间信仰享有共同的神、祖先和鬼的崇拜根源于农民的社会经历，表达的是农民对他们的社会世界的阶级划分。③但武雅士并不同意弗里德曼关于中国存在一个宗教体系的观点，他认为中国宗教具有多样性。

武雅士的文章及主编的这本论文集对1970年代以后的民间宗教的研究影响深远。弗里德曼和武雅士对中国民间宗教的观点提出以后，与之伴随的是中国宗教的统一性（unity）与多样性（diversity）的争论，即中国的宗教是只有一个，还是有很多个。武雅士和施坚雅的弟子、美国波士顿大学人类学系教授魏乐博（Robert P. Weller）对这

---

① 王铭铭：《社会人类学与中国研究》，三联书店，1997年，第155—156页。

② 这本论文集中除了弗里德曼和武雅士的文章外，还收录了芮马丁（Emily M. Ahern，“affines and the Rituals of Kinship”，亲属关系中的姻亲）；John A. Brim（“Village Alliance Temples in Hong Kong”，香港乡村的庙宇联盟）；戴德安（Donald R. DeGlopper，“Relgion and Ritual in Lukang”，鹿港的宗教与仪式）；王斯福（Stephan Feuchtwang，“Domestic and Communal Worship in Taiwan”，台湾的家庭和社区崇拜）；郝瑞（C. Stevan Harrell，“When a Ghost Becomes a God”，当鬼成神）；H. G. H. Nelson（“Ancestor Worship and Burial Practices”，祖先崇拜与丧葬仪式）；帕特（Jack M. Potter，“Cantonese Shamanism”，广东人的萨满信仰）；苏海涵（Michael Saso，“Orthodoxy and Heterodoxy in Taoist Ritual”，道教仪式的正统与非正统）；施舟人（Kristofer M. Schipper，“The Written Memorial in Taoist Ceremonies”，道教仪式中的文书）；Robert J. Smith（Afterword，后记）；托普莱（Marjorie Topley，“Cosmic Antagonisms：A Mother-child Syndrome”，宇宙对立：母子综合症）；王世庆（Wang Shih-ching，“Religious Organization in the History of a Taiwanese Town”，一座台湾小镇宗教组织的历史）；王崧兴（Wang Sung-hsing，“Taiwanese Architecture and the Supernatura”，台湾的建筑物与超自然界）等人的文章。

③ Arthur P. Wolf，*Gods*，*Ghosts*，*and Ancestors*，*Religion and Ritual in Chinese Society*，edited by Arthur P. Wolf，Stanford University Press，Stanford，California，1974，pp. 130-182. 该文同时被收录于武雅士主编的另外一本关于中国社会研究的论文选集 *Studies in Chinese Society*，由斯坦福大学出版社于1978年出版，该论文选集是自1966—1977年以来“美国学术团体协会”（The American Council of Learned Societies，ACLS）和“社会科学研究协会”（The Social Science Research Council，SSRC）赞助的有关中国社会研究的一系列会议论文的精选。此前，先后有7本会议论文集出版，分别是1970年由莫里斯·弗里德曼（Maurice Freedman）主编的 *Family and Kinship in Chinese Society*（《中国社会的家庭与亲属关系》），1971年由薛理泰（John Wilson Lewis）主编的 *The City in Communist China*（《共产中国的城市》），1972年由威尔莫特（W. E. Willmott）主编的 *Economic Organization in Chinese Society*（《中国社会的经济组织》），1974年由伊懋可（Mark Elvin）与施坚雅（G. William Skinner）共同主编的 *The Chinese City Between Two Worlds*（《两个世界之间的中国城市》），武雅士主编的 *Religion and Ritual in Chinese Society*（《中国社会的宗教与仪式》），1975年由卢蕙馨（Margery Wolf）与罗克珊·维特克（Roxane Witke）主编的 *Women in Chinese Society*（《中国社会的妇女》）以及1977年由施坚雅主编的 *The City in Late Imperial China*（《中华帝国晚期的城市》）。1978年出版的论文选集中收录了以上7本系列论文集中较有代表性的英美两国人类学、社会学与历史学者的文章，主要有施坚雅（G. William Skinner）、谢文孙（Winston Hsieh）、王斯福（Stephan Feuchtwang）、孔迈隆（Myron L. Cohen）、巴博德（Burton Pasternak）、卢蕙馨（Margery Wolf）、托普莱（Marjorie Topley）、芮马丁（Emily M. Ahern）、戴德安（Donald R. De Glopper）、帕特（Jack M. Potter）等人，这些文章涉及中国社会的诸多层面，如施坚雅的论文关注到中国城市和地方系统的层级体系，王斯福的论文主要是对中国城市中的学宫与城隍的研究等等。武雅士论文的中文版参见张珣所译文，载《思与言》第35卷第3期，台湾思与言杂志社出版，1997年，第233—292页。

场辩论给予了很高的评价，他在2014年3月接受上海《社会科学报》专访时说："这场辩论就是中国宗教和仪式的人类学研究的理论启发点。"① 魏乐博的博士论文 *Unities and diversities in Chinese Religion*（《中国汉人宗教的统一性和多样性》）就是针对弗里德曼和武雅士的讨论而写成的。他1976年1月来到台湾一个乡村作田野调查，次年8月离开台湾。他在田野工作过程中，发现对于同一神灵、仪式，普通民众、地方精英和宗教人员的解释虽然各不相同，但又并行不悖，即同一宗教现象对于不同主体具有不同的意义，也就是所谓的多样性。因此，他的观点更倾向于自己的老师武雅士。②

此外，还需要特别提到美国人类学家施坚雅（G. William Skinner）的研究，他于1964—1965年分三期在《亚洲研究杂志》上发表了 *Marketing and Social Structure in Rural China*（《中国农村的市场和社会结构》）一文，于1977年主编的《中华帝国晚期的城市》会议论文集，③ 提出了农村市场体系理论与区域层级体系理论。虽然他的理论中并未涉及民间信仰，但却从宏观视角指出了民间信仰、仪式与区域体系的内在联系，他的理论对此后的西方人类学者桑高仁（P. Steven Sangren）、丁荷生（Kenneth Dean）的民间信仰研究及中国区域社会史的研究产生了较大影响。④

无论韦伯、葛兰言、高延、杨庆堃还是弗里德曼和武雅士，他们对中国民间社会的信仰、仪式的研究以及对中国社会是否存在一个宗教体系的讨论，作出了完全不同的结论。这虽然与他们的学术背景、研究模式以及个人的价值立场有关，但他们的研究和观点对此后中国民间信仰的研究却极具启发意义，影响了一大批海内外的学者。直到近年来，有关他们对中国民间信仰的观点，依然成为海内外学者们讨论和研究的课题，下文还有专门的论述。

三、1970年代后民间信仰研究的多维视角

二战之后，西方社会人类学的研究领域发生了转变，到了1960年代后期，西方人类学对中国研究的重点转向民间信仰的研究上，力图从中国人的信仰、仪式与象征中探寻中国社会的结构和模式。有一点需要说明的是，由于中国大陆自1949年之后便国门紧闭，不对西方人开放，这一时期西方的汉学与人类学学者的研究主要针对台湾或香港地区，香港和台湾成为西方学者研究中国社会的重要窗口。

1. 人类学传统下的港台地区民间信仰研究

1949年之后，西方学者有关中国社会民间信仰的研究主要在港台地区开展，一些西方人类学学者在1960年代后先后进入港台地区开展社会调查。在1974年武雅士主编的 *Religion and Ritual in Chinese Society* 的会议论文集中，我们就可以看到，有相当篇幅的文章在讨论港台地区的民间信仰情况，如 *John A. Brim*、戴德安、王斯福等学者。就从事台湾地区民间信仰的社会人类学研究而言，主要有王斯福、焦大卫（David K. Jordan）、魏乐博、芮马丁（Emily M. Ahern）、桑高仁（P. Steven Sangren）、康豹（Paul R. Katz）等学者。因此，可以说1960年代之后，西方学者对汉人民间信仰的研究依然是在人类学的传统影响之下展开的。

王斯福在英国伦敦经济学院师从莫里斯·弗里德曼，1966年，他在武雅士的介绍下来到台湾从事田野调查工作，他在台北市郊石碇乡开展了近3年的田野调查工作，并在此基础上写成 *The Imperial Metaphor: Popular Religion in China*（《帝国

---

① ［美］魏乐博（Robert P. Weller）：《在仪式中分享社会生活》，载《社会科学报》第1400期第5版，2014年3月4日。

② Robert P. Weller, *Unities and Diversities in Chinese Religion.*, University of Washington Press, 1987.

③ G. William Skinner, *Marketing and Social Structure in Rural China*, The Journal of Asian Studies, Vol. 24, No. 1, 1964. pp. 3-43; Vol. 24, No. 2, 1965. pp. 195-228; Vol. 24, No. 3, 1965. pp. 363-399.

④ 任放：《施坚雅模式与国际汉学界的中国研究》，载《史学理论研究》2006年第2期。

的隐喻：中国民间宗教》）。[①] 在这本书中，他通过对乡村中民间信仰、神灵崇拜习俗的分析，来揭示这些信仰习俗背后所隐藏的具有象征意义的帝国隐喻的逻辑，他认为神祇就是帝国权威体系的隐喻。[②] 此外，王斯福还对台北市的民间寺庙进行了研究，就寺庙的功能、类型、寺庙的节庆管理进行了详细的分析。其中对台北学宫与城隍庙的研究，指出了国家信仰与民间信仰之间的差异与联系，国家信仰代表正统的信仰，而民间信仰则代表非正统信仰。[③]

几乎与王斯福同时，在斯坦佛大学人类学系攻读博士学位的焦大卫（David K. Jordan）也于1966年来到台湾台南县西港乡保安村开展田野调查工作，他在这里开展了为期2年的调查，直到1968年离开台湾。他通过对一个讲闽南语（*Hokkien-speaking*）村落中的移民、家庭与信仰组织的考察，同时，重点关注村落中的宗族械斗与联盟、村落守护神、家鬼、作为神人中介的乩童以及驱邪、冥婚、超自然流动等现象，来探讨乡村社会中民间信仰的结构变迁，尝试建立起台湾汉人村落如何来面对自然生态与社会变迁的调适模型。他于1972年出版了 *Gods Ghosts and Ancestors*：*The Folk Religion of a Taiwanese Village*（《神、鬼、祖先：一个台湾乡村的民间信仰》）一书，这本书也是他对这个乡村所做的民族志。[④]

芮马丁（Emily M. Ahern）主要受武雅士、王斯福观点的影响，他在1975年开始在台湾北部三峡镇的一个乡村开展田野调查，主要关注民间信仰中祭祀神、鬼、祖先的仪式及其基本特征，从中来探究这些仪式背后所隐藏的社会及政治意识。[⑤]

魏乐博也是在武雅士的影响下，于1976年前往台湾开展了为期20个月的田野调查，写成了《中国宗教的统一性和多样性》一书，于1987年出版，上文已作介绍，暂不赘述。

桑高仁（P. Steven Sangren）则深受弗里德曼和施坚雅的影响。[⑥] 他在台湾桃园县大溪镇（Ta-ch'i）做田野调查，在此基础上出版了 *History and Magical Power in a Chinese Community*（《一个汉人社区的历史和魔力》）。他借鉴天主教"朝圣"研究的概念以及施坚雅的区域层级体系理论，对大溪镇的地域性神明崇拜中的祭祀仪式进行了分析。他发现虽然每个村庄的祭祀仪式各不相同，对神明的解释也有差异，但通过对神明的进香可以将不同的村落（庙宇）整合起来，而在这个整合的过程中可以看到一个民间信仰的层级体系，这一层级体系由聚落、村落、跨村落及圣地构成，这就是他提出的民间信仰中的"朝圣"理论模式，从而将村落的祭祀仪式与地方社会结构联系起来，并将其提升到了解释地方社会文化的高度。[⑦] 这一理论模式对之后韩书瑞（Susan Naquin）等学者的进香与圣地的研究产生了影响。

最后还要提到在台湾从事研究工作的美国学者康豹（Paul R. Katz），他1980年代先后师从牟复礼（Frederick W. Mote，1922—2005）、余英时、

① Stephan Feuchtwang, *The Imperial Metaphor*: *Popular Religion in China*, London, New York: Routledge, 1992. 此后，该书出版了修订本，书名却颠倒了（*Popular Religion in China*: *The Imperial Metaphor*），由 *Curzon press* 于2001年出版。2008年还出版了修订本的中译本，参见赵旭东译：《帝国的隐喻：中国民间宗教》，江苏人民出版社，2008年。

② 赵旭东：《民间习俗背后隐含着的帝国逻辑——王斯福教授〈中国民间宗教：帝国的隐喻〉译后记》，载《中国图书商报》2007年11月13日第A06版，同文见《帝国的隐喻：中国民间宗教》中译本后记。

③ 这一时期，王斯福关于台北寺庙的代表作主要有两篇会议论文，一篇是"City temples in Taibei under three regimes"（《三个政权之下的台北城市寺庙》，收录于伊懋可与施坚雅共同主编的 *The Chinese City Between Two Worlds*《两个世界之间的中国城市》会议论文集，1974年）；另外一篇是"School-Temple and City God"（《学宫与城隍》，收录于施坚雅主编的 *The City in Late Imperial China*《中华帝国晚期的城市》，1977年）。

④ David K. Jordan, *Gods Ghosts and Ancestors*：*The Folk Religion of a Taiwanese Village*, Berkeley and Los Angles; University of California Press, 1972. 增订中译本，丁仁杰译，《神、鬼、祖先：一个台湾乡村的民间信仰》，联经出版事业公司，2012年。

⑤ Emily M. Ahern, *Chinese Ritual and Politics*, New York: Cambridge University Press, 1981.

⑥ 有关弗里德曼与桑高仁之间学术渊源的研究，参见舒瑜：《从弗里德曼到桑高仁》，载《中国人类学评论》第2集，世界图书出版社有限公司，2007年，第214—218页。

⑦ P. Steven Sangren, *History and Magical Power in a Chinese Community*, Stanford: Stanford University Press, 1987.

太史文（Stephen Teiser）以及崔瑞德（Denis Twitchett，1925—2006）等多位中国史教授。1990年从普林斯顿大学东亚系获得博士学位后，又在加州大学伯克利分校做了1年博士后研究，之后到台湾中正大学任教，又到中央研究院近代史研究所任职至今。他虽然受到历史学的系统训练，但他的研究却深受人类学的影响。1984—1985年间，他结识了人类学家焦大卫并随他来到台湾做田野调查。在屏东观察“瘟醮”中“烧王船”的仪式，因台湾王爷信仰主要来自浙江，他就以明清以来浙江温州地区温元帅信仰作为博士论文题目。因此，20世纪八九十年代，康豹的研究主要以台湾和温州的温元帅信仰为主，他的博士论文于1995年出版，主要讨论了中华帝国晚期浙江温州及杭州地区温元帅信仰的起源、信仰的传播、祭祀仪式（赛会）等，也对民间信仰与道教之间的关系做了论述。①

就香港地区的民间信仰研究而言，郑炜明等学者已经做了较为详细的介绍。② 下面重点介绍华琛（James L. Watson）和科大卫（David Faure）的研究。

2011年从哈佛大学人类学系荣休的人类学家华琛对香港的研究持续了近40年，他1972年毕业于加州大学伯克利分校，获得人类学博士学位。1960年代末，他就来到香港新界地区调查乡村。他主要关注海外移民、乡村宗族、祖先崇拜、乡村组织、丧葬仪式，以此探讨宗族和亲属关系等诸多问题。他在做田野调查时亦关注到新界乡村中的神明，他在1985年发表了一篇有关天后（妈祖）的著名文章，引出了有关神明“标准化”的讨论。这篇文章名为 *Standardizing the Gods: The Promotion of T'ien Hou (“Empess of Heaven”) Along the South China Coast*, 960 - 1960（《神的标准化：在中国南方沿海地区对崇拜天后的鼓励（960—1960）》），被收入由姜士彬（David Johnson）、黎安友（Andrew J. Nathan）和罗友枝（Evelyn S. Rawski）合编的 *Popular Culture in Late Imperial China*（《中华帝国晚期的大众文化》）论文集中。这篇文章首先认为中华帝国晚期文化虽然在某些方面存在差异，但其一致性的程度还是比较高的，这种一致性是国家通过何种机制得以达成？他发现这种一致性是朝廷通过对神明封赐神号、鼓励对神明的信仰来实现的。在香港的田野过程中，他通过考察新界新田和厦村两座天后庙的历史，及其背后的经济社会背景和象征意义，来揭示天后标准化的过程，进一步讨论国家承认的神明在地方上是如何得到认可的，以此来讨论中华帝国晚期文化一致性的问题。③ 华琛的这篇文章影响很大，随后他又延续了“标准化”的观点，发表了有关丧葬仪式结构的文章，强调“国家强加的是结构而不是内容”，“国家倡导的是象征而不是信仰”，形成了神明“标准化”与仪式“正统行为”的观点，

---

① Paul R. Katz, *Demon Hordes and Burning Boats: The Cult of Marshal Wen in Late Imperial Chekiang*, State University of New York Press, 1995.（《纸船燔火送群魔：帝制晚期浙江的温元帅崇拜》，纽约州立大学出版社，1995年）；［美］康豹：《台湾的王爷信仰》，商鼎文化出版社，1997年。

② 郑炜明、龚敏、林恺欣：《香港之中国民间信仰研究综述》，载路遥等著：《中国民间信仰研究述评》，上海人民出版社，2012年，第124—186页。

③ James L. Watson, *Standardizing the Gods: The Promotion of T'ien Hou (“Empess of Heaven”) Along the South China Coast*, 960 - 1960. in *Popular Culture in Late Imperial China*. edited by David Johnson, Andrew J. Nathan, Evelyn S. Rawski, University of California Press, 1985. pp. 292 - 324. 该文的中译本先后收录于《中国大众宗教》（*Chinese Popular Religion*，韦思谛编，陈仲丹译），江苏人民出版社，2006年7月，第57—92页；以及刘永华主编：《中国社会文化史读本》，北京大学出版社，2011年4月，第122—149页；又见吕宇俊秀、邓宝山译：《神祇标准化：华南沿岸天后地位的提升（960—1960）》，载陈慎庆主编：《诸神嘉年华：香港宗教研究》，牛津大学出版社，2002年，第163—198页。

引发了西方学术界较大的争论。①

科大卫在1975年获得普林斯顿大学社会学博士学位后回到香港，次年任教于香港中文大学。受弗里德曼和英国人类学家华德英（Barbara Ward）的影响，他开展了对新界乡村社会的研究。从香港宗教碑文抄录计划到1979年的乡村口述史计划，科大卫对乡村中的宗教活动产生了兴趣。他通过参与和观察新界乡村的祭祀祖先和拜神等宗教活动，来了解乡村社会的地缘关系及政治环境。在以上两个研究计划的基础上，1986年，他的香港新界乡村社会的专著 *The Structure of Chinese Rural Society*: *Lineage and Village in the eastern New Territories*, *Hong Kong*（《中国乡村社会的结构：香港新界东部的宗族与乡村》）出版。书中第五章 *Religion and the Representation of Territory*，主要讨论了作为地域性神明的土地神以及作为村落中心的土地庙在乡村日常信仰生活中扮演的角色。他认为，庙宇与宗祠成为地域凝聚的象征，构成了村落组织的核心。② 1980年代后期，科大卫的研究转向珠江三角洲地区，受华琛理论的影响较大。主要关注佛山市镇的社会结构与地方宗族，注意到了标准化礼仪在珠江三角洲宗族建构中所起到的作用。这一时期他与中山大学历史学系陈春声教授、刘志伟教授以及海内外其他学者一起开展“华南研究计划”以及中国社会的历史人类学研究，并一直持续至今，对1990年代后的中国史研究产生了重要的影响。③

2. 西方历史学家对人类学理论的反思和回应

除了西方人类学家在港台地区的研究外，历史学者对中国社会的民间信仰保持了相当的关注，尤其是美国研究中国历史的学者。从1980年代之后，一大批的研究成果出现，他们从历史文献入手，结合历史学、人类学、社会学的方法，在中国传统社会的民间信仰研究领域做出了相当丰硕的成果，其研究视角、取向和方法都大大深化了民间信仰的研究。许多学者虽然从宗教史的角度对传统中国社会中的民间信仰给予解释，但他们对人类学家提出的有关中国民间信仰的理论也进行了反思和回应，所讨论的问题意识深受人类学家的影响。

首先是对武雅士的神、鬼、祖先信仰模式的反思和回应，其中以韩明士（Robert Hymes）为代表。他在2002年出版的专著 *Way and Byway*: *Taoism*, *Local Religion*, *and Models of Divinity in Sung*

---

① 有关华琛神明“标准化”及仪式“正统行为”的观点曾引起较多的讨论。在2007年，美国 *Modern China*（Vol33, No. 1）杂志刊发了一组由美国卡内基梅隆大学历史系教授苏堂棣（Donald S. Sutton）所组织的五位学者的专题论文，专门来讨论并修正华琛的观点，苏堂棣发表了与这期专号同名的导论，“Ritual, Cultural Standardization, and Orthopraxy in China: Reconsidering James L. Watson's Ideas”，《中国的仪式、文化标准化和正统行为：华琛理念的再思考》，pp. 3 – 21；华琛在结尾发表了回应文章，“Orthopraxy Revisited”，《正统行为再思考》，pp. 154 – 158。此外还有彭慕兰（Kenneth Pomeranz），“Orthopraxy, Orthodoxy, and the Goddess (es) of Taishan”，《正统行为、标准化与泰山女神》，pp. 22 – 46)；宋怡明（Michael Szonyi），“Making Claims about Standardization and Orthopraxy in Late Imperial China: Rituals and Cults in the Fuzhou Region in Light of Watson's Theories”，《帝制中国晚期的标准化和正确行动之说辞：从华琛理论看福州地区的仪式与崇拜》，pp. 47 – 71)；康豹（Paul R. Katz），“Orthopraxy and Heteropraxy beyond the State: Standardizing Ritual in Chinese Society,”《超越国家的正统行为与异端行为：中国社会中仪式的标准化》，pp. 72 – 90)；鲍梅立（Melissa J. Brown），“Ethnic Identity, Cultural Variation, and Processes of Change: Rethinking the Insights of Standardization and Orthopraxy,”《族群认同、文化差异和变化过程：标准化和正统行为再思考》，pp. 91 – 124；苏堂棣，“Death Rites and Chinese Culture: Standardization and Variation in Ming and Qing Times,”《丧葬仪式与中国文化：明清时期的标准化与差异性》，pp. 125 – 153；这期专号发表之后，科大卫（David Faure）与刘志伟合写了一篇文章《“标准化”还是“正统化”？——从民间信仰与礼仪看中国文化的大一统》（《历史人类学学刊》第七卷第一、二期合刊，2008年10月）进行商榷和质疑，有关对这期专号以及科大卫、刘志伟文章的评论，参见杜树海：《中国文化的一统与多元何以达致？——中西学界有关神明“标准化”与仪式“正统行为”的争论》，载《民俗研究》2013年第4期。

② David Faure, *The Structure of Chinese Rural Society*: *Lineage and Village in the eastern New Territories*, *Hong Kong*, New York: Oxford University Press, 1986. pp. 70 – 86. 本书第五章的中译本参见陈德伟译：《宗教与地域的表征》，载陈慎庆主编：《诸神嘉年华：香港宗教研究》，牛津大学出版社，2002年，第140—162页。

③ 科大卫：《告别华南研究》，载华南研究会编：《学步与超越：华南研究会论文集》，文化创造出版社，2004年，第9—30页。

and Modern China（《道与庶道：宋代以来的道教、民间信仰和神灵模式》）中以区域史研究的视角，考察了宋代以来江西抚州华盖山祠神信仰的传播及其变迁，从中归纳出了神灵信仰的模式，即官僚模式和个人模式，这种模式用来表达神灵的象征意义以及神人之间的关系。就前一种模式而言，神灵视作官僚，控制着信众的命运，就后一种模式，作为人的神灵，如同信众的父母、资助者和保护人，被信众视为保护者。因此，韩明士认为仅仅将神灵视作灵界的官员是不够全面的。①

此外，杨庆堃分析中国宗教的理论也引起了历史学者的重视，研究佛教史的美国学者太史文（Stephen F. Teiser）就受到了杨庆堃理论的影响，他将杨庆堃的分析框架用在了中国中古民间信仰的研究之中。在他的 *Ghost Festival in Medieval China*（《幽灵的节日：中国中世纪的信仰与生活》）一书中，他通过对唐代"鬼节"（中元节）的起源、发展，鬼节与佛教、道教之间的关系，揭示了鬼节所蕴含的社会文化意义。这本书不同于一般的宗教史著作，作者关注到了民间信仰、宗教与社会之间的互动关系，拓宽了民间信仰研究的视野。同时，他借鉴杨庆堃分析中国宗教的理论框架，也把中国宗教分为"制度型宗教"与"扩散型宗教"，并对其加以修正来为鬼节定位，把鬼节视之为涵盖了从扩散型宗教到制度型宗教的所有形式。②

对于民间宗教（popular religion）的弥散性以及与制度性宗教的关系，历史学家伊沛霞（Patricia B. Ebrey）和格里高里（Peter N. Gregory）在1993年合写的一篇论文集导言 *The Religious and Historical Landscape* 中对民间宗教的概念及与儒释道三教的关系作了论述，对杨庆堃的理论也作了回应。他们指出："民间宗教是一个很难界定的概念。……很多民间宗教之所以民间是因为它吸引了社会各阶层的参与，所以民间不应当被简单地理解为'精英'的对立面。民间宗教一般的形态比较弥散，没有一个高度组织化的教士群体。它地域化和不系统的特点导致其中的差异性和不稳定性，所以对它的历史概括也往往是不可靠的。我们不能将民间宗教视为一个完全区别于三大教的独立自主的宗教传统，尽管它确实包括了很多这三大教中没有的内容。"③ 从这段话中可以看出，伊沛霞和格里高里虽然承认民间宗教的弥散性，但也认为民间宗教并非是"制度性宗教"的对立面，不能独立于"制度性宗教"而存在。

3. 走向多维：人类学与历史学的交错

1980年代后，美国中国史研究发生了转型，越来越多的学者关注文化史，而历史学者则受到人类学理论的影响。④ 这一转变也体现在了民间信

① Robert Hymes, *Way and Byway: Taoism, Local Religion, and Models of Divinity in Sung and Modern China*, Berkeley: University of California Press, 2002. 中文版参见皮庆生译：《道与庶道：宋代以来的道教、民间信仰和神灵模式》，江苏人民出版社，2007年。需要说明的是，韩明士的著作出版之前，他在1992年参加了由魏乐博与以色列学者夏维明（Meir Shahar）组织的一次名为"Chinese Gods beyond the Bureaucracy"的学术会议，作为对当时中国民间信仰研究的回应。魏乐博和夏维明合编了一本名为 *Unruly Gods: Divinity and Society in China*（《怪力乱神：中国的神灵与社会》）的论文集，除二位编者外，还收录了韩明士（Robert Hymes）、贝桂菊（Brigitte Baptandier）、康豹（Paul R. Katz）、桑高仁（P. Steven Sangren）、苏堂棣（Donald S. Sutton）等人的文章，韩明士的文章"Personal Relations and Bureaucratic Hierarchy in Chinese Religion: Evidence from the Song Dynasty (pp. 37－69)"，就已经提出了中国神灵信仰的两种模式，即官僚模式和个人模式。该论文集其他作者的文章也大大改变了此前研究中神灵的单一形象，他们的文章表明神灵不仅仅是官僚，而且还具有多重身份。见 Meir Shahar, Robert P. Weller, *Unruly Gods: Divinity and Society in China*, Honululu: University of Hawai'i Press, 1996.

② Stephen F. Teiser. *Ghost Festival in Medieval China*, New Jersey: Princeton University Press, 1988. 中译本参见，侯旭东译：《幽灵的节日：中国中世纪的信仰与生活》，浙江人民出版社，1999年。相关书评参见连瑞枝：《圆光佛学学报》第三期，1999年2月，第440—446页。

③ Patricia Buckley Ebrey and Peter N. Gregory, *The Religious and Historical Landscape*, in Patricia Buckley Ebrey and Peter N. Gregory eds., *Religion and Society in T'ang and Sung in China*, Honolulu: University of Hawaii Press, 1993. pp. 1－44. 中译文参见［美］格里高里、伊沛霞，左娅译：《〈唐宋时代的宗教与社会〉前言：宗教与历史背景总览》，载伊沛霞、姚平主编：《当代西方汉学研究集萃·宗教史卷》，上海古籍出版社，2012年，第190页。

④ ［美］伊沛霞（Patricia B. Ebrey）：《美国的中国史研究趋向》（总序），载伊沛霞、姚平主编：《当代西方汉学研究集萃·宗教史卷》，上海古籍出版社，2012年。

仰的研究之中，历史学与人类学的交错，拓宽了民间信仰研究的广度，研究的视角也逐渐多维。美国密歇根大学教授韦思谛（Stephen C. Averill）在其主编的*Chinese Popular Religion*（《中国大众宗教》）一书的序言中，对20世纪70年代到90年代里美国学者研究中国民间信仰和民间宗教的情况做了总结。他观察到了一个比较明显的变化，他说："相当多的历史学家也开始来探讨大众宗教的诸多内容。他们之所以有兴趣这样做是因为近25年来史学领域的潮流发生了变化。在这方面最明显的变化是大家都已经注意到的，研究的主要重点已由著名权势人物的政治言行转向底层历史，即普通人的社会和文化史。……在许多历史学家关注的问题越来越'人类学化'时，相当多的人类学家同样开始转向历史。"① 这种历史学与人类学相互交叉的研究取向，很好地体现这本论文集中。这本论文集主要收录了美国各大学研究中国民间信仰具有代表性的学者的文章，其中大部分是历史学者。如任教于普林斯顿大学历史系的韩书瑞（Susan Naquin）、芝加哥大学历史系的杜赞奇（Prasenjit Duara）、圣母大学东亚历史语言学系的詹启华（Lionel M. Jensen）、加州大学欧文分校的彭慕兰（Kenneth Pomeranz）、加州大学洛杉矶分校的万志英（Richard Von Glahn），还有两位人类学学者，哥伦比亚大学人类学系的孔迈隆（Myron L. Cohen）和哈佛大学人类学系的华琛（James L. Watson）。这本论文集也体现出美国汉学界研究中国民间信仰的取向和方法，下面重点介绍其中一些有代表性的历史学者对民间信仰的研究情况。

首先是对民间教派、秘密会社与社会关系的研究，韩书瑞（Susan Naquin）作出了较大的贡献。从20世纪七八十年代，她主要研究中华帝国晚期的秘密宗教及秘密会社，包括教派、叛乱、秘密宗教的传播等。② 1990年代之后，她又关注到民间信仰活动中的民间宗教组织及"圣地"。她对位于北京西面的妙峰山的进香团体的活动及山上的碧霞元君崇拜的历史进行了研究，分析了妙峰山是如何从一座无人山成为一个崇拜神灵的"圣地"。③众所周知，妙峰山在我国民俗学、人类学的研究中具有十分重要的地位，可以说韩书瑞对妙峰山的历史解读，可视为历史学者研究问题的"人类学"化。此外，她还对北京的寺庙与城市生活进行了研究。④

彭慕兰（Kenneth Pomeranz）对民间信仰的研究和韩书瑞有关妙峰山的研究有些关联，但讨论问题的视角不同。他的文章主要考察明代中期以后的泰山女神碧霞元君，讨论这个女神的兴起、相关的祭祀组织、祭祀仪式以及有关传说的内涵等问题。解释了这个未纳入国家祀典、被儒家学者视为危险之神的神明未能趋向"标准化"和"正统化"的原因及其背后所潜在的社会权力和宗

---

① ［美］韦思谛编，陈仲丹译：《中国大众宗教》（*Chinese Popular Religion*），江苏人民出版社，2006年，《序言》第2页。

② Susan Naquin, *Millenarian Rebellion in China*: *The Eight Trigrams Uprising of* 1813, New Haven: Yale Univesity Press, 1976.（《千年末世之乱：1813年八卦教之乱》，陈仲丹译：江苏人民出版社，2012年1月。）；*Shantung Rebellion*: *The Wang Lun Uprising of* 1744, New Haven: Yale Univesity Press, 1981.（《山东叛乱：1744年王伦起义》，刘平等译：江苏人民出版社，2009年5月）；《反叛间的联系：清代中国的教派家族网》，载《中国大众宗教》，第1—15页。（英文版"The Connectedness Behind Rebellion: Sect Family Networks in North China in the Eighteenth Century", *Mordern China*, Vol8, No. 3, 1982. pp. 337 - 360.）；《中华帝国后期的白莲教传播》，载《中国大众宗教》，第19—56页。（英文版，*The Transmission of White Lotus Sectarianism in Late Imperial China*, in *Popular Culture in Late Imperial China*. edited by David Johnson, Andrew J. Nathan, Evelyn S. Rawski, University of California Press, 1985. pp. 255 - 291.）

③ ［美］韩书瑞：《北京妙峰山进香：宗教组织与圣地》，载《中国大众宗教》，第224—266页。（英文版，Susan Naquin. *The Peking Pilgrimage to Miao-feng Shan*: *Religious Organizations and Sacred Site*, in *Pilgrims and Sacred Sites in China*, eds. , Susan Naquin, Chün-fang Yü, Berkeley: University of California Press, 1992. pp. 333 - 377. 韩书瑞、于君方编：《中国的朝圣者及圣地》，加州大学出版社，1992年。）

④ Naquin Susan, *Peking*: *Temples and City Life* 1400 - 1900, Berkeley: University of California Press, 2000.

教文化观念。①

其次，在1980年代，美国中国史学家回应华琛神明标准化的研究则不得不提到杜赞奇（Duara Prasenjit）。他主要通过对关羽信仰的研究来讨论华琛的天后研究中所展现的社会群体与神明的文化象征之间的复杂关系，并进一步将对这种关系的理解向前推进。他主要分析了历史上国家层面以及大众文化中有关关羽的神话故事，通过对关羽神话故事与关羽形象的文化象征之间的关系的考察，探寻了关羽神话的变化与关羽形象所蕴含的文化象征的变化之间所存在的连续性，这种连续性所蕴含的特定的标志演变形式被他称之为“刻划标志”。② 简言之，历史上不同的国家和社会群体对关羽的神话故事以及关羽形象的塑造都增添（或删除）了他们各自所需要（或不需要）的内容。因此，关羽的神话故事以及形象在不同时期的国家和社会群体中往往会有所差别，但这种差异却在一个语义链中相互联系。

除此之外，有些历史学者将民间信仰置于大的社会经济背景下来讨论，尤其是通过对神明的个案研究来展现朝廷与基层社会的互动关系以及其中所蕴含的社会文化意义。在这方面韩森（Valerie Hansen）和万志英（Richard Von Glahn）的研究给我们很大的启发。

韩森对南宋时期民间神祇体系的研究是基于她在1980年代在台湾的短暂学习和工作的观察和体验，由她博士论文修改而成的专著 *Changing Gods in Medieval China*，1127－1276（《变迁之神：南宋时期的民间信仰》）中，她所关注的问题是民间信仰的变化如何反映出社会经济的变迁。基于这样的问题意识，把南宋时期民间神祇的变迁放在唐宋变革以及中国经济重心南移的背景下来考察。她比较重视南宋时期商品经济的发展与神祇传播之间存在的内在联系，强调了商人在神祇传播中的独特作用，对地方与中央围绕神祇赐封之间的互动关系也作了详细的阐述，从中可以了解到唐以后民间神祇体系演变的内在机制。③

万志英也是从社会经济史的角度，把神明信仰与商业文化、货币经济联系在了一起，对宋元明时期民间社会的财神——五通神信仰进行了考察，为我们了解民众心中货币的象征意义以及与社会关系之间的联系提供了独特的视角。④ 在对江南五通神的研究基础上，2004年，万志英完成了一本论述中国宗教文化中神明与魔鬼的专著 *The Sinister Way*：*The Divine and The Demonic in Chinese Religious Culture*（《旁门左道：中国宗教文化中的神明与恶魔》）。⑤ 这本书主要是在中国宗教文化变迁的大背景下，通过对宋代以来不同寻常的五通神历史的考察，以弥补中国宗教文化研究中被忽

---

① ［美］彭慕兰：《泰山女神信仰中的权力、性别与多元文化》，载《中国大众宗教》，第115—142页。（英文版，Kenneth Pomeranz，“Power，Gender，and Pluralism in the Cult of the Godess of Taishan，” *in Culture and State in Chinese History*：*Conventions*，*Accommodations*，*and Critiques*，eds.，Theodore Huters，R Bin. Wong，Paulin Yu，Stanford：Stanford University Press，1997. 胡志德、王国斌、余宝琳主编：《中国历史的文化与国家：习俗、适应与批判》，斯坦福大学出版社，1997年。）

② ［美］杜赞奇：《刻划标志：中国战神关帝的神话》，载《中国大众宗教》，第93—114页。（英文版，Duara Prasenjit，“Superscribing Symbols：The Myth of Guandi，Chinese God of War”，*in Journal of Asian Studies*，Vol. 47，No. 4，Nov，1988，pp. 778－795.）此外，杜赞奇在此时期，还对华北地区的农村社会进行了研究，他提出了权力的文化网络概念，试图以此揭示国家政权深入乡村社会的多种途径和方式，并且认为民间信仰是其中很重要的一条渠道。参见 Duara Prasenjit，*Culture*，*Power*，*and the State*：*Rural North China*，1900－1942，Stanford：Stanford University Press，1988. 中译本，王福明译：《文化、权力与国家——1900—1942的华北农村》，江苏人民出版社，1996年。

③ Valerie Hansen，*Changing Gods in Medieval China*，1127－1276，Princeton University Press，1990.（中译本，包伟民译：《变迁之神：南宋时期的民间信仰》，浙江人民出版社，1999年。）

④ Richard Von Glahn，“The Enchantment of Wealth：The God Wutong in the Social History of Jiangnan”，*Harvard Journal of Asiatic Studies*，Vol51，No. 2，1991，pp. 651－713.（中译本，《财富的法术：江南社会史中的五通神》，载《中国大众宗教》，第143—196页。）

⑤ Richard Von Glahn，*The Sinister Way*：*The Divine and The Demonic in Chinese Religious Culture*，Berkeley：University of California Press，2004. 相关书评，参见 Michael Szonyi，“Reviews”，*Harward Journal of Asiatic Studies*，Vol. 65，No. 2，2005，pp. 542－552.

略的部分，即神明与魔鬼之间是如何转换的问题。因此，书中除了研究宋代以来的五通神的历史之外，他还受到武雅士的神、鬼、祖先分析模式的影响，关注到了此前很少人注意到的民间信仰中的魔鬼。但他也注意到武雅士的分类模式存在的不足，他认为在所有神明中，众多的神明如佛教诸神或者女神并不容易划归到武雅士有关神明的三种模式中。这种分类模式最重要的不足是神、祖先和鬼自身的分类并非一成不变。许多神明，如地方保护神是由鬼变来的，祖先也有可能转变为神。在许多情况下，祖先的形象几乎与一些鬼一模一样。这种三重分类的模式仅仅提供有限的视角去观察神明的本质，以及诸如五通这样在本质上自相矛盾（既善又恶）的神明所引出的问题。①

此外，万志英在书中还对杨庆堃的中国宗教二元结构的观点给予了回应，对当时学界普遍使用的“大众宗教”的概念提出了自己的看法，还对人类学与历史学在中国宗教的研究取向做出了评价。他认为虽然大众宗教与儒释道三教具有截然不同的传统，但这四种信仰却互相作用和影响。② 在他看来，人类学家研究中国宗教信仰模式主要是基于当代人的行为（最重要的是仪式）而建构出来的，而历史学家对“大众宗教”的关注则是由于其与儒释道三教之间明显差异所引发的。他认为“尽管儒教有着长期的教化和社会影响，但中国上层统治阶级的宗教实践与底层民众的大众宗教具有更多的共同点。与那些将大众宗教从上层精英宗教区别开来的宗教经典与权威人士相比较而言，中国的历史学者将大众宗教视为所有社会阶层共同的信仰与习俗的重要组成部分。大众宗教的概念本质上重复了由杨庆堃在他有关中国宗教的经典研究中所作的二元结构的假设”。③

因此，在对已有的研究模式进行反思后，万志英承认自己虽然在研究中国宗教的途径得益于这些已有的研究模式，但在重要的方法上却偏离了他们。在这一点上，他着重强调了中国宗教文化的差异性。在“实际的阐释”中，中国宗教文化中的神话、象征和仪式的表面一致性掩盖了广泛的差异。从这个重要的意义上来讲，所有中国宗教都是地方性的，仅仅从考察地方社区的历史就能深深地体会到社会与宗教之间的辩证关系。因此，他又在书中提出了“通俗宗教”（vernacular religion）的概念，这个概念是万志英基于对中国共同的宗教文化描述后所提出来的，这样就可以消除“世俗”一词中某些容易让人误解的涵义。他承认佛教、道教和儒教都与通俗宗教相关，通俗宗教也共有某些显著的倾向使讨论一个共同的中国宗教文化成为可能，他所研究的跨越千年历史的五通神信仰的显著转变就是通俗宗教运作方式的缩影。④

万志英所提到的通俗宗教的概念具有启发意义。近年来，西方人类学或历史学的学者又提出了“地方宗教”（local religion）的概念。如劳格文（John Lagerwey）、欧大年（Daniel L. Overmyer）、丁荷生（Kenneth Dean）等学者在研究中就使用了这个概念，强调要把宗教和信仰放在地方社会脉络中进行考察，从地方的视角来研究宗教和信仰，以避开大众宗教或民间宗教的某些观念陷阱。⑤

综上所述，可以清晰地看出西方汉学和社会人类学有关民间信仰研究所关注的问题以及研究取向：20世纪60年代到80年代西方人类学家在港台地区的研究依然是在回应和检验弗里德曼、武雅士、杨庆堃等人的理论，并提出新的观点；1980年代之后，历史学的研究也几乎是与人类学家进行对话，不断修正他们的理论，并提出有关民间信仰的新的研究模式。历史学和人类学的交错，为民间信仰研究带来新的领域、视野和研究方法。1990年代之后，西方人类学家与中国本土历史学家在中国大陆地区开展的合作研究将人类学和历史学的结合推进到一个新的阶段，历史人类学（historical anthropology）在中国内地的兴起就是其中最为重要的成果。

4. 历史人类学的兴起：民间信仰研究的新视野

1970年代末中国内地的大门才对外开启，西

① Richard Von Glahn, *The Sinister Way: The Divine and The Demonic in Chinese Religious Culture*, pp. 5–7.

② 同上，p. 7.

③ 同上，p. 7.

④ 同上，p. 12.

⑤ 徐天基、罗丹：《西方汉学传统中的宗教研究》，载《民族艺术》2012年04期。

方人类学学者才得以进入大陆进行田野调查，因当时大陆高校人类学学科并未恢复，他们只好与大陆的历史学者进行合作研究，而西方学者进入大陆进行田野调查的目的也多是为了继续1949年之后中断了的中国研究。因此，西方人类学家在港台地区进行的研究得以拓展至大陆地区，其中1990年代开始的"华南研究"计划引起了学界的关注，并在此研究计划的推动下，历史人类学在中国大陆得以蓬勃发展。"华南研究"计划的开展主要与1970年代之后科大卫、陈其南、蔡志祥等学者在香港开展的地域社会与文化的研究计划有关，在这些学者的推动下华南研究会于1988年在香港成立。这个研究会起初由香港本土学者及香港高校历史学系的学生组成，研究会提倡用科学整合的方法研究香港、华南以至华人的历史、社会和文化。① 1990年香港中文大学人类学系陈其南主持了一项涵盖了安徽、福建、台湾、潮州和珠江三角洲的"华南研究"计划，此后这个研究计划也包括了江西及粤东地区的客家研究。

华南研究计划是一项结合了西方人类学家与中国大陆历史学家的合作计划，其中牛津大学中国研究所的科大卫、耶鲁大学人类学系的萧凤霞与中山大学历史系刘志伟主要开展珠江三角洲的研究②，加拿大麦吉尔大学的丁荷生与厦门大学的郑振满在福建莆田开展研究，香港中文大学的蔡志祥与中山大学的陈春声主要研究潮州的历史与乡村社会等等。这些研究的共同特点就是将历史学的文献与人类学田野调查相结合，在田野调查中发现和解读民间文献，在民间文献中读懂基层社会的历史。因此，研究中使用了大量的在田野调查中发现的碑刻、族谱、契约、宗教科仪书、口述资料，这种走向田野的研究取向深化了对中国传统基层社会的了解和研究。1993年随着陈其南离开香港回到台湾工作，华南研究计划在形式上中止了，但"由这个计划聚集起来的研究群体，在后来十五年中并没有停止自己的脚步，他们走出的研究道路，一直在向前延伸。"③ 此后，香港科技大学华南研究中心、中山大学历史人类学研究中心相继成立，共同推动历史人类学在中国的发展。由华南研究计划所形成的研究取向对今天的中国乡村研究乃至中国史学界都产生了深远的影响。

民间信仰是历史人类学研究的重要内容，而历史人类学的研究方法也为民间信仰的研究提供了新的视野。科大卫、丁荷生、宋怡明在广东、福建的研究较多关注到了民间信仰，把民间信仰放在地方宗教文化传统、地方宗族及地方社会的发展中来研究。

科大卫在1990年代之后把视角放在了珠江三角洲的宗族、民间信仰与乡村社会的研究上，至今已历时20余年。2007年，他的华南研究的总结之作 *Emperor and Ancestor*：*State and Lineage in South China*（《皇帝与祖宗：华南的国家与宗族》）由斯坦福大学出版。这本研究华南地域社会宗族的专著，回答了处于边陲的华南地区是如何整合进大一统王朝之中的问题，而宗族就是王朝整合地方社会的重要纽带。他把华南宗族的历史放在了地方的和政治的脉络上，对理解明中期之后华南地区的社会转型极具启发意义。④ 书中也从礼仪的角度，关注到了民间信仰中的宗教仪式，尤其是时令节诞、游神活动、庙宇重建等在整合乡村和社区中起到的作用。科大卫认为这些民间信仰活动通过对王朝礼仪和制度的模仿，从而将乡村和社区整合进王朝国家的体系之中。

丁荷生毕业于斯坦福大学，后任教于加拿大

---

① 蔡志祥：《华南：一个地域、一个观念和一个联系》，载华南研究会编：《学步与超越：华南研究会论文集》，文化创造出版社，2004年，第1页。

② 科大卫与刘志伟的合作研究主要关注华南地区的宗族，主要成果参见《宗族与地方社会的国家认同：明清华南地区宗族发展的意识形态基础》，载《历史研究》2000年第3期，第3—14页。萧凤霞与刘志伟的合作研究主要关注珠江三角洲的族群与社会，参见《宗族、市场、盗寇与疍民：明以后珠江三角洲的族群与社会》，载《中国社会经济史研究》2004年第3期，第1—13页。

③ 刘志伟：《〈华南研究计划〉追记（代序）》，载游子安、卜永坚编：《问俗观风：香港及华南历史与文化》，华南研究会出版，2009年。

④ David Faure, *Emperor and Ancestor*: *State and Lineage in South China*, Stanford, California: Stanford University Press, 2007.（中译本，卜永坚译：《皇帝与祖宗：华南的国家与宗族》，江苏人民出版社，2009年。）

麦吉尔大学东亚系。自1980年代，他就主要关注福建莆田地区的道教与民间信仰，对福建地域性神明的分布与民间教派进行了研究，而他的研究受到了施坚雅理论的影响，因此，他的研究带有强烈的区域性色彩。1993年和1998年他先后出版了 *Taoist Ritual and Popular Cults of Southeast China*（《华南的道教科仪和民间教派》）和 *Lord of the Three in One: The Spread of a Cult in Southeast China*（《东南地区三一教的传播》）两本书。前者主要关注福建地区的道教历史、现状与民间社会的关系，对福建地区道教的传统以及民间神祇，如保生大帝、清水祖师、广泽尊王等区域性神明进行了深入研究；① 后者则是对莆田地区的一个民间教派三一教的历史、仪式以及传播进行了研究。② 此外，他还与厦门大学郑振满合作，花费20余年时间，对福建莆田地区的民间文献，主要是碑刻加以收集整理，出版了《福建宗教碑铭汇编·兴化府分册》和《福建宗教碑铭汇编·泉州府分册》两本碑刻集。③

宋怡明（Michael Szonyi）1990年代毕业于牛津大学，师从科大卫教授，后任教于哈佛大学东亚语言文明系。他在福建福州地区所作的研究主要关注当地的五帝信仰以及宗族组织。在对五帝信仰的研究中，他回应并修正了华琛的神明标准化的理论，认为国家认可的正统性的神明，在地方上并不一定能够改变民众对神明的认知和态度。④ 在对福州地区宗族研究的书中，他对福州地区民间信仰也有所关注，他把当地民间神祇陈靖姑信仰与社会制度（明代里甲制度）、地方宗族和祠堂结合在一起来研究，探讨民间神祇对宗族祠堂礼仪的演变所产生的影响。⑤

四、结语

中国的民间信仰研究在西方汉学和社会人类学的学术谱系中有自身发展的脉络，不同时期的问题意识、研究范式都有所差异，因此想要清晰地梳理其内在逻辑并不是很容易。本文从早期人类学家所提出的中国社会是否存在一个宗教体系的问题着手，归纳出不同时期的有代表的学者的观点，并分析他们之间所讨论问题的核心所在，从中看到了西方汉学和社会人类学界在民间信仰研究上的演变过程。这种演变既包括研究问题角度的转换、理论的创新又包括研究范围的变化、学科之间的交错互动等等层面。但无论如何变化，不同学科之间的对话才是推进民间信仰研究向前发展的有效方式。因此，展望今后民间信仰的研究，如何才能产生新的问题意识、研究方向和研究范式，或许还需要更多学科间的对话才能得以达致。

---

① Kenneth Dean, *Taoist Ritual and Popular Cults of Southeast China*, New Jersey: Princetion University Press, 1993.

② Kenneth Dean, *Lord of the Three in One: The Spread of a Cult in Southeast China*, Princeton University Press, 1998.

③ 郑振满、丁荷生编纂：《福建宗教碑铭汇编·兴化府分册》，福建人民出版社，1995年；《福建宗教碑铭汇编·泉州府分册》，福建人民出版社，2003年。

④ Michael Szonyi, "The Illusion of Standardizing the Gods: The Cult of the Five Emperors in Late Imperial China," *in The Journal of Asian Studies*, Vol. 56, No. 1, 1997, pp. 113 - 135.（宋怡明：《神明标准化的幻象：中华帝国晚期的五帝信仰》，载《亚洲研究杂志》1997年第1期。）

⑤ Michael Szonyi, *Practicing Kinship: Lineage and Descent in late Imperial China*, Stanford: Stanford University Press, 2002.（《亲属关系的实践：中华帝国晚期的宗族及血统》）。关于本书的书评，参见何淑宜所作的书评，载《"中央研究院"近代史研究所集刊》第50期，2005年，第295—302页。

讨·论

对特色村寨保护问题的几点认识

王铁志

非常高兴有机会参加连南瑶族自治县召开的少数民族传统村落保护专家座谈会，与大家一起交流有关做法和经验。连南对少数民族传统文化保护非常重视，这两天我们参观了南岗、油岭等少数民族村寨，观看了令人震撼的千人长鼓表演，感受了少数民族传统文化的魅力和连南民族文化保护取得的成就。关于少数民族传统古村落的保护问题，我想结合近几年我们实施的少数民族特色村寨保护项目的工作体会，谈几点认识供大家参考。

一、保护少数民族特色村寨有重要意义

我们所谈的少数民族特色村寨，指的是少数民族人口固定聚居且比例较高，生产生活功能较为完备，少数民族文化特征和聚落特征明显的自然村或行政村。在我国的少数民族地区，有许多少数民族聚居的自然村寨，如苗寨、傣寨、侗寨等等。这些村寨相对完整地保留了各民族的文化特点，是游客体验少数民族民风习俗的首选之地，也是寄托各族群众历史文化情感的精神家园。但是在现代化进程中，这些村寨的特色在急剧消失。如随着新型建筑材料的运用，民族村寨原有的吊脚楼、竹楼等大都被用水泥预制板和空心砖建造的火柴盒式新建筑所取代，结果千村一面，毫无特色。由于青年人大多外出打工，民族语言、民族歌舞、传统技艺等传统文化传承也出现危机。目前，能体现少数民族文化特色的村寨越来越少，因此，保护少数民族特色村寨引起了人们的高度重视。

保护少数民族特色村寨，有利于保护中华民族的文化多样性。文化体现了人们适应环境的生存智慧，保护文化多样性也是保护人类的生存能力。少数民族特色村寨的文化价值在于比较完整地保留了各民族的文化基因，如少数民族的传统民居、语言、服饰、节日庆典、婚丧嫁娶、人生礼仪、饮食习惯这些文化事象在城市中已很难寻觅了，但在一些民族村寨还比较完整地保留着。近些年，民族村寨旅游和原生态文化备受人们欢迎，其吸引人的核心内容就是村寨文化。村寨是传承民族文化的有效载体，是民族文化发展的活水之源。从某种意义上讲，保护了少数民族村寨文化，也就是从根本和源头上保护了少数民族文化。

少数民族特色村寨既是保护对象，也是民族地区发展可资利用的宝贵资源。它以自然风光与民族风情融为一体的独特魅力，展示出了发展特色乡村休闲度假旅游的竞争优势。目前，这种优势已初步显现，到少数民族村寨去观赏田园美景、呼吸新鲜空气、住宿特色民居、品尝乡土美食、观看民族歌舞、体验村民生活，已成为非常吸引人的旅游方式。在城市化比例越来越高、生活节奏越来越快、文化活动越来越趋同的情况下，少数民族特色村寨的景观价值、文化价值和旅游价值会进一步凸显。

连南的民族村寨非常有价值。像南岗、油岭这样保留成片的古民居、民族文化保存得比较完整的民族村寨，在东南沿海经济发达地区是比较少见的。这里是世界经典乐曲《瑶族舞曲》的故

王铁志，国家民委经济发展司原巡视员，中央民族大学兼职教授。本文是作者根据2014年11月9日参加连南瑶族自治县召开的少数民族传统村落保护专家座谈会上的发言稿整理而成。

乡，拥有“瑶族长鼓舞”“瑶族耍歌堂”等国家非物质文化遗产，文化积淀深厚。民族村寨周围生态良好，可谓农田如画、群峰竞秀。这里的区位也很优越，属于沿海经济发达地区，旅游客源充裕，又处在岭南民族走廊民族风情旅游线的南端，发展乡村旅游潜力很大。连南立足当地实际，保护生态与文化，发展生态旅游和民俗秀休闲度假旅游，选择这一发展战略是非常适宜的。

二、少数民族特色村寨保护与发展项目

借此机会，我简要介绍一下近几年国家民委实施的“少数民族特色村寨保护与发展”项目及其主要做法，供大家参考。这一项目是国家民委与财政部联合于 2009 年开始启动的。项目的主要做法：一是保护特色民居。根据民居的不同类型，采取保护一批、新建一批、改建一批等不同方式，保护少数民族民居的传统营造法式和建造技艺，保持民族村寨的建筑风格以及与自然相协调的乡村风貌。二是发展特色产业。如生产绿色无污染的农牧业名特产品和带有传统文化特色的手工艺品，开展民族村寨旅游等等。三是保护特色文化。如建设民族文化广场等公共文化活动设施、扶持民族文化活动开展等等。四是巩固民族团结，促进民族关系和谐。5 年来，在全国 28 个省、市、自治区的近千个少数民族村寨实施了项目，截至 2014 年，中央财政累计投入专项补助资金 14.5 亿元（2014 年当年为 5.4 亿元），同时带动地方几十亿资金投入，共同保护和打造了一批特色鲜明的民族村寨。项目实施后，村寨的人居环境得到很大改善，各项事业有了快速发展，村民收入大幅度提高，一些村民通过旅游很快致富，一年收入几十万元，许多村寨由过去的贫困山村一跃成为当地的旅游名村。为做好这项工作，国家民委和财政部于 2009 年颁发了《做好少数民族特色村寨保护与发展试点工作的指导意见》，2012 年颁发《少数民族特色村寨保护与发展规划纲要（2011—2015）》，《纲要》提出在“十二五”期间，在全国重点保护和改造 1000 个少数民族特色村寨。目前，正着手对一些成熟项目进行验收挂牌，努力打响“中国少数民族特色村寨”这一品牌。

少数民族特色村寨保护与发展项目，是扶贫项目和社会主义新农村建设的一部分，也可以与其他项目，如美丽乡村建设、历史文化名村、传统古村落、生态博物馆、民俗村、文化生态区建设等衔接。这一项目与其他项目既有相近之处，也有一些不同。从项目名称可以看出，一是强调少数民族聚居。所选择的村寨少数民族人口应占一定比例，一般民族聚居区要占 50% 以上，散居区要占 30% 以上，要有村民在里面居住生活，这与一些旅游区建的民俗村由外来的演员表演是不同的。二是强调民族特色。新农村建设达到村容整洁就可以了，美丽乡村的标准更高一些，民族特色村寨在此基础上还要求有鲜明的民族特色，即村寨的民族文化应保存得比较完整，特别是民居要突出地体现出民族特色。三是既讲保护也讲发展。如生态博物馆比较注重保持原生态，有的强调原汁原味地保持村寨的自然生态和文化生态，甚至要村民保持原有的生计方式。我们的原则是保护与发展相结合，项目实施要尊重村民的意愿，与村民的切身利益相联系。在保护有价值文化事象的同时，应提高村寨的整体发展水平，提高村民的生活质量，让村民享受现代化所带来的成果。再如历史文化名村、传统古村落比较注重村寨的历史价值，少数民族特色村寨与这些项目的选择范围有部分重合，也有被这些项目入选的。但有些历史较短甚至移民新村，只要民族特色突出，也可选入我们的项目。如吉林省延边的金达莱朝鲜族村，是老村被洪水冲毁后搬迁到公路边上的，但新建村的民居朝鲜族特色非常鲜明，民族文化活动内容丰富，他们利用地处长白山旅游沿线的优势，很快发展成为当地的一个民俗旅游名村。文物保护关注古旧的东西，一般注重保护百年老宅、名人故居等等，而我们的项目除此之外也资助村民盖一些有民族特色的新民居，鼓励在继承传统的基础上带有民族特色的创新。

三、少数民族特色村寨保护的思路与方式

1. 保护村寨的整体风貌

少数民族特色村寨保护，可以借鉴文物保护等项目的做法，但一定要根据不同地区、不同民

族的实际因地制宜。谈到保护，人们自然想到文物保护，他们有成熟的保护经验，如遵循原样保护、就地保护、整体性保护等原则，这些做法可资我们借鉴。但少数民族特色村寨保护与故宫、圆明园遗址等国家级文保单位的保护有很大的不同。确定为文保对象的建筑可以封闭起来，仅供人们参观，但少数民族村寨的民居如果封闭地保护起来没有人居住，那些孤零零的房屋有多少价值和对游客的吸引力？游客千里迢迢去民族村寨想看什么，不仅仅是几个有特色的房子，这样的房屋在大城市的民族村也能看得到。他们要看的是村民的实际生活，体验的是活着的文化。如果没有村民居住，民族村寨活的文化就消失了。前些年，有的地方要求村民住在茅草屋中保持“原汁原味”的民族文化，村民怨言：你们城市人都住高楼大厦，凭什么还让我住茅草房？他们没办法，就跑到村外另盖新房居住，把原来的房屋出租给外人。结果游客来到民族村寨，看到的是操着南腔北调的外来住户在这里招徕生意，连呼上当，导致旅游萧条。民族村寨的重要特点是有人居住，因此，民族特色村寨保护不仅考虑文物保护问题，还要考虑村民的生活需求。留住村民，保护好活着的文化，特色村寨才有魅力。

就文物保护对象而言，建筑物的历史越久、质量越高就越有保护价值。但少数民族村寨大多经济发展落后，房屋建造得比较简陋。一些民族的传统民居大多为茅草房，泥土房，保存不了太久，像安徽西递、宏村那样有保护价值的村庄和民居不是很多，有些地方要找20世纪六七十年代的房屋都很困难了。还有一些民族过去居无定所，传统民居是蒙古包、毡房（哈萨克族）、帐篷（藏族）、撮罗子（鄂伦春）等等，在这些民族中，就很难用文物保护的标准确定民居保护对象了。是不是这些民族的居住文化不需要保护了呢？答案是否定的。

因此在民族村寨，对一些有价值的单体建筑用文物保护的方式保护起来是很有必要的，但更重要的是对村寨整体风貌的保护，即保护良好的生态环境，特有的建筑风格和乡村风貌，以及村民在语言、服饰、饮食、歌舞、礼仪、宗教信仰等方面表现出来的文化特征等等。就广东连南的油岭瑶族村寨而言，由村寨周围郁郁葱葱的山林、山脚下金灿灿的稻田、山坡上层层叠叠的瑶族排屋以及“长鼓舞”“耍歌堂”等文化活动所构成的田园景观和瑶族村寨特色，具有其独特的文化价值和旅游价值，是应予重点保护和整体保护的。

2. 分层次保护的工作方式

根据保护村寨整体风貌的工作思路，我们在少数民族特色村寨的民居保护与改造中，针对不同对象采取分层次保护的工作方式。

一是原样式保护。就是对那些具有历史、文化价值的单体建筑，借鉴文化保护的方法，在保护、修缮时“整旧如旧”，不许乱拆乱动，尽可能地保持古建筑的历史原貌。在特色村寨保护与发展项目中，采用这种办法比较多。有些民族如白族、羌族、侗族、苗族、藏族、维吾尔等民族，所保留的一些瓦木结构、土木结构、石木结构古建筑比较坚固，有的有百年以上的历史，有一定的文物价值。这类民居功能比较完备，在传统民居居住基本能满足村民的现实生活需求，采用原样保护的办法比较容易行得通。如在湖南怀化所建的“百里侗文化长廊”区域内，有许多原汁原味保护的少数民族村寨。

二是继承式保护。如一些村寨与旅游相结合，采用传统建材、传统工艺，新建一些少数民族的传统建筑，如一些村寨新建了寨门、鼓楼、风雨桥、戏台、木楼、竹楼、吊脚楼等，有的地方按原样搭建了传统的泥土房、茅草房等等。这些建筑有的是村民生活所需，有的专供接待游客，有的作为景观陪衬，用以展示少数民族的历史面貌。有人认为，民居保护是针对古旧建筑而言的，新建筑还谈什么保护呢？但我个人认为，这些按原样新建传统民居的做法也具有文化保护的性质。尽管这些新的建筑目前不能纳入文物保护的范围，但通过这种方式保护了少数民族传统工艺和民族村寨的整体风貌，突出了少数民族村寨特色。说不定过了若干年后，这类建筑有的也可成为文物呢。

三是装饰性保护。过去，民族村寨的建筑风格大体是一致的。但近些年来，一些村民在新建房屋时，受建筑材料、成本、潮流等多种因素影响，搭建了一些由钢筋水泥、空心砖、水泥预制板构成的新建筑。这些建筑状如火柴盒，有钱人家在外面贴上瓷砖，大江南北一个模式，毫无地方特色和民族特色。这类建筑与周围的传统建筑风格极不协调，因此在开展乡村旅游的民族特色村寨，有些地方对这类建筑进行外立面的“穿衣戴帽”式改造，以恢复少数民族村寨原有的建筑风貌。如湖北省宜昌的车溪村、恩施的庳口村，在特色村寨建设中，就对一些新建的平顶房屋加盖了小青瓦覆盖的坡屋顶、窗檐、门廊以及木结构的花格窗等等，使改造的民居不仅新颖美观，又带有土家族传统吊脚楼的特色，极大地促进了当地乡村旅游的发展。

四是创新式保护。要保持住少数民族特色村寨建筑风格，不仅要保护好那些传统旧民居，更重要的是引导村民在盖新民居时能够延续原有的特色。这个问题不解决，村民一盖新房就搭建水泥平顶屋或小洋楼等，过不了多久民族特色村寨就会面目全非了。要使新建民居既适应现代生活又保持原有风貌，就需要在继承传统的基础上进行创新，从某种意义上说，这比原样保护还有难度。创新式保护需要解决两个问题：一是保持传统式样的技术问题。如南方一些民族的干栏式建筑青瓦盖顶、飞檐翘角，外形很美，但要消耗大量木材。在不用或少用木材的情况下如何建造具有原来特色的房屋，就需要在选材和施工技术上进行创新。再如一些民族的传统民居与现代民居差异较大，如草原蒙古包、黎族船型屋、鄂伦春的撮罗子等等，简单地复制已不能满足村民的生活需要，因此这类新民居的建筑外形都有很大变化，但可以运用一些民族建筑符号来体现民族特色，在哈萨克、鄂伦春等民族移民新居建设中，有这样成功建设的案例。二是经济成本问题。特色民居保护与建造，有的需要增加投入。就村民选择而言，他们更多考虑的是经济实用，盖水泥预制板搭建的平顶房比盖四面出水的坡屋顶要省钱省事一些。政府要求村民的民居保持特色，就需要给予一定的鼓励，因此，在一些地方，对按规划设计的建筑式样建造新民居的村民，政府在资金上给予一定的补贴。

四、建立可持续发展的运行机制

特色村寨保护是项长期性的工作，需要建立有效的运行机制保证其可持续地发展。

1. 发挥各方面的积极作用

少数民族特色村寨保护与发展大多与乡村旅游相结合，涉及面较广，需要投入的资金较多，因此需要发挥多方面的积极性。

发挥政府的主导作用。一是需要政府投入启动资金。民族特色村寨大多地处边远、经济落后，因此特色才保持得相对完整。在这些地方，仅靠村民的实力发展是非常困难的。因此在项目开展初期，需要政府一定规模的资金扶持，用以改善基础设施条件，保护村寨特色，这样才有可能吸引各方面资金投入村寨建设。二是需要政府做好协调工作。特色村寨保护项目涉及民族、规划、建设、农业、交通、水利、林业、财政、旅游、扶贫、文化等多个部门，也涉及村民、集体、相关经济实体等多方面的利益，没有强有力的协调，什么事情都干不成。目前项目做得比较好的村寨，一般都是由县政府出面成立一个临时协调机构，动员政府有关部门和社会力量，整合各方面资金，共同参与特色村寨建设。大家“各炒一盘菜，共办一桌席”，在较短的时间内可使村寨面貌发生很大的变化。

发挥专家的指导作用。少数民族特色村寨保护与发展项目关乎村寨的长远发展，实践性和学术性都很强，因此必须专家指导、规划先行。从实践经验看，凡是效果搞得好的村寨，都请专业人员参与编制了特色村寨保护与发展规划。一些规划不仅对民居的建筑风格、样式、技术规范等提出明确要求，有的甚至为每家每户单独设计了民居建设或改造方案。这些规划立足长远，起点高，针对性强，在村寨发展和民居保护与改造中起到了很好的指导作用。

发挥公司的市场作用。少数民族特色村寨的产业发展，应按市场机制来运行。如旅游产业发展，不能由政府包办，仅靠村民的微薄力量也难成大事，吸引社会资金共同开发是个比较可行的办法。目前乡村旅游做得规模较大的村寨，一般都是政府投资改善基础设施条件，保护和打造民族村寨特色，然后吸引公司投资，建设一些经营性项目，如兴建农家旅馆、农家饭店等等。公司凭借资金、管理和市场营销渠道等优势，可以在很短的时间内把特色村寨的旅游搞得红红火火，办得有规模、上档次。

发挥村民的主体作用。村民是特色村寨保护和建设的主体，他们的积极参与，是项目取得成功的关键。如保护特色民居、开展民俗文化活动、发展乡村旅游，没有村民的积极参与都难以有效开展。如果说在项目开始阶段，政府的主导作用比较突出，那么随着项目发展，村民的主体地位会越加突出。调动村民积极性的核心问题是以民为本，使村民直接受益，否则，你说文化保护多么重要，村民会认为那是政府的事情，与我个人利益有什么关系。如果把项目发展与村民的利益紧密结合起来，村民就会真心支持和积极参与项目，才能使这项工作长期可持续地开展下去。

2. 调动村民积极性的几个问题

围绕满足村民的物质和精神生活需求，少数民族特色村寨保护与发展项目在民居、产业、文化传承方面要努力做到以下几点：

一是宜居。通过基础设施建设改善人居环境，在通水、通电、通路、通广播电视的基础上，达到村容村貌整洁，不仅提高村民的生活质量，也有利于吸引游客。特色民居的保护既要考虑保持传统又要考虑方便村民生活。受历史条件限制，少数民族传统民居也有一些功能性缺陷，如有些木结构建筑消防隐患突出，有些房屋潮湿、黑暗，多数没有卫生间、没有厨房。传统民居外观很美，游客看了觉得很新鲜，但住起来有的不太实用，一些村寨的年轻人就不喜欢。因此，民居改造一定要考虑时代发展和村民需求，新建民居在外观保持传统式样或特色的同时，房屋内部的空间结构可以进行调整，使村民住得更为方便舒适。为减少建造成本和提高安全性，有些民居也可选用现代建筑材料。如欧洲对一些传统建筑的保护是建筑外观不允许改变，但内部结构可以变化，设施可以现代化，以适应时代发展的需要。

就油岭瑶族村寨的保护而言，当务之急是抓紧对那些濒临垮塌的古旧民居进行维护，可以选择一些有价值的民居实行原样保护，不仅要原样保持青砖青瓦或黄土墙树皮屋顶的外形，有的还可保持屋内火塘、神龛等设置，尽可能地保持村民原有生活的面貌。要清理一些塌倒房屋废墟，腾出一些建设旅游设施的空间。还应复建一些新民居，新民居的外形要与传统民居相似，但内部设施都应是现代的。在保护和改造民居的同时，下大力气进行环境整治，改善村内的卫生状况，拓宽与外界联系的道路，维修村内石阶小径，保持瑶族山寨青砖青瓦、层层叠叠的屋顶顺着山势排开连成一片很有气势的整体风貌。

二是乐业。产业发展是村寨发展的基础，如果没有产业支撑，村民的生活水平不能提高，就缺乏保护特色民居以及其他文化事象的持久动力。特色村寨的产业发展，大多与旅游开发相结合。在旅游开发中，村民可以通过开办农家饭店或乡村旅店、生产销售无公害农副产品、加工民族手工艺品、从事民族文艺表演或民俗表演、为旅游公司打工等方式直接获益或间接获益。由于从事旅游产业者毕竟是少数，因此需要处理好旅游经营户与非经营户、旅游公司与村集体之间的关系，要兼顾各个方面的利益。如旅游经营户希望村民环境整洁，不能散养猪鸡，这可能与部分村民的习惯和需求相矛盾。再如旅游公司投资的目的是要盈利，他们凭借其实力，往往搞垄断经营，把村民抛在一边成为看客，因此村民与旅游公司经常发生矛盾甚至冲突。目前少数民族特色村寨的旅游开发已形成了多种经营模式：有村民自主经营的，这种方式凭借几家几户的力量，一般规模都不大。有公司垄断经营的，在一些著名的民族旅游区，如西江苗寨等都采取这种模式，村民的获益方式是入股分红、打工挣钱、经营旅游商品、出租房屋等等。也有公司与村民交叉经营的，如湖北宜昌点军区的车溪村，村民在民族村寨开办农家乐，经营土家族特色餐饮；公司在旅游景区收取门票，开办民俗博物馆，表演民俗歌舞节目。公司与村寨各有特色、相互分工、优势互补，把以“梦里老家”为主题的车溪乡村旅游搞得红红火火。当乡村旅游发展到一定阶段，需要建立乡村旅游协会，负责协调各利益相关者之间的关系，目前已有这样的尝试。政府相关部门在处理这类问题时，需要把握一个原则，就是不论采取哪种经营方式，都要想方设法使村民获益。

三是传承文化。少数民族特色村寨的保护价值核心是文化。村寨文化的特点不在于有多么精深，而在于表现出来的乡土性和原真性。在少数民族特色村寨，游客品尝的农家菜可能不如城市里的饭店做得那么精细，看到的民俗文化表演也不能与专业演员表演相提并论，但在这里感受的乡土气息却是独特的，在这里的所见所闻不是演员演给外人看的，而是村民真实生活的展现。如特色民居是村民居住的，土鸡是自家养的，新鲜菜是地里摘的，原生态歌舞是村民茶余饭后的娱乐。总之，村寨文化不是在博物馆里或书本中看到的死去的文化，而是在村民生活中体现的活着的文化。因此，保护民族村寨的文化，一是要留住村民，二是要村民自觉地传承本民族文化。文化产业发展可为民族文化传承提供强大的支撑，但仅靠市场的力量并不能解决所有的问题。要鼓励民族村寨的文化传承，除了物质利益激励外，还要提高村民的文化自觉意识，村民真正认识到民族文化的价值，才能把传承民族文化变成自觉的行动。

会·议·述·评

中国人类学民族学2013年年会“都市人类学与城市少数民族服务体系研究”分会会议综述

汪鲸

10月26日，中国人类学民族学2013年年会在西南民族大学召开。本次年会的主题为“文化理解、多元共生与和谐中国梦”。来自全国各高校和研究机构的170余名人类学、民族学学者围绕这一主题展开了热烈讨论，并与其他学者分享了各自研究领域的最新研究成果。本次年会设有“城市化进程中的民族问题及社区民族工作研究”“都市人类学与城市少数民族服务体系研究”“生态人类学与乡村社区营造研究”“法律人类学、民族理论与民族关系”“南岭民族走廊研究”“中国新一轮的城市化、工业化”等16个专题研讨会议。

广东省民族宗教研究院民族研究所承办了年会的“都市人类学与城市少数民族服务体系研究”主题分会。分会主要聚焦于中国城市化进程中少数民族群体的生存状态、发展趋势和服务管理体系。10月26日下午，“都市人类学与城市少数民族服务体系研究”主题分会在西南民族大学武侯区老校区召开，来自全国各地高等院校及研究机构的十余位专家、学者参加了本次分会场的讨论，其中汇集了本领域的老一辈国内著名民族学者、学科带头人以及青年才俊。分会共收到论文、摘要22篇，有7篇在会上发表和评议，这些会议论文都紧密围绕着分会的主题进行论述和阐释。

国家民族事务委员会民族理论政策研究室巡视员、副主任黄忠彩和广东省民族宗教事务委员会党组成员、广东省民族宗教研究院院长马建钊研究员分别为分会场致开幕词。黄忠彩副主任在致辞中表示，目前，中国各民族杂居的趋势日益明显，广东作为经济发达地区和人口输入大省，城市少数民族群体存在的问题和发展趋势将给未来全国各地提供经验和借鉴。广东省民族宗教研究院一直以来持续关注和研究上述问题，多项研究成果为各级政府广泛采用，为本领域的研究和实际工作做出了突出贡献。广东省民族宗教研究院院长马建钊研究员在致辞中，首先介绍了广东省民族宗教研究院的历史、发展现状与功能职责。接着，他向与会学者介绍了广东外来少数民族现状与服务管理模式，总结了作为人口大省的广东在改革开放后针对外来少数民族流动人口的服务方法和管理经验，并提出了新时期“寓管理于服务”的城市民族工作新思维，获得了与会代表的一致赞同。

分会场会议为期半天，由广东省民族宗教研究院副院长李筱文研究员和民族所所长盘小梅副研究员分别担任上下半场的主持人。在发言和评议中，学者们围绕城市少数民族服务管理及其体系建设、城市少数民族生存状况和文化适应以及中华民族多元一体理论等三个方面展开了深入讨论。

一、城市少数民族服务管理及其体系建设

本会场共收到以“城市少数民族服务管理及

汪鲸，广东省民族宗教研究院助理研究员。

其体系建设”为主题的文章10篇，这是本分会场设立初衷的重要体现。首先，以城市少数民族管理为主题的文章有6篇，涉及城市清真餐饮从业者的管理、城市穆斯林流动人口的宗教事务管理等方面。其中，中南民族大学民族学与社会学研究院沈再新教授关于新生代少数民族农民工的社会工作干预的讨论，广东警官学院张成教授关于化解涉及少数民族群体性突发矛盾纠纷的讨论给与会学者留下了深刻印象。其次，以城市少数民族服务管理体系为主题的文章有4篇。这4篇文章分别从街道社区层面、省级层面、全国层面和国外层面探讨城市少数民族服务管理体系，对中国特色城市少数民族服务管理体系的建立和完善有极大助益。广东省民族宗教研究院民族所陈晓毅研究员以广东为例，探讨了中国特色城市少数民族服务管理体系的实践，对广东省城市少数民族的基本情况、发展趋势进行了介绍，对广东城市民族工作的主要做法和存在问题进行了总结和检讨，并对今后广东乃至中国的城市民族工作提出了建议和对策。西南民族大学肖琼教授关于加拿大原住民城市移民的社会服务管理体系创新的讨论给中国城市少数民族服务体系的创新和发展提供了启发和借鉴。

二、城市少数民族在城市的生存状况和文化适应

在各位参会代表所提交的文章中，以“城市少数民族在城市的生存状况和文化适应”为主题的文章有10来篇。其中，中国社会科学院民族学与人类学研究所王剑峰副研究员对经济转轨过程中新疆少数民族就业问题的讨论，引起了与会代表的广泛关注。文章通过社会统计学分析和人类学田野调查方法，深入探究新疆少数民族就业问题中的各影响因素和深层文化结构，认为提高对少数民族的教育是改善其就业状况的一条有效渠道。文化适应是近年来中国都市人类学研究的热点之一。本次共有三篇文章讨论了社会团体在城市少数民族文化适应中的作用，两篇文章讨论少数民族在城市中的融入问题。

三、中华民族多元一体理论

在本届年会上，对中华民族多元一体理论的讨论成为与会专家、学者比较关注的问题。人类学民族学在中国发展至今，面临更为复杂的社会现实，面临着多元基础上的统一性如何实现的问题。因此，中南民族大学许宪隆教授在发言中认为，当代中国人类学民族学处于一个空前的学术上的焦虑和危机时代。这样的焦虑和危机中的重要问题之一是：一个民族的终极目标是否就是为了建立自己的民族国家，我们的学术研究是否就是为了求证这样的判断是否正确，抑或是设计多种路线来达成这一目标。从中华民国到中华人民共和国，都沿用了“中华”两个字，但没有用它来替代民族概念。因此，虽然中华民族和民族的概念存在着某种关联性，但“中华民族”这个概念更多地体现为一种象征秩序和象征表达，是对国家、对祖国的认同，这与对民族的感情和认同有一定区别。

会议上，中山大学人类学系的刘志扬教授和中南民族大学的许宪隆教授分别对发言者的文章进行了评议和总结。本次会议主题集中、观点鲜明、内容丰富，适时解析了当前形势下的城市少数民族工作存在的问题与未来的发展趋势，为都市人类学和城市民族工作在未来的发展做了很好的学术铺垫。

本次年会还对会议论文进行了“优秀”评奖，广东省民族宗教研究院民族研究所陈晓毅研究员和温士贤助理研究员所提交的论文均获“优秀论文奖”。